刑事法律科学文库
Criminal Law Science Library

徐留成 著

身份犯比较研究

〔第二版〕

人民法院出版社

图书在版编目（CIP）数据

身份犯比较研究/徐留成著．-2版．-北京：
人民法院出版社,2013．5
ISBN 978-7-5109-0704-3

Ⅰ．①身…　Ⅱ．①徐…　Ⅲ．①刑事犯罪-研究
Ⅳ．①D914．04

中国版本图书馆CIP数据核字（2013）第093525号

身份犯比较研究（第二版）

徐留成　著

责任编辑　王　婷
出版发行　人民法院出版社
地　　址　北京市东城区东交民巷27号（100745）
电　　话　（010）67550617（责任编辑）　67550558（发行部查询）
65223677（读者服务部）
网　　址　http://www.courtbook.com.cn
E - mail　courtpress@sohu.com
印　　刷　汉印印刷有限责任公司
经　　销　新华书店

开　　本　890×1240毫米　A5开本
字　　数　420千字
印　　张　16.125
版　　次　2013年5月第2版　2013年5月第1次印刷
书　　号　ISBN 978-7-5109-0704-3
定　　价　40.00元

第二版说明

2009年2月28日，《身份犯比较研究》初版（获第一届法学博士后科研成果奖优秀奖）出版后不久，全国人大常委会通过了《中华人民共和国刑法修正案（七）》（以下简称《刑法修正案（七）》）。同年10月14日，最高人民法院、最高人民检察院公布了《关于执行〈中华人民共和国刑法〉确定罪名的补充规定（四）》。2011年2月25日，全国人大常委会通过了《中华人民共和国刑法修正案（八）》（以下简称《刑法修正案（八）》）。同年4月27日，最高人民法院、最高人民检察院公布了《关于执行〈中华人民共和国刑法〉确定罪名的补充规定（五）》。2012年3月14日，全国人民代表大会通过了《关于修改〈中华人民共和国刑事诉讼法〉的决定》。这些新的法律文件，对我国刑法中原有的身份犯规定有增有减，做了不少范围的调整。如今，假若对本书不进行修正，书中内容会令读者费解，甚至有些地方是匪夷所思。经与人民法院出版社商议，决定再版本书，以飨读者。

《刑法修正案（七）》共增加了如下3个身份犯：利用未公开信息交易罪（《刑法》第180条第4款，《刑法修正案（七）》第2条第2款），出售、非法提供公民个人信息罪（《刑法》第253条之一，《刑法修正案（七）》第7条第1款）、利用影响力受贿罪（《刑法》第388条之一，《刑法修正案（七）》第13条）。其中，出售、非法提供公民个人信息罪既是自然人身份犯，又是单位身份犯。另外，由于《刑法修正案（七）》第3条对原《刑法》第201条进行了修改，最高人民法院、最高人民检察院《关于执行〈中华人民共和国刑法〉确定罪名的补充规定（四）》将该条的罪名修改为“逃税罪”，取消原罪名“偷税罪”。

《刑法修正案（八）》共有 10 个条款涉及身份犯，分别是：《刑法修正案（八）》第 1 条（《刑法》第 17 条之一）“已满七十五周岁的人故意犯罪的，可以从轻或减轻处罚；过失犯罪的，应当从轻或者减轻处罚”；第 6 条（《刑法》第 65 条第 1 款）“对不满十八周岁的犯罪人不以累犯论”；第 11 条（《刑法》第 72 条第 1 款）“对符合缓刑条件的不满 18 周岁的人应当宣告缓刑”；第 20 条（《刑法》第 107 条）“资助危害国家安全犯罪活动罪”；第 21 条第 1 款（《刑法》第 109 条第 1 款）“叛逃罪（纯正身份犯）”；第 21 条第 2 款（《刑法》第 109 条第 2 款）“叛逃罪（不纯正身份犯）”；第 22 条（《刑法》第 133 条之一）“危险驾驶罪”；第 41 条（《刑法》第 276 条之一）“拒不支付劳动报酬罪”；第 43 条（《刑法》第 294 条第 2 款）“入境发展黑社会组织罪”；第 49 条（《刑法》第 408 条之一）“食品监管渎职罪”。其中，资助危害国家安全犯罪活动罪和拒不支付劳动报酬罪既是自然人身份犯，又是单位身份犯。由于《刑法修正案（八）》第 38 条对原《刑法》第 244 条进行了修改，最高人民法院、最高人民检察院关于执行《中华人民共和国刑法》确定罪名的补充规定（五）将该条的罪名修改为“强迫劳动罪”，取消原罪名“强迫职工劳动罪”。另外，《刑法修正案（八）》还涉及一些不构成身份犯的刑法身份，即并非系身份犯之身份，如《刑法修正案（八）》第 3 条（《刑法》第 49 条第 2 款）“审判的时候已满七十五周岁的人”；第 11 条（《刑法》第 72 条第 1 款）“被判处刑罚时怀孕的妇女和已满七十五周岁的人”。之所以说这些刑法身份不是身份犯之身份，是因为它们不具备身份犯之身份的时间性特征，即它们不是在实施犯罪时所具有的身份。而《刑法修正案（八）》第 11 条（《刑法》第 72 条第 1 款）“对符合缓刑条件的不满十八周岁的人应当宣告缓刑”则不同，因为根据行为人在被判处刑罚时不满十八周岁，可以推断其在实施犯罪时亦未满十八周岁，具有身份犯之身份的时间性特征，故可认定其为不纯正身份犯（即暗含式不纯正自然人身份犯）。还应当指出，另外两个涉及刑法身份但亦不构成身份犯的条款：一条是，《刑法修正案（八）》第19条（《刑法》第100条第2款）“犯罪的时候不满十八周岁被判处五年有期徒刑以下刑罚的人，免除前款规定的报告义务。”这里规定的是报告义务，不涉及定罪量刑问题，故不符合身份犯的定义。另一条是，《刑法修正案（八）》第37条第2款（《刑法》第234条之一第2款）“摘取不满十八周岁的人的器官的以故意伤害罪、故意杀人罪的规定处罚”，因此该修正案中“不满十八周岁的人”系对象身份，不符合身份犯之身份的主体性特征，故此条款不涉及身份犯。

针对上述变化的内容，在本版书中已全面进行了修改。根据最高人民法院、最高人民检察院的《关于执行〈中华人民共和国刑法〉确定罪名的补充规定（三）》，本版对原版书中的罪名“公司、企业人员受贿罪”、“对公司、企业人员行贿罪”、“违法向关系人发放贷款罪”、“非法出具金融票证罪”，分别修改为“非国家工作人员受贿罪”、“对非国家工作人员行贿罪”、“违法发放贷款罪”、“违规出具金融票证罪”。根据《刑法修正案（八）》第3条的规定，修正前《刑法》第49条变成了修正后《刑法》第49条第1款，原版书中“《刑法》第49条”已统一替换为“《刑法》第49条第1款”。原版书中关于完善“老年人犯罪从宽处理”的规定的部分内容，已被《刑法修正案（八）》第1条、第3条、第11条适当吸收。这些条款尽管存在需要进一步完善的地方，鉴于对老年人是指“已满七十五周岁的人”还是指“已满七十周岁的人”，抑或是指“已满六十周岁的人”，众说纷纭，本版删除了关于对老年人犯罪从宽处理的立法建议部分。由于《刑法修正案（八）》第2条规定了社区矫正制度、第6条规定了对不满十八周岁的人不以累犯论、第11条规定了对符合缓刑条件的不满十八周岁的人应当宣告缓刑等，本版对原版书中关于未成年人犯罪立法完善部分已做适当修改。《刑法修正案（八）》第29条对《刑法》第164条做了修改，增加规定第2款“对外国公职人员或者国际公职人员行贿罪”，故删除了原版关于对此罪的立法建议。原版引用《刑事诉讼法》第12条“未经人民法院依法判决，对任何人都不得确定有罪”，论证对《刑法》第399条第1款规定的“有罪的人”曾建议修改为“应受追诉的人”，由于2012年《刑事诉讼法》第12条与修正前的内容没有变化，本版中此部分内容保持原貌未变。参考文献部分亦未变化。按照惯例，本版把后记部分放在了最后，便于查阅。

另外，最高人民法院、最高人民检察院《关于办理国家出资企业中职务犯罪案件具体应用法律若干问题的意见》（法发〔2010〕49号）对有身份者与无身份者共同犯罪如何处理问题作出了新的规定，为论证本书重要学说“共同犯罪构成符合说”提供了新的有力的论据。该意见第1条第1款规定：“第一款规定（即国家工作人员或者受国家机关、国有公司、企业、事业单位、人民团体委托管理、经营国有财产的人员）以外的人员实施该行为（即利用职务上的便利，在国家出资企业改制过程中故意通过低估资产、隐瞒债权、虚设债务、虚构产权交易等方式隐匿公司、企业财产，转为本人持有股份的改制后公司、企业所有）的，依照刑法第二百七十一条的规定，以职务侵占罪定罪处罚；第一款规定以外的人员与第一款规定的人员共同实施该款行为的，以贪污罪的共犯论处。”这样规定，同有身份者与无身份者共同犯罪统一以身份犯定罪的“共同犯罪构成符合说”理论精神相一致。

我指导的研究生李韶同学，在研读原版《身份犯比较研究》过程中为再版提出了宝贵的修改意见，在此表示感谢！

特此说明。

徐留成

二〇一三年三月

总　序

现代化的国家是法治国家。现代文明进步的社会是法治社会中国依法治国、建设社会主义法治国家之基本治国方略的确立及贯彻，对中国社会的发展进步至关重要，毋庸置疑。刑事法治在现代化法治国家中扮演着重要的角色，因而刑事法律学科也相应地为国家所重视，成为公认的改革开放以来我国最为繁荣的主要法学学科领域之一，并被首批纳入建设国家重点研究基地的行列。在新世纪建设社会主义法治国家的进程中，刑事法学需要进一步发展与完善，以更为充分地发挥其应有的作用。

中国人民大学刑事法律科学研究中心是专门从事刑事法研究的新型综合性学术研究机构，也是1999年12月首批建立的15个教育部普通高等学校人文社会科学重点研究基地之一。本中心依托中国人民大学雄厚的人文社会科学基础与中国人民大学法学院坚实宽广的法学学科实力，以国家级重点学科刑法学科为龙头，涵盖刑事实体法、国际刑法、刑事程序与证据法、刑事侦查与刑事物证技术、刑事法律史等刑事法律学科群中的主要领域。按照教育部的要求，刑事法律科学研究中心应当是具有明显科研优势和特色的国家级刑事法律重点研究基础，并经过努力，使整体科研水平和参与重大决策的能力居于国内领先地位，在国际刑事法学术界享有较高声誉。为达此目标和地位，本中心自成立以来便以学术研究为核心，深化科研体制改革，实行全面开放，注重高层次人才培养与引进，加强国际，国内学术交流，引导和促进我国刑事法律学科的发展与完善，努力建成国内一流、国际知名的刑事法律科学重点研究基地！

“刑事法律科学文库”是国家重点研究基地中国人民大学刑事法律科学研究中心组织策划的主要系列学术丛书之一，计划出版国内外刑事法学（包括刑法、犯罪学、刑事执行法学、刑事诉讼法，刑事侦查、刑事物证技术、刑事法律史等）领域的有新意、有分量的著作与译作。著译者以本中心专职、兼职研究人员为主，并向国内外专家学者开放，旨在推动我国刑事法学领域的学术研究，积累刑事法学方面的学术成果，为繁荣和发展我国的刑事法学事业作出积极的贡献！

中国人民大学刑事法律科学研究中心

2007 年 1 月

序

谢望原*

本书是作者在其同名博士学位论文《身份犯比较研究》的基础上修改而成的。2006年6月，作者在中国人民大学法学院顺利通过博士学位论文答辩。作者在获得博士学位后不久即将其学位论文修改成书，奉献给读者，作为他的博士论文指导教师，我深感欣慰！

在和作者讨论博士学位论文选题之初，我并不赞同作者撰写有关身份的博士学位论文。其主要原因乃是我国已有近10篇研究身份犯问题的博士和硕士学位论文，以及200余篇研究身份犯的文章，这就意味着我国学术界对身份犯的相关问题已有较深入研究，如果要想超越他人已有的研究水平，显然是相当困难的。但是作者对于身份犯问题研究的执着改变了我的固执己见——一方面，考虑到作者曾经在人民检察院、人民法院分别从事公诉工作和有关经济犯罪、职务犯罪等身份犯案件的审判工作十余年，长期的刑事司法实践使他对身份犯问题具有一些独特的认识；另一方面，国内尚无以比较法的视角研究身份犯问题的专著，故最后同意了作者的该博士学位论文选题。

作为刑法制度不可或缺的重要组成部分，身份犯不仅在当今世界两大法系各国刑事立法中均有明文规定，而且一直是中外刑

---

* 中国人民大学学院教授、法学博士、博士生导师，中国人民大学刑事法律科学研究中心副主任兼区际刑法研究所所长，中国人民大学法学院刑法研究室主任。

法理论研究和司法实务关注的难点之一。在我国，虽然有关身份犯的研究成果较为丰硕，但却基本限于微观具体问题的探讨，且研究的广度和深度均较为有限。本书从比较研究的立场出发，既突出宏观层面的身份犯问题研究，同时兼顾微观层面的系统探析，提出了若干颇具新意的见解，无疑具有重要的理论意义和实践价值。

本书虽然只有四大章，但内容涉及了身份犯的核心问题，其有如下两个显著特点：

1. 科学运用比较和演绎推理的研究方法，有助于深刻理解身份犯问题。作者充分运用比较研究和演绎推理逻辑方法，对我国刑法中的身份犯的概念及其特征，身份犯立法的理论根据和学理分类，自然人身份犯和单位身份犯的概念、特征和分类进行了细致梳理；对新、旧《刑法》中的身份犯进行比较研究——如对交通肇事罪1979年《刑法》规定为身份犯而1997年《刑法》规定为常人犯；又如，对重大责任事故罪1997年《刑法》规定为身份犯而《刑法修正案（六）》规定为常人犯；对大陆法系、英美法系、我国港、澳、台地区刑法以及国际刑法中的身份犯立法、理论研究及其司法实务进行了系统考察与比较研究。在此基础上，本书对身份犯之个罪形态、混合主体共同犯罪身份犯之共同犯罪形态的定罪与量刑等疑难问题进行了系统深入的探讨。

2. 见解独特，富有创新，所提出的理论对刑事司法实践具有可操作性。作者认为：（1）关于刑法身份，是指法律规定的，对定罪量刑具有影响的一定的个人要素或一定的单位附属条件，并说明这里所讲的定罪是指确定具体罪名意义上的“定罪”；（2）关于刑法身份的分类，即刑法身份可分为自然人刑法身份与单位刑法身份，明文规定式刑法身份与暗含式刑法身份等；（3）关于身份犯之身份的特征，除了具有刑法身份的法律事实特征、本质特征和法律特征的一般属性外，还应具有犯罪主体依附性特征和时间性特征；（4）关于有身份者与无身份者即混合主体共同犯身份犯之共同犯罪形态的定罪，应以“共同犯罪构成符合说”为标准，即有身份者与无身份者以共同的犯意共同实施以特定身份为构成要件的犯罪，均以纯正身份犯论处；（5）关于采用法条竞合的办法解决不同种身份者共同犯罪的定罪问题的探讨，即不同身份者的共同犯罪，其实质属于法条竞合，应按照重法优于轻法的法条竞合原则解决其定罪问题；（6）收受或索取的贿赂是伪劣物品的案件，依照对象认识错误或部分认识错误的原则处理；（7）关于完善我国刑法中身份犯立法的一系列构想，包括完善渎职罪主体，增设贪污贿赂犯罪和罚金刑和资格刑，应将挪用公款罪的法条修改为“挪用公款归个人使用数额时间基数较大，不退还的，是挪用公款罪”，增设“外国公职人员或国际公共组织官员受贿罪”和“向外国公职人员或国际公共组织官员行贿罪”等部分纯正身份犯，以及完善未成年人犯罪、老年人犯罪、身份犯之共同犯罪形态、单位身份犯之共同犯罪的立法建议，等等。这些富有新意的见解都经过认真而充分的论证，在司法实际中便于操作，颇具理论和实践价值。

当然应当指出，本书也存在一些美中不足之处。比如，文中研究或借鉴国外学术界关于身份犯已有成果方面的原文资料偏少，对于身份犯基本理论的一些核心问题的研究略显薄弱等。然而瑕不掩瑜，作者在认真吸收论文评阅专家和答辩委员会专家的中肯建议的基础上严肃认真地修改了论文，以对刑事司法的挚爱之情，以对完善身份犯研究的良苦用心，宿夜用功，终于完成了其博士论文的修改出版工作。这实属值得称道的极其有意义的事情！

作为作者博士生期间的指导教师，我衷心希望作者在刑事司法实务工作与刑法学研究两方面均做到“百尺竿头、更进一步”，不断提高自己的刑法学理论素养，从而更进一步丰富和完善自己的刑事司法经验，为国家的刑事法制建设作出应有的贡献！

2007 年 1 月 26 日

于中国人民大学明德法学楼

摘 要

本书共分四章。第一章“刑法中的身份犯”；第二章“境外刑法及国际刑法中身份犯之比较研究”；第三章“身份犯疑难实务问题比较研究”；第四章“完善中国刑法中身份犯立法构想”。

第一章“刑法中的身份犯”共四节，主要论述以下几个方面：一是身份犯的概念和特征。作为一类犯罪的身份犯，是指法律规定的以实施犯罪的行为者在行为时所具有的刑法身份为定罪要件或法定量刑情节的犯罪。具有如下三个特征：（1）身份犯是一类犯罪——类罪特征；（2）身份犯的行为者在行为时必须具有身份犯之身份——主体特征；（3）身份犯是由刑法规定的——法律特征。二是刑法身份的概念、特征和分类。刑法身份是由法律规定的——法律特征，对定罪量刑具有影响的一定的个人要素或一定的单位附属条件。具有如下三个特征：法律事实特征、本质特征、刑法性特征。刑法身份分为：自然人刑法身份与单位刑法身份；定罪刑法身份与量刑刑法身份；主体刑法身份与对象刑法身份；明文规定式刑法身份与暗含式刑法身份；积极刑法身份与消极刑法身份；自然刑法身份与法定刑法身份。三是身份犯之身份的概念和特征。身份犯之身份，即身份犯的行为主体所具有的刑法身份。除了具有刑法身份的法律事实特征、本质特征和法律特征的一般属性外，还有犯罪主体依附性特征和时间性特征。四是我国刑法中身份犯在学理上的分类：自然人身份犯与单位身份犯；纯正身份犯与不纯正身份犯；具备并利用身份型身份犯与仅具备身份型身份犯；明文规定式身份犯与暗含式身份犯；有关身份犯的其他分类。五是我国刑法中的自然人身份犯的概念、特征和分类。自然人身份犯是指法律规定的以实施犯罪的行为人在行为时所具有的自然人刑法身份为定罪要件或法定量刑情节的犯罪。除具备身份犯一般属性外，其还有自身的如下两个特征：自然人身份犯是身份犯的一种；自然人身份犯的行为者是自然人。六是我国刑法中单位刑法身份的概念和特征。单位身份犯是指法律规定的以实施犯罪的行为者在行为时所具有的单位刑法身份为定罪要件或法定量刑情节的犯罪。七是我国刑法中单位身份犯的刑事立法。现行《刑法》规定的16个单位身份犯中既有单罚制的单位身份犯，又有双罚制的单位身份犯；既有明文规定式单位身份犯，又有暗含式单位身份犯。本章理论突破有二：一是将特殊犯罪单位所具有的资格界定为一种刑法身份即单位刑法身份。二是将身份犯分为自然人身份犯与单位身份犯；具备并利用身份型身份犯与仅具备身份型身份犯；明文规定式身份犯与暗含式身份犯，等等。

第二章“境外刑法及国际刑法中身份犯之比较研究”共五节，主要介绍境外刑法及国际刑法中身份犯的立法及其理论，并对两大法系中身份、身份犯及身份犯本质等相关理论进行比较研究，同时对两大法系与港澳台地区、境外刑法与国际刑法中的身份犯进行比较研究。最后，分别将两大法系、港澳台地区、国际刑法中的身份犯与中国的身份犯进行比较研究。进行比较研究的目的是得到启示，尤其是2003年《联合国反腐败公约》中的身份犯立法对中国身份犯立法的启示。

第三章“身份犯疑难实务问题比较研究”共两节，主要研究司法实践中遇到的疑难问题。

第一节“实务中身份犯之个罪形态疑难问题比较研究”。此节对身份犯之个罪形态实务中疑难问题进行了深入研究，并提出了新见解。比如，关于贿赂是伪劣物品的量刑问题，存在以下四种观点：第一种观点认为，假冒伪劣物品属于打击、销毁的对象，无法认定其市场价格，故不宜认定为受贿数额。第二种观点认为，应以正牌商品的市场价格认定受贿数额。第三种观点认为，假冒伪劣商品虽然无法认定其市场价格，但仍有其本身的实际价值，应按物价部门实际评估的价格认定其受贿数额。第四种观点认为，应以行贿方实际支付的价格确定受贿数额。作者主张以受贿人对贿赂的认识错误来处理。具体来说，分为以下两种情况：（1）作为贿赂的伪劣物品，经过物价部门实际评估的价格为零时，应按对象认识错误，以未遂处理。（2）物价部门对作为贿赂的伪劣物品实际评估的价格低于相对应的正牌商品的价值时，是对象部分认识错误，不能以未遂处理，应当以受贿既遂论。但是量刑时既要与前述伪劣物品无任何价值的情况有所区别，又要与真品完全价值的情况有所区别。在量刑时应以物价部门实际评估的价格为基数，对应《刑法》第 383 条的量刑档次，酌情考虑伪劣物品与真品之间的差价，此差价的数额越大，影响从重量刑的程度越大。

第二节“混合主体共同犯身份犯之共同犯罪形态的定罪与量刑”。在混合主体共同犯罪的定罪问题上提出了如下两个新观点：

（1）“共同犯罪构成符合说”。混合主体共同犯罪的定罪问题之所以分歧较大，是人们对共同犯罪的整体性特征及各行为人间的犯意联络认识得不够充分所致。笔者以共同意思主体说为渊源，借鉴有身份的实行犯决定说、利用特定身份说和修正的犯罪构成说的合理内核，在赞同“为主职权行为决定说”的前提下，继承中国刑法理论中共同犯罪整体性特征的文化传统，结合中国司法实际，提出“共同犯罪构成符合说”。所谓共同犯罪构成符合说，是指从整体上考察混合主体共同犯罪，只要各共同犯罪人具有共同的犯意，且他们之间有意识联络，其共同犯罪行为符合刑法分则所规定纯正身份犯的犯罪构成，各共同犯罪人统一定罪，均以该纯正身份犯论处，否则以非身份犯论处。简言之，有刑法身份者与无刑法身份者以共同的犯意共同犯以特定身份为构成要件的犯罪，均以纯正身份犯论处。其理由是：第一，有刑法身份者与无刑法身份者的混合主体的共同犯罪完全符合纯正身份犯的犯罪构成。具体说来，混合主体共同犯罪的主体，从整体上看只是一个集合体，而非数个，即纯正身份犯的主体。混合主体共同犯罪的客观方面是纯正身份犯的客观方面。混合主体共同犯罪的故意是纯正身份犯的故意，即指有刑法身份者与无刑法身份者明知他们的共同行为会发生危害结果，并且希望或者放任这一危害结果发生的心理态度。混合主体共同犯罪的客体是纯正身份犯的客体。第二，事实上，“共同犯罪构成符合说”的主张，已被立法和司法解释所确认。具体表现在：①内外勾结，共同贪污的行为，以共犯论处的做法，被立法和司法解释所确认，或者说被强调。②内外勾结，伙同贪污的，统一定贪污罪的做法，被推广到内外勾结，共同职务侵占案件上，以及伙同挪用公款的案件上。③广西原主席成某某与其情妇李某（非国家工作人员）内外勾结伙同受贿，广西柳州市原公安局局长于某某伙同妻子陈某共同受贿，北京首都公路发展有限公司原党委书记兼董事长毕某某及其妻王某某共同受贿案等，都统一定受贿罪的判例出现，也同样说明共同犯罪构成符合说中定罪观点的正确性。④《最高人民法院全国法院审理经济犯罪案件工作座谈会纪要》（2003 年 11 月 13 日公布）第 3 条第 5 款明确规定：“根据刑法关于共同犯罪的规定，对非国家工作人员与国家工作人员勾结，伙同受贿的，应当以受贿罪的共犯追究刑事责任。”这里强调规定的根据是“刑法关于共同犯罪的规定”。该款进一步规定：“非国家工作人员是否构成受贿罪共犯，取决于双方有无共同受贿的故意和行为。国家工作人员的近亲属向国家工作人员代为转达请托事项，收受请托人财物并告知该国家工作人员，或者国家工作人员明知其近亲属收受了他人财物，仍按照近亲属的要求利用职权为他人谋取利益的，对该国家工作人员应认定为受贿罪，其近亲属以受贿罪共犯论处。近亲属以外的其他人与国家工作人员通谋，由国家工作人员利用职务上的便利为请托人谋取利益，收受请托人财物后双方共同占有的，构成受贿罪共犯。国家工作人员利用职务上的便利为他人谋取利益，并指定他人将财物送给其他人，构成犯罪的，应以受贿罪定罪处罚。”⑤《刑法修正案（七）》第13条规定：“国家工作人员的近亲属或者其他与该国家工作人员关系密切的人，通过该国家工作人员职务上的行为，或者利用该国家工作人员职权或者地位形成的便利条件，通过其他国家工作人员职务上的行为，为请托人谋取不正当利益，索取请托人财物或者收受请托人财物，数额较大或者有其他较重情节的，处三年以下有期徒刑或者拘役，并处罚金；数额巨大或者有其他严重情节的，处三年以上七年以下有期徒刑，并处罚金；数额特别巨大或者有其他特别严重情节的，处七年以上有期徒刑，并处罚金或者没收财产。离职的国家工作人员或者其近亲属以及其他与其关系密切的人，利用该离职的国家工作人员原职权或者地位形成的便利条件实施前款行为的，依照前款的规定定罪处罚。”即对非国家工作人员独立以受贿罪定罪处罚。这些规定与共同犯罪构成符合说的理论不谋而合。第三，境外类似的立法例与“共同犯罪构成符合说”的理论精神是一致的。《日本刑法典》第65条第1款规定：“对于因犯罪人身份而构成的犯罪行为进行加功的人，虽不具有这种身份的，也是共犯。”简言之，无身份者本来不可以构成身份犯的，但由于其行为影响因犯罪人身份而构成的犯罪行为，刑法才将其规定为身份犯的共犯，即统一定“因犯罪人身份而构成的犯罪行为”所触犯的罪名。正因为如此，日本刑法界对此类型的共犯称作“拟制的共犯”。台湾地区现行“刑法”第31条第1项规定：“因身份或其他特定关系成立之罪，其共同实施或教唆帮助者，虽无特定关系，仍以共犯论。”此规定与日本刑法有异曲同工之妙。前述关于身份犯的共犯之规定，与作者主张的“共同犯罪构成符合说”理论的实质是一样的。总而言之，共同犯罪构成符合说，以混合主体实施的具有意识联络的共同犯罪行为是否符合纯正身份犯的犯罪构成为标准，来解决混合主体共同犯罪的定罪问题，与中国犯罪构成理论相接轨，是比较科学的。

（2）采用法条竞合的办法解决不同种刑法身份者共同犯罪的定罪问题。《最高人民法院关于审理贪污、职务侵占案件如何认定共同犯罪几个问题的解释》第3条规定："公司、企业或者其他单位中，不具有国家工作人员身份的人与国家工作人员勾结，分别利用各自的职务便利，共同将本单位财物非法占为己有的，按照主犯的犯罪性质定罪。"该规定解决定罪的方法实际上是主犯决定说的主张。其缺陷如同主犯决定说一样，至少有以下三种情况无法解决定罪问题：①归案的共同犯罪人都是从犯，真正的主犯是国家工作人员或非国家人员，因其未归案难以查清的。②国家工作人员与公司、企业或者其他单位中不具有国家工作人员身份的人都是主犯的，是都定职务侵占罪，还是都定贪污罪，难以取舍。③难以区分主从犯的。依前述"共同犯罪构成符合说"的观点，《最高人民法院关于审理贪污、职务侵占案件如何认定共同犯罪几个问题的解释》第3条规定的共同犯罪行为，既符合《刑法》第271条第1款规定的职务侵占罪的犯罪构成，又符合《刑法》第382条和第383条规定的贪污罪的犯罪构成，这就带来了前述两类法条竞合的问题。比较而言，贪污罪的法定刑重于职务侵占罪的，按照择一重处的原则，对第3条所规定的共同犯罪，均应按照《刑法》第382条和第383条的规定来定罪量刑。

第四章"完善中国刑法中身份犯立法构想"共三节，为完善身份犯的立法提出若干构想。（1）完善纯正身份犯的立法构想。将"国家工作人员"修改成"公务员"，并完善渎职罪主体立法。①建议改贿赂犯罪中的"财物"为"不正当利益"或"不正当好处"；②建议对贪污贿赂不满5万元的并处罚金；③建议将退赃作为贪利型职务犯罪的法定量刑情节；④完善挪用公款罪立法；⑤完善滥用职权罪的立法建议；⑥完善徇私枉法罪的立法构想。（2）增设部分纯正身份犯。增设纯正身份犯"外国公职人员、国际公共组织官员受贿罪"及其对合犯"向外国公职人员、国际公共组织官员行贿罪”；增设国家机关工作人员见危不救罪。(3）完善未成年人犯罪的立法构想。(4）完善身份犯之共同犯罪形态的立法。完善有刑法身份者与无刑法身份者共同犯纯正身份犯的立法；完善有不同种刑法身份者共同犯纯正身份犯的立法；完善有刑法身份者与无刑法身份者及有不同种刑法身份者共同犯不纯正身份犯的立法。（5）完善单位身份犯之共同犯罪形态的立法。

Abstract

This book is divided into four chapters. Chapter One, the status crime in the Criminal Law of Chinese mainland; Chapter Two, comparative research on the status crime in overseas and international criminal laws; Chapter Three, comparative research on the thorny issues of the status crime in real cases; Chapter Four, the idea of improving legislation on the status crime in Criminal Law of Chinese mainland.

Chapter 1 analyzes the status crime in the Criminal Law of Chinese mainland, includes four sections and mainly discusses about the following contents. Ⅰ. The concept and feature of the status crime. The status crime is a type of crime that the criminal capacity of an offender when he or she is committing the crime is used as a principal component in conviction or a measurement in sentencing as stipulated by the law. It has features as follows: being a type of crime—the feature of crime; perpetrator possessing the capacity of the status crime—the feature of the subject and defined by the criminal law—the feature of law. Ⅱ. The concept features and classification of the criminal capacity. The criminal capacity refers to individual factors or certain unit-pertaining conditions that would affect the conviction and sentencing of any offence as stipulated by the law. It has three features, namely, features of legal fact, essence and the criminal law. The identity of criminal law covers both natural person and unit criminal capacity, conviction and sentencing criminal capacity, subject and object criminal capacity, explicit and implicit criminal capacity, active and passive criminal capacity, natural and legal criminal capacity. Ⅲ. The concept and features of the capacity of the status crime. The capacity of the status crime refers to the criminal capacity of the perpetrator of the offence. Besides the commonalities of features of legal fact, essence and the criminal law, it has two other features: subject attached and timeframe. Ⅳ. The status crime in Criminal Law of Chinese mainland can be theoretically categorized into: natural person and unit status crimes, pure and non-pure status crimes, the status crimes with the capacity that utilize the capacity and status crimes only with the capacity explicit and implicit as well as other types of status crimes. Ⅴ. The concept features and classification of natural person status crime in Criminal Law of Chinese mainland. Natural person status crime refers to the offence that the natural criminal capacity of an offender when he or she is committing the crime is used as a principal component in conviction or a measurement in sentencing as stipulated by the law Apart from the commonalities of status crimes, it has another two features of its own: being a type of status crimes—the feature of the status crime, and being a natural person—the feature of subject capacity of natural person. Ⅵ. The concept and features of the unit criminal in China Criminal Law. Entity criminal capacity refers to the offence that the unit capacity of an offender when he or she is committing the crime is used as a principal component in conviction or a measurement in sentencing as stipulated by the law. Ⅶ. Criminal legislation on the unit criminal capacity in China Criminal Law. The 16 unit criminal capacities in the existing Criminal Law cover single and dual punishment, explicit and implicit unit status crimes. There are two breakthroughs in this chapter. First, the special offender unit is defined as a type of criminal capacity, namely the unit criminal capacity; second, for the first time status crime is categorized into natural person and unit ones, status crimes with the capacity that utilize the capacity and status crimes only with the capacity, implicit and explicit status crimes.

Chapter 2 focuses on comparative study on the status crime in overseas and international criminal laws. It introduces the legislation and theories of the overseas and international criminal laws to the readers, comparative research of theories on status, status crime and the nature of the status crime between the two legal systems, and the comparative research on status crime between the two legal systems and Hong Kong, Macaw and Taiwan, between the Anglo-Saxon legal system and overseas criminal law and International Criminal Law. Comparative research on status crime between the two legal systems, criminal laws in Hong Kong, Macaw and Taiwan, International Criminal Law and China Criminal Law are also discussed. The purpose for such comparative research is to draw inspirations, particularly the inspirations from the United Nations Convention against Corruption on status crime to the legislation of Chinese mainland in this regard.

Chapter 3 addresses comparative study on the thorny issues of the status crime in real cases and focuses on situations commonly encountered in the judicial practices. Emphasis is placed on comparative research on the problems in the case study of individual offence of status crime as well as the conviction and sentence of status crimes in mixed-principal joint offense.

After careful study, the author presents some new viewpoints on the problems in the case study of individual offence of status crime. The sentencing of the bribery crime is given as an example in which the bribes prove to be fake and shoddy goods. Four viewpoints are listed as follows: Ⅰ. Fake and shoddy goods as bribes are the objects to crack down and destroy and unable to determine their market price, so it would not be appropriate for identified amounts of bribes. Ⅱ. The amounts of bribes shall be determined by market prices for quality goods. Ⅲ. Fake and shoddy goods have real value of their own though unable to determine their market price and the amounts of bribes shall be determined according to their actual assessment price from the price authorities. Ⅳ. The amounts of bribes shall be determined by the price actually paid by the person who offers bribes. However, the author argues that amounts of bribes shall be determined by the mistaken understanding of bribe-takers. Specifically, it is divided into the following two situations. Firstly, if the actual assessment price of fake and shoddy goods as bribes is zero from the price authorities, the case shall be regarded as object understanding-mistake and thus such crime should be taken as criminal attempt. Secondly, if the actual assessment price of fake and shoddy goods as bribes is lower than the value of the corresponding quality products, it shall be identified as an accomplished bribery instead of an attempted bribery because of incomplete object understanding-mistake. But when it comes to the measurement of penalty, it shall be different from the above-mentioned non-value shoddy goods circumstances and the full-value genuine goods circumstances. It shall be measured based on the price evaluated by the price authorities, referred to the measurement level in the Article 383 of the Criminal Law, taken the price difference between the shoddy goods and the genuine goods into consideration. The bigger the price difference, the more influence on the prosecution in the aggravating circumstances.

Conviction and sentencing for criminal patterns of mixed-principal joint offense with status are also discussed. The author puts forward two new ideas on the sentencing of the mixed-principal joint offense.

The first is "co-offense composition compliance theory". Major differences arise in terms of the sentencing for mixed-principal joint offense, because people fail to have a thorough understanding on the integrated feature of joint offense and criminal connection among the offenders. By basing the study on principal of common intention and drawing on the core contents in the theory of executive offender with status, the theory of capitalizing on special identities and the theory of amended offense composition, supporting the guidance of the theory of principal authoritative determination, building on the cultural tradition of the integrated feature of joint offense and considering the judicial situation in China, the writer maintains the view of "co-offense composition compliance theory" and stand ready to have further discussions with all specialists and scholars in this field. The "co-offense composition compliance theory" studies the mix-principal joint offense by addressing them in an integrated way. That is to say, provided that the joint offenders shelter the same offense intention, they have intentionally kept contact with one and another, and their activities constitute an joint offense by the specific stipulation by Criminal Law of Chinese mainland, all joint offenders shall acquire the same sentence and be regarded as pure status crimes, otherwise, they can only be regarded as reasonable offenders.

In short, as long as those with or without a special status, by the same criminal intention, it have jointly committed a crime in which special status is considered as a key component, they shall all be regarded as pure status crimes. The reasons are as follows: Firstly, mixed-principal joint crimes committed by offenders with or without criminal status fit constitution of crimes. In detail, the principal offenders in a mixed-principal joint offense are viewed as a group, or the principal of pure status crime, rather than an individual. The objective aspect of a mixed-principal joint offense is the objective aspect of the pure status crime. the intent of a mixed-principal joint offense is the intent of a pure status crime, which is the psychology of those with or without a special status who know that their behavior will bring about hazardous consequences but still intentionally hope for it or let it develop. Fourthly, the object of a mixed-principal joint offense is the object of a pure status crime. Secondly, "co-offense composition compliance theory" has actually been confirmed by both legislative and judicial interpretation, and the concrete manifestations are: A) That collusive common corruption shall be convicted as corruption crimes has been confirmed, or stressed, by both legislative and judicial interpretation. B) The practice that cases of collusive common corruption are convicted as corruption crimes has been extended to cases of collusive common embezzlement by taking advantage of duty and cases of joint embezzlement of public funds. C) In cases of the former Chairman of Guangxi Zhuang autonomous region and his mistress (who is not an official person) jointly taking bribes, the former director of Liuzhou Municipal Public Security Bureau of Hunan Province and his wife jointly taking bribes, and the former Secretary and President of board of directors of Beijing Capital highway development Co., Ltd. and his wife jointly taking bribes, the offenders are all convicted of bribery. These judicial precedents also justified the co-offense composition compliance theory. D) The 5th provision of 3rd article of national court economic cases forum summary, which was published on November 13 of 2003 by the Supreme people's Court, states: according to the provisions of the Criminal Law concerning joint crimes, when a non-official person took bribes in collusion with an official person. He or she shall be criminally prosecuted as an accomplice to the crime of accepting bribes. Here emphasis is placed on the provisions of the Criminal Law concerning joint crimes. The provision further stipulates: Whether a non-official person constitute bribery accomplice or not depends on whether both parties possess the intention as well as act of jointly accepting bribes. If close relatives of an official person convey the requests to him or her, accept money or goods from the trustee and inform him or her, or he or she knows that his or her close relatives have accepted money or goods from others and still seek gains for others under requests from his of her close relatives within scope of his or her authority, the official person shall be identified as taking bribes and his or her close relatives shall be punished as an accomplice to the crime of accepting bribes. If another person, who is not close relatives of the official person but seeks links with the official person and through him or her seeking gains for the trustee and commonly possessing the money or goods from the trustee, He or che shall be punished as the crime of complicity. An official person who seeks gains for the trustee within the scope of his or her authority and asks the trustee send money or goods to other designated persons shall be punished for the crime of accepting bribes. E) the 13th article of "Criminal law amendment (7)" stipulates: "the close relative of country staff or other person who has close relationship with country staff, through behavior of country staff in duty, or by the convenient condition coming from authority or the status of country staff, or through behavior of other country staff in duty, requests or receives property with huge amounts from consignor and seeks improper benefit for consignor, or with other severe plot, will be punished with a fine and with imprisonment of up to three year. If the amount is significant the plot is more serious, he will be punished with imprisonment of three years to seven years and with fine or confiscation. If the amount is especially huge or the plot is especially serious, he will be punished with imprisonment less than seven years and with fine or confiscation. The ex-serving staff or his close relatlves and others who has close relationship with him, by the convenient condition coming from authority or the status of ex-serving staff, exerts the behavior above, will be punished according to above article." Namely, the non-country staff can independently be punished as the bribery crime. These provisions are also in line with the co-offense composition compliance theory. Thirdly, Legislative similar cases outside China mainland theoretically have the same spirit. Provision 1 of article 65 of Japan's Penal Code states: "the person who does not have the status but has influence upon the criminal acts of status crimes can also constitute an accomplice." In short, those without status cannot not constitute status criminals in common situation. However, due to their influence on the criminal acts aroused by the status of the perpetrator, they can constitute accomplices of the status criminals on unusual situations. It is why this type of criminal complicity are defined as "fiction accomplices" by Japan criminal experts. Provision 1 of article 31 of Taiwan's current Criminal Law states: "as for crimes caused by status or other specific relations, those who commit commonly, abet or assist shall be punished as accomplices, regardless their lack of status. This provides a similar experience with the Japanese criminal law. The above mentioned provisions on the accomplices of status criminals is, in essence, the same as the co-offense composition compliance theory. In one word, the co-offense composition compliance theory holds as the yardstick whether the mixed principals conduct intentional connections in the joint offense, and tries to solve the problem of sentencing of the principals in joint offense. This theory is quite well developed and compatible to the crime composition theory in China.

The "co-offense composition compliance theory" has overcome the deficiency in the theory on capitalizing on special status. It is not only applicable in the case with using special status as a key offensive component, which is determined by the law to be a mixed-principal joint offense, but also applicable in the pure status crime case without using special status as a key offensive component, which is determined by the law to be a mixed-principal joint offense. It has overcome the deficiency in the principal offender determination theory, and can be applied both in a case with a principal offender and in a case mixed principals who are with or without an status. It is also applicable in the cases with or without executive offender. Meanwhile, unified conviction has made up for the deficiency in the separate conviction.

The second is the problem of how to convict joint offenders with different status has been addressed by taking into account concurrent law provisions. The third provision of the Interpretation on Several Questions of How to Determine the Joint Offense in cases of Embezzlement and Post Occupies by the Supreme people's Court says: "Both employees from government agencies and non-government agencies like companies, enterprises and other entities, who have conspiratorially encroached the property of the entities as their own by using their special rights that come along with their status, shall be convicted as principal offenders." In fact this provision supports the proposition in the principal offender determination theory, which has the same deficiency as the principal offender determination theory in that there exists a problem for conviction failure in following situations:

A) The joint offender who has been brought to justice is the accomplice offender, and the principal offender who is/or is not the employee of the public agencies, and is hard to be identified because of not being brought to justice. B) the employees of the public agencies and the employees of companies, enterprises or other units who have not the status of civil servant are the principal offender. It is difficult to convict them as post occupies offence or embezzlement. C) it is hard to identify whether the offender is principal or accomplice. According to the "offence composition compliance theory", the interpretation of joint crime in Article 3 of Interpretation on Several Questions of How to Determine the Joint Offense in cases of Embezzlement and Post Occupies issued by the Supreme People's Court, is in accordance with the crime composition of post occupies offence prescribed in Clause 1, Article 271 of China's Criminal Law and the crime composition of embezzlement prescribed in Article 382 and Article383 of China's Criminal Law, which leads to the problem of concurrent law provisions. Comparatively speaking, the provision of embezzlement is stricter than that of post occupies offence, so in accordance with the principal of convicting in single aggravating circumstances, the joint offence prescribed in Article 3 should be convicted and sentenced according to the provisions of Article 382 and Article383 of China's Criminal Law.

Chapter 4 presents some ideas on legislation improvement on the conception of status crime. Ⅰ. To improve legislation on the pure status crime. The "employees of the public institutions and agencies" should be changed to the "civil servants"; the malfeasance legislation should also be improved. A) It is proposed that "properties" be changed to "illegitimate profits" or "illegitimate benefits". B) It is proposed that the economic gains from embezzlement and bribery should be classified into the upstream crimes of money laundering. C) It is proposed that the embezzlement or bribery offender who gets or offers the illegitimate profits worthy of no more than 50000 RMB should also be fined at the same time. D) It is proposed that the returned booty should be identified as a factor related to sentence circumstances when sentencing into profit-seeking white collar crime. E) It is proposed that the embezzlement legislation should be improved. F) It is proposed that the power—abusing legislation should be improved. G) It is proposed that the legislation of Crime of Engaging in Self-seeking Misconduct should be improved. Ⅱ. To add more types of pure status crimes: to establish the pure status crime and joint crime in bribery related to the civil servant of foreign countries and the employee of international institutions; and to add a crime of the employee of the public agencies indifferent to other's danger. Ⅲ. to improve the legislation of the minor offence. Ⅳ. To improve the legislation on the common offence formation of status crime; to improve the legislation of joint offence of persons with or without status to pure status crime; to improve the legislation of joint offence of the person with various identities to pure status crime; to improve the legislation of joint offence of persons with or without or with various identities to pure criminal status crime. Ⅴ. To improve the legislation on joint offence formation of unit status crime.

目 录

导　言

身份犯，是有身份的犯罪人或身份犯罪的简称。它既可指一类犯罪人，也可指一类犯罪。前者语境含义的身份犯是指实施身份犯之犯罪的一类犯罪人；后者语境含义的身份犯是指犯罪类型的一种，也就是说身份犯是一类犯罪，它是以行为人是否具有某种刑法身份①为标准而对犯罪进行分类的结果。本书中除“身份犯之身份”之类的语境含义中“身份犯”指一类犯罪人之外，大部分语境含义的“身份犯”则指一类犯罪。在古今中外的刑事立法中都有身份犯的规定。据史籍《左传·昭公十四年》记载，早在中国奴隶制发端的夏朝就有对贪赃罪的规定：“《夏书》曰：‘昏、墨、贼、杀，皋陶之刑也。’”杜预注释说：“贪以败官为墨。”其意是说官吏贪赃枉法处以墨刑。这是中国历史上最早的有关身份犯——贪污贿赂罪的规定。只是年代久远，我们对具体条文已无从了解。商时开始制定官刑，即对官吏职务犯罪制定的单行刑事法规。如《伊训》中将“殉于货色，恒于游畋”，列为“淫风”。其中“殉于货”，即贪污受贿。② 在国际上，绝大多数国家或地区也都有身份犯的刑事立法。如现行《意大利刑法》（1968 年 10 月修订）第 314 条（监守自盗）规定：“公务员或从事公务人员不法侵占因职务或公务所持有公款或其他动产物品，或为自己或第三人之利益而窃取者，处三年以上十年以下徒刑，并科四万里拉以上罚金。法官应同时宣告永久褫夺公权，情节轻

① 刑法身份即刑法中影响定罪或量刑的身份，有的称作特定身份或简称身份。

② 高绍先：《中国刑法史精要》，法律出版社 2001 年版，第 289 ~ 290 页。

微宣告三年以下徒刑者，宣告有期褫夺公权。”① 这也是有关身份犯的规定。

在国际刑法中，也有关于贪污贿赂等腐败犯罪、军职罪以及未成年人犯罪等身份犯的规定。

在中国，从新民主主义革命时期公布的《湘赣省苏区惩治反革命犯暂行条例》和《中华苏维埃共和国惩治反革命犯条例》，到建国之初的《中华人民共和国刑法大纲（草案）》和《中华人民共和国刑法指导原则草案（初稿）》，以及后来的历次刑法草案中，都有关于国家工作人员犯罪和未成年人犯罪、有生理缺陷的人犯罪等身份犯的专门规定。1979 年《刑法》及 1997 年以前的单行刑法和附属刑法中，也有类似的规定，但都不够完善。1997 年《刑法》中有关身份犯的规定更是俯拾即是，其总则和分则部分都有相当多的规定。但是，仍存在诸多不完善的地方，比如，在总则部分没有无刑法身份者与有刑法身份者共同犯纯正身份犯如何定罪和量刑的规定，亦没有对刑法身份的概念和种类作出明确规定。分则部分有关身份犯的规定也有需要进一步完善的地方。另外，值得注意的是，1997 年《刑法》中有关于特殊单位主体犯罪的规定，此种犯罪是否是身份犯呢？如此等等，这些突出的立法现象为刑法理论研究提出了新课题。近年来，有关身份犯的理论研究得到了刑法学界的重视，取得了一定进展，但仍需要进一步深入研究，以适应中国刑法理论和国际刑法理论的完善及中国司法实践与国际司法实践的需要，其意义如下：

一、加强对身份犯的理论研究，尤其是进行比较研究有助于繁荣我国的刑法理论

身份犯理论，是我国刑法理论的重要组成部分。综观 1997 年《刑法》，有关身份犯的条款占了相当大的比重：《刑法》分则

---

① 萧榕主编：《世界著名法典选编》，中国民主法制出版社 1998 年版，第 533 页。

十章中就有三章（贪污贿赂罪、渎职罪和军人违反职责罪）是典型的身份犯，在其他各章中对身份犯也有相当多的规定。我国理论界，较早对身份犯进行研究的是马克昌教授。马克昌教授在1986年发表的《共同犯罪与身份》① 一文中，首次论及身份犯问题，并将身份犯分为真正身份犯与不真正身份犯。赵秉志教授撰写的《主体特定身份与共同犯罪问题》② 一文及博士论文《犯罪主体论》，对无身份者与有身份者共同实施犯罪的定罪与量刑也进行了探讨。之后，赵秉志教授发表了《共犯与身份问题研究——以职务犯罪为视角》③ 一文，文中针对混合主体共同犯罪的定罪问题提出“为主职权行为决定说”的理论观点。针对混合主体共同犯罪的定罪问题，王作富教授和庄劲博士在《共同犯罪与构成身份新论》④ 一文中提出“修正的犯罪构成说”。陈兴良教授发表了《论身分在定罪量刑中的作用》⑤ 一文，并在其博士论文《论共同犯罪》中以专章“共同犯罪与身分”加以论述。郑州大学叶高峰教授在《共同犯罪的理论及应用》⑥ 中也涉及了身份犯问题，并对身份犯的概念和特征作了分析。武汉大学康均心教授1993年以《刑法中身份研究》为题撰写的硕士论文及狄世深博士2004年以《刑法中身份论》⑦ 为题撰写的博士论文中都论及到了身份犯问题。武汉大学2003届博士生杜国强的博士学位论文《身份犯研究》、⑧ 中国人民大学法学院1993届硕士生徐振华的硕士论文《论我国刑法中的身份犯》、西北政法学院2001届硕士生朱旭光的硕士论文《身份犯之身份与共同犯罪》、湘潭大学2004届刑法学硕士生李智良的硕士论文《身份犯研究》和中国政

① 载《法学研究》1986年第5期。

② 载《中南政法学院学报》1989年第2期。

③ 载《中国法学》2004年第1期。

④ 载《人民检察》2003年第11期。

⑤ 载《法学研究》1986年第6期。

⑥ 叶高峰：《共同犯罪的理论及应用》，河南人民出版社1990年版。

⑦ 该文已由北京大学出版社于2005年出版。

⑧ 该文已由武汉大学出版社于2005年出版。

法大学2005届刑法学硕士生潘爱辉的硕士论文《身份犯问题研究》等，以及从1986年以来的其他相关学术论文200余篇，相关博士、硕士论文十余篇，对有关身份犯的理论都进行过不同程度的研究。可以说成果颇丰。但是，在对国际刑法、区际刑法中身份犯问题的研究上，仅以分论或总论的个别问题的形式散论于林欣主编《国际刑法问题研究》、[①] 赵秉志教授著《比较刑法暨国际刑法专论》、[②] 谢望原主编《台、港、澳刑法与内地刑法比较研究》、[③] 何承斌著《贪污犯罪比较研究——兼从〈联合国反腐败公约〉看中国廉政法制》。[④] 可以说，对国际刑法中的身份犯的理论问题，还需要更进一步研究。从以上分析可以看出，目前我国对身份犯的研究，前期仅限于微观方面，而且较为集中于职务犯罪的共犯问题，不具有普遍意义，在研究的力度和深度上尚有所欠缺，其中不少论文不乏雷同之处。后期从宏观上尤其是在基础理论方面对身份犯有了系统研究。但是，对身份犯问题进行比较研究的论文或专著见之甚少，甚至对有些专门问题的研究尚付阙如，如明文规定式刑法身份与暗含式刑法身份的分类，具备并利用身份型身份犯与仅具备身份型身份犯，明文规定式身份犯与暗含式身份犯的分类问题研究，等等。对自然人身份犯与单位身份犯的分类，也较为少见。对自然人与特殊单位主体共同犯罪的定罪问题研究，更是少见。若对身份犯问题进行深入的比较研究，对于繁荣和丰富我国刑法理论具有十分重要的意义。

---

① 林欣主编：《国际刑法问题研究》，中国人民大学出版社2000年版，论及军职罪方面。

② 赵秉志：《比较刑法暨国际刑法专论》，法律出版社2004年版，论及未成年人犯罪问题。

③ 谢望原主编：《台、港、澳刑法与内地刑法比较研究》，中国人民公安大学出版社1998年版，第563～582页，论及受贿罪问题。

④ 何承斌：《贪污犯罪比较研究——兼从〈联合国反腐败公约〉看中国廉政法制》，法律出版社2004年版，论及贪污罪问题。

二、加强对身份犯的比较研究有助于提高身份犯立法的科学性

刑法中之所以规定身份犯，其根本原因是为了更好地实现刑罚的目的。如各国刑法典均规定有公务人员职务犯罪的条款，体现了国家为保障国家机器正常运转而从严治吏的目的。就身份犯的罪状建构和法定刑配置的科学性程度而言，在国外大部分刑事立法中都较为具体明确，既有总则性规定，也有分则性规定。而在中国刑法中，无论是总则性的，还是分则性的，都有欠妥之处。因此，通过对古今中外刑法及国际刑法、区际刑法中的身份犯进行比较研究，借鉴比较好的立法技术，我国对1997年《刑法》采用刑法修正案而不是单行刑事立法的方式进一步修改和补充，以适应司法实践的需要。

三、加强对身份犯理论的比较研究，有助于正确指导身份犯的司法实践活动

在身份犯的司法实践活动中，由于缺乏明确的刑法条款及科学的理论作指导，直接影响到对身份犯特别是无身份者与有身份者共同犯纯正身份犯的正确认定和处理。例如，1997年《刑法》第382条第3款规定："与前两款所列人员勾结，伙同贪污的，以共犯论处。"而第385条受贿罪中却没有类似的"以共犯论处"的规定，从而在学术界引起一场关于"非国家工作人员伙同国家工作人员共同受贿的是否以受贿罪的共犯论处"的大讨论。关于无身份者与有身份者共同犯纯正身份犯的定罪问题，以及有不同种刑法身份者各自利用职务上的便利共同将本单位财物非法占为已有的定罪问题，更是众说纷纭，莫衷一是。《最高人民法院、最高人民检察院《关于当前办理经济犯罪案件中具体应用法律的

若干问题的解答（试行）》（1985年7月18日）[①] 和《最高人民法院关于审理贪污、职务侵占案件如何认定共同犯罪几个问题的解释》（最高人民法院审判委员会第1120次会议2000年6月27日通过）中均“以主犯犯罪的基本特征定罪”或“按照主犯的犯罪性质定罪”的规定，受到刑法理论界的广泛质疑和批评。出现这种现象，主要是身份犯的理论和立法不够完善所致，因而加强对身份犯理论的比较研究对司法实践有着重要的指导作用。

首先，对新旧《刑法》进行比较研究有助于加深理解和正确适用1997年《刑法》及其修正案和单行刑法、附属刑法等刑事法规。如1979年《刑法》第136条规定刑讯逼供罪的主体是国家工作人员，而1997年《刑法》第247条规定刑讯逼供罪的主体是司法工作人员，虽然二者的罪名相同，但其主体是不同的。新旧《刑法》中纯正身份犯立法有变化，不纯正身份犯立法也有变化。如1979年《刑法》第144条规定的非法搜查罪中，司法工作人员滥用职权犯此罪的，没有从重处罚的规定，而在1997年《刑法》第245条规定的非法搜查罪中，司法工作人员滥用职权犯此罪的，从重处罚。只有进行比较研究才能准确把握这些身份犯的犯罪构成，以正确适用现行《刑法》。

其次，有助于区分罪与非罪。我国刑法中许多犯罪的构成要件，除了要求行为主体达到责任年龄，具有刑事责任能力外，还必须具备一定身份条件，否则犯罪就不能成立。如受贿罪，其行为主体必须是国家工作人员或准国家工作人员，否则就构不成犯罪。这是因为，刑法所要求的犯罪主体的特殊身份，莫不与法律上一定的权利和义务相关联。这些特定的身份赋予了有此身份者特定的职责即权利和义务，这些权利的正确行使和这些义务的忠实履行，是维护统治阶级所要求的正常的社会关系和法律秩序所

---

① 根据《最高人民法院、最高人民检察院关于废止1980年1月1日至1997年6月30日期间制发的部分司法解释和司法解释性质文件目录》（法释〔2013〕1号），《刑法》及相关司法解释有新规定。

必需的。如果具有特定身份者不正确履行其身份所赋予的职责，实施严重滥用权利或者违背、不履行其义务的行为，就严重破坏了统治阶级以刑法保护的重要的权利和义务关系，就具有了相当严重的社会危害性，危害了统治阶级的利益和法律秩序。针对特定身份者破坏特定的权利义务关系、危害社会的客观事实，为了有效地维护统治阶级的利益及其所需的社会秩序，国家的刑事立法就要强制这种特定身份者承受刑事法律上的否定评价及作为其行为法律后果的刑罚制裁。具有特定身份的行为人也应当承担这种刑事否定评价和刑罚制裁。[①] 因此，加强对这类犯罪的研究，有助于正确区分罪与非罪。

再次，有助于区分此罪与彼罪。在某些犯罪中，行为主体的身份条件在犯罪构成中所处的地位特殊，与各个要件的联系十分密切。联系的方式不同，对社会危害的性质和程度的影响也不同，从而影响定罪量刑。如一般公民偷越国（边）境的行为与军人在履行公务期间偷越国（边）境外逃的行为，由于二者主体的身份条件不相同，侵犯的客体就不同：前者的客体是国家对出入国（边）境的管理，构成1997年《刑法》第322条规定的偷越国（边）境罪；后者的客体是国家军事利益和国（边）境秩序，则构成《刑法》第430条规定的军人叛逃罪。因此，行为主体的身份是区分此罪与彼罪的标准之一。单独犯罪是这样，在共同犯罪的情况下是怎么样的呢？如海关工作人员与非海关的其他国家工作人员共同放纵走私的行为，是统一定罪，还是分别定罪呢？若统一定罪，是定《刑法》第411条规定的放纵走私罪，还是定《刑法》第397条规定的滥用职权罪呢？如此等等问题，在理论上必须深入研究，才能正确区分此罪与彼罪。

最后，有助于正确适用和执行刑罚。我国刑法对未成年人犯罪、又聋又哑的人或者盲人犯罪、国家工作人员犯某些罪等，在

---

① 赵秉志：《犯罪主体论》，中国人民大学出版社1989年版，第291页。

法定刑上都有着不同于一般主体犯罪的规定，或从重或从轻、减轻甚至免除处罚。之所以有此法律规定，是因为：“具有特定身份者与无此身份者虽然实施相同或相近的危害行为，由于特定身份的影响，两种行为人的主观恶性大小和客观危害轻重会有所不同。”① 可见，有身份者犯罪主体有着不同于无身份者犯罪主体的刑事责任能力。因此，在量刑上区别对待，也是适当的。认识到了这一点，无疑将有助于正确适用和执行刑罚。

四、有助于拓宽国际刑法研究的新视野

通过比较研究国际刑法与区际刑法中身份犯的理论，有助于丰富和完善国际刑法及区际刑法中身份犯的理论，为在全球范围内打击腐败犯罪，控制未成年人和老年人犯罪，进行有益的理论探索。

特别提醒的是，由于将单位身份犯理论引入本书，在行文过程中，有的时候，尤其是在“境外刑法及国际刑法中身份犯之比较研究、身份犯疑难实务问题比较研究、完善中国刑法中身份犯立法构想”三部分中自然人身份犯没有写明“自然人身份犯”，而是为了简明起见写成了“身份犯”。当然，在与“单位身份犯”相对而言时还是写明了“自然人身份犯”。

笔者力图在比较研究古今中外身份犯理论及国际刑法和区际刑法中身份犯理论的基础上，归纳启示，重点研讨身份犯疑难实务问题，并为身份犯刑事立法提出一些建议。由于笔者才学不逮，书中不乏值得进一步商榷与推敲之处，敬请理论界和实务部门的各位师长同仁不吝赐教，诚望能抛砖引玉，将身份犯理论研究引向深入，从而正确指导身份犯的刑事立法及其司法实践。

① 赵秉志：《犯罪主体论》，中国人民大学出版社 1989 年版，第 293 页。

第一章　刑法中的身份犯

第一节　身份犯的一般理论

一、身份犯的概念和特征

（一）身份犯的概念

根据《现代汉语词典》解释，“犯”，一曰：“犯罪人身”，二曰：“违法犯罪行为。”[①] 根据此解释中的第二种含义，身份犯之“犯”作为一种犯罪类型之语境下含义中的“犯”应当理解为犯罪，是指触犯刑法、严重危害社会、应受刑罚处罚的行为。当然，我国刑法学者对身份犯的定义有多种，无论是哪一种含义下的身份犯概念，在身份犯类型化比较研究领域内的种属概念均是指一类犯罪，如“身份犯是指一定之身份作为犯罪构成要件的犯罪”。[②]“身份犯是指法律规定必须由具有一定身份的人实施才能构成的犯罪。”[③] 身份犯可以分为纯正身份犯与不纯正身份犯；具备并利用身份型身份犯与仅具备身份型身份犯；主体身份犯与对象身份犯；自然身份犯与法定身份犯；积极的身份犯与消极的身份犯。以及在提及身份犯的概念、特征、本质和身份犯之界定中提到的范畴：身份犯与亲手犯；身份犯与不作为犯；身份犯与经济犯罪；身份犯与职务犯罪；身份犯与贪污贿赂犯罪；身份犯与

---

① 中国社会科学院语言研究所编：《现代汉语词典》，商务印书馆 1983 年版，第 305 页。

② 陈兴良主编：《刑法各论的一般理论》，内蒙古大学出版社 1992 年版，第 75 页。

③ 高铭暄等编：《中国刑法词典》，学林出版社 1989 年版，第 119 页。

渎职犯罪；身份犯与军职罪；身份犯与数额犯，如此等等。上述语境下提到的“犯”，均是指犯罪，身份犯是犯罪类型中的一种。总之，在本书中，当身份犯作为一类犯罪名称加以使用时，均应作此理解。

何谓身份犯？在我国刑法理论界主张不一，概括起来，主要有两种意见：一种意见认为，身份犯，就是指以一定之身份作为犯罪构成要件的犯罪。[①] 此概念外延过窄，仅包括纯正身份犯，未包括不纯正身份犯。另一种意见认为，身份犯是指法律规定必须由具有一定身份的人实施才能构成的犯罪。[②] 或者认为：身份犯是刑法明文规定的由具有特定身份的犯罪主体进行的一类犯罪。[③] 此类概念，既包括了纯正身份犯，又包括了不纯正身份犯，也明确反映了法律规定性特征，具有一定的合理性。但是，也有欠妥之处。其一，针对不纯正身份犯，不仅具有特定身份者即特殊主体可以实施，一般主体也可以实施。所以，将身份犯定义为“必须由具有一定身份的人实施才能构成的犯罪”，有失严密。其二，此类概念只包括自然人实施的身份犯，没有将特殊单位主体实施的身份犯即单位身份犯包括进去，也是不全面的。对于特殊单位主体实施的犯罪，中国传统刑法理论中没有论及此问题，大凡是因为在《中华人民共和国海关法》（1987 年 1 月 22 日公布）第 47 条第 4 款将单位规定为走私罪主体以前《刑法》尚未将单位规定为犯罪主体。但是，在《中华人民共和国枪支管理法》（1996 年 7 月 5 日通过）第 40 条将依法被指定、确定的枪支制造企业、销售企业规定为违规制造、销售枪支罪的主体之后，我们

---

① 陈兴良主编：《刑法各论的一般理论》，内蒙古大学出版社 1992 年版，第 75 页。

② 高铭暄等编：《中国刑法词典》，学林出版社 1989 年版，第 119 页。

③ 参见杨辉忠：《身份犯类型的学理探讨》，载《法制与社会发展》2003 年第 3 期。

不得不针对这种特殊单位犯罪的立法进行研究。[①]

笔者认为，作为一类犯罪的身份犯，是指法律规定的以实施犯罪的行为者在行为时所具有的刑法身份为定罪要件或法定量刑情节的犯罪。应当强调指出，这里所讲的“定罪”是相对于量刑而言的，也就是说，这里的“定罪”是在确定对行为者适用刑法并追究其刑事责任或适用刑罚的前提下才能考虑的确定具体罪名的司法活动或立法活动，是确定具体罪名意义上的“定罪”，并非是追究刑事责任意义上的“定罪”。而“量刑”指的是在定罪的前提下对行为者选择适用刑罚的种类和刑罚的幅度，甚或包括免除刑罚的情形。

（二）身份犯的特征

从上述身份犯的概念可以看出，作为一类犯罪，它具有如下三个特征：

1. 身份犯是一类犯罪——类罪特征

身份犯是根据法律的规定，以行为者是否具有刑法身份为标准对犯罪进行的一种分类。一方面，从犯罪构成的角度即从定罪的角度上说明有一部分犯罪，按照法律的规定，其行为者除具备一般主体条件以外，还必须具有一定的刑法身份条件，否则犯罪就不能成立。如《刑法》[②] 第 382 条第 1 款规定的贪污罪、第 385 条规定的受贿罪及第 126 条规定的违规制造、销售枪支罪（特殊单位即依法被指定、确定的枪支制造企业、销售企业）等即是。这部分犯罪，在刑法理论上被称作纯正身份犯。另一方面，从量刑角度上说明有一部分犯罪，有特定身份者和无特定身份者都能实施，但有特定身份者实施时，要处以不同于无特定身份者之刑罚，或从重或从轻、减轻甚至免除处罚。如《刑法》第 243 条规

① 详细论述见“刑法中身份犯在学理上的分类”及“刑法中的单位身份犯”两节内容。

② 注：本书中，此类引用刑法条文，“刑法”二字前面没有“1979 年”字样者均指 1997 年《刑法》，下同。

定的国家机关工作人员所犯的诬告陷害罪和《刑法》第245条规定的司法工作人员滥用职权所犯的非法搜查罪、非法侵入住宅罪等即是。这部分犯罪，在刑法理论上被称作不纯正身份犯。由此可见，无论身份犯表现为纯正身份犯还是不纯正身份犯，都说明身份犯是一类犯罪，是犯罪的一种模式，而不是指一般违法行为，更不是指实施犯罪者。因此，首先应当将身份犯与一般违法行为区别开来。违法行为，亦称非法行为，有广义和狭义之分。广义的违法行为包括犯罪行为，狭义的违法行为即一般违法行为，不包括犯罪行为，系指违反非刑事法律危害社会程度轻微尚构不成刑事处分而只能用非刑事制裁的方法处理的违法行为。例如，国家工作人员收受贿赂不足人民币2000元，并且情节轻微的，不构成受贿罪，只能是一般违法行为，依行政法规处理。可见，一般违法行为连犯罪行为都不是，那就更谈不上是身份犯了。其次，应当将身份犯与犯罪者区别开来。这里所讲的身份犯是指一类犯罪，而犯罪者包括犯罪人和犯罪单位，均是构成犯罪并应承担一定刑事责任的主体。比如，死刑犯，是指被判处死刑的人；累犯，是指依照刑法的规定符合累犯条件的犯罪人；自首犯，是指犯罪后有自首情节的犯罪者，等等，都是指犯罪者主体本身，而不是指作为一类犯罪的身份犯。

2. 身份犯的行为者在行为时必须具有身份犯之身份——主体特征

此主体特征具有如下三层含义：

首先，身份犯之身份是身份犯的构成要件。所谓身份犯之身份，是指法律规定的身份犯的行为者所具有的影响定罪（指确定具体罪名意义上的“定罪”）和量刑的个人要素或单位附属条件。这里所讲的量刑，指在确定具体罪名即定罪的前提下选择适用刑罚的种类和刑罚的幅度意义上的量刑，甚或包括免除刑罚的情形。身份犯之身份的概念和特征将在下文中详细论述。身份犯之所以要求其行为者必须具有这种身份犯之身份，就因这种刑法身份影响定罪量刑，否则与一般主体所实施的犯罪没有什么两样，必将失去身份犯与非身份犯[①]的分类意义。作为身份犯之构成要件的身份犯之身份分为两种情况：一是，作为定罪要件的身份犯之身份。缺少此种刑法身份，便不能构成身份犯。如国家工作人员监守自盗，构成身份犯——贪污罪（《刑法》第 382 条第 1 款），因为行为人具有国家工作人员的刑法身份，并且利用了这种刑法身份——监守的职务便利，而这种刑法身份是构成贪污罪（《刑法》第 382 条第 1 款）必不可少的条件。与此相反，一般人员实施的盗窃行为，只能是常人[②]犯盗窃罪，而不是身份犯，因其行为人不具备身份犯之身份的条件。再如，并非用人单位的其他一般单位实施《刑法》第 244 条（《刑法修正案（八）》第 38 条）规定的强迫劳动的行为，也不构成单位身份犯——强迫劳动罪。二是，作为法定量刑情节的身份犯之身份。虽说这种刑法身份不影响犯罪的成立与否，但却影响刑罚的轻重或有无，即法定量刑情节。如一般人员所犯的非法搜查罪不是身份犯，而司法工作人员滥用职权所犯此罪就是身份犯，因为“司法工作人员滥用职权”是法定量刑情节。

其次，身份犯之身份必须为行为者所具有，而非受害者所具有。如《刑法》第 240 条规定的拐卖妇女、儿童罪，尽管其犯罪对象“妇女、儿童”是一种刑法身份，但并非行为者所具有，因而不是身份犯。当然，我国刑法中有部分犯罪，其犯罪主体和犯罪对象都具有特定身份，如已满 14 周岁的男子奸淫幼女的行为所构成的《刑法》第 236 条第 2 款的强奸罪即是。像这类犯罪，由于行为者具有身份犯之身份，尽管犯罪对象具有刑法身份，也不影响身份犯的成立。

---

① 非身份犯，有的称作常人犯，指无刑法身份者实施的一类犯罪，是与身份犯相对而言的一类犯罪。参见马克昌主编：《犯罪通论》，武汉大学出版社 2000 年版，第 44 页。

② 常人即指无刑法身份者。

再次，身份犯之身份必须为行为者在行为时所具有。也就是说，身份犯要求行为者在开始实施犯罪时必须具有身份犯之身份，并非要求行为者在犯罪之前或犯罪之后才具有这种刑法身份，也不要求行为人在犯罪过程中因实施犯罪而成为有刑法身份者。所以对身份犯如此界定，是因为行为者的身份要随着时间的变化而变化，并非任何时间都能作为定罪的要件或法定量刑的情节。只有在特定时间内行为人所具有的身份，才能作为身份犯之身份。如原为男子的变性人在作变性手术以前仍然是男子，可以单独构成强奸罪，但在作变性手术以后，失去了男子身份，就不能单独成为强奸罪主体。再如退、离休的司法工作人员，也不具有身份犯之身份，他们所犯的非法搜查罪、非法侵入住宅罪，就不是身份犯，因为他们在行为时不具有司法工作人员的刑法身份。我们的上述理解，也是符合刑事立法本意的。如《刑法》第430条规定的军人叛逃罪，按照法律的规定，必然要求行为人在行为时具有军人身份（并在履行职务期间），而不是在行为前或行为后具有军人身份，否则就构不成该罪。自然人实施的身份犯是这样，特殊单位实施的身份犯也是这样，如《刑法》第126条规定的依法被指定、确定的枪支制造企业、销售企业所犯的违规制造、销售枪支罪，也要求犯罪主体在实施本罪时是“依法被指定、确定的枪支制造企业、销售企业”，否则也不构成身份犯。这是作为定罪要件的身份犯之身份的情况，作为法定量刑情节的身份犯之身份，也是如此。如《刑法》第17条第3款规定：“已满14周岁不满18周岁的人犯罪，应当从轻或者减轻处罚。”从这些规定可以看出，显然是要求只有在行为人实施犯罪时已满14周岁不满18周岁，才从轻或者减轻处罚，否则应当处以通常之刑。

3．身份犯是由刑法规定的——法律特征

哪些犯罪为身份犯，都毫无例外地是由刑事法律规定的，这就是身份犯的法律特征。这里所讲的刑事法律，是指广义上的刑法，包括普通刑法和特别刑法即刑法典、单行刑法、刑法修正案和附属刑法及刑事立法解释、司法解释等形式。

首先，应当说明的是司法解释中规定的有关身份的犯罪，也是身份犯。如在1984年11月2日《最高人民法院、最高人民检察院关于当前办理盗窃案件中具体应用法律的若干问题的解答（四）》[①] 中规定，处理案件时，要注意具体分析，要把偷窃自己家里或近亲属的，同在社会作案的加以区别。在这里，所谓“加以区别”仅指量刑，而不指定罪，因为定盗窃罪是毫无疑问的。在这类案件中，家庭成员或近亲属这种刑法身份也是量刑情节。尽管这种量刑情节是在刑法司法解释中规定的，但由于其影响量刑，因此家庭成员或近亲属之间所犯的盗窃罪，同样也符合身份犯的特征，属于身份犯。只不过，在司法解释中的身份犯，一般只涉及量刑，不涉及定罪，这是由司法解释的法律地位所决定的。如《最高人民法院、最高人民检察院关于办理赌博刑事案件适用法律若干问题的解释》（2005年5月11日）第5条规定：具有国家工作人员身份者实施赌博犯罪的，依照《刑法》第303条（赌博罪）的规定从重处罚。这也是司法解释中涉及量刑的身份犯。司法解释涉及定罪的往往是处理案件的一般原则，并非是关于身份犯的解释。如最高人民法院2005年6月8日《关于审理抢劫、抢夺刑事案件适用法律若干问题的意见》（法发〔2005〕8号）第7条第3款关于亲属间抢劫的规定：“为个人使用，以暴力、胁迫等手段取得家庭成员或近亲属财产的，一般不以抢劫罪定罪处罚，构成其他犯罪的依照刑法的相关规定处理；教唆或者伙同他人采取暴力、胁迫等手段劫取家庭成员或近亲属财产的，可以抢劫罪定罪处罚。”在该款前项规定的内容中，考虑到家庭成员或近亲属财产可能是共同财产，难以判断行为者是否具有非

---

① 该解答的基本内容已被1992年12月《关于办理盗窃案件具体应用法律的若干问题的解释》和1998年3月《关于审理盗窃案件具体应用法律若干问题的解释》所替代。

法占有他人财产的目的，一般不以抢劫罪定罪处罚。同时，在该款后项规定的内容中考虑到家庭成员或近亲属教唆或者伙同他人采取暴力、胁迫等手段劫取家庭成员或近亲属财产时，家庭成员或近亲属与他人具有非法占有他人财产目的的共同故意内容，可以抢劫罪定罪处罚。因此，这是处理案件的一般原则，并非是关于身份犯的解释。

其次，应当特别注意法律规定的内容和时间性。法律规定的内容主要是指将身份犯之身份规定为定罪要件或法定量刑情节两个方面的内容。一方面，在刑事法律中明确规定某些犯罪必须以某种特定身份作为构成犯罪的必要条件。这种要件，显然应当是法定的。另一方面，在刑事法律中明确规定某种身份犯之身份虽然不影响某种犯罪的成立，但却影响刑罚的轻重或有无，即是法定量刑情节。在此，应当强调指出这里所言的量刑情节仅指法定的量刑情节，不包括酌定的量刑情节。法律规定的时间性，是指身份犯被明确规定在现行刑事法律中，并非规定在已经失效的刑法中，或尚未生效的刑法草案中。如巨额财产来源不明罪，在《全国人大常委会关于惩治贪污贿赂罪的补充规定》没有作出规定以前，即使国家工作人员的财产或支出明显超过合法收入、差额巨大而本人又不能说明其合法来源，也不能构成身份犯。只有在作出规定以后，才构成身份犯。又如血亲相奸行为，在国外有些国家是身份犯，如现行《德国刑法典》[①] 第 173 条将此行为规定为亲属间的性交罪，[②]《瑞士联邦刑法典（2003 年修订）》[③] 第 213 条规定为乱伦罪，而在我国刑法尚未作出规定以前，则不是

---

① 即德意志联邦共和国于 1976 年 5 月 18 日修订通过的《德意志联邦共和国刑法典》。德国于 1871 年制定刑法典，直到第二次世界大战结束，虽经多次补充修改，但一直为德国的正式刑法。第二次世界大战以后，德意志联邦共和国于 1953 年 8 月 25 日公布了刑法典，之后多次进行补充修改，直至形成现行的刑法典。德国于 1990 年统一后，该法已成为现行的《德国刑法典》。

② 冯军译：《德国刑法》，中国政法大学出版社 2000 年版，第 110 页。

③ 徐久生、庄敬华译：《瑞士联邦刑法典（2003 年修订）》，中国方正出版社 2004 年版，第 68 页。

身份犯。

另外，身份犯的法律特征也是刑法中罪刑法定原则的基本要求。所谓罪刑法定原则，其基本含义就是："法无明文规定不为罪，法无明文规定不处罚。"易言之，无论是定罪还是量刑，必须严格依刑法的明文规定进行。[①]《刑法》第3条规定了罪刑法定原则：法律明文规定为犯罪行为的，依照法律定罪处刑；法律没有明文规定为犯罪行为的，不得定罪处刑。因此，罪刑法定原则必然要求身份犯是由法律规定的行为，否则不以身份犯论处。

我国刑法中的身份犯是以上三特征的统一，缺一不可。

二、身份犯之身份

如前述，根据《现代汉语词典》解释，"犯"，一曰："犯罪人身"，二曰："违法犯罪行为。"[②] 根据此解释的第一种含义，身份犯之"犯"作为一种犯罪人之语境下应理解其为一类犯罪人，是指实施触犯刑法、严重危害社会、应受刑罚处罚的行为的有刑法身份者。简言之，"身份犯之身份"中"身份犯"的含义是指实施身份犯（类罪含义）这一类犯罪的自然人或者特殊单位。

（一）身份的一般含义

从身份犯的概念和特征可以看出，行为人的刑法身份是身份犯成立的必要条件。因此对身份犯之身份的概念和特征作深入探讨，是十分必要的。为了深入研究身份犯之身份的概念和特征，首先应当明确什么是身份和刑法身份。

身份，又作身分。在早期的论著中有的学者用"身分"，如赵秉志教授著《犯罪主体论》第七章"犯罪主体的特殊身分与刑事责任"及陈兴良著《共同犯罪论》（第一版）第十三章"共同

---

① 谢望原主编：《刑法学》，北京大学出版社2003年版，第23~24页。

② 中国社会科学院语言研究所编：《现代汉语词典》，商务印书馆1983年版，第305页。

犯罪与身分”中用的都是“身分”。[①] 近期，尤其是在启用《居民身份证》及2003年6月28日通过并公布《中华人民共和国居民身份证法》以来，由于《居民身份证》用“身份”二字，在论著中绝大多数场合下一般都用作“身份”，如陈兴良著《共同犯罪论》（第二版）第十三章“共同犯罪与身份”中就改用为“身份”。[②] 据《现代汉语词典》解释：“身份是指（人）在社会上或法律上的地位”，[③]《辞海》中解释：“身分亦作身份，指人的出身、地位或资格。”[④] 这是指普通意义上的身份。马克思说，人的本质在其现实性上是一切社会关系的总和。[⑤] 因此，可以说，任何人都有普通意义上的身份。

以上在传统意义上的身份，仅指自然人的身份，没有论及单位是否有身份。

（二）刑法身份的概念、特征和分类

1. 刑法身份的概念

有论者认为：“身份一旦作为法律调整的内容，便成为法律身份。法律身份是公民在社会生活中相对稳定的地位或资格，是一定法律关系的体现。由于法律部门的不同，法律身份可分为民法身份、刑法身份等。”[⑥] 这就引出了刑法身份的概念，应当注意的是这里所讲刑法身份仅指自然人刑法身份，没有涵盖单位刑法身份。刑法身份是刑法中的身份的简称，有的称之为特定身份，即指通常所言刑法意义上的身份。刑法身份应当包括自然人刑法身份和单位刑法身份。在中国，对于单位刑法身份尚未有专论，

---

① 详见赵秉志：《犯罪主体论》，中国人民大学出版社1989年版，第269～321页。陈兴良：《共同犯罪论》，中国社会科学出版社1992年版，第346～368页。

② 详见陈兴良：《共同犯罪论》（第二版），中国人民大学出版社2006年版，第308～330页。

③ 《现代汉语词典》，北京商务印书馆1992年版，第1017页。

④ 《辞海》，上海辞书出版社2001年版，第1866页。

⑤ 参见：《马克思恩格斯选集》（第1卷），人民出版社1972年版，第18页。

⑥ 隋光伟：《刑法身份与身份刑法——兼论中国身份刑法的建构和完善》，载《当代法学》（长春）1992年第4期。

只是有论者称“特殊单位主体”。[①] 笔者认为，这种特殊单位主体依照刑法规定应当具备的影响定罪量刑的特殊条件即单位附属条件，就是单位刑法身份，如《刑法》第126条规定的违规制造、销售枪支罪的犯罪主体身份是“依法被指定、确定的枪支制造企业、销售企业”。非依法被指定、确定的枪支制造企业、销售企业不能单独构成违规制造、销售枪支罪。又如《刑法》第387条规定的单位受贿罪主体身份是国家机关、国有公司、企业、事业单位、人民团体，如果不是这些国有单位，则不能单独构成单位受贿罪。如此等等，这些依附于单位主体的附属条件都是单位主体刑法身份。还有单位对象刑法身份，如《刑法》第391条对单位行贿罪规定的行贿的对象是国家机关、国有公司、企业、事业单位、人民团体，如果行贿的对象不是这些国有单位，不能构成对单位行贿罪。

理论界对自然人刑法身份的解释，有如下不同主张：

(1) 特定关系说

此说基于自然人的社会关系将自然人刑法身份解释为特定关系，即特定人与特定人之间的身份关系。所谓“特定关系”，是指特殊的人基于特殊的事实而产生的关系。特定关系说的缺陷有二：一是，概念外延过窄，不承认有的犯罪对象也具有刑法身份；二是，没有反映刑法身份的法律规定性特征和影响定罪量刑的本质特征。

(2) 特定资格说

该说认为自然人刑法身份是指刑法规定的一定犯罪的行为人所必须具有的特定资格。该说也不承认刑法身份为受害人拥有，同时，也没有揭示出刑法身份影响定罪量刑的本质属性。

(3) 个人要素说

此说认为自然人刑法身份是指法律明文规定的，对定罪量刑

---

① 参见何秉松主编：《刑法教科书》（据1997年刑法修订），中国法制出版社1997年版，第239页。

具有影响的一定的个人要素。所谓个人要素是依附于个人而存在的某种情状，比如职务、性别，是刑法身份的事实特征。[①] 此说，几乎比较全面地揭示了自然人刑法身份的本质，具有一定的合理性，但是也有缺陷。这是因为，有的自然人刑法身份未必是明文规定的，通过刑法规定推断出来的也可以。比如《刑法》第236条规定的强奸罪主体身份男性就不是明文规定的，而是依照强奸罪的犯罪特征推断出来的。因而，这种主张有失严谨。

综上所述，笔者认为，刑法身份是指法律规定的，对定罪量刑具有影响的一定的个人要素或一定的单位附属条件。它可以分为自然人刑法身份和单位刑法身份。自然人刑法身份指法律规定的，对定罪量刑具有影响的一定的个人要素；单位刑法身份是指法律规定的，对定罪量刑具有影响的一定的单位附属条件。应当强调指出，刑法身份概念中谈到的“定罪”是确定具体罪名意义上的“定罪”，并非追究刑事责任意义上的“定罪”。也就是说，这里的“定罪”是指在确定对行为者适用刑法并追究其刑事责任或适用刑罚的前提下才予以考虑的确定具体罪名的司法活动或立法活动，有别于确定刑法适用范围、应当追究刑事责任的活动。如《刑法》第7条第2款规定：“中华人民共和国国家工作人员和军人在中华人民共和国领域外犯本法规定之罪的，适用本法。”就不是关于确定具体罪名意义上的“定罪”活动，而只是明确这种主体是否适用于本法。因而可以说，该款规定的“中华人民共和国国家工作人员和军人”不是刑法身份，只是一般意义上的身份。“量刑”指的是在定罪的前提下对行为者选择适用刑种和刑期，甚或包括免除刑罚的一种司法或立法活动，有别于确定刑法规定的刑种或量刑的适用原则之司法活动。如《刑法》第35条规定：“对于犯罪的外国人，可以独立适用或者附加适用驱逐出境。”这是针对外国人适用刑罚种类的原则规定。因而可以说，

---

① 陈兴良：《共同犯罪论》（第二版），中国人民大学出版社2006年版，第312页。

这里规定的外国人不是刑法身份，只是一般意义上的身份。

2. 刑法身份的特征

从以上刑法身份的概念可以看出，刑法身份具有如下三个特征：

（1）法律事实特征

所谓法律事实特征，是指刑法身份作为一定的个人要素或一定的单位附属条件，是一种法律事实。它能引起刑事法律关系的产生、变更或消灭，即行为者或行为对象所具有的这种个人要素或单位附属条件与犯罪具有密切相关性。如《刑法》第247条规定的刑讯逼供罪，行为人如果不具有司法工作人员这种刑法身份，就不可能产生有关本罪的刑事法律关系。又如司法工作人员滥用职权，实施《刑法》第245条规定的非法搜查行为，行为人如果不是司法工作人员，既不会产生有关非法搜查罪的刑事法律关系，也不会对行为人从重处罚。可见，行为人从事司法工作这种个人要素，是产生刑讯逼供罪和非法搜查罪的刑事法律关系的法律事实。自然人身份犯是这样，单位身份犯也是这样。如《刑法》第126条规定的违规制造、销售枪支罪的犯罪主体身份是“依法被指定、确定的枪支制造企业、销售企业”，不是依法被指定、确定的枪支制造企业、销售企业就不能构成违规制造、销售枪支罪。“企业”所依附的“依法被指定、确定的枪支制造、销售”的附属条件，就是能产生违规制造、销售枪支罪之刑事法律关系的法律事实。

（2）本质特征

刑法身份必须对定罪量刑具有影响，这就是其本质特征。刑法身份之所以成为身份犯理论的研究对象，就在于它同某种特定的犯罪条件相联系，因而对定罪（确定具体罪名意义上的“定罪”）和量刑（在定罪即确定具体罪名前提下选择刑种或刑期，甚或包括免除刑罚的司法或立法活动）能够发生一定的影响。否则，行为者的个人要素或单位附属条件就不能成为刑法身份。因此，影响定罪量刑是刑法身份的本质特征。[①] 如前述中行为人从事司法工作这种个人要素，以及“企业”所依附的附属条件“依法被指定、确定的枪支制造、销售”，之所以能成为刑法身份，是因其影响刑讯逼供罪、违规制造、销售枪支罪的定罪及非法搜查罪的量刑。

（3）刑法性特征

刑法身份是由刑法规定的，这就是它的刑事法律规范规定性特征，简称刑法性特征。详言之，行为者或行为对象的个人要素或单位附属条件要想成为某一类犯罪或者某一种具体犯罪的刑法身份，必须由刑法规定，而不是由非刑事法律规范规定，而且不能相互替代。如男性，只能成为强奸罪的主体身份，而不能替代抢劫罪的主体身份。但是，未必是在刑法中明文规定的，如《刑法》第236条规定的强奸罪，刑法并没有明文规定其主体身份是男性，只是在强奸罪的犯罪构成中推断出其主体身份统一称男子，即在《刑法》第236条的规定中暗含其犯罪主体是男性。在这里应当说明，刑法身份的刑法性特征并不排除以下两种情况：一是，不排除刑法身份内容本身的非法性。刑事法律规范规定性的意义在于强调哪些行为者所具有的哪种个人要素或单位附属条件可能成为刑法身份，而不是说这些个人要素或单位附属条件本身是合法的。如《刑法》第294条第2款（《刑法修正案（八）》第43条第2款）规定的入境发展黑社会组织罪，其行为人必须是境外的黑社会组织的人员，否则不构成本罪，但境外的黑社会组织的人员本身是一种应该取缔的非法身份。就单位刑法身份而言，目前尚未有此类规定。二是，不排除刑法身份来源的非法性。这就是说，刑法身份的取得，只要有齐备的手续，形式上符合法律规定即可。至于从本质上看，行为者或行为对象应否具备合法手续，应否取得合法身份，对于刑法身份的形成没有影响。

---

① 陈兴良：《共同犯罪论》（第二版），中国人民大学出版社2006年版，第312页。

有人认为，国家工作人员身份的取得必须“合法”，否则该身份无效。笔者认为，这是对刑法条文含义的误解。如坚持这种观点，便会出现如下奇怪现象：通过非正当途径取得国家工作人员身份的人都因其刑法身份来源的“非法性”而得以逍遥法外或处刑明显偏轻。① 单位身份犯也是这样，即便是通过非正当途径取得法人资格，只要不是个人为进行违法犯罪活动而设立法人单位仍以单位犯罪论处。② 由此可见，行为者或行为对象的个人要素或单位附属条件，只要在形式上符合刑法要求，即可构成刑法身份。

3．刑法身份的分类

（1）自然人刑法身份与单位刑法身份

以行为者或行为对象是自然人或单位为标准，可将刑法身份分为自然人刑法身份与单位刑法身份。前者如国家机关工作人员所犯《刑法》第254条规定的报复陷害罪，其主体身份国家机关工作人员及其行为对象身份“控告人、申诉人、批评人、举报人”都是自然人刑法身份；后者如《刑法》第387条规定的单位受贿罪，其主体身份“国家机关、国有公司、企业、事业单位、人民团体”以及《刑法》第391条规定的对单位行贿罪的行为对象身份“国家机关、国有公司、企业、事业单位、人民团体”都是单位刑法身份。

（2）定罪刑法身份与量刑刑法身份

以刑法身份影响的是定罪还是量刑为标准，可将刑法身份分为定罪刑法身份和量刑刑法身份。

定罪刑法身份，简称定罪身份，又称构成身份，是指以行为者或行为对象的一定的个人要素或一定的单位附属条件作为其犯

---

① 张金龙：《特殊犯罪主体初探》，载《学习与探索》1991年第2期。

② 参见《最高人民法院关于审理单位犯罪案件具体应用法律有关问题的解释》第2条：“个人为进行违法犯罪活动而设立的公司、企业、事业单位实施犯罪的，或者公司、企业、事业单位设立后，以实施犯罪为主要活动的，不以单位犯罪论处。”

罪构成要件的刑法身份。这种刑法身份是追究行为者刑事责任的前提条件，直接影响具体犯罪的成立与否，因此称之为定罪刑法身份。这里所讲的定罪是指确定具体罪名意义上的“定罪”。以前述所举报复陷害罪和单位受贿罪及对单位行贿罪为例。在报复陷害罪中，行为主体身份国家机关工作人员及行为对象身份“控告人、申诉人、批评人、举报人”，都是定罪刑法身份。如果行为主体不是国家机关工作人员或行为对象不是“控告人、申诉人、批评人、举报人”，都不构成报复陷害罪。在单位受贿罪中，行为主体身份国有单位是定罪刑法身份。在对单位行贿罪中，其行为对象身份“国有单位”也是定罪刑法身份。如果单位受贿罪的行为主体不是国有单位、对单位行贿罪的行为对象不是国有单位，前者不能构成单位受贿罪，后者不能构成对单位行贿罪。因此，这里所讲的国有单位，无论其作为行为主体的刑法身份还是作为行为对象的刑法身份，都是定罪刑法身份。

量刑刑法身份，简称量刑身份，又称加减身份，是指作为刑罚从重、从轻、减轻或者免除处罚根据的刑法身份。这里所讲的“量刑”即是在定罪即确定具体罪名前提下选择刑种或刑期，甚或包括免除刑罚的司法或立法活动。量刑身份决定着罪责之大小，直接影响刑罚的裁量。如已满 14 周岁未满 18 周岁的人、已满 75 周岁的人、① 又聋又哑的人或者盲人等作为犯罪主体时即是。对于一般单位所构成的犯罪而言，刑法中一般规定了不同于自然人犯罪的刑罚，可是我们现在研究的是身份犯，一般单位所构成的犯罪不在此考查范围。1997 年《刑法》中，没有规定特殊单位主体犯罪不同于一般单位主体犯罪的刑罚，即不存在单位量刑身份。

（3）主体刑法身份与对象刑法身份

以刑法身份的所有者是行为者还是行为对象为标准，可以将

---

① 如《刑法修正案（八）》第 1 条规定：在《刑法》第十七条后增加一条，作为第十七条之一：“已满七十五周岁的人故意犯罪的，可以从轻或者减轻处罚；过失犯罪的，应当从轻或者减轻处罚。”

刑法身份分为主体刑法身份和对象刑法身份。

主体刑法身份，简称主体身份，是犯罪主体所具有的刑法身份。如《刑法》第 382 条第 1 款的贪污罪、第 385 条的受贿罪的行为者所具有的国家工作人员身份即是。《刑法》第 387 条的单位受贿罪主体所具有的“国家机关、国有公司、企业、事业单位、人民团体”身份，也是主体刑法身份。

对象刑法身份，简称对象身份，是行为对象或称犯罪对象[①]所具有的刑法身份。如《刑法》第 262 条的拐骗儿童罪，该罪的行为对象所具有的不满 14 周岁的未成年人即是。《刑法》第 391 条的对单位行贿罪的行为对象所具有的“国家机关、国有公司、企业、事业单位、人民团体”身份也是对象刑法身份。

（4）明文规定式刑法身份与暗含式刑法身份

以刑法身份在刑法中是明文规定的，或虽没有规定，但可依刑法法理推导出来的为标准，可将刑法身份分为明文规定式刑法身份与暗含式刑法身份。如此分类便于澄清刑法身份是否需要在刑法中明文规定的问题。在刑法条文中，有的刑法身份得以明确规定，有的刑法身份在刑法条文中没有明确规定，只是对法条潜在的实质含义及法条规定的犯罪构成分析后得出其是刑法身份的结论。通过这样的分析可知，刑法身份未必是在刑法中明文规定的，在刑法条文中暗含着的影响定罪量刑的一定的个人要素或单位附属条件也是刑法身份。

明文规定式刑法身份，简称明文规定式身份，是指在刑法中明文规定的行为者或行为对象所具有的刑法身份。在自然人犯罪中，如《刑法》第 382 条第 1 款贪污罪、第 384 条挪用公款罪和第 385 条受贿罪的主体身份“国家工作人员或准国家工作人员”，

---

① 传统意义上的犯罪对象是指刑法分则条文规定的犯罪行为直接作用的具体的人或物，参见谢望原主编：《刑法学》，北京大学出版社 2003 年版，第 79 页。笔者认为除此之外，还应当包括单位，如《刑法》第 391 条规定的对单位行贿罪的犯罪对象即是。

以及《刑法》第237条第1款、第2款强制猥亵、侮辱妇女罪的对象身份“妇女”，第237条第3款猥亵儿童罪的对象身份“儿童”，等等，即是这种明文规定式刑法身份。在单位犯罪场合，如《刑法》第137条工程重大安全事故罪的主体身份“建设单位、设计单位、施工单位、工程监理单位”，第158条虚报注册资本罪的对象身份“公司登记主管部门”，等等，也是这种明文规定式刑法身份。

暗含式刑法身份，简称暗含式身份，是指在刑法中没有明文规定但对刑法规定的实质含义及法条规定的犯罪构成分析后推断出来的行为者或行为对象所具有的刑法身份。在自然人犯罪中，如《刑法》第236条强奸罪的主体身份“男子”，第313条拒不执行判决、裁定罪的主体身份“对人民法院发生效力的判决、裁定具有执行义务、已满16周岁并具有刑事责任能力的自然人”，等等，即是这种暗含式刑法身份。在单位犯罪场合，如《刑法》第370条故意提供不合格武器装备、军事设施罪的主体身份“武器装备、军事设施的生产、建造及经营者（包括单位和自然人）”等，亦是这种暗含式刑法身份。①

（5）积极刑法身份与消极刑法身份

以刑法身份对定罪或量刑所起作用的正负效应为标准，可分为积极刑法身份和消极刑法身份。

积极刑法身份，简称积极身份，是指对定罪或量刑起积极推动作用的刑法身份，即：由于这种刑法身份的存在而使行为者的行为构成犯罪，或者成为从严或从宽处罚的理由。如《刑法》第21条规定的紧急避险行为不负刑事责任。但该条第3款规定，如行为人在职务上或业务上负有特定责任，要负刑事责任。这种职务上、业务上的刑法身份，就是积极身份。

消极刑法身份，简称消极身份，在刑法理论上亦称阻却刑罚

① 参见赵秉志主编：《刑法新教程》，中国人民大学出版社2001年版，第811页。

事由，是指对定罪或量刑起消极作用的刑法身份。也就是说，由于这种刑法身份的存在而使行为者的罪责得以免除，要么不构成犯罪，要么虽构成犯罪但予以免除处罚。如根据《刑法》第 17 条的规定，犯罪时不满 14 周岁的人不负刑事责任，这里讲的“不满 14 周岁”即是一种消极身份。又如，该条规定的未满 18 周岁的人犯罪予以免除处罚时所具有的刑法身份，亦是一种消极身份。

（6）自然刑法身份与法定刑法身份

以刑法身份形成的原因为标准，可将刑法身份分为自然刑法身份和法定刑法身份。

自然刑法身份，简称自然身份，是指基于行为人的诸如性别、年龄等自然事实而形成的刑法身份，如男子、未成年人即是。

法定刑法身份，简称法定身份，是指基于法律上的规定而形成的刑法身份，如自然人的国籍、职务以及特殊单位的附属条件即是。

应当指出，只有自然人才可能有自然刑法身份，单位没有自然刑法身份，而自然人和单位均有法定刑法身份。因为，特殊单位的附属条件均是由法律规定的。

当然，有的学者对这种分类提出异议，他们认为自然刑法身份也是法定的，不应作此分类。其理由是，传统刑法理论在论及自然身份时所举的例子不外乎两类：一是男女性别，二是亲属身份。就前者而言，在我国现行刑法中以男性性别作为区分标准的所谓“自然身份犯”只有强奸罪一例，但是在司法实践中，女性不仅可以成为强奸罪的教唆犯、帮助犯，还可以成为间接正犯与共同正犯，因而以男、女身份为自然身份划分的标准之一是不合理的。至于亲属关系也不应当归入自然身份的范畴。从本质上讲，亲属应当是一个法律概念，亲属的意义最主要是法律上的一种权利义务关系，有关亲属关系的犯罪必须以违反婚姻家庭法且情节严重为前提。如果没有法律上的权利义务事实的存在，主体身份则不能确定。因而与其将亲属作为自然身份的一种，还不如视为法定身份更为合适。实际上，没有“自然身份”的概念，法定身份的称谓就会显得多余。[①]

笔者认为，在评价上述观点时，首先，应将身份和身份犯区别开来，自然身份与法定身份是根据形成方式的不同而对身份进行的第一层次的分析，是先于身份犯而存在的概念，而且并不限于犯罪主体的身份，还包括犯罪对象的身份。自然身份与法定身份虽然来源不同，但由于一定的个人要素或一定的单位附属条件都能够体现行为者或行为对象在一定的社会关系中所处的地位，并且对定罪量刑具有影响，所以，根据法律的规定成为刑法意义上的身份，即刑法身份。其次，上述否定自然身份和法定身份之分类的观点犯了以偏概全的错误，即上述观点未穷尽自然身份的所有情况，如未成年人、聋哑人。再次，自然身份和法定身份是相对而言的，刑法理论上通常将并非基于法律的规定而是基于客观事实形成的身份称作自然身份，因此，即使是通过变性手术而取得的性别，也是由于其具备了男性或女性特征等客观事实因素方可认为其具备自然身份。但是亲属身份则不尽然，在婚姻家庭法中，所谓亲属是指“基于婚姻、血缘以及法律拟制而产生的社会关系”，[②] 其中，基于血缘关系形成的父母子女关系应属于自然身份，而基于婚姻形成的夫妻关系和法律拟制的养父母子女关系则主要基于法律的规定，因而应当属于法定身份的范畴。[③]

有的学者认为，产生法定刑法身份的法律的范围通常只限于刑法以外的法律。这是因为，刑法身份与一般意义上的身份存在区别。前者强调其在定罪量刑上的意义，后者则强调其职责（权利或义务）的范围。行为者具有某种身份是实施特定行为、享有

---

① 李江涛、马洪涛：《刑法中“自然身份犯”概念质疑》，载《武汉科技大学学报》2003 年第 2 期。

② 曹诗权：《婚姻家庭继承法学》，中国法制出版社 1999 年版，第 97 页。

③ 杜国强：《身份犯研究》，武汉大学出版社 2005 年版，第 68 页。

特定权利并承担特定义务的前提，也是其行为产生一般法律意义的前提，由刑法的性质和事后评价功能所决定，刑法通常不具有赋予主体一定职权的功能，因而也就不具有赋予行为者特定资格的功能。例如，国家工作人员这一法定身份的取得是通过宪法或其他法律的赋予而取得的，宪法或其他法律在赋予某类主体国家工作人员身份时，对其加诸了一定的权利与义务，即规定了一定的职责范围。笔者认为，在多数情况下，法定身份是基于其他法律的规定，但也有例外的情况，比如，《刑法》第 93 条第 2 款中，国有单位人员受委派到非国有单位的人员本身可能并非国家工作人员，但基于“受委派从事公务”这一事实，刑法将其纳入法定身份的范畴加以规定。总之，自然身份与法定身份这一分类的意义并不在于直接说明刑法身份与刑事责任的关系，而在于通过对刑法身份的了解，进而准确而深刻地把握刑法设立此项规定的意义，这无疑会有助于正确地适用身份刑法。①

（三）身份犯之身份的概念和特征

身份犯之身份，即身份犯的行为主体所具有的刑法身份，与刑法身份是属种关系，个性与共性的关系。因此，根据刑法身份与身份犯的概念，可得身份犯之身份的定义为：身份犯之身份，是指法律规定的行为者在行为时所具有的影响定罪量刑的个人要素或单位附属条件。

从以上概念可以看出，身份犯之身份除了具有刑法身份的法律事实特征、本质特征和法律特征的一般属性外，还有其自身的如下两个特征：

1. 犯罪主体依附性特征

所谓犯罪主体依附性特征，是指身份犯之身份依附于身份犯主体而存在，不是依附于犯罪对象而存在，即身份犯之身份与身份犯主体之间具有不可分离性。强调本特征的意义在于将身份犯

① 参见杜国强：《身份犯研究》，武汉大学出版社 2005 年版，第 69 页。

之身份与对象刑法身份区别开来。身份犯之身份属于主体刑法身份的范畴，只不过其外延小于主体刑法身份的外延而已，因为有些主体刑法身份不是身份犯之身份。如根据《刑法》第356条的规定，因走私、贩卖、运输、制造、非法持有毒品罪被判过刑，又犯本节规定之罪的，从重处罚。这里规定的毒品再犯是主体刑法身份，但不是身份犯之身份，因为毒品再犯是行为者在实施犯罪过程中形成的，不具备身份犯之身份的时间性特征（下文中专门讨论）。对象刑法身份，则是行为主体实施犯罪的对象所具有的刑法身份，与主体身份有着明显的区别。

2. 时间性特征

所谓时间性特征，是指身份犯之身份是行为者在行为时所具有的，而不是在犯罪之前或在犯罪之后所具有的，也不是在犯罪过程中所形成的。这正如张金龙同志所言："行为人实施某特定犯罪时确实具备法定特殊犯罪主体的身份，而且该犯罪与其身份有关，至于行为人犯罪之前身份如何，犯罪之后身份又有何种变故，不影响法定特殊主体的成立。"① 例如，国家工作人员在职期间实施贪污或受贿行为，尽管其在犯罪后退、离休，也不失为贪污罪（《刑法》第382条第1款）或受贿罪（《刑法》第385条）主体。重视身份犯之身份的时间性特征，便于区分身份犯之身份与主体刑法身份。主体刑法身份的范围大于身份犯之身份的范围，这是因为有的主体刑法身份不是身份犯之身份，如《刑法》第65条第1款、《刑法修正案（八）》第6条以及《刑法》第66条规定的"累犯"即是适例。"累犯"是主体刑法身份，但不是身份犯之身份。

（四）身份犯之身份与相关概念的辨析

1. 身份犯之身份与刑法身份

刑法身份可以划分为主体身份和对象身份，而身份犯之身份

① 张金龙：《特殊犯罪主体初探》，载《学习与探索》1991年第2期。

仅是主体刑法身份中的一部分，因此所有对象身份都不是身份犯之身份。有些主体刑法身份，如累犯、毒品犯罪中的再犯，尽管他们也是刑法身份中的主体刑法身份，但因其不符合身份犯之身份的时间性特征而不是身份犯之身份。身份犯之身份与刑法身份的关系用图表示如下：

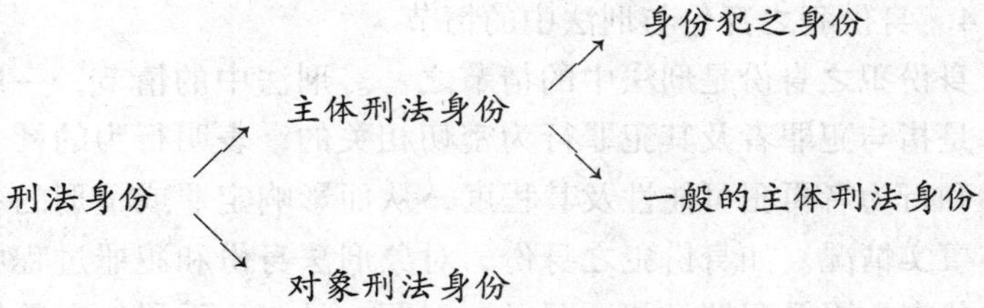

2．身份犯之身份与特殊主体的身份

身份犯之身份包括纯正身份犯之身份即特殊主体（包括特殊单位）的身份及不纯正身份犯之身份。犯罪特殊主体，简称特殊主体，是指刑法规定除符合自然人达到法定刑事责任年龄、具有刑事责任能力或者单位符合《刑法》第30条规定“公司、企业、事业单位、机关、团体实施的危害社会的行为，法律规定为单位犯罪的，应当负刑事责任”之条件以外还要求具有特定身份方能构成犯罪的主体。由此可见，身份犯之身份与特殊主体既有联系，又有区别。区别在于：前者不是指行为者，而是指依附于行为者而存在的一定的个人要素或一定的单位附属条件；后者则指的是行为者，包括自然人主体和单位主体。联系在于：后者以具备前者为必要前提，即行为者没有身份犯之身份，就不能成为犯罪特殊主体；前者被后者所具有。

3．身份犯之身份与职务

所谓职务，是指法律规定的基于特定身份而赋予的职权。所谓职权，是指国家赋予公务人员的职务范围内的权力，是法律责任与法律义务的统一。职权与职务是紧密联系的，任何公务人员都具有一定的职务身份，都有为一定公务行为的权利和义务。[①]可见，职务是主体刑法身份的一种。也就是说，身份犯之身份是种概念（上位概念），职务是属概念（下位概念），二者为种属关系。由此可见，是职务犯罪，一定是身份犯，但是身份犯并不一定是职务犯罪。这就是界定身份犯之身份与职务的意义所在。

4. 身份犯之身份与刑法中的情节

身份犯之身份是刑法中的情节之一。刑法中的情节，一般认为，是指与犯罪者及其犯罪行为密切相关的，表明行为的社会危害性和行为者再犯可能性及其程度，从而影响定罪或量刑的各种具体事实情况。如身份犯之身份、对象刑法身份和犯罪过程中的停顿状态，以及犯罪动机、目的、时间、地点、手段、次数等都是。因而可以说，所有身份犯之身份都是刑法中的情节，但刑法中的情节却并非皆是身份犯之身份。这是身份犯之身份与刑法中的情节的关系。例如，犯罪预备、犯罪中止、犯罪未遂，自首，以及主犯、从犯、胁从犯等，尽管这些事实情况也影响刑事责任的大小和有无，但这些都不是身份犯之身份，而只能是刑法中的情节，因其不齐备身份犯之身份的特征。

三、身份犯立法的理论根据

（一）身份犯立法的理论依据

在刑法中为何规定身份犯，也就是说身份刑法的理论依据什么？大凡回答是因为刑法身份影响定罪和量刑。

刑法身份为何影响定罪呢？在中国刑法中有许多犯罪的构成要件，除了要求行为主体达到责任年龄，具有刑事责任能力外，还必须具备一定的刑法身份条件，否则此种犯罪就不能成立。如受贿罪，其行为主体必须是国家工作人员或准国家工作人员，否则就构不成受贿罪。这是因为，刑法所要求的犯罪主体的刑法身

① 赵长青：《略论职务犯罪的基本特征》，载《现代法学》1992年第5期。

份，莫不与法律上一定的权利和义务密切关联。这些特定的身份赋予了有此身份者特定的职责即权利和义务，这些权利的正确行使和这些义务的忠实履行，是维护统治阶级所要求的正常的社会关系和法律秩序所必需。如果具有刑法身份者不正确执行其刑法身份所赋予的职责或义务，实施严重滥用权利或者违背、不履行其义务的行为，则这种行为就严重破坏了统治阶级以刑法保护的重要的权利和义务关系，就具有了相当严重的社会危害性，危害了统治阶级的利益和法律秩序。针对有刑法身份者破坏特定的权利义务关系、危害社会的客观事实，为了有效地维护统治阶级的利益及其所需的社会秩序，国家的刑事立法就要强制这种特定身份者承受刑事法律上的否定评价及作为其法律后果的刑罚制裁。具有特定身份的行为者也应当承担这种刑事否定评价和刑罚制裁。①这就是对身份犯定罪的根据。

刑法身份为何会影响量刑呢？因为刑法身份与特定的权利义务关系相关联，具有刑法身份者与无此刑法身份者虽然实施了相同或相近的危害行为，由于刑法身份的影响，两种行为者的主观恶性大小和客观危害轻重不同，这种差异就进而影响到行为者刑事责任程度的不同。有无刑法身份的刑事责任程度既然有别，其刑罚轻重理当不同。归根到底，是为了使刑罚与犯罪者的责任程度相适应，以有效地惩处犯罪和达到刑罚目的，②对身份犯就应当规定不同于非身份犯的刑事责任。

从身份犯的犯罪构成上来分析，刑法身份是如何影响定罪和量刑的呢？笔者认为，在身份刑法中之所以规定了身份犯甚至不同种类的身份犯，是因为刑法身份对犯罪构成的影响所致。根据我国刑法理论的通说，犯罪的本质特征是行为具有严重的社会危害性。罪责之有无和大小，莫不取决于行为之社会危害性的有无及其程度，社会危害性及其程度又是由犯罪构成表现出来的。而

① 参见赵秉志：《犯罪主体论》，中国人民大学出版社1989年版，第291页。
② 同上，第292~293页。

身份犯作为以行为者的刑法身份为标准而做的一种分类，其犯罪的本质以及犯罪构成的各个方面多有身份的烙印。正如有的学者指出的："犯罪构成实质上可以看成是一个多维系统，而身份则与其系统中的各个要件都发生着密切联系，从而影响着行为的社会危害性及其程度，即犯罪的本质特征，这就是身份影响罪质与罪责的根本原因所在。"① 也就是说刑法身份决定并影响着身份犯的犯罪构成的各个要件。这是刑法规定身份犯的原因之所在，也是身份犯与其他犯罪相区别之处。具体而言，身份对身份犯之犯罪构成的影响表现在以下几个方面：

1. 从犯罪主体方面来看，刑法身份是身份犯之主体的构成要素之一

犯罪主体对于任何犯罪来讲都是必不可少的，但身份犯之主体同其他犯罪之主体又有不同之处，即行为人必须具有特定的刑法身份，否则不构成身份犯。刑法中之所以设有刑法身份者的规定，不外乎是要达到两个目的：其一，借助行为人某些刑法身份的有无，来限制某些犯罪的犯罪主体及犯罪成立的范围，以区分罪与非罪和此罪与彼罪的界限，以便准确妥当地对某些危害行为追究刑事责任。其二，借助行为者的某些刑法身份的有无，来区分危害程度不同的犯罪之轻重罪责，以突出和加重对某些具备刑法身份者及其特定犯罪行为的打击，使刑罚的适用与其刑事责任相适应；同时也对某些因具备刑法身份而使行为危害程度较小的犯罪分子和犯罪行为从宽处罚，做到宽严相济。总之，刑法设立刑法身份特别规定的旨意，在于从犯罪主体角度调整危害行为与刑事责任的关系，以更加有效地打击犯罪，从根本上维护统治阶级的利益。② 详言之：（1）某些危害行为只能由具有刑法身份者实施，因为只有他们才具备实施这类行为的条件，而不具备该刑

① 康均心：《刑法中身份散论》，载《现代法学》1995 年第 4 期。

② 参见赵秉志：《犯罪主体论》，中国人民大学出版社 1989 年版，第 270 ~ 272 页。

法身份者即使想实施该行为也不存在可能性。例如，《刑法》第129条规定的丢失枪支不报罪，只能由依法配备公务用枪的人员实施，才能构成此罪。不是依法配备公务用枪的人员，没有合法持有枪支的资格，也就不存在丢失枪支后的报告义务，因而不可能实施该条规定的丢失枪支不报的犯罪行为，故刑法仅对这类主体做了明确规定。（2）有些危害行为虽然常人（无刑法身份者）与有刑法身份者都可实施，但具有特定身份者实施时才具有严重的社会危害性，因而刑法将其规定为犯罪。例如，《刑法》第251条规定的非法剥夺公民的宗教信仰自由罪，非法剥夺公民的宗教信仰自由达到情节严重的行为虽然常人也可以实施，但是国家机关工作人员由于其具有刑法身份，其实施这类行为就可能比常人实施同类行为造成更大的危害或者更为恶劣的影响，为了突出打击重点，刑法才将其规定为犯罪，并追究其刑事责任。（3）有些危害行为虽然人人都可实施，但具有特定身份的人实施时可能加重或减轻行为的社会危害程度，因而刑法对其规定了相应的刑罚。例如，《刑法》第307条规定的妨害作证罪和帮助毁灭、伪造证据罪，虽然任何人都可实施，但是司法工作人员因其具有刑法身份，决定其实施这类行为往往较普通公民的同类行为对司法活动造成的危害更为严重，所以刑法对其规定了较重的刑罚。

2. 从犯罪客体方面来看，行为者的刑法身份往往决定着犯罪行为所侵害的犯罪客体的性质

中国刑法中的犯罪客体是指为刑法所保护的、为犯罪所侵害的社会关系，是构成犯罪的一般要件之一。[①] 而刑法身份则是指由刑法规定的行为者所具有的影响定罪和量刑的一定的个人要素或一定的单位附属条件，是行为者在一定的社会关系中的地位的体现。行为者在社会关系中的地位不同，其犯罪行为所侵害的社会关系的性质及其程度也不完全相同。例如，同样对犯罪嫌疑人

① 谢望原主编：《刑法学》，北京大学出版社2003年版，第71页。

实施肉刑或变相使用肉刑的行为，如果行为者是司法工作人员，则表明行为者滥用职权，严重违背其作为司法工作人员所应承担的法律义务，其行为不仅侵犯了公民的人身权利，而且严重干扰了司法机关的正常活动，应当构成《刑法》第247条规定的刑讯逼供罪。但是如果行为者是非司法工作人员，即使是一般的国家工作人员，则表明行为者的行为仅仅侵犯了公民的人身权利，不具有危害司法机关正常活动的性质，因而只能构成其他犯罪，如故意伤害罪或非法拘禁罪。前后两种情形的犯罪因犯罪主体的刑法身份不同，所侵害的犯罪客体也不相同。

3. 从犯罪的主观方面来看，刑法身份往往决定着罪过的有无及其内容

中国刑法中的犯罪构成是主客观要件的有机统一，其中罪过（犯罪故意和过失）在犯罪的主观方面中处于核心地位，它是刑事责任的一个重要根据。而罪过的产生及其内容又是与犯罪主体密不可分的，因而行为者的特定身份可能会影响到罪过之有无及其具体内容。例如，《刑法》第316条第1款所规定的脱逃罪，行为人只有具备依法被关押的罪犯、被告人或者犯罪嫌疑人的身份，才可能产生非法脱逃的故意，如果不具备该身份而仅仅是被行政拘留的违法分子，就不会有脱逃罪的故意，即使其逃脱关押，也不属于脱逃罪的犯罪行为，也就不构成脱逃罪。

4. 从客观方面来看，刑法身份决定着犯罪行为的性质及危害程度

考察中国刑法中有关身份犯的规定，其犯罪行为多与行为者的特定身份有着一定联系。主体刑法身份对犯罪行为的决定作用主要表现在以下几个方面：(1) 行为与某种刑法身份相结合，便会与该刑法身份所代表的合法的社会利益发生冲突，从而产生危害社会的后果或影响行为的危害程度。例如，《刑法》第126条规定的由依法被指定、确定的枪支制造企业、销售企业实施的违规制造、销售枪支罪，其违规制造、销售枪支的行为与主体刑法

身份“依法被指定、确定的枪支制造企业、销售企业”相结合，就会与行为者本身所代表的遵守法规制造、销售枪支的合法利益发生冲突，而其他企业实施的类似行为一般不会危害到这一特定的合法制造、销售枪支的利益，因此刑法仅将有刑法身份者的行为规定为犯罪。（2）行为与主体刑法身份相结合，表明行为违背了其职责或义务要求，并造成危害社会的后果或加重危害程度，例如，《刑法》分则第十章规定的军人违反职责罪、第349条第2款规定的由缉毒人员或其他国家机关工作人员实施的包庇毒品犯罪分子罪等。在这些犯罪中，主体刑法身份表明有关行为违反了行为者的职责要求，因而行为者要对自己违背职责的行为所造成的危害结果承担相应的刑事责任。（3）行为与刑法身份相结合，表明行为亵渎了职务的廉洁性。例如，贪污罪（《刑法》第382条第1款）、受贿罪（《刑法》第385条）、挪用公款罪（《刑法》第384条）等贪污贿赂罪，其主体身份表明所实施的相应行为是对其所担负职务的廉洁性的亵渎，同时表明其行为特征之一即“利用职务上的便利”的具体内容和范围。①

基于以上分析，笔者认为，刑法身份与一定的犯罪构成要件相联系，决定或者反映行为的危害性质及其程度，从而影响到刑事责任的有无或大小，刑法中关于身份犯的规定正是根据这个原理而来的。

（二）身份犯的立法与刑法面前人人平等原则是否矛盾

人类社会自产生以来，平等就是人们孜孜以求的目标，反映到法律中就是要求法律面前人人平等，特别是在刑法面前人人平等，包括刑事立法和刑事司法上的平等。也就是说，对任何人在刑事立法上是平等的，任何人犯罪，在适用刑法上也都一律平等，不允许任何人有超越法律上的特权。我们仔细考察可以发现，从古到今，历朝历代，即使统治阶级明确提出法律面前人人

---

① 参见杜国强：《试论身份犯的本质》，载《中南大学学报（社会科学版）》2004年第2期。

平等这一思想甚至在法律中明确规定这一原则，但在其刑法中都可以找到有关身份犯罪的规定，行为人往往因其具有的身份不同，在构成犯罪以及承担刑事责任的大小方面也明显不同。那么这种规定与刑法面前人人平等原则是否矛盾呢？

在中国的封建社会，法律面前人人平等的观念产生较早，但在封建社会的中后期又将这一先进的平等思想予以否定了。早在春秋战国时期，法家就提出“刑无等级”、“绳不绕曲，法不阿贵”等思想，主张对于违法犯罪，不别亲疏，无论贵贱，一律绳之于法。这在当时的历史条件下，具有一定的进步意义。但是，当封建制度巩固后，地主阶级的思想家们就开始反对以“平等原则”作为刑事立法的指导思想。如贾谊在《论治安策》中以“投鼠忌器”为理论依据，列举西汉建朝以后对大臣处刑的事实，论证对大臣犯罪的应当采取与其职位相适应的处理办法，即使罪该处死，也应盆水加剑，赐自死于幽室，而不杀之于市，与众弃之。到曹魏时，在刑法中恢复了“八议”制度，逐步演变成为议、请、减、赎的刑法制度，以示对臣僚的优遇，以协调封建地主阶级统治集团的内部关系，以公开的不平等原则代替封建社会初期的平等原则。①

近代意义上的法律面前人人平等原则是资产阶级在反对封建专制制度的斗争中提出来的，但受其阶级本质的局限，这种法律面前人人平等原则存在着例外的不平等规定。资产阶级思想家以天赋人权论为基础，认为人生而具有的生存、自由、平等、正义等是上天赋予的自然属性。如英国的约翰·洛克认为人类天生都是自由、平等和独立的，法律对富人和穷人、权贵和平民应当一视同仁。法国的让·雅克·卢梭也指出：“每个人都生而自由、平等。”② 他认为实现自由和平等是一切立法体系的最终目的和全

---

① 参见宁汉林、魏克家：《中国刑法简史》，中国检察出版社 1997 年版，第 54 页。

② ［法］卢梭：《社会契约论》，何兆武译，商务印书馆 1992 年版，第 9 页。

体人民的最大幸福。这就为消除身份刑法中的不平等奠定了理论基础。资产阶级革命胜利之后，法律面前人人平等原则从一种法律思想而被国《人权宣言》正式确立为法律原则，并被许多资本主义国家规定到其刑法之中。但是，他们同时又规定了各种例外或限制，以保证资产阶级的统治。正因为资本主义的法律是代表资产阶级利益的，因而它不可能真正做到刑法面前人人平等。这是由资产阶级的本质所决定的。

我国《刑法》在总则第4条中明确规定了刑法面前人人平等的原则，这是我国有中国特色社会主义法治建设中法律面前人人平等原则在刑法中的体现。笔者认为，刑法身份影响刑事责任的有无及其大小的规定，与刑法面前人人平等的原则并不矛盾。首先，从身份犯的立法上来看，刑法有关身份犯的规定，是根据刑法身份对行为的危害程度的不同影响并针对所有具有这种刑法身份的人而加以同一化规定的，并不是针对某个具体的有身份者个人或单位规定的。因此，刑事立法中关于身份犯的规定仍是一般性规定，“人人（这里指有刑法身份者）在刑事立法上是平等的。”其次，在刑事司法上，有关身份犯的规定适用于所有利用这种刑法身份实施犯罪的行为者，并不因某个具体的个人或单位的刑法身份而有所差别。凡是具有相同身份者，在是否承担刑事责任以及承担多大的刑事责任上，都必须适用身份刑法中规定的同一标准，对任何有刑法身份的个人或单位都不存在例外的情况，“人人（有刑法身份者）在刑事司法上是平等的。”因此，可以说，无论是在身份犯立法上还是在身份犯司法上，刑法面前人人平等的原则是针对不特定的个人或单位刑法身份而言的。它强调对于每个犯罪者在适用身份法律上都要同等对待，不允许任何个人或单位有特权。对于具有同一刑法身份者所实施的犯罪，更要坚持刑法面前人人平等的原则，不能因个人职务大小而有所差异。[①]

---

① 参见杜国强：《身份犯研究》，武汉大学出版社2005年版，第41～44页。

四、身份犯与其相关概念的界定

关于身份犯的概念，如前所述，笔者认为，作为一类犯罪的身份犯，是指法律规定的以实施犯罪的行为者在行为时所具有的刑法身份为定罪要件或法定量刑情节的犯罪。它与职务犯罪、经济犯罪、贪污贿赂罪、渎职罪等既有区别，又有联系。

（一）身份犯与职务犯罪

1. 职务犯罪的概念

职务犯罪是学理上的类罪概念。关于职务犯罪的概念大致有六种：（1）职务犯罪是指国家工作人员利用职务和工作便利条件进行犯罪，或对工作严重不负责任，致使国家和人民利益遭受重大损失的行为。（2）职务犯罪是指公职人员违背职业道德，故意或过失实施的与其职务活动有密切联系的各种犯罪的总称。（3）职务犯罪是指依法从事公务的人员利用职权或违背职责的一类犯罪。（4）职务犯罪是指国家工作人员在职务活动中所形成的各种犯罪的总称，包括法律所规定的需要国家工作人员身份才能构成的犯罪以及与国家工作人员的身份或职权有关的其他犯罪。（5）职务犯罪，又称职务上的犯罪，是指具备一定职务身份的人故意或过失实施的与其职务之间具有必然联系的，触犯刑律应受刑罚惩罚的各种行为的总称。（6）职务犯罪是指具有法定职责的公务人员，违反职责义务，故意或过失地实施侵犯国家管理社会生活和管理公务活动，致使国家和人民利益遭受重大损失的各种犯罪行为的总称。①

上述六种定义都在不同层面上揭示了职务犯罪某些方面的特征，但与身份犯的概念相比都不尽完善。笔者认为，如前文在论述身份犯之身份与职务的辨析中所讲的那样，既然认为职务是刑法身份中的一种，甚至或者更准确一点儿说，职务是身份犯之身份的一种，因为其刑法身份是身份犯之身份的一种。相对而言，刑

① 钱大群、孙国祥主编：《职务犯罪研究》，南京大学出版社 1996 年版，第 120～122 页。

法身份是上位概念，身份犯之身份是下位概念。因此，我们就可以比照身份犯的概念给职务犯罪下一个类似的定义：职务犯罪，是指法律规定的以行为人在行为时所具有的特定职务为定罪要件或法定量刑情节的一类犯罪。当然也可以进一步细分为纯正职务犯罪和不纯正职务犯罪。前者如《刑法》第382条第1款规定的贪污罪，后者如国家机关工作人员犯《刑法》第238条规定的非法拘禁罪。

2. 身份犯与职务犯罪的关系

刑法身份与职务二者是种属关系，刑法身份是种概念（上位概念），职务是属概念（下位概念）。所谓职务，是指法律规定的基于特定身份而赋予的职权。所谓职权，是指国家赋予公务人员的职务范围内的权力，是法律责任与法律义务的统一。职权与职务是紧密联系的，任何公务人员都具有一定的职务身份，都有为一定公务行为的权利和义务。①职务既然是刑法身份的一种，而且是身份犯之身份的一种，显然可以说，职务犯罪是身份犯的一种。不过，对于一类犯罪而言，很少有人称职务犯罪为职务犯。只有在作为一类犯罪者时才简称作职务犯。实际上，对其作为一类犯罪，称之为职务犯也未尝不可，相比之下称职务犯还简练些。从以上分析可知，贪污罪（《刑法》第382条第1款）、受贿罪（《刑法》第385条）与放纵走私罪（《刑法》第411条）的犯罪主体都具有这种定罪身份即职务身份。因此，可以说贪污罪、受贿罪、放纵走私罪既是一种职务犯罪，更是一种身份犯，而且是纯正身份犯。职务犯罪是身份犯的一种，身份犯外延完全涵盖职务犯罪的外延，这就是身份犯与职务犯罪的关系。

（二）身份犯与经济犯罪

1. 经济犯罪的概念及其与职务犯罪的关系

（1）经济犯罪的概念

经济犯罪，在很少的场合下简称经济犯，除非在作为实施经

---

① 赵长青：《略论职务犯罪的基本特征》，载《现代法学》1992年第5期。

济犯罪者的一类人之语境含义下才简称为经济犯。经济犯罪，是学理上的类罪概念。不过，狭义的经济犯罪概念，有时是《刑法》分则第三章破坏社会主义市场经济秩序罪的简称，这里的“破坏社会主义市场经济秩序罪”又是《刑法》分则中的法定类罪罪名。

关于经济犯罪的概念有广义和狭义之分，就广义的概念而言，又有多种。在20世纪90年代初，有学者定义为：经济犯罪是指自然人或法人在商品生产、分配、流通及其管理过程中，故意违反经济管理法规，破坏经济秩序，情节严重的行为。并论述管理型经济犯罪是经济犯罪的一种，包括贪污、挪用和贿赂犯罪等都属于管理型经济犯罪。① 这里经济犯罪概念的外延比较广，不仅包括1979年《刑法》分则第三章破坏社会主义经济秩序罪中的如国家工作人员所犯走私罪、投机倒把罪等职务犯罪，还包括1979年《刑法》分则第五章侵犯财产罪的贪污罪等职务犯罪。当然，这个广义的概念内容主要指的是非身份犯。就狭义定义而言，也有多种，其中有学者认为：破坏社会主义市场经济秩序罪的案件统统都由公安机关管辖，又统称“经济犯罪”。如最高人民检察院和公安部在2001年4月18日发布的《关于经济犯罪案件追诉标准的规定》中的“经济犯罪”就是专指公安机关管辖的破坏社会主义市场经济秩序的犯罪，从而案件管辖更加科学规范。随着中国法制建设的不断发展，相关法律用语也随之不断规范，《深圳市预防职务犯罪条例》对“职务犯罪”所作出的规定就是一例。该条例明确规定，“职务犯罪”是指我国刑法规定的国家机关工作人员的贪污贿赂犯罪、国家机关工作人员的渎职犯罪、利用职权实施的侵害公民人身权利和民主权利的犯罪以及利用职权实施的其他犯罪。② 以前，“职务犯罪”与“经济犯罪”

---

① 杨敦先、谢宝贵主编：《经济犯罪学》，中国检察出版社1991年版，第38～40页。

② 参见《新京报》2004年12月31日。

混用的现象不但在许多新闻报道中可以看到，就是在司法机关的一些司法文书中也较常见，常常会造成一些不必要的误解。如在2004年媒体报道王怀忠案件时引用了二审刑事裁定书中的这样一段文字："更为恶劣的是，王怀忠为逃避法律制裁，在有关部门查处其涉嫌经济犯罪期间，仍继续向他人索贿，且将索取的巨额贿赂用于企图阻止有关部门对其经济犯罪问题的查处，受贿犯罪情节特别恶劣，社会危害性极大，罪行极其严重。"看了这段文字，可能有的读者会以为王怀忠除了刑事裁定书认定的受贿罪、巨额财产来源不明罪外，还有其他经济犯罪。[①] 在这里将"职务犯罪"与"经济犯罪"混用是不适当的。

笔者认为，经济犯罪专指《刑法》分则第三章规定的破坏社会主义市场经济秩序罪，与职务犯罪是交叉关系，因为这一章所规定的犯罪中除了《刑法修正案（六）》第7条和《刑法》第163条非国家工作人员受贿罪、第164条第1款（《刑法修正案（八）》第29条第1款）对非国家工作人员行贿罪、第164条第2款（《刑法修正案（八）》第29条第2款）对外国公职人员、国际公共组织官员行贿罪、第167条签订、履行合同失职被骗罪等职务犯罪以外还有非职务犯罪，如第170条伪造货币罪、第173条变造货币罪等即是。

（2）经济犯罪与职务犯罪的关系

经以上分析，无论是在广义的还是狭义的经济犯罪概念中，职务犯罪中一部分是经济犯罪，另一部分是非经济犯罪；而经济犯罪中一部分是职务犯罪，另一部分是非职务犯罪。职务犯罪与经济犯罪的外延是交叉关系，不存在包含与被包含的关系。这应是职务犯罪与经济犯罪的关系。

2. 身份犯与经济犯罪的关系

我们知道，职务犯罪是身份犯中的一种，对于经济犯罪的概

---

① 唐光诚：《职务犯罪与经济犯罪不能再混用》，载《人大法研》2005年第4期。

念而言，无论是广义的还是狭义的，经济犯罪中的一部分是身份犯，另一部分是非身份犯。因此，经济犯罪与身份犯是交叉关系。也就是说，身份犯中一部分是经济犯罪型的身份犯，另一部分是非经济犯罪型的身份犯；经济犯罪中一部分是身份犯型的经济犯罪，另一部分是非身份犯型的经济犯罪。这就是身份犯与经济犯罪的交叉关系。

（三）身份犯与贪污贿赂罪

贪污贿赂罪，是"贪污贿赂犯罪"的简称，既是学理上刑法分论的类罪概念，也是《刑法》分则第八章的法定类罪罪名。贪污贿赂罪，是指国家工作人员利用职务之便实施的玷污国家工作人员职务行为的廉洁，侵犯社会主义的经济关系，数额较大的行为。①依据《刑法》分则第八章的规定，该章共15个条文，共规定12个具体罪名，即贪污罪、挪用公款罪、受贿罪、单位受贿罪、巨额财产来源不明罪、隐瞒境外存款罪、私分国有资产罪、私分罚没财物罪和行贿罪、对单位行贿罪、介绍贿赂罪、单位行贿罪。其中前8个罪是身份犯，包括单位身份犯单位受贿罪在内；后4个罪是非身份犯。

从贪污贿赂罪的概念和外延来看，贪污贿赂罪中既有身份犯也有非身份犯。因此，身份犯与贪污贿赂罪是交叉关系，不存在包含与被包含关系。

（四）身份犯与渎职罪

1. 渎职罪的概念

渎职罪，一般来说是"渎职犯罪"的简称，既是学理上刑法分论的类罪概念，也是《刑法》分则第九章的法定类罪罪名。渎职犯罪的概念有广义和狭义之分，狭义的渎职犯罪仅指《刑法》分则第九章规定的渎职罪，简称渎职罪，其犯罪主体是国家机关

---

① 王苹、张力燕：《浅析贪污贿赂罪》，载《辽宁警专学报》2001年第3期。

工作人员或准国家机关工作人员。[①] 广义的渎职犯罪其外延相当广，除包括《刑法》分则第九章规定的渎职罪以外，还包括《刑法》分则其他章节规定的与职务相关联的职务犯罪，如《刑法》分则第八章规定的贪污贿赂罪等即是。在我国，广义的渎职犯罪概念种类繁多，大体上有如下五种观点：

第一种观点认为："渎职犯罪是指国家公职人员或税务公职人员利用职务上的便利，或者滥用职权，不尽职责，破坏国家对职务活动的管理职能，并依照刑法应当受刑罚处罚的行为。"[②]

第二种观点认为："所谓职务犯罪，是指国家工作人员、企业工作人员或其他工作人员利用职务上便利进行非法活动，或者对工作严重不负责任，不履行或不正确履行职责，破坏国家对职务行为的管理职能，依照刑法应当受到刑罚处罚的犯罪行为的总称。"[③]

第三种观点认为："所谓职务犯罪，又称职务上的犯罪，是指具备一定职务身份的人故意或过失地实施与其职务之间有必然联系、触犯刑律应受刑罚的犯罪行为的总称。"[④]

第四种观点认为："所谓职务犯罪，是指国家工作人员利用职务上的便利进行非法活动，或者玩忽职守，从而侵害国家机关管理秩序和正常活动，致使国家和人民利益遭受重大损失的

---

① 根据《刑法》分则第八章的规定，渎职罪主体只能是国家机关工作人员。根据《全国人大常委会关于刑法第九章渎职罪主体适用问题的解释》（2002 年 12 月 28 日通过）的规定，在依照法律、法规规定行使国家行政管理职权的组织中从事公务的人员，或者在受国家机关委托代表国家机关行使职权的组织中从事公务的人员，或者虽未列入国家机关人员编制但在国家机关中从事公务的人员，在代表国家机关行使职权时，有渎职行为，构成犯罪的，依照刑法关于渎职罪的规定追究刑事责任。因此，该立法《解释》中的准国家机关工作人员也可以成为渎职罪的犯罪主体。

② 樊凤林、宋涛：《职务犯罪的法律对策及治理》，中国人民公安大学出版社 1994 年版，第 111 页。

③ 陈兴良：《职务犯罪认定处理实务全书》，中国方正出版社 1996 年版，第 23 页。

④ 张穹：《职务犯罪概论》，中国检察出版社 1991 年版，第 15 页。

行为。”①

第五种观点则将渎职犯罪表述为：“所谓渎职犯罪，是指国家工作人员，利用职务上的便利或由于职务上的疏忽，而侵害国家机关的正常活动，致使国家和人民利益遭受重大损失的犯罪。”②

笔者认为，根据我国《刑法》第13条关于犯罪概念的规定，任何犯罪行为都必须具备较为严重的社会危害性、触犯刑律（即刑事违法性）和应当受刑罚惩罚性这三个基本特征。当然，作为犯罪的下位属概念的渎职犯罪也应当有此三个基本特征，但是，渎职犯罪还有其区别于其他类犯罪属性的显著特点，如其犯罪主体只能是国家工作人员以及依法从事公务的人员等。上述关于渎职犯罪定义的五种观点从不同角度揭示了渎职犯罪的本质特征。比较而言，第一、二种观点的表述比较客观全面地揭示了渎职犯罪的本质特征。因此可以表述为：渎职犯罪，是指国家工作人员和依法从事公务的人员利用职务上的便利，或者对工作严重不负责，不履行或不正确履行职责，破坏国家对职务活动的管理职能，致使国家和人民遭受重大损失，依照刑事法律应当受到刑罚处罚的行为。③

2. 身份犯与渎职罪的关系

无论是广义的还是狭义的渎职罪概念，从其主体上来看，所有的渎职罪都是身份犯，渎职罪是身份犯的一种。因此，身份犯的外延完全包含渎职罪。

（五）身份犯与军职罪

1. 军职罪的概念和主体特征

军职罪，是“军人违反职责罪”的简称，是学理上刑法分论

---

① 马长生：《渎职犯罪与量刑》，湖南人民出版社1989年版，第3页。

② 孙谦：《国家工作人员职务犯罪研究》，中国政法大学出版社1989年版，第2页。

③ 参见丁慕英：《论渎职犯罪的概念和基本特征》，载《中国刑法学年会文集（2005年度）》第二卷：实务问题研究（上册），第1~4页。

中的类罪概念。而“军人违反职责罪”又是《刑法》分则中法定的类罪罪名。根据《刑法》第420条之规定，军人违反职责罪是指军人违反职责，危害国家军事利益，依照法律应受刑罚处罚的行为。《刑法》分则第十章规定的军人违反职责罪共32个条文，其中总则性条文4条（第420条、第449条、第450条、第451条），分则性条文28条，共有31个罪名。

根据《刑法》第450条的规定，《刑法》分则第十章军职罪的主体是中国人民解放军的现役军官、文职干部、士兵及具有军籍的学员和中国人民武装警察部队的现役警官、文职干部、士兵及具有军籍的学员以及执行军事任务的预备役人员和其他人员。2013年2月26日，最高人民检察院、解放军总政治部印发的《军人违反职责罪案件立案标准的规定》第三十二条规定：本规定适用于中国人民解放军的现役军官、文职干部、士兵及具有军籍的学员和中国人民武装警察部队的现役警官、文职干部、士兵及具有军籍的学员以及执行军事任务的预备役人员和其他人员涉嫌军人违反职责犯罪的案件。可见，军职罪的主体是特殊主体。具体可以分为两类：其一，中国人民解放军的现役军官、文职干部、士兵及具有军籍的学员和中国人民武装警察部队的现役警官、文职干部、士兵及具有军籍的学员。“现役军人”的起止时间，应当从公民依法参军之日——即被兵役机关正式批准入伍之日起，至其为部队批准退役、退休、离休或因受处分被除名、开除军籍之日止。关于保留军籍正在服刑的军人以及正在被劳动教养的军人能否成为本罪主体的问题，我国学界有两种观点。一种观点认为，服刑军人与被劳动教养军人不能成为本罪主体。其理由是：军人服刑与被劳教期间不计算军龄，他们已不履行军职。另一种观点认为，服刑军人与被劳动教养军人可以成为本罪主体。其理由是：他们还有军籍。如果他们的行为符合军职罪的其他构成条件，则仍应按军职罪处理。笔者认为，第一种观点更为可取，因为第二种观点不符合身份犯之身份的时间性特征。此外，军人在服役期间犯有军职罪行而在其退役、退休之后才发现，只要没有超过追诉时效，仍应按军职罪处理。其二，执行军事任务的预备役人员以及执行军事任务的其他人员。根据《中华人民共和国兵役法》（1998 年 12 月 29 日修正）第 61 条第 1 款第 3 项和第 3 款的规定，预备役人员在战时拒绝、逃避参加军事训练和执行军事勤务的，也可成为本罪主体。执行军事任务的其他人员，是指执行作战、支前、战场救护等军事任务的军内在编职员等。①

在这里需要研究一下《刑法》第 438 条第 2 款规定的盗窃、抢夺枪支、弹药、爆炸物罪是不是身份犯的问题。笔者认为，依据《刑法》第 450 条的规定，该罪的主体是特殊主体即军人或者准军人，可以说该罪是身份犯，而《刑法》第 127 条规定的盗窃、抢夺枪支、弹药、爆炸物、危险物质罪身份犯。前后两个罪名相近，规定在《刑法》第 127 条的是非身份犯，而规定在《刑法》第 438 条第 2 款的却是身份犯，岂不矛盾乎？答案是不矛盾的，因为《刑法》第 438 条第 2 款规定的盗窃、抢夺枪支、弹药、爆炸物罪类似于《刑法》第 430 条规定的军人叛逃罪一样，②本应解释为军人盗窃、抢夺枪支、弹药、爆炸物罪，以区别于《刑法》第 127 条规定的盗窃、抢夺枪支、弹药、爆炸物、危险物质罪。理由有二：一是，依据《刑法》第 450 条的规定，《刑法》分则第十章规定的军职罪主体全是特殊主体即军人或者准军人。二是，《刑法》第 438 条第 2 款规定："盗窃、抢夺枪支、弹药、爆炸物的，依照本法第一百二十七条的规定处罚。"并没有规定依照《刑法》第 127 条定罪，只是规定"依照刑法第一百二十七条的规定处罚"。显然，将《刑法》第 438 条第 2 款的罪名解释为盗窃、抢夺枪支、弹药、爆炸物罪是不恰当的。基于以上

① 参见赵秉志主编：《新刑法教程》，中国人民大学出版社 2001 年版，第 889 页。

② 为区别于《刑法》第 109 条，《刑法修正案（八）》第 21 条规定了叛逃罪。

分析，笔者建议通过立法或司法解释将该罪的罪名解释为军人盗窃、抢夺枪支、弹药、爆炸物罪。

2. 身份犯与军职罪的关系

从军职罪的概念和特征上来看，所有的军职罪都是身份犯，身份犯的外延完全涵盖军职罪，军职罪只是身份犯中的一部分。这就是身份犯与军职罪的关系。

第二节　刑法中身份犯在学理上的分类

下定义和划分都是揭示概念本质的科学方法，下定义可以准确揭示概念的内涵，划分则有利于明确概念的外延。因此，为进一步揭示身份犯概念的本质，必须加强对身份犯分类问题的研究。

一、自然人身份犯与单位身份犯

以行为者所具有的主体刑法身份即身份犯之身份是自然人身份或者是单位身份为标准，可以将身份犯分为自然人身份犯与单位身份犯。前者如《刑法》第 236 条规定的强奸罪以及《刑法》第 243 条第 1 款、第 2 款规定国家机关工作人员所犯的诬告陷害罪等即是；后者如《刑法》第 325 条非法向外国人出售、赠送珍贵文物罪以及《刑法》第 396 条规定的私分国有资产罪等即是。

应当指出，在传统身份犯理论中没有单位身份犯的分类，是因为在《中华人民共和国海关法》（1987 年 1 月 22 日公布）第 47 条第 4 款将单位规定为走私罪主体以前，我国刑法尚未将单位规定为犯罪主体的缘故。在《中华人民共和国枪支管理法》（1996 年 7 月 5 日公布）第 40 条将依法被指定、确定的枪支制造企业、销售企业规定为违规制造、销售枪支罪的主体之后，1997 年《刑法》规定了很多特殊单位犯罪。对于特殊单位的犯罪，目前在身份犯理论中狄世深博士已经在其博士论文中提出自然人身份犯与单位身份犯的分类，[①] 也早有学者在论及犯罪主体时谈到这类特殊单位的犯罪主体是特殊主体，如有论者认为："应当把单位与自然人统一起来，重新界定一般主体与特殊主体的概念。据此，所谓一般主体，是指具有一般犯罪主体所要求的构成条件的人。所谓特殊主体，是指具有一般犯罪主体所要求的构成条件外，还必须具有某些犯罪所要求的特殊身份作为其构成条件的人。这样界定的一般主体和特殊主体的概念，就可以适用于自然人和单位（法人）在内的一切犯罪主体。"[②] 在个罪的论述上，也有学者提出单位特殊主体的概念，如有学者认为《刑法》第334条第2款规定的采集、供应血液、制作、供应血液制品事故罪的主体仅限于经国家卫生主管部门批准采集、供应血液或者制作、供应血液制品的单位，如医院、血站等即为特殊犯罪主体。[③] 既然学者可以论证其为特殊单位犯罪主体，笔者认为称这类犯罪是单位身份犯也未尝不可。

二、纯正身份犯与不纯正身份犯

以身份犯之身份是定罪身份还是量刑身份为标准，可以将身份犯分为纯正身份犯与不纯正身份犯。因为这种分类对解决定罪和量刑问题具有十分重要的意义，所以学者们对其科学性已达成了共识。

纯正身份犯，又称真正身份犯，是指法律规定的以行为者的特定身份为定罪要件的身份犯。也就是说，我国刑法要求这部分犯罪的行为者必须具备身份犯之身份，这种身份犯之身份的具备与否，是刑罚可罚性的基础，决定犯罪是否成立，影响犯罪性

① 狄世深认为："从中国现行《刑法》的规定来看，身份犯亦可分为自然人身份犯和单位身份犯两种。其中，单位身份犯是和单位犯罪的特殊主体一一对应的。"参见狄世深：《刑法中身份论》，北京大学出版社2005年版，第179页。

② 何秉松主编：《刑法教科书》（据1997年刑法修订），中国法制出版社1997年版，第239～240页。

③ 赵秉志主编：《新刑法教程》，中国人民大学出版社2001年版，第761页。

质。否则，要么不构成犯罪，要么不构成此种犯罪。例如，《刑法》第382条第1款规定的贪污罪、第385条规定的受贿罪及第387条规定的单位受贿罪等即是。像这类犯罪只有具有身份犯之身份者，如国家工作人员、准国家工作人员或者国家机关、国有公司、企业、事业单位、人民团体即国有单位才能构成，而非国家工作人员或非国有单位则不能构成。又如《刑法》第438条第1款规定的盗窃、抢夺武器装备、军用物资罪亦是，构成本罪的主体只能是军职人员或准军职人员，非军职人员盗窃、抢夺部队里的武器装备、军用物资者，不构成本罪。

不纯正身份犯，又称不真正身份犯，是指法律规定的以行为者的身份犯之身份为量刑情节的身份犯，即指法律规定的行为者所具有的身份犯之身份不影响其定罪，只影响其量刑的犯罪。也就是说，行为者所具有的特定身份是量刑身份，没有这种身份犯之身份，犯罪仍然成立，有了这种身份犯之身份则影响行为者的刑罚裁量。例如，未成年人犯罪（《刑法》第17条第3款）、又聋又哑的人或者盲人犯罪（《刑法》第19条），以及国家机关工作人员所犯的诬告陷害罪（《刑法》第243条）等即是。在此应当指出，不纯正身份犯行为者所实施的犯罪，无身份犯之身份者也能实施，并能单独构成犯罪。而纯正身份犯，无身份犯之身份者不能单独实施并构成此种犯罪。这是纯正身份犯与不纯正身份犯的区别所在。据此，我们不能称谓诬告陷害罪等这些罪为不纯正身份犯，只能称谓国家机关工作人员所犯的此罪为不纯正身份犯。

最后，还应当指出，由于我国刑法中尚未规定仅仅作为量刑情节的单位身份犯之身份，因此，就不纯正身份犯而言，刑法中的表现形式仅为不纯正自然人身份犯。但是，在理论上，如果单位身份犯之身份仅仅作为量刑情节，不影响定罪的，可以认为其为不纯正单位身份犯。

三、具备并利用身份型身份犯与仅具备身份型身份犯

在我国刑法中，有的条款规定行为者具备身份犯之身份即可构成此身份犯，而有的规定不仅要求行为者具备身份犯之身份，还要利用这一身份犯之身份所形成的便利条件方可构成此种身份犯。前者如《刑法》第397条规定的滥用职权罪、玩忽职守罪等整个《刑法》分则第九章所规定的渎职罪（只要求犯罪主体具备国家机关工作人员或准国家机关工作人员身份即可），[①] 以及《刑法》第387条规定的单位受贿罪（要求犯罪主体是国家机关、国有公司、企业、事业单位、人民团体即可）皆是；后者如《刑法》第382条第1款规定的贪污罪、第384条规定的挪用公款罪等即是，这些罪的犯罪构成中不仅要求犯罪主体具备国家工作人员身份，而且要求犯罪主体利用其职务上的便利才可构成此罪。据此，我们不妨以具备身份犯之身份的行为者是否利用其身份所形成的便利条件为标准，将身份犯分为具备并利用身份型身份犯与仅具备身份型身份犯。鉴于中国刑法中有此两种类型身份犯的规定，为了进一步深入研究身份犯的犯罪构成，以准确把握罪与非罪、此罪与彼罪的界限，研究这种分类就显然具有十分重要的实践意义。

具备并利用身份型身份犯，是指根据刑法的规定，行为者具备身份犯之身份并利用由其身份形成的便利条件方可构成的身份犯，如前例中的贪污罪（《刑法》第382条第1款）、挪用公款罪（第384条）。

仅具备身份型身份犯，是指根据刑法的规定，行为者具备身份犯之身份即可构成的身份犯，如前例中的滥用职权罪、玩忽职守罪等即是。

前述中所列举的例子皆是在纯正身份犯情形下的个罪现象，

---

① 但是，根据《刑法》第398条第2款的规定，非国家机关工作人员也可构成故意泄露国家秘密罪、过失泄露国家秘密罪。

在不纯正身份犯的情形下也存在着这样的个罪现象。如国家机关工作人员犯《刑法》第243条规定的诬告陷害罪、司法工作人员犯《刑法》第307条规定的妨害作证罪、帮助毁灭、伪造证据罪等，都是仅具备身份型的不纯正身份犯。另外，如国家机关工作人员犯《刑法》第238条规定的非法拘禁罪、故意伤害罪、故意杀人罪以及司法工作人员犯第245条规定的非法搜查罪、非法侵入住宅罪等，都是具备并利用身份型的不纯正身份犯。在这里，我们讨论的是自然人身份犯的情形。那么，单位身份犯的情形怎样呢？

应当指出，由于在我国刑法中尚未有要求特殊单位利用其身份犯之身份的规定，可以说我国刑法中单位身份犯只有具备身份型身份犯，没有具备并利用身份型身份犯。因此，没有必要对单位身份犯进行这个层面上的分类。

最后，还应当强调指出，对于仅具备身份型身份犯而言，并不是说其行为者不利用身份所形成的便利条件，只是说作为这类身份犯在其犯罪构成要件里不要求行为者利用身份所形成的便利条件罢了。实际上，行为者在实施这类仅具备身份型身份犯时可能利用其身份所形成的便利条件，甚至是滥用之。

四、明文规定式身份犯与暗含式身份犯

以行为者所具有的主体刑法身份即身份犯之身份是明文规定式身份还是暗含式身份为标准，可以将身份犯分为明文规定式身份犯与暗含式身份犯。如此分类的意义不仅在于强调刑法身份未必都是在刑法中明文规定的，更重要的是强化对暗含式身份犯的认识，有利于司法实践正确区别和处理明文规定式身份犯与暗含式身份犯案件。

明文规定式身份犯，是指以行为者所具有的主体刑法身份即身份犯之身份是明文规定式身份为构成要件或量刑情节的身份犯。在自然人犯罪中，如《刑法》第382条第1款贪污罪、第384条挪用

公款罪和第385条受贿罪，即是这种明文规定式身份犯。在单位犯罪场合，如《刑法》第126条违规制造、销售枪支罪和第137条工程重大安全事故罪，也是这种明文规定式身份犯。

暗含式身份犯，是指以行为者所具有的主体刑法身份即身份犯之身份是暗含式身份为构成要件或量刑身份的身份犯。在自然人犯罪中，如《刑法》第236条强奸罪（主体身份是男子），第313条拒不执行判决、裁定罪（主体身份是对法院生效判决、裁定有执行义务的人），即是这种暗含式身份犯。在单位犯罪场合，如《刑法》第370条故意提供不合格武器装备、军事设施罪（主体身份限于武器装备、军事设施的生产、建造及经营者，包括自然人和单位），[①] 亦是这种暗含式身份犯。

五、有关身份犯其他分类的比较研究

（一）自然身份之身份犯与法定身份之身份犯

以行为者所具有的主体身份即身份犯之身份是自然身份或法定身份为标准，可将身份犯分为自然身份之身份犯与法定身份之身份犯。

在以往的论著中称之为自然身份犯与法定身份犯。由于有的学者对自然身份犯与法定身份犯的分类持有异议，我们才将身份犯分类为自然身份之身份犯与法定身份之身份犯。实际上，自然身份犯是自然身份之身份犯的简略语，法定身份犯是法定身份之身份犯的简略语。对于自然身份犯而言，有论者认为，自然身份犯和法定身份犯之分类，是有问题的。其理由是：首先，从形式上来看，身份犯都是由法律规定的，不存在自然的身份犯，故认为自然身份犯与法定身份犯的分类犯了逻辑错误，这种从自然犯与法定犯的角度引证也是站不住脚的，它们完全属于两个不同的范畴。其次，从犯罪主体的角度来考察，身份可分为自然身份和

① 参见赵秉志主编：《刑法新教程》，中国人民大学出版社2001年版，第811页。

法定身份，但这仅仅是为了说明行为人身份之来源的不同，再将其作进一步引申无任何实际意义。[①] 笔者认为，这种观点之所以否定自然身份犯的分类，主要原因在于在自然身份犯概念中其误解为“自然”二字修饰“身份犯”所致。其实，“自然身份”修饰的是“犯”，而不是“自然”修饰“身份犯”，理由就在于自然身份犯是“以行为者所具有的主体身份即身份犯之身份是自然身份或法定身份为标准”对身份犯进行划分的结果。鉴于此，为了避免上述“自然身份犯”、“法定身份犯”概念中对修饰者与被修饰者到底是指哪些内容的不同理解，不妨用“自然身份之身份犯”代替“自然身份犯”，用“法定身份之身份犯”代替“法定身份犯”。

所谓自然身份之身份犯，是指根据刑法的规定行为者所具有身份犯之身份是法定身份的身份犯。也就是说，自然身份之身份犯是指根据刑法的规定以行为者所具有的自然刑法身份为定罪要件或量刑情节的身份犯。如强奸罪、未成年人犯罪、又聋又哑的人或者盲人犯罪等即是。

所谓法定身份之身份犯，是指根据刑法的规定行为者所具有身份犯之身份是自然身份的身份犯。也就是说，法定身份之身份犯是指根据刑法的规定以行为者所具有的法定刑法身份为定罪要件或量刑情节的身份犯。如职务犯罪、贪污贿赂罪以及军职罪等即是。

有论者主张，之所以将身份犯分为自然身份犯（即自然身份之身份犯）和法定身份犯（即法定身份之身份犯），是因为对这两种身份犯罪的量刑应当有所区别。在自然身份犯中，自然的身份仅影响定罪，而不影响量刑。而在法定身份犯中，其特定身份本身就已经是犯罪的一个情节，而且是比较重要的一个情节，它直接影响定罪和量刑。[②] 虽然笔者主张可以将身份犯分为自然身份之身份犯与法定身份之身份犯，但不主张在自然身份犯中，自

① 杜国强：《身份犯研究》，武汉大学出版社 2005 年版，第 89 页。

② 杨辉忠：《身份犯类型的学理探讨》，载《法制与社会发展》2003 年第 3 期。

然的身份仅影响定罪，而不影响量刑的看法。这是因为，在我国刑法的规定中有的自然刑法身份如男子影响定罪（在纯正身份犯场合），而有的自然刑法身份如未成年人、又聋又哑的人或盲人却影响量刑（在不纯正身份犯的场合）。因此，可以说无论是在自然身份之身份犯的场合还是在法定身份之身份犯的场合，自然刑法身份或法定刑法身份都有可能既影响定罪又影响量刑。

（二）积极身份犯与消极身份犯

从刑法理论上讲，根据身份犯的行为者所具有的身份犯之身份是积极刑法身份还是消极刑法身份，可以将身份犯划分为积极身份犯和消极身份犯。所谓积极身份犯，是指刑法规定的以行为者的积极刑法身份作为定罪要件或法定量刑情节的身份犯；消极身份犯，是指刑法规定的以行为者的消极刑法身份作为定罪要件或量刑情节的身份犯。从消极刑法身份的概念可以看出，行为者由于其具备消极刑法身份，使某种犯罪不能成立或免除处罚，是一种阻却刑罚事由。由此可见，具备消极刑法身份者实施危害行为有两种情况：一是危害行为不构成犯罪，二是危害行为危害较轻或轻微，虽构成犯罪，但根据刑法规定应当或可以免除刑罚。在这两种情况中，前者构不成犯罪，当然也就谈不上构成身份犯。因此，在我国刑法中，只有在后一种情况下，才存在消极身份犯，即：具有消极刑法身份者实施了免除处罚的犯罪行为就构成了消极身份犯。如又聋又哑的人或盲人实施窃取他人财物刚刚达到数额较大起点而法院给予定罪免刑的行为即是消极身份犯。从这个意义上讲，不能说没有必要将身份犯分为积极身份犯和消极身份犯。

（三）排他性身份犯与非排他性身份犯

根据刑法规定的身份犯之犯罪构成要件的内容是否要求具有特定身份之主体去亲自实施，可以将身份犯划分为排他性身份犯和非排他性身份犯。

排他性身份犯，有的称作亲手性身份犯，① 是指刑法中规定必须由具有刑法身份的犯罪主体亲自实施犯罪构成之全部要件内容的犯罪。如《刑法》第 305 条规定的伪证罪及第 316 条规定的脱逃罪等即是。这里所说的“亲自实施”是否是该种犯罪客观要件所必需？笔者认为，这里的“亲自实施”应该是排他性身份犯的客观要件所必需，非亲自实施，便不能构成该种犯罪之正犯即实行犯。如上面所说的脱逃罪，在任何情况下都只能由依法被关押的罪犯、被告人、犯罪嫌疑人实施，其他任何人都不可能实施，也就不可能构成脱逃罪。即便是有人教唆非依法被关押的罪犯、被告人、犯罪嫌疑人实施这种行为，被教唆者也不可能构成脱逃罪，教唆者也不可能构成脱逃罪的间接正犯。又如《刑法》第 360 条规定的传播性病罪，也是这类身份犯。没有严重性病而指使某无责任能力而有严重性病的人卖淫嫖娼的，不能构成传播性病罪，但可以构成以其他危险方法危害公共安全罪。当然，被指使者具有责任能力的，则可构成传播性病罪的共犯。

非排他性身份犯，有的称作非亲手性身份犯，是指某种可以由具有特定身份的人与无特定身份的人共同实施的身份犯。也就是犯罪主体（指具有身份犯之身份者）即便不亲自实施某罪之犯罪构成要件的行为，而是教唆或帮助他人来实施，但该主体仍然构成该罪之正犯的情况。如《刑法》第 382 条第 1 款规定的贪污罪、第 385 条的受贿罪等即是。同其他国家或地区刑法的规定一样，我国刑法中规定的大多数的身份犯都是一种非排他性身份犯，这些犯罪都可以由具有特定身份的人教唆或者帮助无身份犯之身份的人来实施。② 在我国身份犯理论中谈到的混合主体即有

---

① 参见李智良：《身份犯研究》，湘潭大学 2004 年法学硕士论文，第 17 页；亲手性身份犯亦即亲手犯型身份犯，亲手犯，又称自手犯或称己手犯，是指以间接正犯的形式不可能犯的犯罪。参见陈兴良：《共同犯罪论》（第二版），中国人民大学出版社 2006 年版，第 459 页。

② 参见杨辉忠：《身份犯类型的学理探讨》，载《法制与社会发展》2003 年第 3 期。

身份者与无身份者共同犯罪问题，主要讲的是混合主体共同犯这类非排他性身份犯的情形。研究身份犯的这一分类，其意义大凡也在于此。

（四）定式身份犯与不定式身份犯

身份犯的定式与不定式是就犯罪主体的身份的确定性而言的。根据身份犯中犯罪主体的身份是否确定，我们将身份犯划分为“定式身份犯”和“不定式身份犯”。

定式身份犯，是指犯罪主体的身份即身份犯之身份是相对确定的一类身份犯。所谓确定，是指身份犯之身份具有相对的稳定性。我国刑法中的大部分身份犯，其主体的身份犯之身份都是确定的。如《刑法》第247条规定的刑讯逼供罪和暴力取证罪的主体都是国家司法机关工作人员，其具有确定性。也就是说，此二罪的主体身份是在一定时间内长期的、确定的、相对稳定的身份，如果没有意外发生，该二罪的主体所取得的“司法机关工作人员”的身份将一直延续到退休而不能更改。因此，我们说，该两罪就是定式身份犯。又如刑法规定的贪污罪（《刑法》第382条第1款）、受贿罪（《刑法》第385条）、医疗事故罪（《刑法》第335条）、重大飞行事故罪（《刑法》第131条）等大部分身份犯也都属于定式身份犯，因为，他们的主体的身份都具有一定的稳定性和确定性。再比如虐待罪、遗弃罪等这些由特定的人身亲属关系而构成的身份犯，就更是典型的定式身份犯罪。因为，其主体的身份乃是一生下来就已经确定了，而且，如果没有什么意外，将终生不变。这些由确定的身份者而构成的犯罪，在理论上易于把握，在司法实践中，也易于对犯罪主体进行定罪量刑。

在我国刑法中，还有另外一种身份犯，其主体不像上述各罪之主体，他们的主体身份只是暂时具有的，而且拥有这种身份犯之身份的期间相当短暂，一旦某种特别的情状过去，其特定的身份也随之消失。我们不妨把刑法中所规定的由具有这种不特定身份的人所能构成的一类身份犯称为不定式身份犯。如《刑法》第

305 条所规定的伪证罪及第 306 条所规定的辩护人、诉讼代理人毁灭证据、伪造证据、妨害作证罪即属此类。前者的主体是证人、翻译人、鉴定人和记录人，而后者的主体是刑事辩护人和刑事诉讼代理人。很显然，这些主体的身份很不确定，其特定身份的拥有是由于某个特定案件的出现，或者是受了某个个人或者某个特定机构的委托，或者是受了法院的指定。这种基于当事人或机构委托或人民法院指定的特定身份者，在某个刑事案件的庭审过程中，负有如实作证、如实作出鉴定结论、如实记录、如实翻译以及为维护当事人的合法权益而正确行使辩护权和代理权的义务。一旦他们在庭审的过程中作了虚假的证明、陈述、翻译、鉴定、记录或者滥用辩护权和代理权，毁灭证据、伪造证据或妨害当事人作证的，就构成了伪证罪或者辩护人、诉讼代理人毁灭证据、伪造证据、妨害作证罪。但是，一旦这个案件庭审结束或者已经结案，那么这些人基于委托或指定而取得的特定身份就会随之消失，他们也就变成了不具有特定身份的一般人。

总的来说，在我国刑法中，渎职罪、军职罪及贪污贿赂罪中的大部分身份犯都是定式身份犯。

将身份犯划分为定式身份犯与不定式身份犯，其意义在于合理解决身份犯的刑事责任。从我国刑法中的规定来看，定式身份犯的刑事责任一般比不定式身份犯的要重一些。其原因在于，定式身份犯的犯罪主体的身份大多是国家以一定的法律程序所赋予的，这种身份犯之身份不但意味着一定的权力，更重要的是意味着一定的义务和法律责任，如果这种具有定式身份的人违背了自己的职责，实施了一定的危害社会并应当受到刑罚处罚的行为，从权利和义务的角度，也应该给予其比具有不定式身份者更重的刑事责任。相对而言，不定式身份犯的犯罪主体的身份是由于一定的法律事由的出现而暂时取得的，这也就意味着犯罪主体的权利与义务是暂时的。[①] 对其职责的要求也相对小了一些，一般来说，其刑事责任也相对小一些。

（五）主体身份犯与对象身份犯

有论者以身份犯中存在的主体身份与对象身份之别将身份犯分为主体身份犯与对象身份犯。[②] 笔者认为，在我国刑法理论中，身份犯是就行为者是否具备刑法身份而对犯罪进行的分类，对象身份不是行为者所具备的刑法身份。因此，这种分类是否科学，有待于研究。

第三节 刑法中的自然人身份犯

一、自然人身份犯的概念、特征和分类

（一）自然人身份犯的概念和特征

据本章第一节中身份犯的概念，身份犯是指法律规定的以实施犯罪的行为者在行为时所具有的刑法身份为定罪要件或法定量刑情节的犯罪。这个概念包括了自然人身份犯与单位身份犯。从这个概念可以看出，自然人身份犯是指法律规定的以实施犯罪的行为人在行为时所具有的自然人刑法身份为定罪要件或法定量刑情节的犯罪。

从上述自然人身份犯的概念可以看出，它除了具备身份犯一般属性[③]以外，其还有自身的如下两个特征：

1. 自然人身份犯是身份犯的一种——身份犯属概念特征

身份犯的行为者所具有的主体身份，是自然人身份的为自然

---

① 参见杨辉忠：《身份犯类型的学理探讨》，载《法制与社会发展》2003 年第 3 期。

② 参见潘爱辉：《身份犯问题研究》，中国政法大学 2005 年法学硕士论文。

③ 身份犯的特征有三，即：（1）身份犯是一类犯罪——类罪特征；（2）身份犯的行为者在行为时必须具有身份犯之身份——主体特征；（3）身份犯是由刑法规定的——法律特征。详见本章第一节身份犯的概念和特征部分。

人身份犯，是单位身份的为单位身份犯。例如，我国刑法中的贪污贿赂罪中的大部分身份犯以及渎职罪、军职罪都是自然人身份犯，是身份犯中的一种。自然人身份犯是身份犯的下位概念，即是其身份犯属概念特征。

2. 自然人身份犯的行为者是自然人——自然人主体特征

顾名思义，自然人身份犯的行为者即犯罪主体是自然人，是相对于单位身份犯的行为者是单位而言的。这是因为，自然人身份犯是根据身份犯的主体是自然人还是单位而对身份犯进行分类的结果。如刑法规定的渎职罪、军职罪都是自然人身份犯，其犯罪主体都是自然人。这里不难理解，勿需赘言。

（二）自然人身份犯的分类

根据前述我国刑法中身份犯在学理上的分类原理，用不同标准对自然人身份犯可作不同分类。比如，以自然人身份犯之身份是定罪身份还是量刑身份，或以身份犯的主体身份是定罪自然人身份还是量刑自然人身份为标准，可以将身份犯分为纯正自然人身份犯与不纯正自然人身份犯。纯正自然人身份犯，又称真正自然人身份犯，是指法律规定的以行为者的特定自然人身份为定罪要件的身份犯。又如以刑法规定要求行为者仅仅具备自然人刑法身份即可构成或是不仅要求行为者具备自然人刑法身份，而且要求利用这一自然人刑法身份所形成的便利条件方可构成此种自然人身份犯为标准，可以将自然人身份犯分为仅具备身份型自然人身份犯与具备并利用身份型自然人身份犯。具备并利用身份型自然人身份犯，是指根据刑法的规定，行为者具备自然人刑法身份并利用由其身份形成的便利条件方可构成的自然人身份犯，如《刑法》第 382 条第 1 款规定的贪污罪、第 384 条规定的挪用公款罪及第 385 条规定的受贿罪等即是。仅具备身份型自然人身份犯，是指根据刑法的规定，行为者具备自然人刑法身份即可构成的身份犯，如《刑法》第 397 条规定的滥用职权罪、玩忽职守罪及第 411 条规定的放纵走私罪等即是。再如以影响定罪量刑的刑法身份是明文规定式刑法身份或者暗含式刑法身份为标准，可将身份犯分为明文规定式自然人身份犯和暗含式自然人身份犯两种。明文规定式自然人身份犯，是指影响定罪量刑的行为者所具有的刑法身份是在刑法中明文规定的一类身份犯。像《刑法》第382条第1款规定的贪污罪、第384条挪用公款罪和第385条受贿罪等即是。暗含式自然人身份犯，是指影响定罪量刑的行为者所具有的刑法身份是在刑法中没有明文规定，但对刑法规定的实质含义及法条规定的犯罪构成分析后推断出来的刑法身份的一类身份犯。像《刑法》第236条强奸罪、第313条拒不执行判决、裁定罪的主体身份分别是“男子”，“对人民法院发生效力的判决、裁定具有执行义务的、已满16周岁并具有刑事责任能力的自然人”，是暗含式刑法身份，我们就可以称强奸罪、拒不执行判决、裁定罪为暗含式自然人身份犯。

以上我们之所以着重介绍了自然人身份犯可分为纯正自然人身份犯与不纯正自然人身份犯、具备并利用身份型自然人身份犯与仅具备身份型自然人身份犯、明文规定式自然人身份犯与暗含式自然人身份犯这三种分类法，是因为我国刑法中有此三种分类的自然人身份犯的规定。作如此分类便于研究自然人身份犯的定罪和量刑问题，具有很重要的司法实践意义。当然，从理论上讲，根据身份犯的分类，自然人身份犯还可以进行其他种类的分类，比如可以分为自然身份之自然人身份犯与法定身份之自然人身份犯；积极的自然人身份犯与消极的自然人身份犯；排他性自然人身份犯与非排他性自然人身份犯；定式自然人身份犯与非定式自然人身份犯，等等。

二、自然人身份犯之身份在刑法规范中的表现形式

（一）自然人身份犯之身份的概念和特征

自然人身份犯之身份，即自然人身份犯的行为主体所具有的身份犯之身份，与身份犯之身份是属种关系。身份犯之身份是上

位概念即属概念，自然人身份犯之身份是下位概念即种概念。因此，根据身份犯与身份犯之身份的概念，可得自然人身份犯之身份的定义为：自然人身份犯之身份，是指法律规定的行为人在行为时所具有的影响定罪量刑的个人要素。

从以上概念可以看出，自然人身份犯之身份除了具有刑法身份的法律事实特征、（影响定罪量刑的）本质特征、刑法性特征和身份犯之身份的犯罪主体依附性特征及时间性特征的一般属性外，其还具自身特征，即行为主体无一例外地都属于自然人。这一特征将其与单位身份犯区别开来。相对而言，单位身份犯的主体无一例外的都是单位（目前刑法只规定为纯正单位身份犯之特殊单位，没有规定不纯正单位身份犯之特殊单位）。在目前我国刑法中，《刑法》分则中第九章渎职罪全部、第十章军职罪全部、第八章贪污贿赂罪大部分和其他章节的一部分身份犯都是自然人身份犯，《刑法》总则规定的未成年人犯罪、又聋又哑的人或盲人犯罪等也都是自然人身份犯，只不过是一纯正自然人身份犯而已。

（二）自然人身份犯之身份的界定

1. 自然人身份犯之身份与刑法身份和身份犯之身份

如前文论述，刑法身份是指法律规定的，对定罪量刑具有影响的一定的个人要素或一定的单位附属条件。身份犯之身份，是指法律规定的行为者在行为时所具有的影响定罪量刑的个人要素或单位附属条件。自然人刑法身份指法律规定的，对定罪量刑具有影响的一定的个人要素。[①] 自然人身份犯之身份，是指法律规定的行为人在行为时所具有的影响定罪量刑的个人要素。可见，在三者的关系中，刑法身份概念的外延最广，即是最上位概念；其次是身份犯之身份，是排在中间的中位概念；自然人身份犯之

---

① 身份犯之身份包括自然人身份犯之身份和单位身份犯之身份。单位身份犯之身份，是指法律规定的，实施犯罪时特殊单位所具有的对定罪量刑具有影响的一定的单位附属条件。

身份，是排在最后的下位概念。换句话说，自然人身份犯之身份是身份犯之身份的一种，身份犯之身份是刑法身份中的一种，这就是它们三者的关系。

2. 自然人身份犯之身份与非身份犯之身份的身份情节

根据前文论述，刑法中的情节，一般都认为，是指与犯罪者及其犯罪行为密切相关的，表明行为的社会危害性和行为者再犯可能性及其危害程度，从而影响定罪或量刑的各种具体事实情况。如身份犯之身份、对象刑法身份和犯罪过程中的停顿状态，以及犯罪动机、目的、时间、地点、手段、次数等。因而可以说，所有身份犯之身份都是刑法中的情节。身份犯之身份是刑法中的情节之一，是有关身份影响定罪量刑的情节，即身份情节。这里所讲的身份情节是指以身份（包括法定的刑法身份和并非法定的一般意义上的身份）影响定罪量刑的情节。刑法中的身份情节中并非皆是自然人身份犯之身份，如《刑法》第236条第2款规定强奸罪的对象幼女等即是，这些身份情节均是法定的刑法身份，但不是自然人身份犯之身份，因其不齐备身份犯之身份和自然人身份犯之身份的特征，而只能是刑法中的身份情节。又如实施婚内强奸的丈夫、实施犯罪的70周岁以上不满75周岁①的老人等，这些身份情节并非是法定的刑法身份，更不是自然人身份犯之身份，而只是一般意义上的身份，是在定罪量刑时酌情予以考虑的身份情节。

3. 自然人身份犯之身份与《中华人民共和国公务员法》中的公务员

《中华人民共和国公务员法》（以下简称《公务员法》）（2005年4月27日通过）已于2006年1月1日施行，该法第2条规定："本法所称公务员，是指依法履行公职、纳入国家行政编制、由国家财政负担工资福利的工作人员。"而1993年8月14

① 《刑法修正案（八）》第1条规定：在《刑法》第十七条后增加一条，作为第十七条之一："已满七十五周岁的人故意犯罪的，可以从轻或者减轻处罚；过失犯罪的，应当从轻或者减轻处罚。"

日通过的《国家公务员暂行条例》(1993年10月1日施行)第3条规定:"本条例适用于各级国家行政机关中除工勤人员以外的工作人员。"比较而言,《公务员法》规定的公务员范围比《国家公务员暂行条例》规定的扩大了。《公务员法》第2条规定的公务员,是指依法履行公职、纳入国家行政编制、由国家财政负担工资福利的工作人员。这样将"其他党政机关、社会组织"等机构符合这三个条件的工作人员都纳入到了公务员范围中。具体来说,就是除了国家机关外,人大、政协、民主党派以及其他一些社会团体的工作人员都纳入到了公务员范围。[①] "公务员"是《公务员法》中的概念,不是刑法中的概念,与"公务员"概念相关并具有刑法意义的是"国家工作人员"、"国家机关工作人员"和"司法工作人员"三个概念。《刑法》第93条第1款规定:"本法所称国家工作人员,是指国家机关中从事公务的人员。"此款规定的"国家工作人员"的外延等同于"国家机关工作人员"的外延,可以说是狭义上的"国家工作人员"的概念。《刑法》第93条第2款规定:"国有公司、企业、事业单位、人民团体中从事公务的人员和国家机关、国有公司、企业、事业单位委派到非国有公司、企业、事业单位、社会团体从事公务的人员,以及其他依照法律从事公务的人员,以国家工作人员论。"此款规定的"以国家工作人员论"实际上是指除"国家机关工作人员"以外的"国家工作人员"外延部分。可见,根据《刑法》第93条第1款、第2款的规定,国家工作人员的外延由国家机关工作人员和"以国家工作人员论"的国家工作人员两部分组成,此两部分都应当属于《公务员法》第2条规定的公务员。《刑法》第94条规定:"本法所称司法工作人员,是指有侦查、检察、审判、监管职责的工作人员。"依据《公务员法》第2条的规定,司法工作人员也应当属于公务员。同时,笔者还认为司法工作人

---

① 晓华:《新〈公务员法〉五大亮点解读》,载《先锋队》2005年第9期。

员也是《刑法》第 93 条第 1 款规定的国家机关工作人员，当然也是国家工作人员。在“国家工作人员”、“国家机关工作人员”和“司法工作人员”三个概念中，“国家工作人员”包含“国家机关工作人员”，“国家机关工作人员”包含“司法工作人员”。

根据以上分析，“国家工作人员”完全符合《公务员法》第 2 条规定成立公务员的三个条件，即：（1）依法履行公职；（2）纳入国家行政编制；（3）由国家财政负担工资福利。因此，“国家工作人员”的概念和外延等同于“公务员”的概念和外延。据此建议，修改《刑法》时以“公务员”的概念代替“国家工作人员”的概念，以使《刑法》与《公务员法》的规定协调一致。“国家工作人员”是自然人身份犯之身份，（一旦《刑法》修改后的）“公务员”也应当是自然人身份犯之身份。

（三）自然人身份犯之身份在现行刑法规范中的表现形式及其与旧刑法规范中的比较研究

自然人身份犯之身份在 1997 年《刑法》及八个修正案、一个决定和若干司法解释中的表现形式可以分为以下几种情况：

1. 具有特定职务的人员身份

（1）国家工作人员身份

《刑法》[①]第 93 条规定：“本法所称国家工作人员，是指国家机关中从事公务的人员。国有公司、企业、事业单位、人民团体中从事公务的人员和国家机关、国有公司、企业、事业单位委派到非国有公司、企业、事业单位、社会团体从事公务的人员，以及其他依照法律从事公务的人员，以国家工作人员论。”该条前项指典型的国家工作人员即国家机关工作人员，后项指准国家工作人员。从 1979 年《刑法》第 83 条的规定来看，国家工作人员是指一切国家机关、企业、事业单位和其他依照法律从事公务的

① 本书中凡是“《刑法》第某条第某款”均指“1997 年《刑法》第某条第某款”，1979 年《刑法》的条款写明“1979 年《刑法》第某条第某款”，在此再一次申明。

人员。1982 年《全国人大常委会关于严惩严重破坏经济的罪犯的决定》[1]（以下简称《经济犯罪决定》）第 1 条第 2 款规定："本决定所称国家工作人员，包括在国家各级权力机关、各级行政机关、各级司法机关、军队、国营企业、国家事业机构中工作的人员，以及其他各种依照法律从事公务的人员。"比较而言，新旧《刑法》规范中的规定区别不大，现行《刑法》将 1979 年《刑法》第 83 条和《经济犯罪决定》第 1 条第 2 款规定的国家机关概括起来称谓，并将国有公司、企业、事业单位、人民团体中从事公务的人员和国家机关、国有公司、企业、事业单位委派到非国有公司、企业、事业单位、社会团体从事公务的人员具体化、明确化。

（2）国家机关工作人员身份

在《刑法》分则中，国家机关工作人员是许多种自然人身份犯尤其是《刑法》分则第九章渎职罪的主体身份，对其进行专门研究十分必要。

根据《刑法》第 93 条第 1 款的规定，国家机关工作人员是指在国家机关中从事公务的人员。结合对该条的立法解释，国家机关工作人员应当包括典型的国家机关工作人员和准国家机关工作人员两种类型：

第一，典型的国家机关工作人员

笔者认为，要想准确界定典型的国家机关工作人员，首先要适当界定"国家机关"这个概念。对"国家机关"范围的界定必须立足于现有法律的明确规定以及我国政治体制的实际，否则不能解决司法实践中的问题。具体地讲，这一问题的解决需要分别从横向和纵向两个方面考察：

首先，就横向而言，我国宪法尽管没有使用国家机关的概念，但其所说的"国家机构"实际上也就是国家机关。而从《宪法》第三章关于国家机构的规定来看，国家机关应当包括权力机

---

① 自 1997 年《刑法》（1997 年 10 月 1 日）施行起废止。

关、行政机关、审判机关、检察机关以及军事机关。对于中国共产党的各级组织，人民政治协商会议的各级组织，是否应当视为国家机关，在理论上存在不同意见。我国《宪法》虽然没有专章、专节作出明确的规定，但在序言中指出："中国人民将继续在中国共产党领导下，在马克思列宁主义、毛泽东思想指引下，坚持人民民主专政，坚持社会主义道路……。"关于人民政协，《宪法》亦指出："中国人民政治协商会议是有广泛代表性的统一战线组织，过去发挥了重要的历史作用，今后在国家政治生活、社会生活和对外友好活动中，将进一步发挥它的重要作用。"《宪法》序言作为《宪法》的重要组成部分，明确了中国共产党和人民政协与其他国家机关有同等重要的地位。

其次，从纵向来看，我国《宪法》第三章第5、6节规定，地方国家机关的最低一级为乡、镇，《中华人民共和国地方各级人民代表大会组织法和地方各级人民政府组织法》第42条规定，城市的国家机关最低一级为市或市辖区的人民政府所设立的街道办事处。可见，乡、镇和街道办事处是国家机关的最基层单位，因而乡、镇和街道办事处以下的机关，不属于国家机关之列。这样，城市和农村所设立的居民委员会或者村民委员会就不是国家机关，在居民委员会或者村民委员会工作的人员当然也就不属于国家机关工作人员。对于目前在中国存在的国务院直属事业单位和名为总公司但是仍然担负着国家行政管理职能的机构，如证监会、知识产权局、气象局、地震局、航天总公司、航空总公司等，笔者认为亦应当视为国家机关。这样一来，国家机关就应当包括国家的权力机关，即全国与地方各级人民代表大会及其常务委员会；行政机关，即国务院及其各部委、各授予行政管理职能的直属事业单位、各直属总公司和地方各级人民政府及其所属的各种管理机关；审判机关，即最高人民法院和地方各级人民法院；检察机关，即最高人民检察院和地方各级人民检察院；军事机关，即军事委员会及对国家武装力量实行管理的各级机构；中国共产党机关，即中央委员会及地方各级委员会；人民政协机关，即全国政协及地方各级政协。在上述机构中从事公务的人员均为典型的国家机关工作人员。

第二，准国家机关工作人员

所谓准国家机关工作人员，是指虽然不是典型的国家机关工作人员，但也可以国家机关工作人员对待的人员。主要是指《全国人大常委会关于〈中华人民共和国刑法〉第九章渎职罪主体适用问题的解释》（2002年12月28日通过）对“国家机关工作人员”扩大解释后的人员。该解释规定：“在依照法律、法规规定行使国家行政管理职权的组织中从事公务的人员，或者在受国家机关委托代表国家机关行使职权的组织中从事公务的人员，或者虽未列入国家机关人员编制但在国家机关中从事公务的人员，在代表国家机关行使职权时，有渎职行为，构成犯罪的，依照刑法关于渎职罪的规定追究刑事责任。”由于《刑法》分则第九章渎职罪的主体不仅包括国家机关工作人员，还有其他主体身份，如司法工作人员（《刑法》第399条的徇私枉法罪、民事、行政枉法裁判罪，《刑法修正案（四）》第8条第3款执行判决、裁定滥用职权罪，第401条徇私舞弊罪等）；行政执法工作人员（《刑法》第402条徇私舞弊不移交刑事案件罪）；税务机关的工作人员（《刑法》第404条徇私舞弊不征、少征税款罪，第405条第1款徇私舞弊发售发票、抵扣税款、出口退税罪）；林业主管部门的工作人员（《刑法》第407条违法发放林木采伐许可证罪）；从事传染病防治的政府卫生行政部门的工作人员（《刑法》第409条传染病防治失职罪）；海关工作人员（《刑法》第411条放纵走私罪）；国家商检部门、商检机构的工作人员（《刑法》第412条商检徇私舞弊罪、商检失职罪）等。因此，笔者认为这个解释中规定的三类人员不仅可以视为国家机关工作人员，还可以视为如司法工作人员、行政执法工作人员等其他具体种类的国家机关工作人员，即准国家机关工作人员或司法工作人员、行政执法工作人员等其他具体种类的国家机关工作人员。

在《全国人大常委会关于〈中华人民共和国刑法〉第九章渎职罪主体适用问题的解释》（2002 年 12 月 28 日通过）以前关于准国家机关工作人员的批复或解释有：①2000 年 4 月 30 日《最高人民检察院对〈关于中国证监会主体认定的请示〉的答复函》说："中国证券监督管理委员会为国务院直属事业单位，是全国证券期货市场的主管部门。其主要职责是统一管理证券期货市场，按规定对证券期货监管机构实行垂直领导，所以，它是具有行政职责的事业单位。据此，北京证券监督管理委员会干部应视同为国家机关工作人员。"②2000 年 5 月 4 日《最高人民检察院关于镇财政所所长是否适用国家机关工作人员的批复》规定："对于属行政执法事业单位的镇财政所中按国家机关在编干部管理的工作人员，在履行政府行政公务活动中，滥用职权或玩忽职守构成犯罪的，应以国家机关工作人员论。"③2000 年 10 月 9 日《最高人民检察院关于合同制民警能否成为玩忽职守罪主体问题的批复》规定："根据《刑法》第 93 条第 2 款的规定，合同制民警在依法执行公务期间，属其他依照法律从事公务的人员，应以国家机关工作人员论。对合同制民警在依法执行公务活动中的玩忽职守行为，符合《刑法》第 397 条规定的玩忽职守罪构成条件的，依法以玩忽职守罪追究刑事责任。"④2000 年 10 月 31 日《最高人民检察院关于属工人编制的乡（镇）工商所所长能否依照〈刑法〉第 397 条的规定追究刑事责任问题的批复》规定："根据《刑法》第 93 条第 2 款的规定，经人事部门任命，但为工人编制的乡（镇）工商所所长，依法履行工商行政管理职责时，属其他依照法律从事公务的人员，应以国家机关工作人员论。如果玩忽职守，致使公共财产、国家和人民利益遭受重大损失，可适用《刑法》第 397 条的规定，以玩忽职守罪追究刑事责任。"⑤2002 年 4 月 24 日《最高人民检察院关于企业事业单位的公安机构在机构改革过程中其工作人员能否构成渎职侵权犯罪主体问题的批复》规定："企业事业单位的公安机构在机构改革过程中虽尚未列入公安机关建制，其工作人员在行使侦查职责时，实施渎职侵权行为的，可以成为渎职侵权犯罪的主体。"等等。

有学者提出，《关于〈中华人民共和国刑法〉第九章渎职罪主体适用问题的解释》的效力及于第九章以外的以"国家机关工作人员"为主体的犯罪如叛逃罪、报复陷害罪等。[①] 笔者认为，全国人大常委会这一立法解释的对象很明确，就是"《中华人民共和国刑法》第九章渎职罪主体适用问题"，如果扩大适用到《刑法》分则第九章以外的以"国家机关工作人员"为主体的所有犯罪，是没有法律依据的。

国家机关工作人员既可作为定罪要件，又可作为量刑要件，前者如《刑法》第 397 条的滥用职权罪、玩忽职守罪及第 254 条报复陷害罪，后者如国家机关工作人员犯《刑法》第 243 条规定的诬告陷害罪、第 349 条包庇毒品犯罪分子罪及《刑法修正案(八)》生效前的《刑法》第 294 条第 1 款组织、领导、参加黑社会性质组织罪，[②] 以及国家机关工作人员利用职权犯《刑法》第 238 条规定的非法拘禁罪、故意伤害罪、故意杀人罪等即是。

(3) 履行某种职能的国家机关工作人员身份

我国刑法中的一些犯罪主体，要求具有履行某种职能的国家机关工作人员身份者才能构成，概括起来有如下两类：

第一类，只能作为定罪要件的共有 18 种，如海关、外汇管理部门的工作人员（《全国人大常委会关于惩治骗购外汇、逃汇和非法买卖外汇犯罪的决定》第 5 条骗购外汇、逃汇罪和第 6 条滥用职权罪、玩忽职守罪），行政执法工作人员（《刑法》第 402 条徇私舞弊不移交刑事案件罪），负有食品安全监督职责的国家

① 狄世深：《刑法中身份论》，北京大学出版社 2005 年版，第 108 ~ 109 页。

② 《最高人民法院关于审理黑社会性质组织犯罪的案件具体应用法律若干问题的解释》（2000 年 12 月 4 日通过）第 4 条规定："国家机关工作人员组织、领导、参加黑社会性质组织的，从重处罚。"

机关工作人员（《刑法》第408条之一第1款、《刑法修正案(八)》第49条第1款食品监管渎职罪），[①] 等等。

根据《全国人大常委会关于〈中华人民共和国刑法〉第九章渎职罪主体适用问题的解释》（2002年12月28日通过），上述人员中除海关、外汇管理部门的工作人员以外的其余渎职罪中16种履行某种职能的准国家机关工作人员，也属此类。

第二类，既可作为定罪要件又可作为量刑情节的共有如下两种：

一是缉毒人员或者其他国家机关工作人员（《刑法》第349条第2款），既是包庇毒品犯罪分子罪的定罪身份，也是依照《刑法》第349条第1款的规定从重处罚的量刑情节。

二是司法工作人员。司法工作人员具体包括如下三种：第一种，司法机关的司法工作人员；第二种，执行职务的人民陪审员；第三种，准司法工作人员。根据《全国人大常委会关于〈中华人民共和国刑法〉第九章渎职罪主体适用问题的解释》（2002年12月28日通过），准司法工作人员可以构成《刑法》分则第九章以司法工作人员为主体的渎职罪。其他根据相关司法解释以司法工作人员论的主体身份，诸如劳教工作干警；可以构成失职致使在押人员脱逃罪主体的受委托履行监管职责的未被公安机关正式录用的人员、狱医；可以构成私放在押人员罪、失职致使在押人员脱逃罪的聘用受委托履行监管职责的工人等非监管机关在编监管人员；可以构成渎职侵权犯罪的行使侦查职责的企业事业单位的公安机构在机构改革过程中的工作人员。

（4）军职人员

根据《刑法》第450条的规定，《刑法》分则第十章军人违

---

① 《刑法修正案（八）》第49条规定：在《刑法》第四百零八条后增加一条，作为第四百零八条之一："负有食品安全监督职责的国家机关工作人员，滥用职权或者玩忽职守，导致发生重大食品安全事故或者其他严重后果的，处五年以下有期徒刑或者拘役；造成特别严重后果的，处五年以上有期徒刑。""徇私舞弊犯前款的，从重处罚。"

反职责罪（简称军职罪）的定罪主体身份是中国人民解放军的现役军官、文职干部、士兵及具有军籍的学员和中国人民武装警察部队的现役警官、文职干部、士兵及具有军籍的学员，以及执行军事任务的预备役人员和其他人员。

(5) 其他具有特定职务的人员

根据刑法规定，这类定罪主体身份主要是与国有财产的经营管理有关的身份，其涉及的犯罪多数包含在《刑法》第三章破坏社会主义市场经济秩序罪中，例如：《刑法》第165条非法经营同类营业罪主体是国有公司、企业的董事、经理；第167条签订、履行合同失职被骗罪主体是国有公司、企业、事业单位直接负责的主管人员，等等。《刑法》其他章节中的这类身份，如《刑法》第272条第2款挪用公款罪的主体身份由"国有公司、企业或者其他国有单位中从事公务的人员和国有公司、企业或者其他国有单位委派到非国有公司、企业以及其他单位从事公务的人员"构成；第382条第2款贪污罪由"受国家机关、国有公司、企业、事业单位、人民团体委托管理、经营国有财产的人员"构成，等等。

另外，还有一些自然人身份犯之身份也可归入其他具有特定职务的人员，如《刑法》第255条打击报复会计、统计人员罪的主体身份是"公司、企业、事业单位、机关、团体的领导人"等。虽然这种自然人身份犯之身份既包括了国有单位的领导人员，也包括了非国有单位的领导人员，但毕竟这类人员是具有特定职务的人员。

2. 从事特定职业的人员身份

从事特定职业的人员共有五种：(1) 特种行业的从业人员、职工，如《刑法》第131条重大飞行事故罪的"航空人员"。(2) 生产者、销售者、经营者等身份，如《刑法》第140条至第148条生产、销售伪劣商品犯罪的"生产者、销售者"。(3) 非国有的公司、企业或其他单位以及非国有的银行或其他金融机构中的工作人员，如《刑法修正案（六）》第7条、《刑法》第163条第1款和第2款非国家工作人员受贿罪的“公司、企业或者其他单位的工作人员”。（4）因法律行为而产生的临时身份，如《刑法》第198条第4款保险诈骗罪的“保险事故的鉴定人、证明人、财产评估人”。（5）邮政工作人员，在制定1979年《刑法》时电信部门、邮电部门和中国移动通信部门三位一体统称邮电局。1979年《刑法》规定的邮电工作人员，具体是指在邮电部门中对邮件、电报负有直接管理职责的国家工作人员，其中包括邮电部门的干部、营业员、投递员、押运员、分拣员、发行员、接线员等，以及其他依法从事邮电工作的人员，如邮电代办人员和乡邮人员。这些人员都可以作为妨害邮电通信罪（1979年《刑法》第191条第1款）的定罪要件。同时，根据1979年《刑法》第191条第2款的规定“犯前款罪而窃取财物的，依照第一百五十五条贪污罪从重处罚”，可见，1979年《刑法》中的邮电工作人员是职务犯罪的主体身份。而在1997年《刑法》中不存在“邮电工作人员”这个概念，只规定了“邮政工作人员”。根据1997年《刑法》第253条第1款和第304条的规定，邮政工作人员分别是私自开拆、隐匿、毁弃邮件、电报罪和故意延误投递邮件罪的定罪的主体身份。根据1997年《刑法》第253条第2款的规定：“犯前款罪而窃取财物的，依照本法第二百六十四条的规定定罪从重处罚。”邮政工作人员还是其犯盗窃罪的从重处罚之量刑身份。由此可见，邮政工作人员在1997年《刑法》中是一种从事特定职业的人员。

应当指出的是，从事交通运输人员在1979年《刑法》第113条规定为交通肇事罪的主体刑法身份，而在1979年《刑法》中没有将其规定为刑法身份。

3. 负有特定职责和义务的人员身份

负有特定职责和义务的人员，共有五种：（1）负有纳税义务、扣缴义务的人员。如《刑法》第201条、《刑法修正案

(七)》第3条逃税罪[①]和第202条抗税罪的定罪主体身份是纳税人、扣缴义务人。(2) 集会、游行、示威的负责人和直接责任人员。如《刑法》第296条的非法集会、游行、示威罪的主体必须是集会、游行、示威的负责人和直接责任人员，其他人员即使参加了非法集会、游行、示威活动也不构成本罪。(3) 负有扶养义务的人员，如《刑法》第261条规定的对于年老、年幼、患病或者其他没有独立生活能力的人，负有扶养义务而拒绝扶养的人员，是遗弃罪的定罪主体身份。1979《刑法》第183条也有相同的规定。(4) 共同生活的家庭成员。如《刑法》第260条规定的共同生活的家庭成员是虐待罪的定罪主体身份。1979《刑法》第182条有相同的规定。(5) 负有执行有效判决、裁定义务的人员。如依据《刑法》第313条规定的精神实质和相关司法解释的规定，拒不执行判决、裁定罪的定罪主体，只能是对人民法院发生法律效力的判决、裁定具有执行义务的、已满16周岁并具有刑事责任能力的自然人。[②] 应当说明的是，《刑法》第313条并无明文规定本罪的定罪主体身份，但是理论界根据《刑法》第313条的规定的实质精神，认为负有执行有效判决、裁定义务的人员是自然人身份犯之身份已成为共识。1997年《刑法》第157条有相同的规定。

4. 其他可以作为自然人身份犯之身份的人员身份

其他可以作为自然人身份犯之身份的人员，如中华人民共和国公民（《刑法》第102条第1款背叛国家罪、第108条投敌叛变罪、第112条资敌罪的定罪主体身份）；依法被关押的罪犯、被告人、犯罪嫌疑人、押解途中的罪犯、被告人、犯罪嫌疑人（《刑法》第315条破坏监管秩序罪的定罪主体身份是依法被关押

① 《最高人民法院、最高人民检察院关于执行〈中华人民共和国刑法〉确定罪名的补充规定（四）》将原偷税罪修改为逃税罪。

② 参见《最高人民法院关于审理拒不执行判决、裁定案件具体应用法律若干问题的解释》第4条，载中国法学会诉讼法学研究会编：《公检法机关执行刑法刑事诉讼法新规定》，群众出版社1999年版，第163~164页。

的罪犯；第316条第1款脱逃罪、第317条第1款组织越狱罪和第317条第2款暴动越狱罪的定罪主体身份是依法被关押的罪犯、被告人、犯罪嫌疑人）；男子（《刑法》第236条强奸罪的定罪主体身份）；有配偶者（《刑法》第258条规定“有配偶者”是重婚罪的定罪主体身份）；已满14周岁不满18周岁的未成年人（《刑法》第17条第3款）；又聋又哑的人或者盲人（《刑法》第19条）；已满75周岁的人（《刑法》第17条之一、《刑法修正案（八）》第1条）；[①] 醉酒驾驶机动车的人员（《刑法》第133条之一、《刑法修正案（八）》第22条），[②] 等等，1979年《刑法》也有相同或相似的规定。

三、自然人身份犯在我国刑法中的表现

（一）自然人身份犯在中国古代、近代刑法中的表现

由于中国古近代没有单位身份犯立法，身份犯的立法起源于自然人身份犯，要想探究身份犯的历史渊源，必须从研究自然人身份犯开始，因此，有必要研究自然人身份犯在中国古代、近代刑法中的表现形式。

1. 不纯正自然人身份犯在中国古代、近代刑法中的表现

中国古代、近代刑法中不纯正自然人身份犯主要分为两类：一类是基于行为人年龄、身高、疾病或者行为人是妇女还是亲属等自然刑法身份的不纯正自然人身份犯。另一类是基于职务、职业、社会等级关系等法定刑法身份的不纯正自然人身份犯。

（1）基于自然刑法身份的不纯正自然人身份犯

根据《周礼·秋官·司刺》记载，早在西周时期就有三赦之

---

① 《刑法修正案（八）》第1条规定：在《刑法》第17条后增加一条，作为第17条之一：“已满七十五周岁的人故意犯罪的，可以从轻或者减轻处罚；过失犯罪的，应当从轻或者减轻处罚。”

② 《刑法修正案（八）》第22条规定：在《刑法》第133条后增加一条，作为第133条之一：“在道路上驾驶机动车追逐竞驶，情节恶劣的，或者在道路上醉酒驾驶机动车的，处拘役，并处罚金。”

法："一赦曰幼弱，再赦曰老耄，三赦曰蠢愚。""幼弱"又称"悼"。《礼记·曲礼上》中又有"八十、九十曰耄，七年曰悼。悼与耄，虽有罪，不加刑焉"的解释。关于"蠢愚"，东汉郑玄在《周礼·秋官·司刺》注中说："蠢愚，生而痴騃童昏者。"由此可见，从西周开始，就有因处于一定年龄阶段或患有某些疾病而影响行为人刑事责任的法律规定。西周时7岁以下、80岁以上以及从小痴呆的人的行为虽构成犯罪，但不施加刑罚。①

秦律规定，身高在6尺（秦1尺大约等于现在7寸）以下的人犯罪不负刑事责任，男子身高不足6.5尺和女子身高不足6.2尺的人犯罪减轻刑事责任，只能判处其罚作劳役的徒刑，因为他们属于未成年人。《周礼》贾疏说："七尺谓年二十，六尺谓年十五。"可见，秦律对15岁以下的人犯罪不追究刑事责任，对16岁、17岁左右的人犯罪减轻刑事责任。②

据《汉书·宣帝纪》记载，汉朝废除了秦以身高为刑事责任标准的制度，采用年龄标准。汉高祖死后汉惠帝即位时，为表示皇恩，下诏曰："民年七十以上，若不满十岁，有罪当刑者，皆完之。"意思是说，一般百姓年七十以上及不满十岁犯罪须受刑的，仅去其鬓毛或胡须，而完其发，即免受髡发之刑。汉景帝后元三年下诏曰："年八十以上，八岁以下，及孕者未乳、师、侏儒当鞠系者，颂系之。"③ 意思是，对80岁以上及8岁以下的人、尚未分娩的孕妇、盲乐师和侏儒免去戴刑具之罚。汉成帝鸿嘉元年定令："年未满七岁，贼斗杀人或犯殊死者，上请廷尉以闻，得减死。"④ 意思是说，年龄未满7岁，犯故意杀人、斗殴杀人罪或犯应处斩首刑之罪的人，上报廷尉，然后奏明皇帝，可以减去

① 狄世深：《刑法中的身份论》，北京大学出版社2005年版，第51~52页。

② 参见赵秉志：《犯罪主体论》，中国人民大学出版社1989年版，第67~68页。

③ 赵增祥、徐世虹：《〈汉书·刑法志〉注释》，法律出版社1983年版，第57页。

④ 赵增祥、徐世虹：《〈汉书·刑法志〉注释》，法律出版社1983年版，第58页。

死刑。

中国封建社会鼎盛时期的唐律，在总结和吸收以往立法经验的基础上，对老小及废疾者犯罪的刑事责任问题作了详尽、缜密的规定，这些规定是中国古代刑法中关于刑事责任能力的最完善的制度。《唐律·名例》第三十条规定：“诸年七十以上、十五以下及废疾，犯流罪以下收赎（犯加役流、反逆缘坐流、会赦犹流者，不用此律，至配所，免居作）。八十以上、十岁以下及笃疾，犯反、逆、杀人应死者，上请；盗及伤人者，亦收赎（有官爵者，各从官当、除、免法），余皆勿论。九十以上、七岁以下，虽有死罪，不加刑（缘坐应配没者不用此律）。”即：凡 70 岁以上、15 岁以下以及病残的人，犯流刑以下的罪，处赎刑（犯加役流、反逆缘坐流及会赦犹流的，不适用本条法律，但到流放地，可免服劳役）。凡 80 岁以上、10 岁以下以及严重病残的人犯反罪、大逆罪和杀人罪应判死刑的，要上请皇帝裁决；犯盗窃和伤人罪的，亦可用钱赎罪（有官职及爵位的，都依官当、除名、免官的办法处理），其他犯罪不负刑事责任。90 岁以上和 7 岁以下的人即使犯有死罪（应理解为包括反、逆罪在内），亦不处刑（因父亲，祖父犯反、逆罪而缘坐处流刑发配和收为奴隶的子女，不适用本条法律）。①

从上述规定可以看出，唐律将刑事责任能力分为四种情况：第一，15 岁以上不满 70 岁且未患有废疾或笃疾②的，是完全责任能力者，即对所有犯罪均应承担刑事责任，亦无减免刑事责任的优待。第二，已满 10 岁不满 15 岁和已满 70 岁不满 80 岁，以及废疾之人，是减轻责任能力者，即这类人原则上对所有犯罪均应承担刑事责任，但可以从轻发落。第三，已满 7 岁不满 10 岁和已满 80 岁不满 90 岁，以及笃疾之人，是相对无责任能力者，即只

---

① 参见钱大群译注：《唐律译注》，江苏古籍出版社 1988 年版，第 41～42 页。

② 唐律中的“废疾”指一般的病残，“笃疾”指严重的病疾。关于“笃疾”，《宋刑统》引《唐令》说：“口疾、癫狂、二支废、两目盲，如此之类，皆为笃疾。”

对某几种严重犯罪承担刑事责任。第四，不满7岁和90岁以上的，是基本无责任能力者，但对非本人而是亲属所犯的反、逆和叛罪，还要承担一定的责任。

中国近代，1910年颁布的《大清新刑律》是清政府仿效西方而制定的中国历史上第一部自成体系的刑法典，它既吸收了西方国家刑法的内容，同时也继承了中国古代刑法的一些传统。①《大清新刑律》规定了影响刑事责任的年龄、疾病、职业等自身状况。例如，该律第11条规定："凡未满十二岁人之行为，不为罪；但因其情节，得施以感化教育。"第12条第1项规定："精神病人行为，不为罪；但因其情节，得施以监禁处分。"第50条规定："未满十六岁人或满八十岁人犯罪者，得减本刑一等或二等。"

以上是中国古代、近代刑法中以年龄或疾病为刑法身份的基础而规定的不纯正自然人身份犯。另外，还有以妇女为刑法身份而规定的不纯正自然人身份犯，如西周开创了中国刑法史上对女性罪犯予以"宽大"处理的先例。《左传》在记述西周司法状况时，有这样一条记载："妇人无刑；虽有刑，不在朝市。"意即，对妇女罪犯不适用墨、劓、刖、宫等肉刑，被判处死刑的也不公开在闹市执行。这一司法原则对后世的立法和司法产生了一定的影响。

中国古代刑法对亲属间相互侵犯的犯罪，在量刑时严格区分尊卑、长幼和亲疏身份，此也是不纯正自然人身份犯。如在夏、商、西周时期，亲属间构成的不孝罪被其刑法规定为最严重的犯罪，并适用最严厉的刑罚。例如，《孝经·五刑章》就有"五刑之属三千，而罪莫大于不孝"的记载。《周礼》说："凡杀其亲者，焚之。"即对于杀死尊亲属的，要处以焚刑。到了封建社会，不孝罪便进一步发展成为"十恶"重罪之一，在中国历代刑法中

① 狄世深：《刑法中的身份论》，北京大学出版社2005年版，第55页。

皆有规定。①

中国古代刑法中亲亲相隐的规定，也属于不纯正自然人身份犯的规定。所谓亲亲相隐，就是应当对亲属的犯罪行为予以隐瞒，以及予以隐瞒不为罪或减轻处罚，反之要论罪处刑的情况。这一制度源于孔子“父为子隐，子为父隐，直在其中矣”（《论语·子路》）的儒家思想。汉律最早规定了该制度。据《汉书·宣帝纪》记载，汉宣帝本始四年下诏说：“父子之亲，夫妇之道，天性也。虽有祸患，犹蒙死而存之，诚爱洁于心，仁厚之至也，岂能违之哉！自今子首匿父母，妻匿夫，孙匿大父母，皆勿坐；其父母匿子，夫匿妻，大父母匿孙，罪殊死，皆上请廷尉以闻。”可见，卑幼首匿尊亲长不负刑事责任；尊长首匿卑幼，死罪以下的不负刑事责任，死罪的可以通过上请程序减免刑事责任。三国、两晋、南北朝时期，亲亲相隐制度得到进一步确认，唐律则作了更为详尽的规定，并一直沿用至清末。如《唐律·名例律》“同居相为隐”条（第46条）规定：“诸同居，若大功以上亲、及外祖父母、外孙，若孙之妇、夫之兄弟、及兄弟妻，有罪相为隐；部曲、奴婢为主隐，皆勿论。即漏露其事，及摘语消息，亦不坐。其小功以下相隐，减凡人三等。”即是。

（2）基于职务、社会等级等法定刑法身份的不纯正自然人身份犯

在中国古代刑法中基于职务身份而规定的不纯正自然人身份犯相对较少，但从“礼不下庶人，刑不上大夫”和官职人员适用《官刑》的规定中亦显端倪。中国古代奴隶社会有专门规束官职人员行为、惩罚官职人员犯罪的刑法，叫《官刑》。早在虞夏时代就有《官刑》。《尚书·舜典》云：“象以典刑，流宥五刑，鞭作官刑，朴作教刑，金作赎刑。”到了殷商时期，《官刑》已被明确说明是警诫百官用的。”《尚书·伊训》载：“制官刑，警于有

① 狄世深：《刑法中的身份论》，北京大学出版社2005年版，第58~59页。

位。”至周代,《官刑》进一步发展完善。《周礼》实质就是一部官吏典章，是夏商官刑的集大成。《周礼·秋官·大司寇》有：“以五刑纠万民……四曰官刑，上能纠职……”贾公彦疏云：“官刑，非寻常五刑，谓官中之刑，以纠察邦治。”“礼不下庶人，刑不上大夫”，礼是调整奴隶社会关系的准则，由国家强制力保证实施，因而也具有法的性质；但是，礼和刑的适用对象各有侧重。《礼记·曲礼》云：“礼不下庶人，刑不上大夫”，“礼不下庶人者，谓庶人贫无物为礼”，“如庶人不庙祭，则宗庙之礼所不及也。庶人徒走，则车乘之礼所不及也。庶人无燕礼，则酬酢之礼所不及也。庶人见君子不为容，进退走，则朝廷之礼所不及也。不下者，谓其不及也。”[①]《礼记·曲礼》：“礼之制，贵者始也，故不下庶人；刑之所加，贱者使之，故不上大夫。”但从历史实际上看，大夫一类的贵族世官，如犯“有畔”、“不听命”、“弑君”、“弑父”等罪，不仅责之以礼，而且治之以刑。实际上，“刑不上大夫”，并不是对大夫绝对不施加刑罚，而是“据礼无大夫刑”。[②] 人们对于违反礼以后要处以什么样的刑罚并不清楚。对于严重的违礼行为要动用什么样的刑罚，要由上层统治者“议事以制，不为刑辟”,[③] 临时决定。这样的刑罚没有固定性，因人因事而各异。对普通国民——庶人,[④] 由于他们不属于周族人，没有共同的血缘世族关系，因而不适用“礼”，而直接适用刑，即“刑以治野人”。[⑤]

中国古代刑法中以社会等级身份为基础而规定的不纯正自然人身份犯主要体现在“八议”和“官当”制度上。“八议”源自

---

① 《礼记集说·卷七引广安游语》，上海古籍出版社 1974 年版。

② 《白虎通·德论》，中华书局 1982 年版。

③ 《左传·昭公六年》，中华书局 1982 年版。

④ “周代的二等国民，是被征服的异族土著居民，由于居住于野，所以也叫野人。”参见赵锡元：《中国奴隶社会史述要》，吉林文史出版社 1986 年版，第 153 页。

⑤ 参见邵维国：《浅谈先秦时期身份犯问题》，载《北华大学学报（社会科学版）》2000 年第 2 期。

《周礼》中的“八辟之法”。根据《唐律·名例律》“八议”，八议是指议亲（皇亲国戚）、议故（皇帝的故旧）、议贤（有大德行者）、议能（有大才干者）、议功（有大功勋者）、议贵（官职品级高者）、议勤（有大勤劳者）、议宾（前朝国君的后代）。八议的具体内容是：上述八种人犯了死罪都要先报请皇帝，并经朝廷大臣集议减免刑罚，犯流罪以下的，都减一等处罚。但犯“十恶”之罪的，不在“八议”之列。八议的特权具体包括议、请、减、免和官当，其中，官当制度（产生于北魏及南陈时期，元代以后取消）是指官吏犯流徒之罪可以用官职和官品抵罪，并且，那些不享有八议特权的官吏也可以以官抵罪。另外，在少数民族政权统治下，还在法律上按照民族划分社会等级，少数民族为特权阶层，汉族人则为社会的下层或贱民。例如，在元朝时期，蒙古人侵害汉人、南人均可以减刑；在清朝时，按照《大清律例·名例律》，旗人犯罪享有“减等”、“换刑”的特权。①

2. 纯正自然人身份犯在中国古近代刑法中的表现

中国古代刑法中，纯正自然人身份犯集中表现为以职务、职业为刑法身份而规定的纯正自然人身份犯即职务犯罪。早在中国夏朝的刑法“禹刑”中，就规定了由具有官吏身份的人实施的渎职犯罪。例如，《左传·昭公十四年》引《夏书》说：“昏、墨、贼、杀，皋陶之刑也。”其中，“墨”就是“贪以败官”即贪赃败坏官纪的意思，这可以说是中国历史上最早的关于贪污贿赂罪的规定，犯该罪要处死刑。

商朝的刑法又称“汤刑”。其特点是，既沿用商的习惯法，也承袭了“禹刑”的一些内容，已较“禹刑”更为具体。《伊训》是中国历史上第一部官员治罪条例。据《尚书·伊训》记载，商汤制定了官刑，以惩戒各级具有官吏身份的人。②

---

① 参见狄世深：《刑法中的身份论》，北京大学出版社2005年版，第62页。

② 参见高绍先主编：《中国历代法学名篇注译》，中国人民大学出版社1993年版，第10～13页。

据《尚书·吕刑》记载，西周的《吕刑》规定有“五过之疵”，即由司法官吏实施的五种渎职犯罪：“惟官（畏权势）、惟反（私报恩怨）、惟内（内亲用事）、惟货（贪污贿赂）、惟来（走门路）。其罪惟均（司法官犯有五过之错的，要与犯人同罪），其审克之（司法官一定要根据事实断案才是）。”《周礼》还规定了对犯贪赃罪的官吏实行免官夺爵的制度，这对后世的惩贪立法有很大影响。[①] 先秦史料所载的具体的犯罪中，周代的纯正自然人身份犯的具体罪名大致如下：(1) 不事君主罪（《左传·昭公三十一年》）；(2) 不孝不友罪（《尚书·康诰》）；(3) 变更等级名份罪（《礼记·王记》）；(4) 淫声异服罪（《礼记·王制》）；(5) 临丧不敬罪（《周礼·春官·世妇》）；(6) 祭祀不敬罪（《周礼·夏官·祭仆》）；(7) 不孝罪（《地官·大司徒》）；(8) 不睦罪（《大司徒》）；(9) 不姻罪（《大司徒》）；(10) 不恤罪（《大司徒》）。以上十个罪的主体身份均为世族贵族及其家族成员，属血缘世族身份无疑。(11) 专杀罪（《左传·昭公十四年》）；(12) 徇私枉法罪（《左传·昭公十四年》）；(13) 贿赂罪（《左传·昭公十四年》）；(14) 功有不当罪（《礼记·月令·仲冬之月》）；(15) “五过之疵”罪（《吕刑》）；(16) 治不时举罪（《周礼·天官·宰夫》）；(17) 为邦朋罪（《秋官·士师》）；(18) 失财用、物辟名罪（《天官·宰夫》）；(19) 田猎、征伐迟到罪（《夏官·大司马》）；(20) 不从将命罪（《夏官·大司马》）；(21) 干犯军阵罪（《秋官·士师》）。以上各罪的主体身份均为世卿世禄的官职人员和军职人员。在春秋中叶以前的奴隶社会，当兵是贵族的权利。所以，军职人员也是一种血缘世族身份。[②]

唐律的职务、职业犯罪主要有官吏犯罪，将士和兵士的犯

① 参见高绍先：《中国刑法史精要》，法律出版社 2001 年版，第 290 页。

② 参见邵维国：《浅谈先秦时期身份犯问题》，载《北华大学学报（社会科学版）》2000 年第 2 期。

罪，厨师、工匠、医生的犯罪等。明、清律中官吏犯罪的名目绝大部分与唐相同，但明、清律，特别是明律对官吏犯罪的惩处较唐律严酷，明律严惩官吏的结党营私和贪污腐化犯罪。例如，明律规定："若在朝官员，交结朋党，紊乱朝政者，皆斩，妻子为奴，财产入官。"明律又规定："凡诸衙门官吏若与内官及近侍人员互相交结，漏泄事情，夤缘作弊，而附同奏启者，皆斩，妻、子流二千里安置。"明律还规定，如果官吏受贿作枉法裁判，"一贯以下杖七十，八十贯以上者绞。"另外，由朱元璋亲自编纂的《明大诰》对贪官污吏的惩治比明律大大加重，甚至极为严苛，例如，《明大诰》甚至对贪赃官员实行"剥皮揎草"，即：凡贪赃数满六十两的，处死后，要将皮剥下，实以稻草，制成标本，立于官府公坐旁边，体现"言教不如身教"，使现任官吏望而生畏，不敢重蹈法网。①

（二）自然人身份犯在我国现行刑法规范中的表现及其与旧刑法规范中的比较研究

在新旧刑法中约有 171 个条款涉及自然人身份犯的规定，其中新旧刑法总则中有 6 个条款涉及，新旧刑法分则中有 165 个条款涉及。

1. 新旧刑法总则中的自然人身份犯

（1）新旧刑法总则中自然人身份犯之比较

1997 年《刑法》总则中有 6 个条款涉及自然人身份犯的规定，这 7 个条款分别是《刑法》第 17 条第 3 款（已满 14 周岁未满 18 周岁的人犯罪，应当从轻或者减轻处罚）；《刑法》第 17 条之一（《刑法修正案（八）》第 1 条）（已满 75 周岁的人故意犯罪，可以从轻或者减轻处罚；过失犯罪的，应当从轻或者减轻处罚）；《刑法》第 18 条第 3 款（尚未完全丧失辨认或者控制自己行为能力的精神病人犯罪的，应当负刑事责任，但是可以从轻或

① 参见高绍先：《中国刑法史精要》，法律出版社 2001 年版，第 292 页。

者减轻处罚)；《刑法》第 19 条（又聋又哑的人或者盲人犯罪，可以从轻、减轻或者免除处罚)；《刑法》第65 条第1 款（《刑法修正案（八)》第6 条)（不满 18 周岁的人不构成累犯，不予从重处罚)；《刑法》第 72 条第1 款（《刑法修正案（八)》第 11 条第1 款）（对符合缓刑条件的不满 18 周岁的人[①]应当宣告缓刑)，这些全是不纯正自然人身份犯的规定。1979 年《刑法》总则中只有两个条款涉及自然人身份犯的规定，即 1979 年《刑法》第 14 条第3 款和第 16 条，分别与 1997 年《刑法》第 17 条第 3 款和第 19 条相对应，1979 年《刑法》第 16 条与 1997 年《刑法》第 19 条的内容完全相同。1997 年《刑法》第 17 条第 3 款与 1979 年《刑法》第 14 条第 3 款的内容基本相同，只是前者规定的是“周岁”，后者规定的是“岁”而已。1997 年《刑法》第 18 条第 3 款是新增加的，1979 年《刑法》没有规定此内容。《刑法》第 17 条之一（《刑法修正案（八)》第1 条)、《刑法》第 65 条第 1 款（《刑法修正案（八)》第 6 条)、《刑法》第 72 条第 1 款（《刑法修正案（八)》第 11 条第1 款)，是《刑法修正案（八)》新增加的 3 个条款。

（2）1997 年《刑法》总则中部分行为者所具有的身份不能构成自然人身份犯

有论者认为，在《刑法》总则中第 7 条第 1 款规定的中华人民共和国公民、第 7 条第 2 款中华人民共和国国家工作人员和军人、第 8 条外国人、第 11 条享有外交特权和豁免权的外国人、第 17 条第 1 款已满 16 周岁的人、第 17 条第 2 款已满 14 周岁不满 16 周岁的人、第 18 条第 1 款精神病人、第 18 条第 2 款间歇性的精神病人、第 18 条第4 款醉酒的人、[②] 第 21 条第 3 款职务上、业

---

① 暗含式的自然人身份犯：推断出行为人在犯罪时未满 18 周岁。

② 作者认为，“醉酒的人”不同于“醉酒驾驶机动车的人”，前者不能构成自然人身份犯，但后者可能构成《刑法》第 133 条之一（《刑法修正案（八)》第 22 条）规定的危险驾驶罪。

务上负有特定职责的人、第 31 条直接的主管人员和其他直接责任人员共 11 个条款涉及的行为者所具有的身份是定罪身份。第 35 条外国人、第 49 条第 1 款犯罪的时候不满 18 周岁的人、审判的时候怀孕的妇女，共 2 个条款涉及的行为者所具有的身份是量刑身份，[①] 笔者认为，这些行为者所具有的身份是有关刑法适用范围、应否追究刑事责任以及刑罚适用原则等问题方面的身份，不完全等同于刑法身份中的定罪身份或量刑身份。刑法身份概念中谈到的“定罪”是在对行为者追究其刑事责任或适用刑罚的前提下才予以考虑的确定具体罪名的司法活动或立法活动，即是确定具体罪名意义上的“定罪”，并非是追究刑事责任意义上的“定罪”。“量刑”指的是在定罪的前提下对行为者选择适用刑罚种类和刑罚幅度，甚或包括免除刑罚的司法活动或立法活动。因此，对上述 13 个条款涉及的身份全部称之为定罪身份或量刑身份有失偏颇，与其说是定罪身份或量刑身份，不如说是刑法适用的对象、承担刑事责任的资格或限制条件或刑罚种类的适用或限制条件。另外，应当说明的是《刑法》第 100 条第 2 款、《刑法修正案（八）》第 19 条，该条款规定：“犯罪的时候不满十八周岁被判处五年有期徒刑以下刑罚的人，免除前款规定的报告义务。”这里规定的是报告义务，不涉及定罪量刑问题，故不符合身份犯的定义。

2．新旧刑法分则中的自然人身份犯

新旧刑法分则中约有 165 个条款规定了自然人身份犯，其中新《刑法》增加的共涉及 57 个条款、新《刑法》取消旧《刑法》中自然人身份犯的共涉及 4 个条款、新《刑法》中自然人身份犯之身份发生变化的共涉及 66 个条款、新旧刑法中自然人身份犯之身份没有发生变化的共涉及 38 个条款。现制作成“新旧刑法分则中自然人身份犯涉及条款变化简表”如下：

---

① 狄世深：《刑法中的身份论》，北京大学出版社 2005 年版，第 221 页。

新旧刑法分则中自然人身份犯涉及条款变化简表

（共涉及165个条款）

<table>
<tr><td rowspan="3">新刑法增加的共涉及57个条款56个罪名</td><td colspan="2">旧法是非身份犯新法是自然人身份犯</td><td colspan="2">旧法没有明确罪名但已犯罪化、新法规定为自然人身份犯</td><td colspan="2">旧法未规定而新法规定为自然人身份犯</td><td colspan="2">旧法未犯罪化新法规定为自然人身份犯</td></tr>
<tr><td>纯正自然人身份犯</td><td>不纯正自然人身份犯</td><td>纯正自然人身份犯</td><td>不纯正自然人身份犯</td><td>纯正的</td><td>不纯正的</td><td>纯正的</td><td>不纯正的</td></tr>
<tr><td>4</td><td>5</td><td>8</td><td>0</td><td>32</td><td>3</td><td>5</td><td>0</td></tr>
<tr><td rowspan="3">新刑法取消旧刑法中的自然人身份犯的共涉及4个条款</td><td colspan="4">旧法是自然人身份犯新法是非身份犯的</td><td colspan="4">旧法是自然人身份犯新法未规定的</td></tr>
<tr><td colspan="2">纯正自然人身份犯</td><td colspan="2">不纯正自然人身份犯</td><td colspan="2">纯正自然人身份犯</td><td colspan="2">不纯正自然人身份犯</td></tr>
<tr><td colspan="2">2</td><td colspan="2">1</td><td colspan="2">1</td><td colspan="2">0</td></tr>
<tr><td rowspan="3">新刑法中自然人身份犯之身份发生变化的共涉及66个条款</td><td colspan="4">自然人身份犯之身份发生变化但罪名未变化的</td><td colspan="4">自然人身份犯之身份和罪名都发生变化的</td></tr>
<tr><td colspan="2">纯正自然人身份犯</td><td colspan="2">不纯正自然人身份犯</td><td colspan="2">纯正自然人身份犯</td><td colspan="2">不纯正自然人身份犯</td></tr>
<tr><td colspan="2">28</td><td colspan="2">0</td><td colspan="2">37</td><td colspan="2">1</td></tr>
<tr><td rowspan="3">新旧刑法中自然人身份犯之身份没有发生变化的共涉及38个条款</td><td colspan="4">主体身份相同罪名相同的</td><td colspan="4">主体身份相同罪名不同的</td></tr>
<tr><td colspan="2">纯正自然人身份犯</td><td colspan="2">不纯正自然人身份犯</td><td colspan="2">纯正自然人身份犯</td><td colspan="2">不纯正自然人身份犯</td></tr>
<tr><td colspan="2">28</td><td colspan="2">1</td><td colspan="2">9</td><td colspan="2">0</td></tr>
</table>

现将新旧刑法分则中涉及的自然人身份犯分述如下：

（1）新《刑法》分则中新增加的自然人身份犯

①旧法是非身份犯而新法是自然人身份犯的

第一，属于纯正自然人身份犯的

《刑法》第107条（《刑法修正案（八）》第20条，资助危害国家安全犯罪活动罪）；第 109 条第 1 款（《刑法修正案（八）》第 21 条第 1 款，叛逃罪）；第 129 条丢失枪支不报罪；第 372 条（非军人的一般公民）冒充军人招摇撞骗罪。共 4 条涉及。

第二，属于不纯正自然人身份犯的

《刑法》第 109 条第 2 款（《刑法修正案（八）》第 21 条第 2 款，叛逃罪）；第 238 条第 4 款国家机关工作人员犯非法拘禁罪、故意伤害罪、故意杀人罪；第 245 条第 2 款司法工作人员犯非法搜查罪、非法侵入住宅罪；第 303 条及司法解释国家工作人员犯赌博罪；第 349 条第 2 款缉毒人员或者其他国家机关的工作人员犯包庇毒品犯罪分子罪。共 5 个条款涉及。

②旧法没有明确罪名但已犯罪化而新法规定为自然人身份犯的

《刑法》第 132 条规定的铁路运营安全事故罪；第 169 条徇私舞弊低价折股、出售国有资产罪；第 222 条虚假广告罪；第 255 条打击报复会计、统计人员罪；第 306 条辩护人、诉讼代理人毁灭证据、伪造证据、妨害作证罪；第 307 条妨害作证罪、帮助毁灭、伪造证据罪；第 315 条破坏监管秩序罪；第 410 条非法批准征用、占用土地罪、非法低价出让国有土地使用权罪。共 8 条涉及，全部是纯正自然人身份犯。

③旧法未规定而新法新规定的

第一，属于纯正自然人身份犯的

《刑法》第 133 条之一（《刑法修正案（八）》第 22 条）危险驾驶罪；第 139 条之一（《刑法修正案（六）》第 4 条）不报、谎报安全事故罪；《刑法》第 166 条为亲友非法牟利罪；第 167 条签订、履行合同失职被骗罪；《刑法》第 169 条之一（《刑法修正案（六）》第 9 条）背信损害上市公司利益罪；第 180 条第 1 款（《刑法修正案（七）》第 2 条第 1 款）内幕交易、泄露内幕信息罪；第 180 条第 4 款（《刑法修正案（七）》第 2 条第 2 款）利用未公开信息交易罪；第 181 条第 2 款诈骗投资者买卖证券、期货合约罪；《刑法》第187条（《刑法修正案（六）》第14条）吸收客户资金不入账罪；《骗汇、逃汇决定》[①]第6条滥用职权罪、玩忽职守罪；《骗汇、逃汇决定》第7条签订、履行合同失职被骗罪；第229条第3款出具证明文件重大失实罪；第253条之一（《刑法修正案（七）》第7条第1款）出售、非法提供公民个人信息罪；第276条之一第1款（《刑法修正案（八）》第41条第1款）拒不支付劳动报酬罪；第270条侵占罪；第294条第2款（《刑法修正案（八）》第43条第2款，入境发展黑社会组织罪）；第388条（间接）受贿罪；第388条之一（《刑法修正案（七）》第13条利用影响力受贿罪；[②] 第399条第2款民事、行政枉法裁判罪，第3款执行判决、裁定失职罪，执行判决、裁定滥用职权罪；《刑法》第399条之一（《刑法修正案（六）》第20条）枉法仲裁罪；第406条国家机关工作人员签订、履行合同失职被骗罪；第408条之一第1款（《刑法修正案（八）》第49条第1款，食品监管渎职罪）；第427条指使部属违反职责罪；第428条违令作战消极罪；第429条拒不救援友邻部队罪；第437条擅自改变武器装备编配用途罪；第439条非法出卖、转让武器装备罪；第440条遗弃武器装备罪；第442条擅自出卖、转让军队房地产罪；第445条战时拒不救治伤病军人罪；第447条私放俘虏罪。共32个条款涉及。

第二，属于不纯正自然人身份犯的

《刑法》第177条之一规定的银行或者其他金融机构的工作人员犯妨害信用卡管理罪、窃取、收买、非法提供信用卡信息资料罪；《骗汇、逃汇决定》第5条海关、外汇管理部门以及金融机构、从事对外贸易经营活动的公司、企业或者其他单位的工作

---

① 即1998年12月29日《全国人大常委会关于惩治骗购外汇、逃汇和非法买卖外汇犯罪的决定》（以下简称《骗汇、逃汇罪决定》）。

② 《最高人民法院、最高人民检察院关于执行〈中华人民共和国刑法〉确定罪名的补充规定（四）》确定的罪名。

人员犯骗购外汇、逃汇罪；第248条监狱、拘留所、看守所等监管机构的监管人员犯故意伤害罪、故意杀人罪。共3个条款涉及。

④旧法虽然规定但未身份犯罪化而新法规定为自然人身份犯的

《刑法》第165条规定的非法经营同类营业罪；第223条串通投标罪；第370条第1款、第2款故意提供不合格武器装备、军事设施罪，过失提供不合格武器装备、军事设施罪（本罪同时也是单位身份犯）；第376条战时拒绝、逃避征召、军事训练罪；第401条徇私舞弊减刑、假释、暂予监外执行罪。共5个条款涉及，全部属于纯正自然人身份犯。

（2）新刑法取消旧刑法中的自然人身份犯

①旧法是自然人身份犯而新法是非身份犯的

第一，属于纯正自然人身份犯的

1997年《刑法》第133条交通肇事罪是非身份犯，1979年《刑法》第113条交通肇事罪是自然人身份犯。1997年《刑法》第134条规定的重大责任事故罪、强令违章冒险作业罪，《刑法修正案（六）》第1条改为非身份犯。共有2个条款涉及。

第二，属于不纯正自然人身份犯的

1997年《刑法》第153条走私普通货物、物品罪是非身份犯，1979年《刑法》第119条走私罪是不纯正自然人身份犯。只有1个条款涉及。

②旧法是自然人身份犯而新法未规定的

1997年《刑法》第300条第3款诈骗罪是非身份犯，取消了1979年《刑法》第165条神汉、巫婆造谣、诈骗罪（自然人身份犯）。这是属于纯正自然人身份犯的情况，只有1个条款涉及。

（3）新旧刑法规范中自然人身份犯之身份或罪名发生变化的自然人身份犯

①自然人身份犯之身份发生变化但罪名没有变化的

《刑法修正案（六）》第7条、《刑法》第163条第3款规定的受贿罪；第183条第2款贪污罪；第185条第1款挪用资金罪；第185条第2款挪用公款罪；第201条（《刑法修正案（七）》第3条）逃税罪；[①] 第202条抗税罪；第229条提供虚假证明文件罪；第243条第2款诬告陷害罪；第251条非法剥夺公民宗教信仰自由罪、侵犯少数民族风俗习惯罪；第253条第1款私自开拆、隐匿、毁弃邮件、电报罪；第254条第1款报复陷害罪；第271条第1款职务侵占罪；第271条第2款贪污罪；第272条第1款挪用资金罪；第272条第2款挪用公款罪；第304条故意延误投递邮件罪；第305条伪证罪；第316条脱逃罪；第362条包庇罪；第382条贪污罪；第384条挪用公款罪；第385条受贿罪；第398条第1款故意泄露国家秘密罪、过失泄露国家秘密罪；第398条第2款故意泄露国家秘密罪、过失泄露国家秘密罪；第399条第1款徇私枉法罪；第415条前项办理偷越国（边）境人员出入境证件罪；第416条第1款不解救被拐卖、绑架妇女、儿童罪；第448条虐待俘虏罪。这些都是属于纯正自然人身份犯的情况，共28个条款涉及。

②自然人身份犯之身份和罪名都发生变化的

第一，属于纯正自然人身份犯的

《刑法》第128条第2款、第3款规定的非法出租、出借枪支罪（旧玩忽职守罪）；第163条第1款（《刑法修正案（六）》第7条）非国家工作人员受贿罪（旧商业受贿罪、公司、企业、事业或者其他单位的工作人员受贿罪）；修正后第168条第1款、《刑法修正案》第2条第1款国有公司、企业单位人员失职罪、国有公司、企业人员滥用职权罪（旧玩忽职守罪）；修正后第168条第2款、《刑法修正案》第2条第2款国有事业单位人员失职罪、国有事业单位人员滥用职权罪（旧玩忽职守罪）；修正后第

① 《最高人民法院、最高人民检察院关于执行〈中华人民共和国刑法〉确定罪名的补充规定（四）》将原偷税罪修改为逃税罪。

168条第3款、《刑法修正案》第2条第3款国有公司、企业、事业单位人员失职罪、国有公司、企业、事业单位人员滥用职权罪（旧玩忽职守罪）；第184条第1款非国家工作人员受贿罪（旧商业受贿罪）；[①] 第189条第1款对违法票据承兑、付款、保证罪（旧玩忽职守罪）；第248条前项虐待被监管人罪（旧体罚、虐待被监管人罪）；第253条邮政工作人员犯盗窃罪（旧贪污罪）；第336条第2款非法进行节育手术罪（旧故意杀人罪、故意伤害罪）；第368条第1款阻碍军人执行职务罪（旧妨碍公务罪、拒不执行判决、裁定罪）；第374条接送不合格兵员罪（旧受贿罪、玩忽职守罪）；第397条滥用职权罪、玩忽职守罪（旧玩忽职守罪）；第400条1款私放在押人员罪（旧私放罪犯罪）；第400条第2款失职致使在押人员脱逃罪（旧玩忽职守罪）；第402条徇私舞弊不移交刑事案件罪（旧徇私舞弊罪）；第404条徇私舞弊不征少征税款罪（旧玩忽职守罪）；第405条第1款徇私舞弊发售发票、抵扣税款、出口退税罪（旧玩忽职守罪）；第405条第2款违法提供出口退税凭证罪（旧玩忽职守罪）；第407条违法发放林木采伐许可证罪（旧玩忽职守罪）；第408条环境监管失职罪（旧玩忽职守罪、徇私舞弊罪）；第409条传染病防治失职罪（旧玩忽职守罪）；第412条商检徇私舞弊罪、商检失职罪（旧徇私舞弊罪、玩忽职守罪）；第413条动植物检疫徇私舞弊罪、动植物检疫失职罪（旧徇私舞弊罪、玩忽职守罪）；第414条放纵制售伪劣商品犯罪行为罪（旧徇私舞弊罪、玩忽职守罪、报复陷害罪）；第415条后项放行偷越国（边）境人员罪（旧徇私舞弊罪和私放偷越国〔边〕境犯罪）；第417条帮助犯罪分子逃避处罚罪（旧徇私舞弊罪）；第418条招收公务员、学生徇私舞弊罪（旧徇私舞弊罪）；第419条失职造成珍贵文物损毁、流失罪（旧玩忽职守罪）；第422条隐瞒、谎报军情罪，拒传、假传军令

---

① 在最高人民法院、最高人民检察院公布《关于执行〈中华人民共和国刑法〉确定罪名的补充规定（三）》以前称作“公司、企业人员受贿罪”。

罪（旧谎报军情罪、假传军令罪）；第 423 条投降罪（旧自动投降敌人罪）；第 424 条战时临阵脱逃罪（旧临时脱逃罪）；第 430 条军人叛逃罪（旧逾越国〔边〕境外逃罪）；第 431 条第 1 款非法获取军事秘密罪（旧泄露或遗失军事机密罪）；第 434 条战时自伤罪（旧战时自伤身体罪）；第 444 条遗弃伤病军人罪（旧遗弃伤员罪）；第 446 条战时残害居民、掠夺居民财物罪（旧掠夺、残害无辜居民罪）。共 37 个条款涉及。

第二，属于不纯正自然人身份犯的

《刑法》第 247 条后项规定的司法工作人员犯故意伤害罪、故意杀人罪（旧故意伤害罪），只有 1 个条款涉及。

（4）新旧刑法规范中身份犯之身份没有发生变化的自然人身份犯

①主体身份相同且罪名相同的

第一，属于纯正自然人身份犯的

《刑法》第 102 条规定的背叛国家罪；第 108 条投敌叛变罪；第 158 条虚报注册资本罪；第 159 条虚假出资、抽逃出资罪；第 160 条欺诈发行股票、债券罪；第 171 条第 2 款金融工作人员购买假币、以假币换取货币罪；第 183 条第 1 款职务侵占罪；第 184 条第 2 款受贿罪；第 186 条第 1 款（《刑法修正案（六）》第 13 条）违法发放贷款罪；《刑法》第 188 条第 1 款（《刑法修正案（六）》第 15 条）违规出具金融票证罪；[①] 第 203 条逃避追缴欠税罪；第 236 条强奸罪；第 260 条虐待罪；第 261 条遗弃罪；第 273 条挪用特定款物罪；第 313 条拒不执行判决、裁定罪；第 317 条第 1 款组织越狱罪；第 355 条第 1 款非法提供麻醉药品、精神药品罪（同时也是单位身份犯）；第 360 条第 1 款传播性病罪；第 361 条第 1 款组织卖淫罪，强迫卖淫罪，引诱、容留、介绍卖淫罪，引诱幼女卖淫罪；第 361 条第 2 款组织卖淫罪，强迫

① 在最高人民法院、最高人民检察院公布《关于执行〈中华人民共和国刑法〉确定罪名的补充规定（三）》以前称作“非法出具金融票证罪”。

卖淫罪，引诱、容留、介绍卖淫罪，引诱幼女卖淫罪；第378条战时造谣扰乱军心罪；第394条贪污罪；第395条巨额财产来源不明罪、隐瞒境外存款罪；第416条第2款阻碍解救被拐卖、绑架妇女、儿童罪；第433条战时造谣惑众罪；第435条逃离部队罪；第436条武器装备肇事罪。这些都是属于纯正自然人身份犯的情况，共28个条款涉及。

第二，属于不纯正自然人身份犯的

《刑法》第347条及相关解释规定的国家工作人员犯走私、贩卖、运输、制造毒品罪，只有1个条款涉及。

②主体身份相同而罪名不同的

《刑法》第131条规定的重大飞行事故罪；第317条第2款暴动越狱罪、聚众持械越狱罪；第331条传染病菌种、毒种扩散罪；第376条第1款战时拒绝、逃避征召、军事训练罪；第411条放纵走私罪；第421条战时违抗命令罪；第426条阻碍执行军事职务罪；第438条盗窃、抢夺武器装备、军用物资罪；第443条虐待部属罪。这些都是属于纯正自然人身份犯的情况，共9个条款涉及。

第四节　刑法中的单位身份犯

一、刑法中的单位刑法身份

（一）刑法中单位刑法身份的概念和特征

刑法身份是指法律规定的，对定罪量刑具有影响的一定的个人要素或一定的单位附属条件。由此可见，单位刑法身份是指法律规定的，对定罪量刑具有影响的一定的单位附属条件。这里讲的“定罪”是确定具体罪名意义上的“定罪”，并非是追究刑事责任意义上的“定罪”。“量刑”指的是在定罪的前提下对行为者选择适用刑种和刑期，甚或包括免除刑罚的一种司法或立法活动。从单位刑法身份的概念可以看出，单位刑法身份除刑法身份所具有的法律事实特征、本质特征和刑法性特征三个属性以外，还具有其自身的特征即单位刑法身份的拥有者犯罪主体或犯罪对象为特殊单位。如《刑法》第391条规定的对单位行贿罪的对象“国家机关、国有公司、企业、事业单位、人民团体”及第396条第2款私分罚没财物罪的主体“司法机关、行政执法机关”均是特殊单位。这一特征使其与自然人刑法身份相区别。

（二）单位犯罪中直接负责的主管人员和其他直接责任人员是不是一种刑法身份、能否构成身份犯

根据《刑法》总则第31条和《刑法》分则有关单位犯罪的规定，不是直接负责的主管人员和其他直接责任人员不能单独成为单位犯罪中的自然人主体，只有直接负责的主管人员和其他直接责任人员才可以单独成为单位犯罪中的自然人主体。也就是说，直接负责的主管人员和其他直接责任人员完全具备刑法身份的法律事实特征、本质特征和刑法性特征，是一种刑法身份。这种刑法身份与单纯的自然人刑法身份有相同之处，也有不同之处。相同之处在于二者都具备刑法身份的三个特征，不同之处在于其发生在单位犯罪中。

值得指出的是，《刑法》第31条规定的“直接负责的主管人员和其他直接责任人员”是实施犯罪之单位中参与犯罪的直接负责的主管人员和其他直接责任人员，其不同于“实施犯罪之单位中全部的直接负责的主管人员和其他直接责任人员”。因此，这里所讲的“直接负责的主管人员和其他直接责任人员”如同主犯或从犯（影响量刑）一样形成于行为者实施犯罪过程中，不具有身份犯之身份的时间性特征。尽管其是刑法身份，但不是身份犯之身份，因而不能构成身份犯。

二、刑法中单位身份犯的概念、特征和分类

（一）单位身份犯的概念和特征

据本章第一节中身份犯的概念，身份犯是指法律规定的以

实施犯罪的行为者在行为时所具有的刑法身份为定罪要件或法定量刑情节的犯罪。这个概念包括了自然人身份犯与单位身份犯。从这个概念可以看出，单位身份犯是指法律规定的以实施犯罪的行为者在行为时所具有的单位刑法身份为定罪要件或法定量刑情节[①]的犯罪。

从上述单位身份犯的概念可以看出，它除具备身份犯一般属性[②]以外，其还有自身的如下两个特征：

1. 单位身份犯是身份犯的一种——身份犯属概念特征

单位身份犯是身份犯的一种，是身份犯的下位概念，此即是其身份犯属概念特征。

2. 单位身份犯的行为者是特殊单位——单位主体特征

从单位身份犯的概念不难看出，身份犯的行为者即犯罪主体是特殊单位，是相对于自然人身份犯的行为者自然人而言的。这是因为，单位身份犯是根据身份犯的主体是自然人还是特殊单位而对身份犯进行分类的结果。例如，《刑法》第 387 条规定的单位受贿罪、第 396 条第 1 款私分罚没财物罪等都是单位身份犯，因其犯罪主体都是特殊单位，即分别是“国家机关、国有公司、企业、事业单位、人民团体”和“司法机关、行政执法机关”。这里不难理解，勿需赘言。

（二）单位身份犯的分类

1979 年《刑法》没有规定单位犯罪，自然也就没有单位身份犯。对于现行《刑法》规定的单位身份犯而言，尽管从理论上可以作多种分类，比如，单位身份犯可以分为纯正单位身份犯与不纯正单位身份犯。笔者认为，我国现行《刑法》就没有规定不纯正单位身份犯，作如此分类就没有实际意义。因此，我们就以现

---

① 从理论上讲，应当有影响量刑的单位刑法身份，但我国现行刑法中尚未规定特殊单位的行为者影响量刑的，即尚无单位刑法量刑身份。

② 身份犯的特征有三，即：（1）身份犯是一类犯罪——类罪特征；（2）身份犯的行为者在行为时必须具有身份犯之身份——主体特征；（3）身份犯是由刑法规定的——法律特征。详见本章第一节身份犯的概念和特征部分。

行《刑法》规定的单位身份犯为研究对象，将单位身份犯分为：单罚制的单位身份犯（又可分为只罚单位的和只罚责任人员的）与双罚制的单位身份犯；明文规定式单位身份犯与暗含式单位身份犯。

1. 单罚制的单位身份犯与双罚制的单位身份犯

以单位身份犯的处罚对象仅仅是特殊单位或直接负责的主管人员和其他直接责任人员还是对二者均予以处罚为标准，可以将单位身份犯分为单罚制的单位身份犯和双罚制的单位身份犯两种。

单罚制的单位身份犯是指身份犯的处罚对象不是特殊单位、直接负责的主管人员和其他直接责任人员二者兼有，而仅仅是二者当中之一，要么是特殊单位，要么是直接负责的主管人员和其他直接责任人员。从理论上讲，身份犯的处罚对象有可能只有特殊单位，但从现行《刑法》的规定上来看尚无只处罚特殊单位而不处罚直接负责的主管人员和其他直接责任人员的。相反，现行《刑法》却有只处罚直接负责的主管人员和其他直接责任人员的规定。如《刑法》第 396 条第 1 款私分国有资产罪、第 396 条第 2 款私分罚没财物罪等即是只处罚直接负责的主管人员和其他直接责任人员的单罚制的单位身份犯。

2. 明文规定式单位身份犯与暗含式单位身份犯

以单位身份犯的行为者所具有的主体刑法身份即身份犯之身份是明文规定式的还是暗含式的为标准，可以将单位身份犯分为明文规定式单位身份犯与暗含式单位身份犯。

明文规定式单位身份犯，是指行为者所具有的主体刑法身份是明文规定式单位刑法身份的单位身份犯。如《刑法》第 126 条规定的违规制造、销售枪支罪，第 387 条单位受贿罪，第 396 条第 1 款私分国有资产罪等，都是这种明文规定式单位身份犯。

暗含式单位身份犯，是指行为者所具有的主体刑法身份即身份犯之身份是暗含式单位刑法身份的单位身份犯。如《刑法》第

135 条规定的重大劳动安全事故罪，第 137 条工程重大安全事故罪，第 370 条故意提供不合格武器装备、军事设施罪等，即是这种暗含式身份犯。①

三、刑法中单位身份犯的刑事立法

1979 年《刑法》没有规定单位身份犯，但是在 1997 年《刑法》修订以前有部分单行刑法或附属刑法中规定了单位身份犯。如《中华人民共和国枪支管理法》（1996 年 7 月 5 日通过）第 40 条规定的违规制造、销售枪支罪（附属刑法），其主体身份和罪名均与现行刑法规定的相同。又如单行刑法《全国人大常委会关于禁毒的决定》（1990 年 12 月 28 日通过）第 10 条第 3 款规定的非法提供麻醉药品、精神药品罪，其主体身份和罪名均与现行刑法规定的相同。现行《刑法》中涉及单位身份犯的规定有 19 个条款，共 20 个罪名。其中有 7 个罪名既是单位身份犯又是自然人身份犯，即《刑法》第 107 条（《刑法修正案（八）》第 20 条）规定的资助危害国家安全犯罪活动罪、第 244 条（《刑法修正案（八）》第 38 条）规定的强迫劳动罪、第 253 条之一第 3 款（《刑法修正案（七）》第 7 条第 3 款）出售、非法提供公民个人信息罪；第 276 条之一第 2 款（《刑法修正案（八）》第 41 条第 2 款）规定的拒不支付劳动报酬罪、第 355 条第 3 款规定的非法提供麻醉药品、精神药品罪和第 370 条第 3 款故意提供不合格武器装备、军用设施罪、过失提供不合格武器装备、军用设施罪。现行《刑法》规定的 19 个单位身份犯中既有单罚制的单位身份犯又有双罚制的单位身份犯，既有明文规定式单位身份犯，又有暗含式单位身份犯，现分述如下：

（一）单罚制的单位身份犯

共有 7 个条款涉及单罚制的单位身份犯。其中 4 个条款是明

① 参见赵秉志主编：《刑法新教程》，中国人民大学出版社 2001 年版，第 811 页。

文规定式单罚制单位身份犯，3 个条款是暗含式单罚制单位身份犯。

1. 明文规定式单罚制单位身份犯

《刑法》第 107 条（《刑法修正案（八）》第 20 条）规定的资助危害国家安全犯罪活动罪（此罪名亦为自然人身份犯罪名）、第 137 条规定的工程重大安全事故罪、第 396 条第 1 款规定的私分国有资产罪、第 396 条第 2 款私分罚没财物罪。共 4 个条款涉及。

2. 暗含式单罚制单位身份犯

《刑法》第 135 条规定的重大劳动安全事故罪、第 138 条教育设施重大安全事故罪、修正后第 190 条（《骗汇、逃汇罪决定》[①] 第 3 条）逃汇罪，共 3 个条款涉及。

（二）双罚制的单位身份犯

共有 12 个条款涉及双罚制的单位身份犯。其中 8 个条款是明文规定式双罚制单位身份犯，4 个条款是暗含式双罚制单位身份犯。

1. 明文规定式双罚制单位身份犯

《刑法》第 126 条规定的违规制造、销售枪支罪，《刑法》第 185 条之一第 1 款（《刑法修正案（六）》第 12 条）擅自运用客户资金罪、第 2 款违规运用资金罪，第 244 条（《刑法修正案（八）》第 38 条）规定的强迫劳动罪（此罪名亦为自然人身份犯罪名）、第 253 条之一第 3 款（《刑法修正案（七）》第 7 条第 3 款）出售、非法提供公民个人信息罪（此罪名亦为自然人身份犯罪名），第 327 条非法出售、私赠文物藏品罪，第 334 条第 2 款采集、供应血液、制作、供应血液制品事故罪，第 387 条第 1 款、第 2 款单位受贿罪。共 8 个条款涉及。

---

① 即《全国人大常委会关于惩治骗购外汇、逃汇和非法买卖外汇犯罪的决定》（1998 年 12 月 29 日通过），以下简称《骗汇、逃汇罪决定》。

2. 暗含式双罚制单位身份犯

《刑法》第276条之一第2款（《刑法修正案（八）》第41条第2款）规定的拒不支付劳动报酬罪（此罪名亦为自然人身份犯罪名），第355条第3款规定的非法提供麻醉药品、精神药品罪（此罪名亦为自然人身份犯罪名），第370条第3款故意提供不合格武器装备、军事设施罪、过失提供不合格武器装备、军事设施罪（此二罪名亦为自然人身份犯罪名），第380条战时拒绝、故意延误军事订货罪，共4个条款涉及。

第二章　境外刑法及国际刑法中身份犯之比较研究

第一节　境外刑法及国际刑法中身份犯的立法及其理论

一、大陆法系中身份犯的理论与实践

（一）大陆法系中身份和身份犯及其类型

1．关于身份犯的概念及其类型

（1）日本刑法中，关于身份犯的概念，大谷实认为，所谓身份犯，是在构成要件上，行为主体只限于具有一定身份的人的犯罪。按照判例的解释，所谓身份“不仅指男女的性别、内外国人的差别、亲属关系、公务员的资格之类的关系，而是指所有和一定的犯罪行为有关的犯人的人的关系即特殊地位或状态”，比一般用语的范围，解释得要广。[①] 这是日本的通说。比如，福田平、大塚仁也认为，依据构成要件行为人必须具有一定身份作为要件，从而把这种犯罪称为身份犯。[②]日本学者山中敬一认为：“不是只有‘者’这个表述一般主体的词语，也存在明示只有具有‘女子’（《刑法》第212条）、‘公务员或仲裁人’（第197条）、‘医师、药剂师、医药品贩卖业者、助产妇、律师、辩护人、公证人’（第134条）这样的特别的身份者才成为犯罪主体的刑罚法规。在我国，后者即构成要件上行为者有一定的身份被认为必

---

① ［日］大谷实：《刑法总论》，黎宏译，法律出版社2003年版，第88页。

② ［日］福田平、大塚仁主编：《日本刑法总论讲义》，李乔、文石、周世铮译，何鹏校订，辽宁人民出版社1986年版，第44页。

要的犯罪，叫身份犯……”[①]木村龟二认为，规定只能以具有一定的身份者作为犯罪主体的犯罪，叫身份犯。

日本刑法理论界将身份犯分为“狭义的或纯正的身份犯”（Sonderdelikte i. e. S.；Sonderdelikte，日本学者多称为真正身份犯）与“广义的或不纯正的身份犯”（Sonderdelikte i. w. S.；Unechte Sonderdelikte，日本学者多称为不真正身份犯）。所谓纯正身份犯，是指在构成要件中规定的犯罪主体限于有一定的身份者，如受贿罪中规定的“公务员或仲裁人”、伪证罪中规定的“依法律宣誓的证人”，即《日本刑法》第65条第1款中所说的“因犯人的身份而构成的犯罪行为”。所谓不纯正身份犯，是指刑法一般没有限制犯罪的主体但由具有一定的身份者实施时规定较重或较轻刑罚的情况，如保护责任者遗弃罪，保护责任者较无保护责任者的遗弃行为受较重的处罚；又如妊娠中的女子自身堕胎的，妊娠中的女子较之未得其同意使其堕胎的受较轻的处罚，即《日本刑法》第65条第2款中所说的“因身份而特别加重或者减轻时”。但木村龟二指出，本款虽然是关于不纯正身份犯的规定，不过不是只规定不纯正身份犯。[②] 大谷实先生根据身份的种类和出于秉承《日本刑法》第65条关于共犯与身份规定的用语将真正身份犯称为构成性身份犯、不真正身份犯称为加减性身份犯。并指出，构成性身份犯是指其身份事关犯罪是否成立的犯罪，例如，日本刑法中“受贿罪”中的公务员、仲裁人，“伪证罪”中的已宣誓的证人，“侵占罪”中的占有者。加减性身份犯则是指其身份事关刑罚轻重的犯罪，例如，日本刑法中的“常习赌博罪”中的常习性，“业务堕胎罪”中的医师等；另外，“业务侵占罪”中的业务上的占有者，以及中国刑法中可能没有的“保护责

---

① 转引自马克昌：《比较刑法原理》，武汉大学出版社2002年版，第147页。

② 转引自马克昌：《比较刑法原理》，武汉大学出版社2002年版，第147～148页。

任者遗弃罪”中的保护责任者等，也属于加减性身份犯。[①]

作为身份犯的一种有常习犯（惯习犯、惯行犯），这指行为者的常习性，即基于反复实施犯罪的习癖的犯罪。因为常习性是行为者的属性，所以在常习犯中，一定的行为者的反社会的性格被认为是问题。关于常习犯，有构成要件上被类型化的场合，刑法典中常习赌博罪（《刑法》第186条第1款）、特别法中常习盗窃、强盗罪（《关于盗犯等防止及处分的法律》第2~4条）、常习暴行犯（《关于暴力行为等处罚的法律》第1条之3、第2条第2款）等是其适例。这些构成要件有关使行为者类型化，加重刑罚的场合较多，是规定不真正身份犯的情况之一。[②]

（2）德国刑法中，德国学者纳古拉则从另一角度限制了身份犯的范围，他认为，身份单纯成为刑罚加重或减轻的事由时，必须严格地将之与身份犯区别开来。因为在身份单纯地成为处罚要件时，它本质上属于普通犯罪。[③] 即不承认不真正身份犯。

（3）意大利刑法中。杜里奥·帕多瓦尼（Tullio Padovani）认为，除规定“任何人”都可以成为犯罪主体的情况外，法律还常常要求主体具有某种资格，如某种法律地位或身份（例如，《意大利刑法典》第317条要求的公务员或从事公务的人员，第570条第1款规定的配偶或父母亲），有时甚至只是某种特定的状态（如意大利1978年第194号法律第19条第2款至第4款规定的犯罪主体只能是怀孕的妇女）。这种要求主体具备某种资格的犯罪就是人们所说的“身份犯”（i reati propri）。与之相应的“非身份犯”（i reati - communi），则是指可以由任何人实施的犯罪。在区分身份犯与非身份犯时，首先要注意的问题是，尽管有时法律形式上规定的主体可以是“任何人”，但根据罪状中包含

① ［日］大谷实：《共犯与身份》，王昭武译，载《法学评论》2005年第4期。

② 转引自马克昌：《比较刑法原理》，武汉大学出版社2002年版，第151~152页。

③ 转引自杜国强：《身份犯研究》，武汉大学出版社2005年版，第2页。

的前提，该犯罪却只可能由具有特定身份的人实施。《意大利刑法典》第564条第1款规定的乱伦罪，就属于这种情况。（该款规定："任何人，以造成轰动性丑闻的方式，与自己卑亲属、尊亲属，或者直系姻亲，或者兄弟姐妹乱伦，处1年至5年有期徒刑。"）从文字上看，该款规定的主体是"任何人"，但由于该罪只能在"卑亲属、尊亲属，或者直系姻亲，或者兄弟姐妹"之间实现，这就要求主体必须具备相应的身份。①

2. 关于身份及其类型

日本刑法中没有明确规定身份犯的"身份"。但是，日本最高法院1952年9月判决解释说："所谓身份，不限于男女的性别、内外国人的差别、亲属的关系、作为公务员的资格这样的关系，一般来说指与一定的犯罪行为有关的犯人的人的关系这种特殊的地位或状态。"根据这样的见解，判例把犯罪的常习性解释为身份，没有赌博常习性的人加功于赌博行为的场合，解释为应依《刑法》第65条第2款处断。可是认为目的犯中的"目的"不是身份，营利诱拐罪（《刑法》第225条）中的营利目的不符合《刑法》第65条第1款、第2款的身份。然而，对像判例那样，将《日本刑法》第65条所说的"身份"作同样的解释，是有疑问的。其理由是原来《刑法》第65条第1款所规定的身份犯是纯正身份犯，纯正身份犯的本质在于有一定身份者因其身份负担一定的义务这一点，从而本来仅只具有负担该种义务的身份的人，由于违反这种义务，才成立犯罪，在这个意义上，才认为是"因身份而构成的"犯罪（H. 迈耶、威尔哲尔）。所以，《日本刑法》第65条第1款所规定的身份的含义，意味着例如像受贿罪中的"公务员或仲裁人"，伪证罪中的"依法律宣誓的证人"等那样，负担社会的、法律的等人的关系中的特定义务的地位或资格，应当认为不包含单纯犯罪的常习性或目的犯中的目的那样

① 参见［意］杜里奥·帕多瓦尼（Tullio Padovani）：《意大利刑法原理》（注评版），陈忠林译评，中国人民大学出版社2004年版，第86~87页。

的行为者的永续的或一时的心理状态。与此相反，同条第 2 款的“身份”，是由于不纯正身份犯那样的身份刑罚被加重的场合或由于身份刑罚被减轻的场合，总之，认为是成为刑罚加重、减轻原因的地位、资格、状态是正确的。在这个意义上，日本判例对身份概念所下的定义不过是意味着第 2 款意义中的“身份”。所以，将《日本刑法》第 65 条中的“身份”一律解释为同样的意义，抹杀了该条第 1 款纯正身份犯概念的特色，忽略了第 1 款与第 2 款规定的本质的区别，应该说是不妥当的。[①]

关于身份的种类，日本学者普遍认为有真正的身份或者构成的身份与不真正的身份或者加减的身份之分，但也有人主张违法身份与责任身份之分。《日本刑法》第 65 条第 1 款规定：“对于因犯罪人身份而构成的犯罪行为进行加功的人，虽不具有这种身份的，也是共犯。”该条第 2 款规定：“因身份而特别加重或者减轻刑罚时，对于没有这种身份的人，判处通常的刑罚。”[②] 日本学术界普遍认为，《刑法》第 65 条第 1 款是以身份的存在作为犯罪的成立条件，这种场合叫做真正的身份，或者构成的身份。如《日本刑法》第 156 条的制作虚假文书罪和第 197 条受贿罪中的“公务员”、第 169 条伪证罪中的“宣誓证人”、第 177 条强奸罪中的“男性”、第 252 条侵占罪中的“他人财物占有者”等，均属具体适例。《刑法》第 65 条第 2 款中身份仅限于影响刑罚的轻重，这种场合叫做不真正的身份，或者加减的身份。如《日本刑法》第 186 条常习赌博罪中的“常习者”、第 200 条杀害尊亲属罪中的“直系亲属”、第 253 条业务侵占罪中的“业务上的占有者”等，皆属此例。但是也有个别问题，有的学者持不同看法。如团滕重光教授认为，常习犯不是行为定型的要素，而是行为者

① 转引自马克昌：《比较刑法原理》，武汉大学出版社 2002 年版，第 148～149 页。

② 《日本刑法典》，张明楷译，法律出版社 2006 年版，第 28 页。“加功”一词，指有助于实现犯罪的一切行为，故不仅包括教唆行为与帮助行为，而且可能包括实行行为。

定型要素；而《刑法》第 65 条规定的是行为定型，非行为者定型，因此第 65 条中的身份应将第 186 条常习赌博罪中的“常习者”排除在外。[①] 也有人主张《刑法》第 65 条规定的是违法身份与责任身份。大谷实认为，身份属于行为的违法性要素的为违法身份，身份属于责任要素的则为责任身份，构成性身份犯大多属于违法身份。但是，“常习强行要求会面罪”[②] 尽管属于责任身份但仍为构成性的身份犯。[③] 无独有偶，泷川幸辰在 1947 年《犯罪论序说》中提出，《刑法》第 65 条第 1 款规定的是“违法身份”，第 2 款规定的是“责任身份”。同时将这一理论进一步深化，认为《刑法》第 65 条第 1 款是连带的处理，而作为共犯者连带处理的理由即为这是有关违法性的身份。同样，第 65 条第 2 款是个别的处理，而进行个别处理的理由即为这是有关共犯者的责任的身份。这种主张在限制从属性论愈趋多数化的今天，得到了较多的支持者。[④]

（二）大陆法系中身份犯的本质

关于身份犯的本质问题主要是日本和德国刑法学者展开了讨论，概括起来主要有如下四种学说：

1. 侵犯特别义务说

该说认为对身份犯予以重罚的根据，一般的说明是由于他侵害了所负担的特别的义务，所以从某种意义上可以说身份犯是义务犯。该说虽在一定程度上触及到了身份犯的本质问题，但这一提法并不准确，因为身份犯并不是侵害特别义务，而是违反特别义务。它侵害的不是特别义务，而只能是一定的法益。[⑤]

---

① 何鹏主编：《现代日本刑法专题研究》，吉林出版社 1994 年版，第 99 页。

② 该罪为日本特别刑法“暴力行为等处罚法”第 2 条规定的犯罪，是日本国大正 15（1926）年 4 月 10 日公布，同月 30 日起执行。

③ ［日］大谷实：《共犯与身份》，王昭武译，载《法学评论》2005 年第 4 期。

④ 何鹏主编：《现代日本刑法专题研究》，吉林出版社 1994 年版，第 100 页。

⑤ 参见马克昌：《比较刑法原理》，武汉大学出版社 2002 年版，第 149 ~ 151 页。转引自杜国强：《身份犯研究》，武汉大学出版社 2005 年版，第 28 页。

2. 违反义务说

在日本，有学者认为，在社会的、法律的等关于人的关系中对于满足身份犯的原因，要从具有承担特定义务的地位或资格的人犯罪这种角度来把握。纯正身份犯是由于行为人违反了其身份所承担的特别义务，成为犯罪成立的契机；不纯正身份犯则是具有一定身份的人犯罪，因为违反比别人承担的义务更高一级的义务，而被加重处罚的情况。例如，公务员滥用职权罪（《日本刑法》第193～195条）是具有公务员“身份”的“身份犯”；业务上过失致死伤罪（《刑法》第211条）是业务者承担比应该回避危险更高一级义务的“身份犯”。[①] 野村稔教授也认为，所谓身份犯是指只有具有某种特定的身份才能构成犯罪，或者对于其刑罚予以加重或减轻的场合，这是由于具有一定的身份而负有特别的义务。例如，遗弃罪的违法要素是对被遗弃者的生命、身体抽象的危险。在这一点上，单纯遗弃罪和保护责任者遗弃罪都一样。但是，对于后者的刑罚较重是因为在违法要素中加上了作为保护责任者违反了应负担的保护义务的缘故。[②] 德国学者 Roxin. AT 也认为，此一特别犯（纯正身份犯）之资格，系存在于刑法以外之义务地位，应将此一特别犯称为义务犯（Pfichtdelikten）较为合适。[③] 对上述观点，有学者（庄子邦雄、平野龙一）批判说，该见解认为义务违反是违法性的实质，并且，使一方面强调人的行为无价值，另一方面轻视结果无价值的见解成为前提，是不妥当的。[④]

---

① 参见［日］木村龟二主编：《刑法学词典》，顾肖荣、郑树周译校，上海翻译出版公司1991年版，第130～132页。

② 参见［日］野村稔：《刑法总论》，全理其、何力译，邓又天审校，法律出版社2001年版，第94页。

③ 转引自林山田：《刑法通论》（增订第8版），台湾大学法学院图书部2002年版，第222页。

④ 参见马克昌：《比较刑法原理》，武汉大学出版社2002年版，第149页。转引自杜国强：《身份犯研究》，武汉大学出版社2005年版，第30页。

3. 法益侵害说

该说根据法益侵害（与危险）是违法性的实质的见解，认为之所以对身份犯进行处罚是由于只有有身份者才可能侵害法益。特别是真正不作为犯，如果不是具有身份者，事实上，也许不可能侵害该法益，认为这能给犯罪的成立以根据，日本学者平野龙一持此说。这种见解相对于真正身份犯来说应当是妥当的，因为对纯正身份犯来说，只有具有身份者才能直接侵害特定的法益，无身份者只能通过有身份者的正犯侵害该种法益，否则是不可能侵害该种法益的。但对不真正身份犯来说就不一定妥当，因为在不真正身份犯中，无身份者也能侵害该罪中的保护法益。①

4. 综合义务违反说与法益侵害说的折中说

日本著名刑法学者大塚仁在论述犯罪的本质时认为："犯罪，首先可以解释为把法益的侵害作为各个核心而构成。可是，根据刑罚法规，也不是没有作为义务的违反而把握的一面，例如，被侵害的法益尽管是同一的，在不真正身份犯中，身份者的行为比非身份者的行为处罚要重（如保护责任者的遗弃罪，《日本刑法》第218条的场合等），离开身份者的义务违反这一点，我认为就难以彻底理解。所以犯罪的本质，一方面基本上是对各类法益的侵害，同时，在一定范围，一定义务的违反可以作为本源。"② 另有学者将身份犯的本质解释为身份者侵害特别的法益或期待说。该说认为，对真正身份犯与不真正身份犯应当分别加以考察：关于真正身份犯，应当根据身份犯中的保护法益的观点来解决。真正身份犯，因为其身份，而且因为与法益的主体或者行为客体的关系，所以关于其行为特别的法益也是被保护的。只有有身份者由于其实行行为，才可能侵害特别的法益或者使其危险化。例

① 参见马克昌：《比较刑法原理》，武汉大学出版社2002年版，第149～151页。转引自杜国强：《身份犯研究》，武汉大学出版社2005年版，第30页。

② 参见［日］大塚仁：《注释刑法》，青林书院1978年版，第122页。转引自杜国强：《身份犯研究》，武汉大学出版社2005年版，第30页。

如，就泄露秘密罪而言，认为非身份者不可能侵害他人秘密的保护法益，因为刑法对行为者要求一定的身份、具有那样的“地位、资格”者，特别是也保护不泄露他人的秘密这种信赖。这种信赖的法益，仅仅对身份者可能保护。受贿罪中职务的公正及社会对它的信赖是保护法益，这种“信赖”仅仅是在与行为主体的地位或资格的关系中才可能保护的，共犯者只有通过正犯者才可能侵害这种法益。与此相反，在不真正身份犯中，对身份者比一般人较强地期待着避免犯罪。如业务侵占罪中的“业务者”的身份，对身份者是特别强烈地期待着不侵害占有他人之物的。从而，对《日本刑法》第65条第2款中的共犯，因为仅仅有身份的正犯才受较强的期待，所以无身份者只能科处通常的刑罚。此说为山中敬一所提倡。对此有学者认为，该说认为真正身份犯侵害了特别的法益，是可取的，但是将对身份者的较强的期待，解释为不真正身份犯的根据，似乎还值得研究。[①]

(三) 大陆法系中的身份犯与共同犯罪

在大陆法系中论述身份犯与共同犯罪即共同犯罪与身份的关系问题上，主要是日本刑法学者展开的讨论，而且这种讨论是以日本现行《刑法》第65条第1款、第2款[②]的规定为背景而进行的。“共犯与身份”的实质问题就在于如何解释第65条的规定，而该问题的核心又在于，在第1款中“身份”连带作用于非身份者，尽管非身份者并无“身份”，但仍作为“有身份者”加以处罚；而在第2款中，“身份”却发挥个别作用，对身份者与非身份者分别予以处罚。联系共犯理论来看待这一规定，应该说，第1款接近于“共犯从属于正犯”这一共犯从属性的观点，而第2款则接近于“共犯独立于正犯而处罚”这一共犯独立性的观点，

① 参见马克昌：《比较刑法原理》，武汉大学出版社2002年版，第150～151页。转引自杜国强：《身份犯研究》，武汉大学出版社2005年版，第31页。

② 原文称作第65条第1项、第2项，但按照我们的习惯应当称作第65条第1款、第2款，下同。

那么，便出现了第1款与第2款是否相互矛盾这一问题。为了解决上述矛盾，日本学界大体提出了如下三种学说：第一说认为，第65条第1款是通过构成性身份犯与加减性身份犯而就共犯的成立所作出的规定，第2款则是特别就加减性身份犯对刑法的个别作用所作出的规定。第二说认为，第65条是基于“违法连带作用、责任个别作用”这一原理所作的规定，第1款是有关行为违法性的规定，因而是针对违法的连带性的规定；而第2款则是就身份为责任规制要素之时所作的针对责任个别作用的规定。第三说认为，第1款与第2款分别就构成性身份与加减性身份规定了身份的连带作用与身份的个别作用。那么，哪种学说最为妥当呢？大谷实教授支持第三说的结论，其理由是：

对共犯与身份这一问题的讨论，首先有必要以就共犯的处罚根据以及共犯的本质的讨论为前提而展开。他认为，共犯的处罚根据就在于，通过正犯的实行行为而间接地实现构成要件，引起法益侵害或危险；而共犯的本质则在于共同实施实行行为，或者参与实行行为，而并不一定要求共同实现了特定犯罪或者参与了特定犯罪，也就是只要共同实施或参与了该犯罪所预定的实行行为即可。在共犯与身份的关系问题上，只要能认定存在上述关系，便成立共犯，身份也连带地发挥作用。考虑到共犯中身份者与非身份者之间的关系，在非身份者与身份者共同实现身份犯，或者非身份者加功于身份者而实现身份犯的情况下，由于均是在共犯关系之下实现了身份犯，所参与的犯罪属于因身份而构成的犯罪，因此，作为构成性身份犯，非身份者连带受到处罚也是理所当然的。前述第一说认为第65条第1款是通过构成性身份犯与加减性身份犯而就犯罪的成立所作的规定，应该说也有其充分的根据。然而，第一说似乎认为，“亦为共犯”这一规定的宗旨在于将非共犯者强行作为共犯来对待。对此，他反而认为，这只是对前面这一理所当然的结论所作的强调性规定而已。如此，对第65条第1款能够作出解释，那么，又应如何理解第2款呢？第2

款规定“对不具有身份者，处通常之刑”，这规定了科刑上的个别性，但是，决定犯罪是否成立也理所当然地应考虑行为人的个人因素。这是通过对无身份者“处通常之刑”，而对加减性身份犯的共犯的构成要件予以明确。例如，在非保护义务者参与实施了“保护责任者遗弃罪”的场合，如不是保护义务者则并不构成本罪，因而本罪属于构成性身份犯；再者，保护义务者是因其个人因素而被加重刑罚，因此，其宗旨在于，特别分开来作为共犯的构成要件，进而明确犯罪的成立，并藉此予以处罚。那么，为什么要规定“处通常之刑”呢？这是因为，尽管作为实行行为是相互连带而实现了正犯，但由于身份者与非身份者是在实现各自的犯罪，那么，不仅责任是个别的，违法性也应该是个别的，因而在处罚上也有必要个别处理。第二说认为，只有将加减性身份犯的身份理解为责任身份才会被赋予实质性的根据，如站在将违法仅仅理解为法益侵害的法益侵害说或者结果无价值论的立场上，这当然是可以理解的；但如果站在将违法理解为是违反了社会伦理规范的法益侵害这一二元说的立场上，则应该说违法也当然是个别发挥作用。因此，必须对“违法连带作用、责任个别作用”这一命题本身进行修正。如将第 2 款理解为是就加减性身份犯特别规定了犯罪的成立，则第 1 款就应是不包括加减性身份犯的构成性身份犯。①

（四）大陆法系部分国家的身份犯立法

1.《日本刑法》中身份犯立法

日本现行刑法典（1907 年 4 月 24 日法律第 45 号、1908 年 10 月 1 日施行以后经多次修改）共两编五十三章，另外还有附则。其中第一编总则共十三章，第二编罪共四十章。

（1）第一编总则中身份犯立法

在总则中没有未成年人犯罪、又聋又哑的人（原来规定在第

---

① 参见［日］大谷实：《共犯与身份》，王昭武译，载《法学评论》2005 年第 4 期。

40条现被删除）或者盲人犯罪从轻、减轻处罚或者免除处罚的规定，但在第十一章共犯中第65条（身份犯的共犯）第1款规定："对于因犯罪人身份而构成的犯罪行为进行加功的人，虽不具有这种身份的，也是共犯。"第2款："因身份而特别加重或者减轻刑罚时，对于没有这种身份的人，判处通常的刑罚。"

（2）第二编罪中身份犯立法

在第二编罪中规定了如下身份犯：脱逃罪（第六章）、藏匿犯人和隐灭证据罪（第七章）、放火和失火罪（第九章）中第117条之二（业务上失火等）和第116条或者前条第一项的行为、鸦片烟罪（第十四章）、伪造文书罪（第十七章）、伪证罪（第二十章）、猥亵、奸淫和重婚罪（第二十二章）、赌博和彩票罪（第二十三章）、渎职罪（第二十五章）、过失伤害罪（第二十八章）、堕胎罪（第二十九章）、遗弃罪（第三十章）、盗窃和强盗罪（第二十六章）中第244条（关于亲属间犯罪的特例）配偶、直系血亲或者同居的亲属之间犯第二百三十五条之罪（盗窃）、侵占罪（第三十八章，业务上侵占）、赃物罪（第三十九章）中第257条（有关亲属等之间犯罪的特例）配偶之间或者直系血亲、同居的亲属或者这些人的配偶之间犯前条罪（收受赃物等）。[①] 共30个条款涉及。

2. 德国刑法典中身份犯立法

（1）总则中的身份犯

只有两个条款涉及（不纯正自然人正身份犯）：一个是第21条降低的责任能力。如果行为人认识行为的不法或者根据该认识而行动的能力，出于第20条中所标示的原因（精神障碍）之一，在实施行为时显著降低，那么，可以根据第49条第1款轻处刑罚。另一个是第28条特别的人的标志。①如果在参与者（教唆者或者帮助者）那里缺乏确定行为人的可罚性的特别的人的标志

① 参见《日本刑法典》，张明楷译，法律出版社2006年版，第40～94页。

（第14条第1款），那么，其刑罚必须根据第49条第1款予以轻处。②如果法律规定特别的人的标志使刑罚重处、轻处或者排除，那么，它只对具备这些标志的参加者（行为人或者参与人）适用。①

（2）分则中的身份犯

①第二章背叛国家和危害外部安全中第94条背叛国家、第96条背叛国家的侦探、第98条背叛国家的特务活动、第100条危害和平的联系、第100条a背叛国家的伪造。②第三章针对外国的犯罪行为中第102条攻击外国的组织或者代表、第103条侮辱外国的组织或者代表、第104条侵害外国的旗帜和崇敬标志。③第五章针对国家防卫的犯罪行为中第109条通过残废逃脱兵役义务、第109条a通过欺骗逃脱兵役义务。④第六章抵抗国家权力中第114条抵抗与执行官员处于同样地位的人、第120条放走被监禁人员、第121条被监禁人员的暴动。⑤第七章针对公共秩序的犯罪行为中第145条c违反职业禁止。⑥第九章虚假的未宣誓的陈述和伪誓中第153条虚假的未宣誓的陈述、第154条伪誓、第163条过失的虚假宣誓。⑦第十二章针对身分、婚姻和家庭的犯罪行为中第170条侵害扶养义务、第171条侵害照顾或者教育义务、第l72条重婚。第173条亲属间的性交。⑧第十三章针对性的自我决定的犯罪行为中第174条对受保护者进行性的乱用、第174条a对设施里的被拘禁者、被官方管理者或者病人和需要帮助者进行性的乱用、第174条b利用职务地位进行性的乱用。⑨第十五章个人生活和秘密领域的侵害中第203条侵害私人秘密、第206条侵害邮政或者电信秘密。⑩第十六章针对生命的犯罪行为中第221条遗弃。⑪第十七章针对身体的完好性的犯罪行为中第225条对受保护者的乱待。⑫第十九章盗窃和侵占中第247条同居和家庭之间的盗窃。⑬第二十六章针对竞争的犯罪行

① 《德国刑法典》，冯军译，中国政法大学出版社2000年版，第11～13页。

为中第 299 条业务交往中的索贿和赠贿、第 300 条业务交往中的索贿和赠贿的特别严重情形。⑭第三十章职务中的犯罪行为中第 331 条接受利益、第 332 条索贿、第 336 条不实施职务行为、第 339 条乱用法律、第 340 条职务中的身体侵害、第 343 条逼供、第 344 条追究无责任者、第 345 条对无责任者的执行、第 348 条职务中的虚假记载、第 352 条超收费用、第 353 条超收税款、减少支出、第 353 条 b 职务秘密和特别的秘密保守义务的侵害、第 355 条税务秘密的侵害、第 356 条背叛当事人、第 357 条引诱属员实施犯罪行为，[1]共 50 多个条款涉及。

3. 法国新刑法典[2]中身份犯立法

(1) 总则中身份犯

法国新刑法典第 122 – 1 条第 2 款规定：“行为发生之时患有精神紊乱或神经精神紊乱，损害或有碍于辨别或控制自己行为的人，仍得惩处之；但法院在量刑与确定刑罚制度时将考虑此情节。”与未成年人犯罪相关但未必是身份犯的规定：（第 122 – 8 条）经认定犯刑事罪的未成年人，依特别法律规定之条件，对其采取保护、救助、监视与教育措施。特别法律还规定对年满 13 岁的未成年人可宣告刑罚的条件。

(2) 分则中职务性身份犯

规定在第四卷第三编第二章由履行公职的人实施的危害公共行政管理罪中：第一节针对行政部门滥用权势罪、第二节针对个人滥用权势罪第一目妨害个人自由罪、第三节针对违反廉洁义务罪第一目违法加收或减免税款罪。

规定在第四卷第三编第三章个人妨害公共行政管理罪中：第一节由个人实行的受贿罪。

规定在第四卷第三编第五章危害欧洲共同体、欧盟成员国、其他外国与公共国际组织之公共管理罪中：第一节受贿罪（第

① 《德国刑法典》，冯军译，中国政法大学出版社 2000 年版，第 72 ~ 213 页。

② 法国新刑法典于 1994 年 3 月 1 日生效。

435－1条）为适用1977年5月26日在布鲁塞尔签订的《关于同牵涉欧洲共同体公务员、欧盟成员国公务员的贿赂行为作斗争的协定》、共同体公务员、欧盟成员国的国家公务员或者欧洲共同体委员会、欧洲议会、共同体法院与共同体审计法院的成员，于任何时候，无权而直接或间接索要或认可奉送、许诺、赠礼、馈赠或其他任何好处，以完成或放弃完成其职务、任务或其受委任的行为，或者由其职务、任务或受委任而带来方便的行为，处10年监禁并科150000欧元罚金。

4. 意大利刑法中总则性身份犯立法

《意大利刑法》第117条规定："如果由于犯罪人的人身条件或身份或者由于犯罪人与被害人之间的关系而对某些共同犯罪人改变罪名，其他人也对相同的犯罪负责。但是，如果这后一犯罪比较严重，对于不具备上述条件、身份或关系的人，法官可以减轻处罚。"

5. 丹麦刑法典中身份犯立法

《丹麦刑法典》总则中没有规定身份犯问题，分则中职务性身份犯集中规定在第十六章履行公共职责时所犯之罪中。[①]

6. 挪威刑法中身份犯立法

《挪威一般公民刑法典》在总则中没有规定身份犯的内容，分则中职务性身份犯规定在第十一章"有关公职的重罪"中，[②]共16个条款涉及。

二、英美法系中身份犯的理论与实践

（一）英美法系中身份和身份犯的概念

在英美法系中，有的不承认身份犯罪，有的则承认。承认者

① 参见《丹麦刑法典与丹麦刑事执行法》，谢望原译，北京大学出版社2005年版，第44～48页。

② 参见《挪威一般公民刑法典》，马松建译，赵秉志审校，北京大学出版社2005年版，第27～29页。

认为“身份”是一种状态，这种状态来源于行为，是与具体行为相平行的概念，是犯罪构成的客观要件。如在论述典型的身份犯流浪罪时，这样论述：流浪（vagrancy）本身不是一种具体行为(conduct)，而是某种身份状况（status）。同其他犯罪相比，这是本罪的一个显著特点。构成流浪罪的这种身份状况，来源于不端行为，其表现形式为危害社会的状态和危害社会的生活方式。[①]

关于身份犯的概念，根据英美刑法学界承认论者提出的定义来看，最为常见的是：身份犯就是“根据是什么而不是根据做什么来确定的犯罪”。[②] 在他们看来，身份犯的客观构成因素是身份状态而不是具体行为，典型的例子就是流浪罪。流浪罪的惩罚对象是游手好闲的流浪者。流浪者不端行为的这种身份状况之所以是流浪罪的客观要件，是因为这种身份状态呈现出了危害社会的状态和危害社会的生活方式。什么叫游手好闲（idleness per se)?能够劳动并有劳动机会而不劳动的称之为游手好闲。流浪罪惩罚的是游手好闲，而不是贫困。抽象道理容易说清，但是在实际上，失业现象的存在与发展，一批批本来并非游手好闲的贫困者被社会“造就”成为游手好闲者。这是谁之罪？因此，有人怀疑流浪罪的合宪性（constitutionality)。批评流浪罪的最通常理由是：概念含糊，不适当地限制个人自由。现在，某些类型的流浪罪，如吸毒成瘾者，在许多司法区已不再作为犯罪处理，因为把它作为犯罪被认为是违宪的——“上瘾”是一种“疾病”，把疾病当犯罪惩罚是不对的，是残酷的和非常的，因而违背宪法第八条修正案。另外，像酒鬼、夜间外出活动涉嫌犯罪但又缺乏适当罪名者和没有合法经济来源但是过着放荡挥霍生活者，在有些州的法院判决中也不被认为是流浪罪。多数学者认为，要保留流浪罪，

---

① 参见储槐植：《美国刑法》（第三版），北京大学出版社 2005 年版，第 203 页。

② ［美］道格拉斯·N. 胡萨克：《刑法哲学》，谢望原译，中国人民公安大学出版社 2004 年版，第 134 页。

就应当修改，一是限制适用范围，二是进一步明确概念。流浪罪惩罚的是行为还是身份？这是一个有争论的问题。传统看法是把流浪罪视为身份罪。反对意见认为身份不是抽象的，而是由一系列作为和不作为构成的，所以惩罚流浪罪实际上还是惩罚行为而不是身份。一般认为，惩罚身份同刑法干预对象应是行为的普通原理不协调，因此《模范刑法典》另辟蹊径，废弃了流浪罪的罪名，把某些需要受到惩罚的原流浪罪内容用表明行为的具体罪名来规定，如“在公共场所撒酒疯”、“鬼祟游荡”等。加利福尼亚州刑法也采取了这种办法。[①]

身份犯“在普通法和成文法中有很长的历史，未曾受到法院的根本怀疑”。但是权威的刑法学家都激烈反对个人因其身份承担责任的可接受性。美国的《刑法制定法》曾经将吸食形成瘾癖的麻醉品的行为规定为犯罪（吸毒罪）。立法者认为，吸食毒品（者）这种特定身份或存在状态就足以符合该罪的构成要件。而有的美国刑法学者则认为，立法者实际上是把“吸食毒品者”这种身份或状态犯罪化了，而这种做法表明：“国家努力惩罚身份而不是行为，产生了至少是违宪的蛮横。”Gross 教授指出：“吸毒者不是犯罪的理由就是因为它不是行为，这在某种程度上意味着没有发生任何事情而导致有责任的判决。”更有学者明确指出，美国把吸毒者作为犯罪人来处罚，违反了美国第 8 条《宪法修正案》。极端的学者甚至认为“大多数身份犯都可能是违宪的”。[②]另外一些人认为，宪法性的错误不会自动地归附于每一个身份犯罪。如罗林·帕金斯坚持认为：“法律并不反对对那些具有引起社会厌恶的身份的人给予惩罚。”产生这样的不同意见，大部分原因是由于对身份的罪行化是否以及在多大程度上与犯罪行为要件不一致方面认识混乱所致。另有一些刑法学权威似乎对身份犯

① 参见储槐植：《美国刑法》（第三版），北京大学出版社 2005 年版，第 203～204 页。

② Neil C. Chamelin and Kenneth R. Evans, Criminal Law for Police Officers, p. 34.

的理解不同。有一位评论家写道：“至于身份犯，即具有无意识或疾病的情况……”很清楚，这位评论家显然把身份犯等同于无意识的情况了。[1]

（二）英美法系中渎职贿赂性身份犯立法

按照英美法系中身份犯的概念，渎职贿赂性犯罪不是身份犯，但按照我国刑法中身份犯的概念这些犯罪绝大部分都是身份犯，而且是目前打击的重点，因此我们以下着重介绍英美法系中渎职贿赂性身份犯的立法。

1. 美国刑法中的贿赂罪和渎职罪

贿赂罪（bribery），在早期英国法里，其主体专指收受非法报酬的法官或其他司法人员，不罚行贿者。后来扩大到陪审官、证人以及其他公务官员，同时行贿者也受罚。

贿赂罪是指为了非法影响公务活动付给报酬或接受非法报酬的行为。报酬，指金钱、财产、服务或有价值的任何其他东西，不一定都指金钱。[2] 受贿罪主体有三类情况：（1）公务贿赂（offical bribery）的受贿者是：①政府任何官员、代理人或者雇员；②竞选中的投票人；③陪审团成员；④证人。（2）准公务贿赂（quasi－official bribery）的受贿者是：①公立事业机构中的官员或雇员；②立法小组、政治性例会或有公职候选人提名权的政治性集会的办事人员；③劳工组织的代表。（3）业务贿赂（occupational bribery）的受贿者是：①一个公司或商店的雇员可能成为批发商或其他人的受贿人；②体育运动、竞技比赛等活动中的职业的或业余的运动员和裁判人员也可能成为受贿人。贿赂活动的目的一般是非法影响公务（业务）活动，具体案件的特殊目的是多种多样的。贿赂在普通法里是轻罪，在现代制定法中一般都作为

① ［美］道格拉斯．N．胡萨克：《刑法哲学》，谢望原译，中国人民公安大学出版社2004年版，第133～141页。

② 1982年3月，日本一名男法官因接受女被告人的“性服务”（陪睡了三夜觉），而减轻其刑罚而被判罪（性贿赂罪）。报酬是否包括性交，许多美国学者持否定看法。

重罪处罚。如果受贿人是陪审员，有些州仍定为贿赂罪，有些州则定为笼络陪审员罪（embracery）。笼络陪审员罪就是企图以不正当手段影响陪审员定罪的行为。不正当手段常常有用钱财贿赂、恳求、威胁等。

联邦刑法规定的贿赂罪：

意图影响公职人员的公务行为，直接或者间接地给予、提出或者允诺给予公职人员任何有价物的，构成行贿罪（非身份犯）；公职人员以影响公职行为为回报而直接或者间接地为自己或者为他人或单位请求、要求、恳求、强求、追求、接受、收受或者同意收受任何有价物的，构成受贿罪，处15年以下监禁，或者2万美元以下或者3倍以下贿赂价额罚金，或者并处监禁和罚金。应当说明的是：要求贿赂、收受贿赂和同意收受贿赂，均属此罪的既遂，贿赂罪既遂形式的多样性是此类犯罪的一大特点。行政管理类法律规定了非公职人员的受贿罪，诸如裁判员、陪审员受贿罪等。

州刑法规定的贿赂罪：

《伊利诺伊州刑法典》除规定类似联邦刑法的行贿罪和受贿罪，还规定了“未报告贿赂罪”：公务员、公职雇员或者陪审员没有即刻向地方检察官报告（他人）对其提供贿赂的，构成一级轻罪。《新泽西州刑法》除规定有公务人员受贿罪和对公务人员行贿罪外，还规定了馈赠公务人员罪和公务人员受赠罪：公务人员因涉及影响公务直接或者间接要求、接受或者同意接受法律不许可的利益的，构成三级罪；任何人为影响公务执行直接或者间接向公务人员提供或者同意提供任何法律不许可的利益的，构成三级罪（新泽西州将犯罪分为四级，一级最重，四级最轻）。

渎职罪（official misconduct）作为一个具体罪在美国各司法区法律上有多种表述方法：misconduct in office，malconduct in office，misbehavior in office，malpractice in office，misdemeanor in office，corruption in office，等等。渎职行为主要是三种形式：（1）

违法乱纪（malfeasance）；（2）滥用职权（misfeasance）；（3）玩忽职守（nonfeasance）。本罪客观上的一个特征是以职务的名义（under color of office）所进行的非法行为，主观上要有腐败心理状态（corrupt intent）。挪用公款、虐待人犯、冤狱假案等，都是渎职罪。如果一个公务人员接受了贿赂，然后又做了行贿人希望的事情，则构成受贿罪和渎职罪两个罪。①

另外，《美国模范刑法典》第223.8条规定有类似于我国刑法中贪污罪的“由于不法处理委托资金之窃取罪”，以财物或其卖得金或于自己之财物中保留与此等之数额，约定作特定之交付或其他处分，或知悉负有支付或为处分之法律上之义务，蓄意取得财物者。将其财物当作自己之财物处理或不为所需之支付或处分时，即犯窃取罪。本规定于行为人不为所需之支付或处分时，在不能识别那一财物属于被害人所有时亦有其适用。对于政府或金融机关之公务员或职员，则推定其知悉有关由于本条所生之一切法律上之义务，当有正当之请求而怠于支付或清算或由于会计检查发现账目有不足或虚伪时，推定其将财物当作自己之物处理。②

2. 英国刑法中受贿罪的立法

英国没有统一的刑法典，在《英国1889年公共机构贿赂法》（维多利亚第52和53年国会第69号法）第1条之一规定了受贿罪：任何人，通过自己或者任何其他人，或者与任何其他人共同贿赂地为自己或者任何其他人索取、接受、或者同意接受任何礼品、贷款、酬金、报酬或者好处，以诱使或者回报或者以任何这种类似方式酬劳本法所说的公共机构的成员、官员或者雇员，在有关的任何事务或者交易中办理或者被迫放弃办理任何事项、不

① 参见储槐植：《美国刑法》（第三版），北京大学出版社2005年版，第209～210页。

② 萧榕主编：《世界著名法典选编（刑法卷）》，中国民主出版社1998年版，第69页。

论其是否实际办理或者打算办理，均应当构成轻罪。[①] 本法中"公共机构"一词是指任何县议会或者市县或者郡县议会，任何自治市议会，以及有权根据和为了实施任何有关地方政府、公共健康、救济贫民的法律，或其他依照任何普通公法管理所征税款的法律行使职能的任何管理局、委员会、教区委员会或者其他机构，但是非在联合王国的上述任何机构除外。"公职"一词是指在上述"公共机构"中任职或者受雇的成员官员，或者雇员。"人"一词包括集合自然人的团体、自然人或者法人。"好处"一词包括任何职位或者荣誉，延缓清偿任何价金或者有价之物，包括任何援助、投票、同意或者影响，或者假意援助、投票、同意或者影响，还包括任何承诺、获得、同意或者竭力获得，或者期望提供任何上述的礼物、贷款、费用、报酬、或者好处。[②]

3. 加拿大刑法典中腐败与渎职犯罪的立法

《加拿大刑事法典》在加拿大全国统一适用，从而与英美的情形迥然不同。同时，这是一部包括刑事实体法与程序法在内的综合法典，显然与为国内学者所熟悉的大陆法系诸国的情况不同。这部法典虽然是加拿大刑事立法的主干，但在适用时又直接受制于宪法，特别是《加拿大权利与自由宪章》，由此，它又有别于那些在刑事诉讼中不直接适用宪法规定的国家所施行的制度。[③]《加拿大刑事法典》（1985 年《加拿大刑法》第 46 章及修正案）第四章第 119 条至第 130 条规定了"腐败与渎职"犯罪，其中在笔者看来是身份犯的有：

（1）官员受贿罪。《加拿大刑事法典》第 120 条规定：任何人，为下列行为，构成可诉罪，处 14 年以下监禁：（a）法官，

① 依《1967 刑法》，重罪和轻罪的区分已被取消，有关轻罪的法律和惯例诉讼规则大体适用于所有的犯罪。

② 参见最高人民检察院《反贪污贿赂法》研究起草小组编译：《外国和港澳台地区反贪污贿赂法规汇编》，中国检察出版社 1991 年版，第 141～144 页。

③ 《加拿大刑法典》，卞建林、杨新芝、陈敏、杨钊、平美华译，杨诚、卞建林校，中国政法大学出版社 1999 年版，第 3 页。

警察局局长，治安官，公务员或少年法院之官员，或受雇于刑事执法机构之人员，为自己或他人而违法；（i）收受或获取；（ii）同意收受，或（iii）意图获取金钱，有价报酬，职务，处所或委聘，（iv）干扰执法；（v）引诱或促使犯罪；或（vi）保护已犯罪或意图犯罪之人免受侦查或处罚；或（b）向（a）项所列人员，违法交付，提供金钱，有价报酬，职务，处所或委聘，意图供其为（a）项（iv）、（v）或（vi）目所列之行为。

（2）公务员违反信托罪。第122条：公务员因执行公务而欺诈或违反信托，构成可诉罪，处5年以下监禁。无论其欺诈或违反信托的行为若对私人实施是否构成犯罪。

（3）官员执行不当罪。第128条：治安官或法医受命执行司法程序时故意（a）执行不当；或（b）报告不实；构成可诉罪，处2年以下监禁。①

另外，在第九章“侵犯财产权的犯罪”之中“类似盗窃的罪行”一节规定有“公务员拒绝移交财产罪”，即第337条：受雇于加拿大政府或省政府机构，从事管理市立公司，经授权收受、保管、管理或处置任何物品者，在有权要求支付人的要求下拒绝交付或者不交付物品的，构成可诉罪，处14年以下监禁。②

三、港澳台地区刑法中身份犯的理论与实践

港澳台地区身份犯理论集中于台湾地区学者的论著中。

（一）关于身份与身份犯的概念及种类

1. 身份的概念和种类

何谓身份？台湾地区学者张灏认为，应依民法而为解释，是特定人与特定人间之身份关系而言，是特定关系之一种。如血亲

---

① 《加拿大刑法典》，卞建林、杨新芝、陈敏、杨钊、平美华译，杨诚、卞建林校，中国政法大学出版社1999年版，第95~100页。

② 同上，第206~212页。

关系、姻亲关系、配偶关系与监护关系等即是。[①]台湾地区学者韩忠谟教授认为，所谓身份，指行为人一身所具之资格而言，有出于自然者，如男女之性别、亲属关系是，有出于法定者，如公务员之资格、医师药剂师等业务上之资格是。此等资格一经刑法规定为犯罪之特别构成要件，总不外为法律上之一种特定关系，然身份关系之内容，其观念常较固定。此外尚有某种属予行为人一身之特殊事实，刑法亦往往以之为构成犯罪之特别要件，虽为特定关系，但未可尽以身份视之。例如，怀胎之妇女、他人所有物之持有者、将受强制执行之债务人、依法逮捕拘禁之囚人，以及依法应负扶养义务之人等等，设无明文规定，则究应包括于身份之内与否，解释上将生疑义。故刑法于身份之外，附加“其他特定关系”一语，以为补充，细绎其义，所谓身份亦即特定关系之一种耳。[②]

从韩忠谟教授对身份的论述可知，身份可以分为自然身份和法定身份。出于自然者，如男女之性别、亲属关系即是自然身份；出于法定者，如公务员之资格、医师药剂师等业务上之资格既是法定身份。

2. 身份犯的概念和种类

(1) 身份犯的概念

我国台湾地区刑法学者林山田教授称身份犯为特别犯（sonderdelikte)，与一般犯相对而言。一般犯（Allgemeindelikte）乃指在不法构成要件中，对于行为人的资格或条件，未做任何限制规定，任何人均属适格的行为人而能违犯的犯罪。台湾地区“刑法”规定处罚的犯罪，绝大多数均属一般犯。而特别犯即身份犯，系指唯有具备特定资格或条件之人，始属适格的行为人，而能违犯的犯罪。例如，受贿罪（“刑法”第121条第1项和第122

① 张灏：《中国刑法理论及实用》，台湾地区三民书局1980年版，第251～252页。

② 韩忠谟：《刑法原理》，中国政法大学出版社2002年版，第224～225页。

条第 1 项)、伪证罪（“刑法”第 168 条)、杀直系血亲尊亲属罪（“刑法”第 272 条第 1 项)、生母杀婴罪（“刑法”第 274 条第 1 项)、亲属间盗窃罪（“刑法”第 324 条第 1 项)、背信罪（“刑法”第 342 条第 1 项)。

（2）身份犯的分类

身份犯即特别犯可以分为纯正身份犯或纯正特别犯与不纯正身份犯或不纯正特别犯：

纯正身份犯又称纯正特别犯，乃指行为人的资格或条件系在于创设刑罚的意义者，① 若无这种特定资格或条件的人，即无法独自违犯而构成本罪，而必须参与具有该特定资格或条件者所违犯的行为，始足以构成该罪的教唆犯与帮助犯。例如，受贿罪（“刑法”第 121 条第 1 项和第 122 条第 1 项）或背信罪（“刑法”第 342 条第 1 项)。

不纯正身份犯又称不纯正特别犯，系指行为人的资格或条件，乃在于加重、减轻或免除刑罚的意义者，若无这些特定资格或条件之人，只能成立基本构成要件的犯罪，而不能适用该加重、减轻或免除刑罚的规定，来加重、减轻或免除其刑。例如，杀害直系血亲尊亲属罪（“刑法”第 272 条第 1 项)、生母杀婴罪（“刑法”第 274 条第 1 项)、亲属间盗窃罪（“刑法”第 324 条第 1 项)。②

（二）身份犯与共同犯罪

台湾地区学者讨论身份犯与共同犯罪的关系问题，是以现行“刑法”第 31 条第 1 项和第 2 项的规定为背景而展开的。因此，

---

① 传统概念认为纯正身份犯（纯正特别犯）系指行为人必须具备特定资格或条件，始能成立的特别犯（《刑法通论》第五版，成文堂，1999 年版，第 127 页）。持如此定义，则无法突显行为人的特定义务违反性，以致表露不出行为非价的色彩，而且亦无法突显与不纯正身份犯的区别。因此《刑法通论》第六版起乃改持如上的定义。有德国学者认为一般所称的特别犯的资格，系存在于刑法以外的义务地位，故应将特别犯称为义务犯（Pfichtdelikten），较为妥当。见 Roxin，AT. §10Rn128.

② 林山田：《刑法通论（上册）增订八版》，台湾大学法学院图书部 2002 年版，第 221 ~ 222 页。

我们有必要先了解这两项规定“因身份或其他特定关系成立之罪，其共同实施或教唆帮助者，虽无特定关系，仍以共犯论。”（第31条第1项）“因身份或其他特定关系致刑有重轻或免除者，其无特定关系之人，科处通常之刑。”（第31条第2项）[①]

1. 纯正身份犯与共同犯罪

纯正身份犯与共同犯罪的关系亦即共同犯罪与身份的关系，台湾地区学者韩忠谟教授认为无身份之人对于因身份而成立之犯罪，与有身份之共同加功者，该无身份之人是否发生共犯关系，可就共犯之种类分别观察之：（1）无身份之人教唆或帮助有身份之人实行因身份而成立之犯罪者，例如，收受贿赂罪以公务员身份为成立要件，若普通人教唆或帮助有公务员身份之人收受贿赂，在理论上及事实上均属可能，其无身份之人仍成立收受贿赂罪之教唆犯或从犯。[②] 林山田教授亦赞同此观点，他认为：不具有行为主体资格者，对于具有行为主体资格者的教唆行为或帮助行为，原本在理论上就可因其参与犯罪，而成立该罪的教唆犯或帮助犯，无待于法律的明文规定。换言之，纯正身份犯虽然必须要具有特定资格者始能够实现该罪的不法构成要件，成为该罪的行为主体（正犯），但是并不排斥其他不具资格的参与者成立共犯，因为在逻辑上，共犯本身并非刑法规定的不法构成要件的行为主体，无资格者虽然无法成立正犯，却仍可从属依附正犯而成立共犯。因此，无资格者原本即有可能成为共犯，无须透过法条规定，拟制为共犯。故“刑法”第31条第1项的立法，就此而言，不但系属多余赘文，而且会造成误会，让人误以为无资格者本非共犯，而是由于法条的规定，被拟制为共犯。[③]（2）韩忠谟教授认为，无身份之人与有身份之人共同实施因身份而成立之犯

① 林山田：《刑法通论（下册）增订八版》，台湾大学法学院图书部2002年版，第145页、第150页。

② 韩忠谟：《刑法原理》，中国政法大学出版社2002年版，第224页。

③ 林山田：《刑法通论（下册）增订八版》，台湾大学法学院图书部2002年版，第147页。

罪者，例如，普通人与公务员分受贿赂之类，按犯罪以一定身份为成立要件者，无此身份之人在理论上原不得成立该项犯罪行为，[①] 然事实上无身份之人与有身份之人共同实施因身份而成立之犯罪亦属常见，又不得不与其他正犯同其处罚，故刑法上对于无身份之共同正犯，殊有特设规定之必要，学者有称此种规定为拟制的规定者，暂行刑律谓凡因身份成立之罪，其教唆或帮助者虽无身份仍以共犯论（“刑法”第33条第1项），仅明定无身份之教唆犯及从犯，而不及共同正犯，从而无身份之人共同实施因身份而成立之罪者，可否发生共犯关系，解释上不无疑义。一般学者咸以为无身份之共犯，惟于共同正犯之情形有特设规定之必要，至于无身份之教唆犯从犯，本属可能存在，无待明言。而现行“刑法”（旧刑法亦同）为避免解释上发生疑义起见，除明白实认无身份之共同正犯外，对于教唆犯从犯亦并加规定谓：“因身份或其他特定关系成立之罪，其共同实施或教唆帮助者，虽无特定关系，仍以共犯论（“刑法”第31条第1项）。”[②] 对此，林山田教授持不同意见，他认为，就所谓的拟制共同正犯而论，由于其已忽略定位有不法构成要件的正犯概念，使本来无法成为不法构成要件的行为主体的参与者，透过法律的拟制而被视为构成要件的行为主体（正犯）。这样的说法实不符不法构成要件的解释。然而以前述韩忠谟教授的观点，作为“刑法”第31条第1项拟制立法的法理基础，也非正确与充分的理由。因为刑法对于纯正身份犯的非难基础，系在于行为人具有特定资格，故行为人有无特定资格，即会影响到刑法对于行为人的评价，刑法不应对于两种截然不同评价的无资格者与有资格者，作出同为正犯的评价，使两者同其处罚，故不宜透过法律规定，使不具有行为主体

① 依德国刑法学界之通说，因身份而成立之罪，无此身份之人不能成立间接正犯及共同正犯，但此等犯罪之教唆犯不妨由无身份者加工而成立。参见西德1969年《刑法》第28条第1项：（1）正犯之可罚性取决于特定之个人要素（第14条第1项），而共犯（教唆犯或帮助犯）欠缺此要素者，共犯之刑依第49条第1项减轻之。

② 韩忠谟：《刑法原理》，中国政法大学出版社2002年版，第224页。

资格的参与者拟制成为纯正身份犯的共同正犯。因此，“刑法”第31条第1项关于“拟制共犯”的规定，实非妥当的立法，而宜删除。此外，无行为主体资格的参与者所构成的共犯，其可非难性究不如具有特定资格的行为人，故在法律效果上亦应低于具有特定资格的行为人，而应减轻其刑，方符事理。[①] 因此，“刑法”第31条第1项不宜作为拟制共犯的规定，而应修改作为欠缺行为主体资格的参与者构成共犯而减轻其刑的规定。并设想条文如下：“因身份或其他特定关系成立之罪，其无身份或特定关系之教唆或帮助者，减轻其刑。”[②]

2. 不纯正身份犯与共同犯罪

台湾地区刑法学界通说认为，不纯正身份犯系指行为主体的资格只在于加重、减轻或免除刑罚意义的身份犯。这种身份犯的行为主体资格系立法者设计当作加重、减轻或免除刑罚的理由，例如，杀直系血亲尊亲属罪（“刑法”第272条第1项）的直系血亲卑亲属、生母杀婴罪（“刑法”第274条第1项）的生母、亲属间盗窃罪（“刑法”第324条第1项）的直系血亲或配偶或同财共居亲属、不纯正渎职罪（“刑法”第134条）的公务员等等。不具有这些特定资格之人若与具有特定资格之人共同违反，或是教唆或帮助具有特定资格之人违犯者，则只能成立基本构成要件之罪，科处通常之刑，而无加重、减轻或免除刑罚的余地。例如，行为人若非直系血亲卑亲属者，则无法适用杀直系血亲尊亲属罪（“刑法”第272条第1项）的规定来定罪科刑；行为人若非属生产后的母亲，自无法适用生母杀婴罪（“刑法”第274条第1项）的规定来定罪科刑；行为人若非属被害人同财共居的亲属者，则亦无法适用亲属间盗窃罪（“刑法”第324条第1项）

---

① 林山田教授注释说：德国刑法关于纯正身份犯的共犯，即采用减轻其刑的规定“若共犯（教唆犯或帮助犯）欠缺创设行为人可罚性之个人要素者，按照第四十九条第一项之规定减轻其刑。”（《德国刑法》第28条第1项）

② 林山田：《刑法通论（下册）增订八版》，台湾大学法学院图书部2002年版，第147~148页。

的规定来免除其刑。在不纯正身份犯中，不具特定资格之人与具有特定资格之人共同实施犯罪，或无特定资格之人教唆或帮助有特定资格之人犯罪，或有特定资格之人教唆或帮助无特定资格之人犯罪，形成参与犯的结构，应该是建立在基本构成要件之上，而非建立在适用该特定资格的变体构成要件之上，故应成立基本构成要件的参与犯，而后再针对具有特定资格的行为人，适用变体处断。

林山田教授不完全赞成上述通说观点。他认为通说观点与立法上存在着缺失。林山田教授主张，在不纯正身份犯的参与问题中，通说似囿于现行法“因身份或其他特定关系致刑有重轻或免除者，无特定关系之人，科以通常之刑”（第 31 条第 2 项）的规定，认为无特定资格之人与有特定资格之人形成参与犯的结构系建立在加重、减轻或免除其刑的变体构成要件之上，而非建立在基本构成要件之上，故以本项规定对于无特定关系之人，科以通常之刑，并依所谓的罪刑不可分原则，论以通常之刑，亦即条文所称的“科以通常之刑”，就以通常的罪与刑，包括定罪与科刑，而非仅指科刑而言，并依此罪名而科刑。实务界也认为，不具特定资格的行为人对于具有特定资格的行为人的教唆杀害直系血亲尊亲属的行为，或参与共同杀害的行为，不得不负“共犯”责任（应指教唆犯与正犯责任），但应仍就其实施或教唆的情形，论以普通杀人罪（“刑法”第 271 条第 1 项）的教唆犯或正犯的罪刑，不能论以杀直系血亲尊亲属罪（“刑法”第 272 条第 1 项）而科以普通杀人罪之刑。但就理论而言，参与犯之中不具加重、减轻或免除刑罚资格的行为人，即应成立基本构成要件的罪名，科以通常之刑，无待明文规定。现行法“……其无特定关系之人，科以通常之刑”（第 31 条第 2 项）的规定，应将其理解为具有该特定资格之人，始能适用加重、减轻或免除其刑的法律效果。如此一来，即可将参与犯正确地定位在基本构成要件之上，而非在于变体构成要件之上。因为在法律逻辑上，变体构成要件的适用，系以基本构成要件的该当为前提，早期的通说与实务先将参与犯定位在变体构成要件之上，再将不具特定资格者适用基本构成要件的做法，有违逻辑结构。因此，未来修法时可以考虑将现行法第 31 条第 2 项修正如下，藉以根本改变迄今的不当见解："因身份或其他特定关系，致刑有重轻或免除之规定者，仅适用于具备加重、减轻或免除其刑之身份或特定关系之教唆或共犯。"①

（三）港澳台地区身份犯立法

1. 港澳台地区贪污罪立法概况

港澳台地区贪污罪立法不一，而且不像受贿罪立法那样完善。香港特别行政区《刑法》没有规定类似于我国刑法中的贪污罪（《刑法》第 382 条第 1 款主体是国家工作人员、第 2 款主体是受委派"管理、经营国有财产的人员"），公职人员贪污公共财物的行为以盗窃罪论处。澳门特别行政区《刑法》第 340 条规定了公务上之侵占罪、第 341 条规定了公务上之侵占使用罪，此二罪的主体均为公务员。② 台湾地区惩治贪污罪的刑事立法，主要集中在"刑法"第 336 条公务及公益侵占罪和"贪污治罪条例"之中。台湾地区"刑法"第 336 条公务及公益侵占罪的主体为公务员。如无公务员身份，仅受私人团体委托，管理款项之事务，不构成本罪。③ 台湾地区"贪污治罪条例"第 2 条规定的贪污犯罪的主体包括"依法令从事公务之人员和受公务机关委托承办公务之人"。根据台湾地区"刑法"的规定，所谓"公务员"乃指依法令从事公务之人员。凡依各机关组织法规所任用之人，属公务员。即非依组织法规所任用之职员，而依法令从事公务者，也属于公务员。所谓"仲裁人"是指依法令之规定，按照一定程

---

① 林山田：《刑法通论（下册）增订八版》，台湾大学法学院图书部 2002 年版，第 148 ~ 152 页。

② 赵秉志主编：《澳门刑法典澳门刑事诉讼法典》，中国人民大学出版社 1999 年版，第 119 ~ 120 页。

③ 蔡墩铭：《中国刑法精义》，台湾地区汉林出版社 1986 年版，第 495 页。

序，有权裁决判断当事人间争议之人。如依“乡镇市调解条例”，从事调解纠纷之调解委员，以及依劳资争议处理法及商务仲裁条例所定之仲裁人都是。①

2. 台湾地区身份犯立法

(1) 台湾地区“刑法”中总则性身份犯立法

①关于未成年人和老年人及精神耗弱人犯罪的规定：“刑法”第18条第2项规定：“14岁以上未满18岁人之行为，得减其刑。”第18条第3项规定：“满八十岁人之行为，得减其刑。”第19条第1项规定：“精神耗弱人之行为，得减轻其刑。”②

②关于身份犯与共同犯罪的规定：“刑法”第31条第1项规定：“因身份或其他特定关系成立之罪，其共同实施或教唆帮助者，虽无特定关系，仍以共犯论。”第31条第2项规定：“因身份或其他特定关系致刑有重轻或免除者，其无特定关系之人，科处通常之刑。”③

(2) 台湾地区“刑法”中受贿罪立法

台湾地区“刑法”中的受贿罪，规定在现行“刑法”分则第4章渎职罪中，其中，受贿罪共有3个罪名，即不违背职务之受贿罪（“刑法”第121条）、违背职务受贿罪（“刑法”第122条第1款）、准受贿罪（“刑法”第123条）。④ 现分述如下：

①不违背职务之受贿罪

不违背职务之受贿罪，是指公务员或仲裁人对于职务上之行为，要求、期约或收受贿赂或其他不正利益的行为。本罪构成特征如下：第一，本罪主体为依台湾地区法律从事公务的人员和仲

---

① 褚剑鸿：《刑法分则释论》（上册），台湾地区商务印书馆1983年版，第91页。

② 林山田：《刑法通论（上册）增订八版》，台湾大学法学院图书部2002年版，第329页、第331页。

③ 林山田：《刑法通论（下册）增订八版》，台湾大学法学院图书部2002年版，第145页、第150页。

④ 参见靳宗立：《刑法各论Ⅰ——国家·社会法益之保护与规制》，集义阁出版社2011年版，第161～162页。

裁工作人员。所谓“公务员”，是指依台湾地区“公务人员任用法”任用的各类公共职务人员。仲裁工作人员虽然不属于公务员的范畴，但因其依法享有对劳资争议、商事争议等的仲裁权，因而和公务员具某些类似的公共职权，故为了杜绝仲裁人员收受贿赂这种渎职行为，台湾地区“刑法”把仲裁人员也作为不违背职务之受贿罪的主体。此外，根据台湾地区“贪污治罪条例”(1992年7月1日、1996年10月23日全文修正公布)① 的规定，“受公务机关委托承办公务之人”，亦可成为本罪主体。第二，本罪的犯罪客体，台湾地区学者有不同认识，具有代表性的观点是：贿赂罪之刑法条款所保护的法益可归纳为：确保公务行为之纯洁与真实，阻止公务行为之可贿赂性，确保社会大众对公务人员及其公务行为之不受贿性（Unbestechlichkeit）或不可收买性（Unkauflichkeit）之信赖，并使“国家意志”不因公职人员之图利公职行为而受阻挠或篡改。② 另外还存在以下诸说：认为“国家意志”（Staatswi”l）受到受贿行为的阻挠与篡改；认为受贿罪侵害之法益乃是执行公务之纯洁与真实；认为受贿罪侵犯了公务行为之无酬性；认为受贿行为侵犯的是社会大众对公务人员及公务行为之信赖。③ 第三，本罪的客观方面，表现为行为人基于自己的公职行为而要求、期约、收受贿赂或其他不正利益。在此应当注意：首先，行为人要求、期约、收受贿赂或其他不正利益是基于自己的公职，即行为人以自己的公职作为筹码，而他人想利用行为人之公职达到某种目的，从而双方形成一种钱权交易的合约；其次，要求、期约，前者是指索取贿赂，后者即指双方达成贿赂协议；再次，收受贿赂或其他不正利益，前者是指收受金钱或一切可以用金钱计价的物质利益，后者则是指一切可以供人享

① 参见靳宗立：《台湾惩治贪污之法制演进与检讨》，载《2011年两岸四地刑事法论坛——腐败犯罪的惩治与司法合作论文集》（2011年12月14～15日·北京），第105～106页。

②③ 参见林山田：《刑法特论》（下册），台湾地区三民书局1979年版，第842～848页。

用的非物质利益，如约定债权、提供官位职务、提供色情服务。至于贿赂数额，法律上没作具体规定。第四，不违背职务，是指行为人虽然收受了他人贿赂，但并没有违背公共职务所要求应尽之工作义务。如果收受贿赂而不尽职务所要求的工作义务，则构成加重贿赂罪，即违背职务受贿罪。根据台湾地区“刑法”第121条之规定，犯不违背职务受贿罪的，处7年以下有期徒刑，得并科5000元以下罚金。同时，对行为人所收受贿赂没收之；如全部或一部不能没收时，追征其价额。

②违背职务受贿罪

违背职务受贿罪，是指公务员或仲裁人对于违背职务行为，要求、期约或收受贿赂，或其他不正利益的行为。本罪的构成特征与不违背职务受贿罪基本相同，它是贿赂罪的加重犯。但有两点仍须注意：第一，客观方面，本罪之行为人必须是基于违背自己的公职而要求、期约或收受贿赂或其他不正利益。值得注意的是，本罪不以行为人事实上已实施违背职务之义务行为为必要，只要行为人已显示出违反其职务意愿，使人认为具有“可贿赂性”，本罪便已成立。所谓“违背职务”，是指行为人不按法律、法规以及职务本身所要求的去履行公职。第二，主观方面，行为人必须明知自己的行为是违背职务而故意实施，即行为人对其行为的违反职务性有明确认识而故意实施本罪的构成行为。至于行为人是在要求、期约或收受贿赂或其他不正利益之当时或以后实施违背职务的行为，则不影响本罪的成立。如果行为人要求、期约或收受贿赂或其他不正利益，过失造成了违背职务的行为，则不构成本罪，仍应按不违背职务之受贿罪定罪处罚。根据台湾地区“刑法”第122条第1、第2款之规定，对犯违背职务受贿罪而尚未实施违背职务行为的，处3年以上10年以下有期徒刑，得并科7000元以下罚金；对犯违背职务受贿罪而实施了违背职务之行为的，处无期徒刑或5年以上有期徒刑，得并科10000元以下罚金。该条第3款规定，对于公务员或仲裁人关于违背职务之行为，行求、期约或交付贿赂或其他不正当利益者，处3年以下有期徒刑，得并科3000元以下罚金。但自首者减轻或免除其刑。在侦查或审判中自白者，得减轻其刑。又据该条第4款之规定，对本罪之行为人应没收其收受的贿赂，如所收受之贿赂的全部或一部不能没收时，追惩其价额。

③准受贿罪

准受贿罪，是指于未为公务员或仲裁人时，预以职务上之行为，要求、期约或收受贿赂或其他不正利益，而于为公务员或仲裁人后履行其承诺的行为。本罪有如下构成特征：第一，准受贿罪的主体，是行为时有可能成为公务员或仲裁人。事实上后来果真成为公务员或仲裁人之自然人。本质上言之，本罪主体仍为公务员或仲裁人。第二，本罪客观方面有两个特点：一是行为人在尚不具备公务员或仲裁人之身份时即以公共职务之行为要求、期约或收受贿赂或其他不正利益。也就是说，行为人之贿赂行为具有先行性。二是行为人在成为公务员或仲裁人（取得特定身份）后，履行先前的承诺为行贿人谋利益。其行为人之“谋利益”的行为，可以是不违公职的，也可以是违背公职的。前述两点必须同时具备方成立本罪。根据台湾地区“刑法”第123条之规定，犯准受贿罪的，应按公务员或仲裁人要求、期约或收受贿赂或其他不正利益的行为论处，即应根据行为人犯罪之具体情况，或按不违背职务之受贿罪论处，或按违背职务受贿罪论处。①

3. 香港特别行政区身份犯立法

（1）香港特别行政区刑法总则性身份犯立法

香港特别行政区刑法总则中没有未成年人犯罪从宽处理的规定，但对未成年人犯在执行方法上有特别规定，如香港特别行政区《教导所条例》规定，凡被裁定犯有可判处监禁之罪的未满18

---

①　参见谢望原主编：《台、港、澳刑法与内地刑法比较研究》，中国人民公安大学出版社1998年版，第563～567页。

岁的罪犯，法院可判其入教导所羁留，以代替其他刑罚；如属不准保释而被羁押候审的，一般不送监狱而是送入教导所。香港刑法中，精神障碍被分为精神错乱和精神不正常两种情形，前者是宣告无罪的事由，后者是减轻罪责的条件，即为不纯正自然人身份犯之身份。[①]

（2）香港特别行政区刑法中的受贿罪[②]

香港特别行政区刑法中的贿赂一词，来源于英美刑法的bribery 和 corruption。而将其译成汉语时，一些人常常将 Bribery 译为“贿赂”，将 corruption 译为“贪污”，其实，该两个词含义十分接近。英美学者认为，Bribery 是指“为了影响政府官员之行为或履行法律或公共职务而提供、给予、收受或索要任何有价值之物”。[③] 而 corruption 是指“故意给以与官职和其他人的权利不相协调的某些利益的行为。”[④] 事实上，香港特别行政区刑法并无台湾地区和内地刑法意义上的贪污罪，无论 bribery 还是 corruption，都是指我们通常所说的贿赂犯罪。现行香港特别行政区刑法中的贿赂罪，主要规定在 1995 年 5 月 16 日行政局会议厅发布的中文真确本《防止贿赂条例》之中。依据该条例，香港特别行政区的受贿罪主要有以下几种：

①索取或接受利益罪（公职人员受贿罪）

索取或接受利益罪，亦称公职人员受贿罪，是指公职人员（不论在香港特别行政区或其他地方）无合法权限或合理解释，索取或接受任何利益，作为行为人作出渎职行为的诱因或报酬的行为。本罪的构成有以下特征：第一，索取或接受利益罪的主体限于公职人员（public servant）。所谓公职人员，是指公共机构的

---

① 参见谢望原主编：《台、港、澳刑法与内地刑法比较研究》，中国人民公安大学出版社 1998 年版，第 154 页。

② 参见谢望原主编：《台、港、澳刑法与内地刑法比较研究》，中国人民公安大学出版社 1998 年版，第 567 ~ 572 页。

③ Black's Law Dictionary, West Publishing Co. 1979, P173.

④ Black's Law Dictionary, West Publishing Co. 1979, P311.

雇员。根据香港特别行政区《防止贿赂条例》第2章之定义，除政府各职能部门与权力部门的工作人员外，公职人员还指：在会社或协会任职的人员，包括担任干事的成员（名誉干事除外），获赋予责任处理或管理该机构事务的成员；属由条例设立或藉条例存续的教育院校，亦指该院校的人员，以及（除第3款另有规定外）指该院校辖下的各类委员会或其他团体的成员，而该委员会团体本身亦属公共机构。[①] 第二，客观方面表现为行为人无合法权限或合理解释而索取或接受任何利益作为作出渎职行为的诱因或报酬。所谓“无合法权限或合理解释”，是指香港特别行政区法律、政令没有赋予行为人该项权限或行为人依法律、政令不能作出合法说明。“索取或收受”，即强要或接受。“利益”（advantag），则指以下内容：一是任何馈赠、贷款、费用、报酬或佣金，包括一切可以计价的物质利益；二是任何职位、受雇工作或合约；三是将任何贷款、义务或其他法律责任全部或部分予以支付、免却、解除或了结；四是任何其他服务或优待（款待除外），包括维护使免受已招致或料将招致的惩罚或资格丧失，或维护使免遭采取纪律、民事或刑事上的行动或程序，不论该行动或程序是否已经提出；五是行使或不行使任何权利、权力或职责；六是有条件或无条件提供承诺给予或答应给予上文一、二、三、四、五项所指任何利益，但其他法律有规定者除外。“渎职”，依《防止贿赂条例》第4条第1款之解释，系指：作出或不作出，或曾经作出或不作出任何凭其公职人员身份而作的作为；加速、拖延、妨碍或阻止，或曾经加速、拖延、妨碍或阻止由本人作出或由其他公职人员作出任何凭其本人或该其他人员的公职人员身份而作的作为；或协助、优待、妨碍或拖延，或曾经协助、优待、妨碍或拖延任何人与公共机构间往来事务的办理。应当指出，根据《防止贿赂条例》第11章之规定，“行贿者与受贿者即使目的

① 参见香港特别行政区《防止贿赂条例》第2章“公职人员”项。

未达仍属有罪”，这就意味着本罪的成立不以行为人已经作出渎职行为、行贿人已达行贿目的为构成要件。只要行为人索取或收受了贿赂，犯罪即已成立。

根据《防止贿赂条例》第 12 章第 1 条之规定，对实施了索取或接受利益之行为的，一经公诉程序裁定，对行为人应处 50 万港元罚金及 7 年监禁；一经简易程序裁定，对行为人则处以 10 万港元罚金及 3 年监禁。此外，法庭须命令该人按法庭指示的方式将所收取的利益款额或价值，或该款额或价值中由法庭指明的部分付予法庭所指示的人或公共机构。

②为合约事务上给予协助等而作的受贿罪（涉及合约之受贿罪）

为合约事务上给予协助等而作的受贿罪，又称涉及合约之受贿罪，是指任何公职人员无合法权限或合理解释，索取或接受任何利益，作为行为人在以下事项上给予协助或运用影响力，或曾经给予协助或运用影响力的诱因或报酬，或由于该公职人员在以下事项上给予协助或运用影响力，或曾经给予协助或运用影响力而索取或接受任何利益的行为：第一，以下合约的促进、签立或促致——（Ⅰ）与公共机构订立的任何有关执行工作、提供服务、办理事情或供应物品、物料或物质的合约；或（Ⅱ）就与公共机构订立的合约而执行所需工作、提供所需服务、办理所需事情或供应所需物品，物料或物质的分包合约。第二，上述合约或分包合约中规定或以其他方式订定的价格，代价或其他款项的支付。

本罪在犯罪成立要件上基本同于索取或接受利益罪，只是在客观方面的表现有所不同。这就是：索取或接受利益罪可以发生在公职人员任何职务权限所及的领域，而本罪只是发生在涉及合约的公共事务中。

③投标受贿罪与拍卖受贿罪

投标受贿罪，是指任何人（非公职人员）无合法权限或合理辩解，索取或接受任何利益，作为撤回与公共机构订立有关执行工作、提供服务、办理事情或供应物品、物料或物质的合约而作的投标，或不参与该项投标的诱因或报酬，或由于撤回该项投标或不参与该项投标而索取或接受任何利益的行为。

拍卖受贿罪，是指任何人（非公职人员）无合法权限或合理解释，索取或接受任何利益，作为行为人在任何由公共机构或代公共机构举行的拍卖中不作竞投或曾经不作竞投的诱因或报酬，或由于行为人在该类拍卖中不作竞投或曾经不作竞投而索取或接受任何利益的行为。

该两个犯罪除了客观方面有所不同，其构成要件基本相同。二者主体是“任何人”，是指参与或可能参与投标、拍卖商务活动的任何人，不包括《防止贿赂条例》中的“公职人员”。因此，这里讲的“任何人”也可以说是特定资格之人，这种犯罪也是身份犯。

④代理人受贿罪

代理人受贿罪，是指任何代理人无合法权限或合法解释，索取或接受任何利益，作为他作出以下行为的诱因或报酬，或由于他作出以下行为而索取或接受任何利益的行为：第一，作出或不作出，或曾经作出或不作出任何与其主事人的事务或业务有关的作为；第二，在与其主事人的事务或业务有关的事上对任何人予以或不予，或曾经予以或不予优待或亏待。本罪的构成有以下特点：第一，行为主体为代理人。所谓代理人（agent），包括公职人员及受雇于他人或代他人办事的人。[①] 第二，客观方面，行为人之行为与其主事人的事务或业务有密切关系。所谓主事人（principal），是指：雇主，信托受益人，信托产业（犹如该产业是一个人），享有遗产实益权益的人，及（就公共机构的雇员而言）有关的公共机构。

---

① 《防止贿赂条例》中文真确本，第2章第1条。

4. 澳门特别行政区身份犯立法

（1）澳门特别行政区刑法总则性身份犯立法

关于身份犯与共同犯罪的问题，澳门特别行政区《刑法》第27条规定："如事实之不法性或其不法性之程度系取决于行为人之特定身份或特别关系，则只要任一共同犯罪人有该等身份或关系，即足以使有关刑罚科处于所有共同犯罪人，但定罪状之规定另有意图者，不在此限。"①

（2）澳门特别行政区刑法的受贿罪②

澳门特别行政区刑法中的受贿罪，规定在《刑法》分则第五编（妨碍本地区罪）第五章（执行公共职务时所犯之罪）第二节，共有两个罪名，即受贿作不法行为罪、受贿作合规范之行为罪。

①受贿作不法行为罪

根据澳门特别行政区《刑法》第337条的规定，受贿作不法行为罪，是指公务员亲身或透过另一人而经该公务员同意或追认，为自己或第三人要求答应接受其不应收之财产利益或非财产利益，又或要求或答应接受他人给予该利益之承诺，作为违背职务上之义务作为或不作为之回报的行为。本罪大体上与台湾地区"刑法"第122条规定之违背职务受贿罪相同。本罪的构成特征主要有：第一，行为主体只能是公务员。所谓公务员，根据澳门特别行政区《刑法》第336条之定义，系指：其一，公共行政工作人员或其他公法人之工作人员；其二，为其他公共权力服务之工作人员；其三，收取报酬或无偿下，因己意或因有义务，而不论系临时或暂时从事、参与从事或协助从事属公共行政职能或审判职能之活动之人。此外，下列人员等同于公务员：其一，总督

① 赵秉志主编：《澳门刑法典 澳门刑事诉讼法典》，中国人民大学出版社1999年版，第19页。

② 参见谢望原主编：《台、港、澳刑法与内地刑法比较研究》，中国人民公安大学出版社1998年版，第572～575页。

及政务司、立法会议员、咨询会委员、法院及检察院之司法官、反贪污暨反行政违法性高级专员及市政机关据位人；其二，本地区官方董事及政府代表；其三，公营企业、公共资本企业、公共资本占多数出资额之企业，以及公共事业之特许企业、公共财产之特许企业或以专营制度经营业务之公司等之行政管理机关、监察机关或其他性质之机关之据位人，以及该等企业或公司之工作人员。第二，本罪客观方面有四大特点：其一，行为人自己或通过另一人而经该行为人同意或追认，为自己或第三人要求或答应接受贿赂。这就意味着，贿赂之收受既可以是行为人亲身为之，也可以是经行为人同意或追认的第三人代为为之。收受贿赂之形式，可以是“要求”，也可以是“答应接受”。所谓“要求”，即“取得”；所谓“答应接受”，即“同意收纳”。关于贿赂，则既可以是物质利益，也可以是非物质利益。前者系指一切具有财产性质的利益。后者则指一切可供人享用的好处。其二，行为人要求或答应接受他人给予贿赂的承诺，也是本罪的客观表现之一。此即行贿人与受贿人对贿赂进行期约。其三，行为人要求或同意接收贿赂或与行贿人期约贿赂是作为违背职务上之义务的回报。换言之，行为人与行贿人关于贿赂之期约是基于行为人同意或已经对职务上之义务的违反。其四，本罪的成立不以行为人与行贿人双方的“合约”完全实现为必要，只要行为人基于对其职务之义务的违反心理而要求或答应接受贿赂，或要求、答应接受他人给予贿赂之承诺，即使事实还没实施违背职务的行为，本罪即已完成，行为人事实上作出违背职务上之义务的行为只是本罪加重处罚的情节。第三，本罪主观方面为故意，即行为人须有违背职务上之义务而收受贿赂的明确认识。

②受贿作合规范之行为罪

受贿作合规范之行为罪，是指公务员亲身或透过另一人而经该公务员同意或追认，为自己或第三人要求或答应接受其不应收之财产利益或非财产利益，又或要求或答应接受他人给予该利益之承诺，作为不违背职务上之义务之作为或不作为之回报的行为。本罪主要有以下构成特征：第一，本罪主体与受贿作不法行为罪完全相同。第二，本罪客观方面也基本同于受贿作不法行为罪，只是行为人要求、答应接受贿赂，或要求、答应接受他人贿赂之承诺，是作为不违背职务上之义务行为的报酬。此点正好与前罪相反。第三，本罪主观方面也是故意，但故意的内容乃是以不违背职务上之义务行为作为条件来换取行贿人之贿赂。

四、国际刑法中身份犯的理论与实践

国际刑法没有明确提出身份犯的概念，也没有系统的身份犯理论。但是，在相关国际性法律文献中规定有以笔者看来是身份犯的某些犯罪，如未成年人犯罪、贪污贿赂犯罪和渎职犯罪。就未成年人犯罪而言，在国际刑法中也无明确规定对未成年人犯罪应当或可以从轻、减轻或免除处罚，即无明确规定不纯正未成年人身份犯。然而，却有这样的规定："针对 18 周岁以上的人所实施的犯罪，对未成年人适用的特殊条款可以扩大适用于 25 周岁以下的人。"① 原因是："人的青年状态可以延续到年轻的成年时期（25 周岁），因此，立法也可以以适用于未成年人的某种类似方式适用于年轻的成人。"② 此可谓是不纯正成年人身份犯的规定，只不过这只是第十七届国际刑法大会的决议，没有国际刑法的约束力而已。

国际刑法中贪污贿赂犯罪和渎职犯罪集中规定在《联合国反

---

① 《第十七届国际刑法大会关于"国内法与国际法下的未成年人刑事责任"的决议》（2004 年 9 月 12 日至 9 月 19 日于北京）第 1 条第 6 款。参见姚建龙：《少年刑法与刑法变革》，中国人民公安大学出版社 2005 年版，第 300 页。

② 《第十七届国际刑法大会关于"国内法与国际法下的未成年人刑事责任"的决议》（2004 年 9 月 12 日至 9 月 19 日于北京）序言部分。参见姚建龙：《少年刑法与刑法变革》，中国人民公安大学出版社 2005 年版，第 299 页。

腐败公约》[①] 中，其中是身份犯的有如下三类：

（一）受贿型身份犯

1.（本国）公职人员受贿罪

根据《联合国反腐败公约》第 15 条“贿赂本国公职人员”第 2 项的规定，各缔约国均应当采取必要的立法措施和其他措施，将下列故意实施的行为规定为犯罪（即公职人员受贿罪）：公职人员其本人或者其他人员或实体直接或间接索取或者收受不正当好处，以作为其在执行公务时作为或者不作为的条件。根据《联合国反腐败公约》第 2 条“术语的使用”第 1 项的规定：“公职人员”系指：（1）无论是任命还是经选举而在缔约国中担任立法、行政、行政管理或者司法职务的任何人员，无论长期或者临时，计酬或者不计酬，也无论该人的资历如何；（2）依照缔约国本国法律的定义和在该缔约国相关法律领域中的适用情况，履行公共职能，包括为公共机构或者公营企业履行公共职能或者提供公共服务的任何其他人员；（3）缔约国本国法律中界定为“公职人员”的任何其他人员。但就本公约第二章所载某些具体措施而言，“公职人员”可以指依照缔约国本国法律的定义和在该缔约国相关法律领域中的适用情况，履行公共职能或者提供公共服务的任何人员。

2. 外国公职人员或国际公共组织官员受贿罪

根据《联合国反腐败公约》第 16 条“贿赂外国公职人员或者国际公共组织官员”第 2 项的规定，各缔约国均应当考虑采取必要的立法措施和其他措施，将下列故意实施的行为规定为犯罪

---

① 《联合国反腐败公约》于 2003 年 10 月 31 日通过，2005 年 12 月 14 日生效（据《人民法院报》2005 年 10 月 30 日文《中国批准联合国反腐败公约封堵贪官外逃》），是第一项全球性反腐败法律文书，首次在国际一级建立了反腐败五大法律机制：预防机制、刑事定罪与执法机制、国际司法合作与执法合作机制、资产追回与返还机制、履约监督机制，对国际反腐败斗争和中国对外开展反腐败国际合作具有重要意义和深远影响。截至 2004 年 2 月，包括中国在内的 95 个国家已签署该公约。《联合国反腐败公约》的内容参见外交部条约法律司编译：《联合国反腐败公约及相关法律文件》，法律出版社 2004 年版。

（即外国公职人员或国际公共组织官员受贿罪）：外国公职人员或者国际公共组织官员直接或间接为其本人或者其他人员或实体索取或者收受不正当好处，以作为其在执行公务时作为或者不作为的条件。根据《联合国反腐败公约》第2条“术语的使用”第2项、第3项的规定，“外国公职人员”系指外国无论是经任命还是经选举而担任立法、行政、行政管理或者司法职务的任何人员；以及为外国，包括为公共机构或者公营企业行使公共职能的任何人员。“国际公共组织官员”系指国际公务员或者经此种组织授权代表该组织行事的任何人员。

3．影响力交易罪

根据《联合国反腐败公约》第18条“影响力交易”第2项的规定，各缔约国均应当考虑采取必要的立法措施和其他措施，将下列故意实施的行为规定为犯罪（即影响力交易罪）：公职人员或者其他任何人员为其本人或者他人直接或间接索取或者收受任何不正当好处，以作为该公职人员或者该其他人员滥用本人的实际影响力或者被认为具有的影响力，从缔约国的行政部门或者公共机关获得任何不正当好处的条件。

4．私营部门内的受贿罪

根据《联合国反腐败公约》第21条“私营部门内的贿赂”第2项的规定，各缔约国均应当考虑采取必要的立法和其他措施，将经济、金融或者商业活动过程中下列故意实施的行为规定为犯罪（即私营部门内的受贿罪）：以任何身份领导私营部门实体或者为该实体工作的任何人为其本人或者他人直接或间接索取或者收受不正当好处，以作为其违背职责作为或者不作为的条件。

（二）贪污挪用型身份犯

1．贪污、挪用或者以其他类似方式侵犯财产罪

根据《联合国反腐败公约》第17条“公职人员贪污、挪用或者以其他类似方式侵犯财产”的规定，各缔约国均应当采取必

要的立法和其他措施，将下述故意实施的行为规定为犯罪：公职人员为其本人的利益或者其他人员或实体的利益，贪污、挪用或者以其他类似方式侵犯其因职务而受托的任何财产、公共资金、私人资金、公共证券、私人证券或者其他任何贵重物品。

2. 私营部门内的侵吞财产罪

根据《联合国反腐败公约》第22条“私营部门内的侵吞财产”的规定，各缔约国均当考虑采取必要的立法和其他措施，将经济、金融或者商业活动中下述故意实施的行为规定为犯罪：以任何身份领导私营部门实体或者在该实体中工作的人员侵吞其因职务而受托的任何财产、私人资金、私人证券或者其他任何贵重物品。

（三）滥用职权型身份犯

根据《联合国反腐败公约》第19条“滥用职权”的规定，各缔约国均应当考虑采取必要的立法和其他措施，将下述故意实施的行为规定为犯罪：滥用职权或者地位，即公职人员在履行职务时违反法律，实施或者不实施一项行为，以为其本人或者其他人员或实体获得不正当好处。

第二节　境外刑法及国际刑法中身份犯之比较研究

一、两大法系中身份犯之比较研究

（一）两大法系中身份之比较

英美法系中所讲的身份或状态指的是犯罪行为，是构成犯罪的客观要件；而大陆法系中的身份概念指的是行为主体的附属条件即特定主体资格或特定关系，这种特定主体资格或特定关系要么影响定罪，要么影响量刑。前者是客观要件，后者是主体条件，这就是二者的区别。

（二）两大法系中身份犯之比较

尽管在英美法系中有部分刑法学者不主张处罚身份或状态，

即不接受身份犯立法，然而，身份或状态作为一种特殊的犯罪行为虽然不具有一般犯罪行为的特点，即不具有“有意志的肉体运动”的特点，但是在英美刑事司法实践中还是得到了普遍的认可。英美刑法上的身份或状态与大陆法系刑法学中身份犯有所区别，这种区别表现在：大陆法系刑法学中身份犯是将行为者所具有的影响定罪量刑的身份作为其构成要件或法定量刑情节，如行为人具有某种法定职务、某种社会关系、某种地位等是定罪要件或量刑情节；而英美刑法中的身份犯被界定为一种存在状态或情状（condition or state of being）的身份，在刑法中规定为具有可罚性的一类犯罪。正如美国学者一语中的：“什么是身份犯？身份犯就是根据是什么而不是根据做什么来确定的犯罪。”①

（三）身份犯本之比较

在大陆法系刑法学中，之所以处罚身份犯，是因为具有特定资格或特定关系的行为人违反了特定义务或侵害了刑法所保护的法益，即违反义务或侵害法益或者二者兼有的折衷之本质论学说。值得注意的是在英美法系中作为犯罪行为的身份或状态之可归责性究竟是什么，即身份犯的本质是什么？英美刑法学者一般认为，国家法律之所以处罚作为犯罪行为的身份或状态，是因为行为人违反了刑法的禁止性规定，非法地保持了构成犯罪的存在状态或情状。例如，有些国家（如英国）刑法之所以将在特定场合（如在公路上）醉酒规定为犯罪，并非是因为行为人的饮酒行为要受刑事处罚，而是因为行为人在特定场合处于醉酒状态而应当受到刑事处罚。同样，有的国家刑法（如新加坡）将未经合法批准而在本国居留规定为犯罪，就是因为行为人保持了非法“居留”状态或情状。英美刑法学者也认识到，绝大多数身份或状态牵涉一个或多个行为，但他们又指出，尽管大多数作为犯罪行为的身份都包含一个或者多个行为，却不能认为大多数作为犯罪行

① 参见［美］道格拉斯·N. 胡萨克：《刑法哲学》，谢望原等译，中国人民公安大学出版社 2004 年版，第 133 ~135 页。

为的身份或状态可还原为一个或多个行为。①

二、两大法系与港澳台地区刑法中身份犯之比较研究

（一）概说

由于历史的原因，香港特别行政区刑法带有英美法系的特点，自然可将其归入英美法系。台澳地区“刑法”带有大陆法系特点，亦可将其归入大陆法系。就身份犯理论而言，英美法系与港澳台地区之区别亦可说类似于英美法系与大陆法系之区别。包括香港在内的大部分英美法系国家都没有在刑法总则中明确未成年人“得减轻其刑”之身份犯的规定，而在台湾地区“刑法”总则中不仅明确规定未成年人“得减轻其刑”之身份犯，而且还在第 18 条第 3 项规定了老年人身份犯，即“满八十岁人之行为，得减轻其刑”。香港特别行政区《刑法》如大部分英美法系国家一样，未规定贪污罪，如公职人员贪污公共财物的，以盗窃罪论处。而台湾地区“刑法”中规定了贪污罪。英国、美国、加拿大等英美法系国家都没有规定贪污罪，不过，《加拿大刑法》第 337 条规定的“公务员拒绝移交财产罪”既类似于盗窃罪，又类似于贪污罪。但是，英美法系国家及港台地区的贿赂罪立法都比较详尽。

（二）大陆法系主要国家与台湾地区关于“身份犯与共同犯罪”之比较

英美法系没有规定“身份犯与共同犯罪”问题，自然也就不存在比较的问题。说是大陆法系与台湾地区关于“身份犯与共同犯罪”之比较，实际上是日本和德国在这方面与台湾地区的比较。《日本刑法》第 65 条（身份犯的共犯）第 1 款规定：“对于因犯罪人身份而构成的犯罪行为进行加功的人，虽不具有这种身份的，也是共犯。”第 2 款规定：“因身份而特别加重或者减轻刑

---

① 转引自赵秉志主编：《英美刑法学》，中国人民大学出版社 2004 年版，第 30 ~31 页。

罚时，对于没有这种身份的人，判处通常的刑罚。”《德国刑法》第28条（特别的人的标志）规定：（1）如果在参与者（教唆者或者帮助者）那里缺乏确定行为人的可罚性的特别的人的标志（第14条第1款），那么，其刑罚必须根据第49条第1款予以轻处。（2）如果法律规定特别的人的标志使刑罚重处、轻处或者排除，那么，它只对具备这些标志的参加者（行为人或者参与人）适用。① 台湾地区“刑法”第31条第1项规定：“因身份或其他特定关系成立之罪，其共同实施或教唆帮助者，虽无特定关系，仍以共犯论。”第2项规定：“因身份或其他特定关系致刑有重轻或免除者，其无特定关系之人，科处通常之刑。”②

1. 关于上述三法条的第1款项

纵然上述三个法条的表述不太一样，但其第1款项都是解决纯正身份犯与共同犯罪关系的问题，第2款项都是解决不纯正身份犯与共同犯罪关系的问题，这一点是相同的。比较而言，《日本刑法》第65条第1款在理解“加功”包括教唆行为、帮助行为和实行行为的基础上，其含义完全等同于台湾地区“刑法”第31条第1项规定，这是因为台湾地区“刑法”第31条第1项规定的“共同实施”是指共同实施实行行，亦即共同正犯。笔者看来，这些规定解决了有身份者与无身份者共同犯纯正身份犯时皆以其所犯的纯正身份犯定罪的问题，尚未涉及量刑问题，不能说不是个缺憾。与之相反，《德国刑法》第28条第1项的规定则是无身份者教唆、帮助有身份者共同实施纯正身份犯时对教唆、帮助者轻处的规定，并未涉及定罪问题，可以说不够全面。

2. 关于上述三个法条的第2款项

上述三个法条的第2款项规定的内容都是指有身份者与无身份者共同犯不纯正身份犯时如何适用刑罚的问题。日本刑法学者

---

① 《德国刑法典》，冯军译，中国政法大学出版社2000年版，第11~13页。

② 林山田：《刑法通论（下册）增订八版》，台湾大学法学院图书部2002年版，第145页、第150页。

比较一致的观点认为，《日本刑法》第65条第2款规定的内涵是指对无身份者处以通常之刑，但未涉及定罪。台湾地区“刑法”第31条第2项规定与《日本刑法》第65条第2款的内容相差无几，但在台湾地区有学者坚持台湾地区“刑法”第31条第2项的规定，针对无身份者刑罚适用既包括了定罪（基于基本构成要件之上），又包括了量刑。造成不同认识的原因在于法条规定的内容不明确。难怪林山田教授主张将台湾地区“刑法”第31条第2项修改为：“因身份或其他特定关系，致刑有重轻或免除之规定者，仅适用于具备加重、减轻或免除其刑之身份或特定关系之教唆或共犯。”[①]《德国刑法》第28条第2项的规定就是类似做法。这样将无身份者适用变体构成要件（即不纯正身份犯要件）排除在外。这就解决了有身份者与无身份者共同犯不纯正身份犯的定罪和量刑两个方面问题。一言以蔽之，对无身份者以非身份犯对待，处以通常之刑；有身份者以不纯正身份犯对待，加重、减轻或免除其刑。

（三）英美法系国家与港澳台受贿罪之比较

1. 受贿罪的种类不同

英美法系国家受贿的罪名种类简单，港澳台地区的较细较复杂。美国受贿罪分为三种，即公务受贿罪、准公务受贿罪和业务受贿罪。英国的罪名就叫受贿罪。加拿大的罪名叫官员受贿罪。[②]台湾地区受贿罪分为三种，即不违背职务之受贿罪、违背职务之受贿罪和准受贿罪。香港特别行政区的受贿罪分为四种，即索取或接受利益罪（公职人员受贿罪）、为合约事务上给予协助等而作的受贿罪（涉及合约之受贿罪）、投标受贿罪与拍卖受贿罪和代理人受贿罪。澳门特别行政区的受贿罪分为受贿作不法行为罪

---

① 林山田：《刑法通论（下册）增订八版》，台湾大学法学院图书部，2002年版，第148～152页。

② 参见本章英美法系中渎职贿赂性身份犯立法部分。

和受贿作合规范之行为罪两种。①

2．受贿罪主体范围都比较宽泛

英美法系或港澳台地区的罪名，无论是简或是繁，受贿罪的主体都比较宽泛。如美国公务受贿罪的主体包括下列四种人员：(1) 政府任何官员、代理人或者雇员；(2) 竞选中的投票人；(3) 陪审团成员；(4) 证人。而台湾地区受贿罪中三个罪名的主体是：为依台湾地区法律从事公务的人员和仲裁工作人员，以及将要成为公务员或仲裁人的人员。可见其主体范围也比较广。

3．英美法系受贿罪量刑较轻而台湾地区量刑较重

英美法系受贿罪量刑较轻，台湾地区量刑较重。例如《加拿大刑法》第120条规定的官员受贿罪，最高处14年监禁。台湾地区“刑法”第122条规定的违背职务之受贿罪，最高处无期徒刑。

三、境外刑法与国际刑法中身份犯之差异与启示

国际刑法中的身份犯集中规定在《联合国反腐败公约》内，该公约共规定了受贿型身份犯、贪污挪用型身份犯和滥用职权型身份犯三种。这三种类型的身份犯在境外刑法中都有不同程度的反映，如受贿罪无论在英美法系或者在大陆法系还是在港澳台地区刑法中都有规定，只不过是具体的罪名不同而已。台湾地区“刑法”中规定的贪污罪，澳门特别行政区的《刑法》中规定的职务上之侵占罪，美国的挪用公款案例等，这些是《联合国反腐败公约》规定的贪污、挪用或者以其他类似方式侵犯财产罪即贪污、挪用型身份犯的体现。至于说《联合国反腐败公约》中规定的滥用职权型身份犯在境外刑法中更是俯拾皆是，如《美国刑法》中规定的滥用职权罪，《加拿大刑法典》第122条规定的公务员违反信托罪、第128条官员执行不当罪，《日本刑法》第193

① 参见本章港澳台地区身份犯立法部分。

条滥用职权罪，《德国刑法》第 340 条职务中的身体侵害罪、第 343 条逼供、第 344 条追究无责任者，《法国新刑法典》第 432－3 条规定的行使公安司法权力的人所犯的滥用权势罪，等等皆是。

《联合国反腐败公约》规定的身份犯有如下两大特点：

（一）身份犯立法是引导性的规定

身份犯立法是引导性的规定，如《联合国反腐败公约》第 15 条“贿赂本国公职人员”第 2 项规定：“各缔约国均应当采取必要的立法措施和其他措施，将下列故意实施的行为规定为犯罪（即公职人员受贿罪）：……”又如《联合国反腐败公约》第 16 条“贿赂外国公职人员或者国际公共组织官员”第 2 项规定：“各缔约国均应当考虑采取必要的立法措施和其他措施，将下列故意实施的行为规定为犯罪（即外国公职人员或国际公共组织官员受贿罪）：……”这些规定与境外身份犯立法相比，彰显其抽象性、引导性和非强制性，而境外国家或地区的身份犯规定却具有具体性、可操作性和强制性。

（二）身份犯主体已经超出本国范围

身份犯主体已经超出本国范围，如《联合国反腐败公约》第 16 条第 2 款规定的外国公职人员或国际公共组织官员受贿罪的主体显然超过了本国范围。值得注意的是，在境外刑法中法国新《刑法典》规定的受贿罪主体亦超出法国范围。法国《新刑法典》第 435－1 条规定：（受贿罪）为适用 1977 年 5 月 26 日在布鲁塞尔签订的“关于同牵涉欧洲共同体公务员、欧盟成员国公务员的贿赂行为作斗争的协定”，共同体公务员、欧成员国的国家公务员或者欧洲共同体委员会、欧洲议会、共同体法院与共同体审计法院的成员，于任何时候，无权而直接或间接索要或认可奉送、许诺、赠礼、馈赠或其他任何好处，以完成或放弃完成其职务、任务或其受委任的行为，或者由其职务、任务或受委任而带来方便的行为，处 10 年监禁并科 150000 欧元罚金。此条为 2000 年 6 月 30 日第 2000－595 号法律所规定，其规定的时间先于《联合国反腐败公约》于 2003 年 10 月 31 日通过的时间，更显其意义重大。

第三节　两大法系中身份犯与中国刑法中身份犯之比较研究

英美法系身份犯基本理论与大陆法系的区别，亦即英美法系与中国刑法中身份犯基本理论之区别。这是因为中国刑法，尽管有学者称其属于社会主义法系，带有社会主义的特点，但由于中国刑法在建国初期受前苏联影响严重，20 世纪七八十年代以来又受日本和德国刑法学界影响较强，仍可将其归入大陆法系。尽管同属大陆法系，中国刑法中身份犯与大陆法系其他国家身份犯的理论与实践都存在着差异。

一、总则性身份犯立法之比较

1. 关于限制行为能力人刑事责任亦即不纯正身份犯的规定

日本现行刑法在总则中没有未成年人犯罪、又聋又哑的人或者盲人犯罪从轻、减轻处罚或者免除处罚的规定。《德国刑法》第 21 条（降低的责任能力）规定：如果行为人认识行为的不法或者根据该认识而行动的能力，出于第 20 条中所标示的原因（精神障碍）之一，在实施行为时显著降低，那么，可以根据第 49 条第 1 款从轻处罚。中国《刑法》第 17 条第 3 款规定：“已满 14 周岁未满 18 周岁的人犯罪，应当从轻或者减轻处罚。”第 18 条第 3 款规定：“尚未完全丧失辨认或者控制自己行为能力的精神病人犯罪的，应当负刑事责任，但是可以从轻或者减轻处罚。”第 19 条规定：“又聋又哑的人或者盲人犯罪，可以从轻、减轻或者免除处罚。”这些规定与德国，尤其是与日本相比显得十分科学，因为行为人的行为能力即辨认或者控制自己行为的能力是刑事责任的基础。中国刑法对于不同行为能力者规定不同的刑事责任，能够充分体现罪责刑相适应原则，因而是科学的。

2. 关于共犯与身份的规定

中国《刑法》总则中没有规定共犯与身份的问题。日本现行刑法总则第十一章共犯中第65条（身份犯的共犯）第1款规定："对于因犯罪人身份而构成的犯罪行为进行加功的人，虽不具有这种身份的，也是共犯。"第2款规定："因身份而特别加重或者减轻刑罚时，对于没有这种身份的人，判处通常的刑罚。"德国现行《刑法》第2条（特别的人的标志）规定：（1）如果在参与者（教唆者或者帮助者）那里缺乏确定行为人的可罚性的特别的人的标志（第14条第1款），那么，其刑罚必须根据第49条第1款予以轻处。（2）如果法律规定特别的人的标志使刑罚重处、轻处或者排除，那么，它只对具备这些标志的参加者（行为人或者参与人）适用。[①] 日德两国的这些规定较好地解决了有身份者与无身份者共同犯纯正身份犯与不纯正身份犯的定罪和量刑问题，尽管在理论上对如何具体定罪和量刑存在着争议，但毕竟为身份犯之共同犯罪形态的司法实践提供了法律依据，值得我们借鉴。笔者认为，将中国《刑法》总则第25条关于共同犯罪的规定即"共同犯罪是指二人以上共同故意犯罪"与《刑法》分则中各个具有的纯正身份犯与不纯正身份犯的犯罪构成相结合，形成同共同犯罪与身份有关的"共同犯罪构成"，对有身份者与无身份者共同犯纯正身份犯的统一定纯正身份犯，共同犯不纯正身份犯的统一定不纯正身份犯。在量刑上，对无身份者的帮助犯或教唆从犯轻处之。这就是笔者在第三章《身份犯疑难实务问题比较研究》中提出的"共同犯罪构成符合说"理论，详细论述见下。以此理论为基础解决了有身份者与无身份者共同犯纯正身份犯与不纯正身份犯的定罪和量刑问题，可以说是对中国刑法中没有共犯与身份规定的补救。在刑法没有作出相应修改以前，此举

① 《德国刑法典》，冯军译，中国政法大学出版社2000年版，第11～13页。

不失为一个好办法。

二、中国刑法中的身份犯与大陆法系其他主要国家中的亲手犯之比较

英美法系没有亲手犯的概念，也没有间接正犯的概念。中国刑法理论界对此问题的研究也寥寥无几。因此，加强对中国法学者提出的与身份犯息息相关的亲手犯问题比较研究，对于完善中国身份犯的理论和立法，具有十分重要的意义。

（一）亲手犯的概念和起源

亲手犯，又称亲身犯、① 自手犯、② 己手犯、③ 或固有犯，④是指以间接正犯的形式不可能犯的犯罪。⑤ 日本学者认为："自手犯是为实现犯罪需要，正犯者自身直接实施犯行，采取利用他人的间接正犯的形式不能成立的犯罪。"⑥ 而身份犯也意味着能由具有特定身份的人实施，否则不构成身份犯。从身份犯与亲手犯的概念上来看，很容易让人得出身份犯即亲手犯的结论，为了揭示二者的联系与区别，有必要对亲手犯这一概念的起源及其发展进行一番考察。

应当说，亲手犯这一概念的提出，最初是因为刑法规范中有身份犯的规定，无身份者加功于因身份成立之罪，按大陆法系中日本刑法所谓"拟制的共犯"而加以处罚。即此种犯的规定，在于由于他人之实行而从属于其犯罪。因为身份犯罪只能由具有一定身份或特定关系者实行，无此身份或关系者只能成立共犯，而不成立直接正犯，由此假设不能构成直接正犯者，只能构成共

---

① 林山田：《刑法特论》（上），台湾地区三民书局 1978 年版，第 22 页。

② ［日］野村稔：《刑法总论》，法律出版社 2001 年版，第 114 页。

③ 高仰止：《刑法总则之理论与实用》，台湾地区五南图书出版公司 1986 年版，第 398 页。

④ 陈朴生：《刑法专题研究》，台湾地区三民书局 1988 年版，第 430 页。

⑤ 参见陈兴良：《共同犯罪论》（第二版），中国人民大学出版社 2006 年版，第 459 页。

⑥ ［日］大塚仁：《犯罪论的基本问题》，有斐阁 1982 年版，第 350 页。

犯。但由于间接正犯的特殊性质，该假设的成立必须考虑“不能构成直接正犯者，能否构成间接正犯”的问题。为解决这一问题，德国刑法学者宾丁首先提出了亲手犯的概念。① 宾丁在1906年的一次演讲中指出：正犯，以意思承担者自身实现其意思为原则，在将动物或无责任能力之人作为工具加以利用的场合，作为例外也可视为正犯者。但是，当犯罪行为与犯罪者的个人人格之间具有相当密切的关联，必须由犯罪者亲自实施时，则不允许有上述例外情况的存在。并在具体分析枉法裁判罪、近亲相奸罪、伪证罪等罪名之后，认为这些只能由正犯者来实施的犯罪就是亲手犯。在亲手犯的场合，可罚行为只能由正犯者来实施。② 宾丁提出亲手犯这一独立概念的初衷在于着眼于各种犯罪探讨有无成立间接正犯的可能性，继而限制间接正犯之范围，且将不能构成间接正犯的各种犯罪概括于一定犯罪概念之内予以理解，故该概念以承认间接正犯概念为前提，对于那些欠缺间接正犯概念或者对间接正犯概念持否定态度的学者来说，这一概念并无任何价值。③ 值得注意的是，对于是否应承认亲手犯这一概念，理论界存在着争议。

1．肯定说认为，亲手犯是为了限制间接正犯的扩张而产生的，所以承认亲手犯的论者首先都承认间接正犯。故而，对亲手犯持肯定态度的学者一般基于客观主义理论，从构成要件内外部两方面，论证亲手犯存在之必要性。首先，从构成要件的外部形态看，身份犯的构成要件的主体具有不可替代性，只能由法律上或自然上有特别资格或关系的人实施该罪，而不能通过利用他人来实现，否则，对法益的侵害欠缺抽象的危险，从而失去了对该身份犯惩罚的意义。其次，从受害法益在法律规范上的性格看，

① 林维：《间接正犯研究》，中国政法大学出版社1998年版，第123页。转引自杜国强：《身份犯研究》，武汉大学出版社2005年版，第11页。

② 参见［日］大塚仁：《间接正犯研究》，有斐阁1958年版，第225页。转引自杜国强：《身份犯研究》，武汉大学出版社2005年版，第11页。

③ 参见杜国强：《身份犯研究》，武汉大学出版社2005年版，第11～12页。

正犯的成立必须限于实施不法的人，而所谓不法是对主体的禁止。因此，亲手犯是指其行为对一定行为主体所命令或禁止的直接违反。由此可知，亲手犯以一定的资格或关系作为违法性的基础，特定主体以外之人的行为，不被认为是对规范的违反，没有非难的价值。① 这种肯定说目前在日本刑法学界，已经成为通说。德国学者纳库拉、弗兰克，台湾地区学者陈朴生、洪福增，我国内地学者林维等，都主张此说。②

2．否定说。（1）主观主义否定说。从刑法理论的发展看，客观主义产生在前，主观主义产生在后。主观主义否认客观主义的基本观点，认为犯罪概念的基础、可罚性和刑罚轻重的根据，是犯罪人的危险性格，即犯罪人的反复实施犯罪行为的危险性，是其承担刑事责任的基础。因此，建立在主观主义基础上的共犯独立说和行为共同说，都对亲手犯持否定态度。共犯独立说认为，只要教唆者、帮助者实行了教唆行为、帮助行为，即使被教唆者、被帮助者没有实行被教唆或被帮助之罪，教唆者、帮助者也成立教唆、帮助之罪的未遂犯，因为他们基于教唆、帮助的犯罪意思实施的教唆行为、帮助行为，也是实行行为。因此，在共犯独立说中，没有间接正犯存在的空间，自然也就否认亲手犯存在的价值。行为共同说与犯罪共同说相对立，认为行为人之间只要有共同的行为，即构成共同犯罪，而不要求他们主观上有意思联络。换言之，各人以共同行为实施各自的犯罪时，也成立共同犯罪。对于利用无刑事责任能力或者无知的人实施犯罪，行为共同说认为，可以成立教唆犯，而不必另行创设间接正犯，因此，也就不承认亲手犯理论。（2）客观主义否定说。在客观主义理论中，除了上述构成要件说对亲手犯持肯定态度外，也存在否定的呼声。①因果关系论。因果关系论者认为，间接正犯既不同于正犯，也不同于直接正犯。所谓正犯，是指引起结果发生的人，其

---

① 蔡墩铭：《刑法基本理论研究》，台湾地区汉林出版社 1980 年版，第 318 页。

② 参见李海滢：《亲手犯问题研究》，载《中国刑事法杂志》2004 年 3 期。

犯罪的核心问题是结果的引起，只要行为人对于犯罪结果有因果关系，就应负正犯的责任。间接正犯的特点在于犯罪构成要件的外部轮廓，并不是其亲自实行，而是惩罚其利用他人的行为而引起的结果。而间接正犯所引起的结果，与直接正犯是相同的，所以，一切犯罪均有成立间接正犯的可能，因而无须将亲手犯作为间接正犯的例外。德国学者李斯特、日本学者大场茂马等，都持此说。②扩张的正犯论。扩张的正犯论包括主观的扩张的正犯论和客观的扩张的正犯论，这里所说的扩张的正犯论，仅指客观的扩张的正犯论。该说认为，正犯的概念是依据所引起的法益的侵害和犯罪的实现来确定的。正犯作为犯罪结果的起因者，不论其是亲自实现犯罪之构成要件，还是利用他人为工具来实现犯罪之构成要件，均以正犯论。所以，一切犯罪都可以构成间接正犯，即使无身份者利用有身份者实施身份犯之罪，也一概成立间接正犯。因此，亲手犯没有承认的必要。日本学者宫本英修、竹田直平等，均持此说。③限制的正犯论。又称限缩的正犯论。此说主张限制的解释正犯概念，认为正犯是指亲自实行构成要件行为的人，教唆或帮助他人实施犯罪，由于并非自己亲手实现构成要件的结果，因而不是正犯。而所谓的间接正犯，虽是利用无刑事责任能力或无知的人为工具实施犯罪，但毕竟与亲自着手实行犯罪的正犯不同，因而间接正犯不是正犯，其利用他人分担犯罪实施的情形与教唆犯无任何差别，可以等同于教唆犯。因而限制正犯理论也否认亲手犯的存在。①

上述两种观点的对立，其根源在于双方所站角度不同。其中，因果关系论在结果未发生场合即无法认定，并且对间接正犯之利用关系仅以自然主义思维方法加以分析，而未对该利用关系在法律上的意义加以辨析；扩张正犯论则过于重视法益之侵害后果，而对行为中应有之身份结合关系未予考虑。另外，该理论主

---

① 参见李海滢：《亲手犯问题研究》，载《中国刑事法杂志》2004 年第 3 期。

张扩张直接正犯的范围，间接正犯则毫无存在的余地，因而更不科学。而肯定说从构成要件角度出发，承认身份在既有刑法中的实存意义，应当是比较合理的。故亲手犯在当今犯罪论中的地位，越来越受到学者们的重视，在大陆法系许多国家的理论界基本上成为通说。但在身份犯是否是亲手犯这一问题上，各国刑法学界认识并不一致。①

（二）身份犯与亲手犯的关系

由于不纯正身份犯只影响量刑，而不影响定罪，所以关于身份犯与亲手犯的关系问题应该在纯正身份犯中探讨。

在纯正身份犯中，存在间接正犯可能性的包括四种形式：有身份者利用有身份者；有身份者利用无身份者；无身份者利用有身份者；无身份者利用无身份者。其中，最具有争议的是无身份者利用有身份者实施纯正身份犯。甚至亲手犯概念的最初提出，就是因为对于无身份者加功于有身份者实施因身份而成立之罪即纯正身份犯，均按大陆法系日本刑法所谓“拟制的共犯”而加以处罚是否合理提出的。② 目前，关于无身份者利用身份者实施纯正身份犯，纯正身份犯是否都是亲手犯，主要有三种观点：（1）否定说。主张纯正身份犯都不是亲手犯。无身份者利用不负刑事责任有身份者实施有身份要求之罪即纯正身份犯，无身份者当然构成该身份犯的间接正犯，所以，纯正身份犯都不是亲手犯。德国的李斯特、弗兰克、日本的宫本英修、台湾地区的韩忠谟等，都赞成此说。（2）肯定说。认为身份犯是以主体具备一定身份为要件的犯罪，没有这种身份就不能成立身份犯。因此，即使利用有身份而不负刑事责任的人实施犯罪，无身份之人也不能成立该身份犯的间接正犯，因而主张纯正身份犯都是亲手犯，无存在间接正犯的可能。日本的正田满三郎、大谷实等，都持此说。（3）折衷说。认为纯正身份犯是否是亲手犯，应区别对待。如果身份

① 参见杜国强：《身份犯研究》，武汉大学出版社 2005 年版，第 13 页。
② 林维：《间接正犯研究》，中国政法大学出版社 1998 年版，第 123 页。

是身份犯中侵害法益事项发生的构成要件要素，则无身份者仍然可以利用有身份者完成侵害法益的事实，而不妨碍身份犯的成立，因而此时无身份者可以成立身份犯的间接正犯，则该身份犯不是亲手犯。如果根据立法精神推知，身份犯中的法律规定是专为一定身份的人设立的，则无此身份者不能成立身份犯的间接正犯，该身份犯也是亲手犯。折衷说目前在大陆法系理论中处于通说地位。日本的牧野英一、中国的陈兴良教授等，都主张此说。笔者认为，肯定说认为任何纯正身份犯都可以成为亲手犯，不适当地扩大了亲手犯的范围。否定说正好相反，完全否定身份犯中存在亲手犯的可能，无疑不适当地缩小了亲手犯的范围。例如，有刑事责任能力的妇女教唆无刑事责任能力的男子强奸妇女，则利用者不具有强奸罪主体的特殊身份，因而也不具有强奸妇女的能力（强奸罪中的能力来源于一种自然身份），所以作为利用者的妇女不能成为强奸罪这一身份犯的间接正犯，按照共犯从属性说，该利用者自然也不成立犯罪。然而，强奸罪保护的是妇女性的自由，利用者的行为已经使强奸罪所保护的法益受到了侵害，如果不以强奸罪的间接正犯论处，不承认此行为人构成纯正身份犯强奸罪，必然放纵犯罪。所以，折衷说的观点是可取的。①

三、中国刑法中的身份犯与大陆法系中的不作为犯之比较

不作为犯的主体是有作为义务者，“有作为义务者”是不是刑法身份？这带来了不作为犯是否是身份犯的问题。因此，有必要进行比较研究。

（一）不作为犯的概念

不作为犯是相对于作为犯而言的。作为犯是指违反了不许做什么的法律规范而做了什么，从而把这种状态制定为构成要件，作为犯就是违反这种构成要件的犯罪。如《日本刑法》第 235 条

① 李海滢：《亲手犯问题研究》，载《中国刑事法杂志》2004 年第 3 期。

的盗窃罪中“窃取他人财物”，就是违反了“不许窃取他人财物”的禁止规范，从而作出“窃取他人财物”的规定形式的犯罪。所谓不作为犯，是指行为人负有某种特定的作为义务，且能够履行而不履行构成的犯罪。它分为纯正（真正）不作为犯和不纯正（不真正）不作为犯。前者是指违反应该做什么的法律规范却没有做什么，从而把这种状态制定为构成要件，不作为犯就是符合这种构成要件的犯罪。后者是指以不作为手段来实现作为犯内容的犯罪。① 关于作为义务在不作为犯中的地位，理论上众说纷纭，大致有因果关系说、违法性说和构成要件该当性说等。目前，比较有力的学说是构成要件该当性说，它是以德国学者纳古拉提出的“保证人说”为理论基础的，认为法律对人规定了一定的作为义务，使其成为保护法益不受侵害的“保证人”。只有这样，才能使不作为与作为在实现构成要件的事实上具有同等价值，从而将作为义务视为构成要件的该当性问题。根据这种观点，“保证人”地位的存在对不作为来说是不可欠缺的构成要件要素，因此不作为犯就成为当然的身份犯。威尔哲尔甚至将不纯正不作为犯视为需要具有保证人身份的真正身份犯。② 该说是当前德国理论界的通说。在日本理论界，持此说者也不乏其人。如日本学者大谷实认为，在不作为犯的情况下，确定归属主体的惟一条件是作为义务，即具有作为义务的人的不作为才能构成不作为犯的主体。从这个意义上讲，不作为犯是一种身份犯。③ 也有学者对此提出异议，根据这一学说，如果把普通杀人罪认为是作为，从表面看来应是非身份犯，但如果是不作为，从内部来看立刻变成真正身份犯；杀害尊亲属罪，表面上虽然是非真正身份犯，但是从

---

① 参见［日］木村龟二主编：《刑法学词典》，顾肖荣、郑树周等译校，上海翻译出版公司 1991 年版，第 139 页。

② 参见马克昌等主编：《刑法学全书》，上海科学技术文献出版社 1993 年版，第 621 页。

③ ［日］大谷实：《刑法讲义总论》，成文堂 1994 年版，第 162 页。转引自杜国强：《身份犯研究》，武汉大学出版社 2005 年版，第 20 页。

内部看来立刻就转化成真正身份犯。[①] 这就给我们提出一个问题，即不作为犯是否都属于（纯正或不纯正）身份犯？

（二）不作为犯与身份犯的关系

要回答上述问题，我们必须从作为义务的根据上找答案。

我们应当看到，如果将作为义务的实质内容从不作为人和被害人的关系中去把握的话，则会与违法性的判断混为一谈，因为不作为人同被害人的关系在很大程度上是由法令规定好的，不履行义务就是不遵守法律，就是违法，因此，再进一步探讨不作为犯是否符合构成要件的话，就与德日刑法理论中的犯罪论体系相冲突。而且，从不作为人和被害人的关系来探讨作为义务内容的方法，其根本目的在于维持和保护既存的社会诸关系，而这种关系又是建立在社会伦理、社会期待或相互信任这样一些带有评价性的一般规则之上的。因此，在这种基础之上来研究作为义务的实质，必然又回到作为义务的发生根据是法令、契约、先行行为等定论中去，最终仍不能解决现行的不作为犯论中所存在的问题。现在，学者们在研究作为义务的根据时，一般倾向于从不作为和结果的关系中来研究作为义务的实质内容。原因在于，即使在被害人对不作为具有依存关系的场合，这种依存关系仍是建立在消除对被害者的利益侵害及其危险性，维护和发展这种利益的基础之上的。[②] 中国学者黎宏教授也坚持这种观点。他认为，在不作为犯中，之所以认为某种不作为同作为具有相同的社会危害性，是因为该不作为同被害人或被害利益之间具有特别关系，在一般观念上，该被害人或被害利益的生存或维持全部依赖于不作为人的行为。而不作为人对于被害人或被害利益的生存或持续的保护则体现在及时消除已经产生的对被害人或被害利益的实际危害的结果上。[③] 也就是说，不作为人对结果有防止的义务，且能

① 转引自杜国强：《身份犯研究》，武汉大学出版社 2005 年版，第 20 页。

② ［日］大谷实：《刑法讲义总论》，成文堂 1994 年版，第 161 页。

③ 黎宏：《不作为犯研究》，武汉大学出版社 1997 年版，第 161 ~ 162 页。

够履行却未履行，以至于危害社会。关于行为人的作为义务的根据，学者们尽管存在不同见解，但一般认为应包括以下三种：法律明文规定的义务、职务或业务要求的义务以及先行行为引起的义务。[①] 不同的义务来源对行为人身份的要求也不相同：基于职务或业务所要求的义务，通常要求行为人同时具备一定的职务或者从事某种业务的身份，故其实施的不作为犯罪一般应是身份犯；对于法律明文规定的义务来说，大多数都是针对特定的人设置的，如逃税罪[②]之犯罪主体必须是负有纳税义务之人，其不作为实施的逃税犯罪就属于身份犯。但是，有些法律条文规定的义务并不是针对特定的人，而是针对全体社会成员的，因此不属于身份犯；因先行行为引起的义务是基于一定的事实要素而成为作为义务根据的，与行为人的身份并无必然联系，更谈不上是身份犯罪了。[③]

总之，不作为犯与身份犯是不同层次的两个概念，但由于不作为人有时可能是有身份者，从而使二者发生了联系，即在不作为犯中，当不作为犯的行为者具备身份犯之身份之时，此时的不作为犯即是身份犯。详言之，这种身份犯之身份是定罪身份的，此不作为犯即是纯正身份犯；这种身份犯之身份是量刑身份的，此不作为犯即是不纯正身份犯。

---

① 黎宏：《不作为犯研究》，武汉大学出版社 1997 年版，第 140～141 页。

② 《最高人民法院、最高人民检察院关于执行〈中华人民共和国刑法〉确定罪名的补充规定（四）》将原偷税罪修改为逃税罪。

③ 参见杜国强：《身份犯研究》，武汉大学出版社 2005 年版，第 21 页。

第四节　港澳台地区刑法中身份犯与内地刑法中身份犯之比较研究

一、港澳台地区总则性身份犯立法与内地身份犯立法之比较

（一）关于未成年人、老年人和精神耗弱人的刑事责任问题

台湾地区“刑法”不仅规定 14 岁以上未满 18 岁的人犯罪“得减轻其刑”（第 18 条第 2 项）还规定了满 80 岁的老人犯罪“得减轻其刑”（第 18 条第 3 项），这一点与内地刑法的规定不同。内地刑法只规定了已满 14 周岁未满 18 周岁的人犯罪，应当从轻或者减轻处罚（《刑法》第 17 条第 3 款），而无规定老年人犯罪轻处的问题。实际上，年逾 80 的老人的辨认或者控制自己行为的能力已有所减弱，对其犯罪轻处的理由如同未成年人犯罪轻处的道理是一样的，即因行为能力较弱而刑事责任较轻。因此，内地刑法也应当有此类似规定。台湾地区“刑法”规定：“精神耗弱人之行为，得减轻其刑”（第 19 条第 1 项）。我国《刑法》有类似规定，即第 18 条第 3 款规定：“尚未完全丧失辨认或者控制自己行为能力的精神病人犯罪的，应当负刑事责任，但是可以从轻或者减轻处罚。”这一点是近似的。香港特别行政区《教导所条例》也规定精神不正常的人是减轻罪责的条件。[①] 但是，香港特别行政区刑法未规定未成年人和老年人犯罪轻处的问题。澳门特别行政区刑法既无规定未成年人和老年人犯罪轻处的问题，也无规定精神病人是否轻处的问题。

（二）关于身份犯与共同犯罪

台湾地区“刑法”规定了有身份者与无身份者共同犯纯正身份犯、不纯正身份犯如何定罪和量刑问题，即：“因身份或其他

① 参见谢望原主编：《台、港、澳刑法与内地刑法比较研究》，中国人民公安大学出版社 1998 年版，第 154 页。

特定关系成立之罪，其共同实施或教唆帮助者，虽无特定关系，仍以共犯论。”《刑法》第31条第1项“因身份或其他特定关系致刑有重轻或免除者，其无特定关系之人，科处通常之刑”（第31条第2项）为司法实践对有身份者与无身份者共同犯身份犯提供了定罪量刑的法律依据。澳门特别行政区《刑法》也有类似规定，即：“如事实之不法性或其不法性之程度系取决于行为人之特定身份或特别关系，则只要任一共同犯罪人有该等身份或关系，即足以使有关刑罚科处于所有共同犯罪人，但订定罪状之规定另有意图者，不在此限”（第27条）。[①] 对此条的含义，有的学者认为，是指由特定身份者构成的犯罪，只要共同犯罪人有一个是有身份者，其他所有共同犯罪人即使无身份，也以共同犯罪人论。[②] 换言之，在此类共同犯罪中，行为的不法性主要是由身份犯的行为决定的，对身份犯的处罚决定着对其他非身份犯的处罚。同时应当注意，在有身份犯的共同犯罪中，身份犯可能是正犯，也可能是从犯，这种情况并不改变犯罪的性质，而只是在量刑时予以考虑。[③] 无论如何理解此条，总算为无身份者参与身份犯之共同犯罪的定罪和量刑找到了法律依据。我国《刑法》没有像台澳地区“刑法”中关于身份犯之共同犯罪的规定，为了解决混合主体共同犯罪即有身份者与无身份者共同犯身份犯的定罪和量刑问题，应当予以完善立法，以免在司法实践中无所适从，甚至是争论不休。

---

① 赵秉志主编：《澳门刑法典澳门刑事诉讼法典》，中国人民大学出版社1999年版，第19页。

② 参见吕继贵、宁青：《刑法比较研究》，澳门基金会1997年版，第107页。

③ 参见燕人、东山：《澳门刑法总则概论》，澳门基金会1997年版，第76页。转引自赵秉志主编：《中国内地与澳门刑法总则之比较研究》，澳门基金会2000年版，第214页。

二、港澳台地区刑法中受贿罪与内地刑法中受贿罪之比较

(一) 内地刑法中的受贿罪

我国现行《刑法》分则第8章（贪污贿赂罪）规定有（自然人）受贿罪和单位受贿罪。此外,《刑法》第184条第1款、《刑法》第163条（《刑法修正案（六)》第7条)、《刑法》第164条第1款（《刑法修正案（八)》第29条第1款）分别规定了非国家工作人员受贿罪和对非国家工作人员行贿罪。《刑法修正案(七)》第13条即修正后《刑法》第388条之一还规定了利用影响力受贿罪。在此，我们只介绍作为自然人身份犯的受贿罪、非国家工作人员受贿罪和利用影响力受贿罪。

1. 关于受贿罪

内地刑法中的受贿罪，是指国家工作人员利用职务上的便利，索取他人财物，或者非法收受他人财物，为他人谋取利益的行为，以及国家工作人员在经济往来中，违反国家规定，收受各种名义的回扣、手续费，归个人所有的行为。本罪有以下构成特征:（1）本罪主体为国家工作人员以及“以国家工作人员论”的准国家工作人员。(2）本罪主观方面为故意，即行为人明知自己是在同行贿人进行一种钱权交易。如果行为人无意中收受了他人贿赂，而事实上也没有利用职务便利为行贿人谋利益，则不能以受贿论。(3）本罪的客体是国家工作人员职务廉洁性。(4）本罪的客观方面表现为行为人利用职务上的便利，索取他人财物，或非法收受他人财物，为他人谋利益。具体而言，客观方面有以下四个特点:（1）行为人利用职务上的便利，为他人谋利益。这是国家工作人员利用职务上的权力作为索取收受他人财物的前提条件。(2）受贿罪的行为方式表现为“索取”、“收受”。索取，指行为人主动向他人提出财物要求。按我国有关司法解释，只要行为人利用职权索取贿赂，便已构成犯罪。收受，是指行为人对行贿人提供的贿赂不予拒绝而加以接纳，或者行贿人与受贿人就贿

赂一事相互沟通、达成协议。[①] 至于索取、收受的贿赂，刑法上明确规定为“财物”，故非物质利益不应视为贿赂的内容。（3）为他人谋利益。“为他人谋利益”，是指行为人利用职务去做对行贿人有利的事，既可以是为他人谋非法利益，也可以是为他人谋合法利益。最高人民法院、最高人民检察院1989年发布《关于执行〈关于惩治贪污贿赂罪的补充规定〉若干问题的解答》中指出：“非法收受他人财物，同时具有‘为他人谋取利益的’，才能构成受贿罪。”这说明“为他人谋利益”乃是受贿罪成立的一个必备要件。但如何理解“为他人谋利益”却是一个有争议的问题。一种有说服力的观点认为：是否行为人事实上已经为行贿人谋取了利益，并不影响本罪的成立，只要行为人有为他人谋利益的故意与承诺而收受贿赂，犯罪即已完成。[②]（4）违反国家规定，收受各种名义的回扣、手续费归个人所有，也是受贿的一种表现形式。“违反国家规定”，立法上没有明确规定，但学者们认为主要是指违反《反不正当竞争法》第8条之规定：“经营者不得采用财物或者其他手段进行贿赂以销售或者购买商品。在帐外暗中给予对方单位或个人回扣的，以行贿论处；对方单位或者个人收受回扣的，以受贿论处。”[③]“归个人所有”，指行为人将经济来往中得到的各种名义的回扣、手续费据为己有，不如数交公。

另外，根据我国《刑法》第388条之规定，国家工作人员利用本人职权或者地位形成的便利条件，通过其他国家工作人员职务上的行为，为请托人谋取不正当利益，索取请托人财物或者收受请托人财物的，也是受贿罪的一种表现形式。值得注意的是，此种情况下，必须是行为人为请托人谋取“不正当利益”，才构成受贿罪。如行为人为请托人谋取的是正当利益则不构成此罪。

---

① 张明楷：《刑法学》（第二版），法律出版社2003年版，第924页。
② 张明楷：《刑法学》（第二版），法律出版社2003年版，第925页。
③ 参见陈兴：《刑法疏义》，中国人民公安大学出版社1997年版，第630页。

该规定有些类似于《日本刑法》第197条之四所规定之斡旋受贿罪。[①] 但是，我国最高司法机关对《刑法》第388条规定的罪状没有被解释为独立的罪名，[②] 仍然使用受贿罪之罪名。

根据我国《刑法》第386条之规定，对犯受贿罪的，应当根据受贿所得数额及情节，依照《刑法》第383条的规定处罚。具有索贿情节的，从重处罚。

2. 关于非国家工作人员受贿罪

《最高人民法院、最高人民检察院关于执行〈中华人民共和国刑法〉确定罪名的补充规定（三）》（2007年10月25日公布2007年11月6日施行）取消“公司、企业人员受贿罪”罪名，由“非国家工作人员受贿罪”替代。根据《刑法修正案（六）》第7条（《刑法》第163条）的规定，所谓非国家工作人员受贿罪，是指公司、企业或者其他单位的工作人员利用职务上的便利，索取他人财物或者非法收受他人财物，为他人谋取利益，数额较大的行为。具体来说，（1）从犯罪主体上来看，本罪主体是特殊主体，即公司、企业或者其他单位的工作人员。公司、企业的工作人员是指在公司、企业、其他单位中从事领导、组织、管理工作的人员，如公司的董事、监事以及公司、企业的经理、厂长、财会人员以及其他受公司、企业聘用从事管理事务的人员。“其他单位的人员”包括非国有事业单位或者其他组织的工作人员，如教育、科研、医疗、体育、出版等单位的从事组织领导以及履行监督、管理职责的人员。在国有公司、企业、国有其他单位中从事公务的人员和国有公司、企业、国有其他单位委派到非国有公司、企业以及其他单位从事公务的人员利用职务上的便利受贿的，不构成非国家工作人员受贿罪，而应依照《刑法》第385条、第386条的受贿罪处罚。（2）本罪主观方面表现为故意，

① 《日本刑法典》，张明楷译，法律出版社2006年版，第73页。

② 参见谢望原主编：《台、港、澳刑法与内地刑法比较研究》，中国人民公安大学出版社1998年版，第578页。

即公司、企业、其他单位人员故意利用其职务之便接受或索取贿赂，为他人谋取利益。(3) 本罪所侵犯的客体是国家对公司、企业以及非国有事业单位、其他组织的工作人员职务活动的管理制度。在市场经济的运行机制中，公司、企业以及事业单位、其他组织，后者如教育、科研、医疗、体育、出版等单位扮演着十分重要的角色。这些单位的工作人员通过自己合法的职务活动，使公司、企业、事业单位等在市场经济体制中的角色得以正常而出色的发挥。因此，有关法律对这些单位的工作人员的职务活动作了规范，建立起一套明确的管理制度。相关人员受贿罪则是对这套管理制度的直接侵犯，从而产生公司、企业、事业单位等管理层的腐败，危害公司、企业、事业单位的根本利益，破坏正常的社会主义市场公平竞争的交易秩序。(4) 本罪客观方面表现为利用职务上的便利，索取他人财物或非法收受他人财物，为他人谋取利益，数额较大的行为。利用职务上的便利是本罪在客观方面的重要因素，是指公司、企业以及事业单位、其他组织的工作人员利用本人组织、领导、监督、管理等职权以及利用与上述职权有关的便利条件。索取他人财物是指利用组织、领导、监督、管理等职务上的便利，主动向有求于行为人职务行为的请托人索要财物。非法收受他人财物是指利用组织、领导、监督、管理等职务上的便利，为请托人办事，接受请托人主动送给的财物。为他人谋取利益是指行为人索要或收受他人财物，利用职务之便为他人或允诺为他人实现某种利益。该利益是合法还是非法，该利益是否已谋取到，均不影响本罪的成立。数额较大是指接受贿赂即财物的数额较大。接受了数额较大的贿赂，则构成该罪的既遂。《刑法修正案（六）》第7条修改了《刑法》第163条第2款的规定，公司、企业或者其他单位的工作人员在经济往来中，利用职务上的便利，违反国家规定，收受各种名义的回扣、手续费，归个人所有的，以非国家工作人员受贿罪处罚。

应当指出，(1) 按照《刑法》第163条的规定，构成非国家工作人员受贿罪必须是受贿数额较大的行为，不足较大数额的按一般受贿行为处理。数额较大的具体界限，根据《最高人民法院关于办理违反公司法受贿、侵占、挪用等刑事案件适用法律若干问题的解释》的规定，索取或者收受贿赂5000元至20000元的，属于数额较大；索取或者收受贿赂10万元以上，属于数额巨大。（2）公司、企业、其他单位人员在法律、政策许可的范围内，通过自己的劳动换取合理报酬的，不属于利用职务上的便利受贿，因而是合法行为而不是犯罪。（3）公司、企业、其他单位人员接受亲朋好友的一般礼节性馈赠，而没有利用职务上的便利为亲朋好友谋取利益的，不构成非国家工作人员受贿罪。（4）正确区分以收受回扣、手续费为特点的非国家工作人员受贿罪与正当业务行为的界限。在正常的市场交易行为中，取得符合《反不正当竞争法》规定的折扣、佣金是正当业务行为；而违反国家规定，收受各种名义的回扣、手续费，为个人所有的，应认定为非国家工作人员受贿罪。①

根据《刑法》第163条的规定，犯非国家工作人员受贿罪，受贿数额较大的，处5年以下有期徒刑或者拘役；受贿数额巨大的，处5年以上有期徒刑，可以并处没收财产。

3. 关于利用影响力受贿罪

《刑法修正案（七）》第13条规定，在《刑法》第388条后增加一条作为第388条之一，该条第1款规定："国家工作人员的近亲属或者其他与该国家工作人员关系密切的人，通过该国家工作人员职务上的行为，或者利用该国家工作人员职权或者地位形成的便利条件，通过其他国家工作人员职务上的行为，为请托人谋取不正当利益，索取请托人财物或者收受请托人财物，数额较大或者有其他较重情节的，处三年以下有期徒刑或者拘役，并处罚金；数额巨大或者有其他严重情节的，处三年以上七年以下

---

① 参见http：//baike. baidu. com/view/1238977. htm。

有期徒刑，并处罚金；数额特别巨大或者有其他特别严重情节的，处七年以上有期徒刑，并处罚金或者没收财产。”第2款规定：“离职的国家工作人员或者其近亲属以及其他与其关系密切的人，利用该离职的国家工作人员原职权或者地位形成的便利条件实施前款行为的，依照前款的规定定罪处罚。”《最高人民法院、最高人民检察院关于执行〈中华人民共和国刑法〉确定罪名的补充规定（四）》将上述条款规定的罪状解释为利用影响力受贿罪。

根据修正后《刑法》第388条之一的规定，利用影响力受贿罪，是指国家工作人员的近亲属或其他与该国家工作人员关系密切的人，通过该国家工作人员职务上的行为，或者利用该国家工作人员职权或者地位形成的便利条件，通过其他国家工作人员职务上的行为，为请托人谋取不正当利益，索取请托人财物或者收受请托人财物，数额较大或者有其他较重情节的行为。

从犯罪主体上来看，本罪犯罪主体为“国家工作人员的近亲属或者其他与该国家工作人员关系密切的人”以及“离职的国家工作人员或者其近亲属以及其他与其关系密切的人”。其中“离职的国家工作人员”是指曾经是国家工作人员，但由于离休、退休、辞职、辞退等原因目前已离开了国家工作人员岗位的人。此罪主体，既不同于受贿罪主体“现任国家工作人员或准国家工作人员”，也不同于非国家工作人员受贿罪的主体，即《刑法》第163条第1款“公司、企业或者其他单位的工作人员”、《刑法》第184条第1款“银行或者其他金融机构的工作人员”。

从主要影响量刑的数额情节上来看，受贿罪与贪污罪一样，主要根据具体犯罪数额是在十万元以上、五万元以上不满十万元、五千元以上不满五万元等哪个范围内而确定量刑幅度。这样的规定，由于各地收入、物价水平不同，各时期物价上涨的幅度也不一样，势必成为量刑均衡的瓶颈。关于利用影响力受贿罪的数额情节，修正后《刑法》第388条之一分别规定了三个档次，即“数额较大或者有其他较重情节的，数额巨大或者有其他严重情节的，数额特别巨大或者有其他特别严重情节的”，根据不同情况，然后确定适当的刑罚。由于可以根据各地区各时期的不同情况，对数额较大、巨大、特别巨大作出相应的司法解释，克服了受贿罪、贪污罪中数额量刑情节的立法缺陷，因而是可取的。

（二）港澳台地区刑法中受贿罪与内地刑法中受贿罪之相同之处

港澳台地区刑法与内地刑法关于受贿罪的相同之处主要有以下两点：①

1. 犯罪性质基本相同。无论是港澳台地区刑法还是内地刑法，立法者都是将受贿罪作为一种职务犯罪来加以规定的。尽管在港澳台地区刑法中与内地刑法中的罪名有所不同，排列位置亦有所不同，但都倾向于认为该种犯罪是一种渎职性犯罪。例如，香港特别行政区以专门针对公务人员的违法行为为规范对象的《防止贿赂条例》对其加以规定；澳门特别行政区《刑法》把受贿罪规定在“执行公共职务时所犯之罪”一章中；台湾地区“刑法”将受贿罪直接安排在“渎职罪”一章中；我国1979年《刑法》曾将受贿罪规定在“渎职罪”一章中，虽然现行刑法将“贪污贿赂罪”单列一章，但并没改变受贿罪亵渎公职的性质。

2. 犯罪构成上有诸多相同。首先，港澳台地区与内地刑法中的受贿罪，都基本上是以公务员为主体的。例如，香港特别行政区《刑法》索取或接受利益罪的主体限定为“公职人员”（public servant），澳门特别行政区《刑法》将受贿罪的主体限定为“公务员”，台湾地区“刑法”将受贿罪主体限定为“公务员或仲裁人”，内地刑法将受贿罪主体主要限定为“国家工作人员”。虽然台湾地区“刑法”中受贿罪主体还可以是“仲裁人”，香港特别行政区《刑法》中“投标受贿罪”、“拍卖受贿罪”的

---

① 参见谢望原主编：《台、港、澳刑法与内地刑法比较研究》，中国人民公安大学出版社1998年版，第579～580页。

主体可以是“任何人”，内地刑法中的受贿罪的主体还可以是不具有“国家工作人员”身份的国有公司等部门的工作人员，以及利用影响力受贿罪主体“国家工作人员的近亲属或者其他与该国家工作人员关系密切的人”和“离职的国家工作人员或者其近亲属以及其他与其关系密切的人”，但这些规定不能改变受贿罪的主体主要是公务员的立法精神。其次，行为方式基本相同。尽管港澳台地区与内地刑法在立法用语上不尽相同，但在描述受贿罪的客观表现时，却表现出极大相似性。例如，香港特别行政区《刑法》对受贿罪的行为表述为“索取或接受任何利益”，澳门特别行政区《刑法》描述为“要求或答应接受其不应收之财产利益或非财产利益”，台湾地区“刑法”对受贿罪的行为描述为“要求、期约或收受”贿赂，内地刑法则规定受贿罪之行为方式为“索取他人财物或者非法收受他人财物”，上述关于贿赂罪的行为方式的描述，可概括为：“索取”与“收受”乃是港澳台地区与内地刑法中受贿罪的共同行为方式。其三，从手段上来看，都利用了公共职务所赋予的权力，其实质是权钱交易。无论是港澳台地区还是我国，受贿罪的行为人都是基于自己的职务上的权力而索取、收受他人贿赂的。这就是说，港澳台地区与内地的受贿罪，都是一种权与钱的非法交易。

（三）港澳台地区刑法中受贿罪与内地刑法中受贿罪之不同之处

港澳台地区与内地刑法关于受贿罪的不同之处主要有以下三点：①

1. 立法上罪名规定详略不同。香港特别行政区《刑法》中的受贿罪有：索取或接受利益罪、为合约事务上给予协助等而作的受贿罪、投标受贿罪、拍卖受贿罪与代理人受贿罪等罪名。澳门特别行政区《刑法》规定了两个受贿罪罪名，即受贿作不法行

① 参见谢望原主编：《台、港、澳刑法与内地刑法比较研究》，中国人民公安大学出版社 1998 年版，第 581 ~ 582 页。

为罪与受贿作合规范之行为罪。台湾地区"刑法"关于受贿罪名共有3个，即不违背职务之受贿罪、违背职务受贿罪与准受贿罪。在我国《刑法》中，行为人是国家工作人员的受贿罪只有一个罪名，即《刑法》第385条规定的受贿罪；行为人系非国家工作人员的，有两个罪名，即非国家工作人员受贿罪（《刑法》第163条、第184条第1款）和利用影响力受贿罪（《刑法》第388条之一）。就立法技术特点而言，台、澳地区刑法关于受贿罪的规定较为接近，二者都根据受贿之行为特点规定了不同罪名；香港特别行政区《刑法》关于受贿罪的规定更为细密详尽，对各种形式的受贿行为均一一单列罪名。相比较而言，内地刑法关于国家工作人员受贿罪的规定则较粗略、简单，有必要在今后完善刑事立法过程中借鉴港澳台地区刑法中受贿罪的立法经验。

2. "贿赂"的外延不同。在港澳台地区刑法中，贿赂的范围既包括物质性财产利益，也包括可供人享用的非物质性利益。而刑法中的贿赂范围只限于物质性财产利益。显然，港澳台地区刑法把非物质利益作为贿赂的内容，更有利于打击贿赂犯罪，而内地刑法不把非物质利益作为贿赂内容，不利于打击与防范贿赂犯罪。

3. 法定刑不同。港澳台地区与内地刑法对受贿罪的法定刑规定不同，包括刑之轻重不同与刑罚之种类不同。首先，轻重程度不同。香港特别行政区《刑法》对受贿罪的最重处罚为50万港元罚金与10年监禁（《防止贿赂条例》第12章罪行的罚则）；澳门特别行政区《刑法》对受贿罪规定的最重刑罚是8年徒刑（澳门特别行政区《刑法》第337条）；台湾地区"刑法"对受贿罪的处罚最重为无期徒刑，得并科1万元以下罚金（台湾地区"刑法"第122条）；我国现行《刑法》则规定，受贿罪最高刑罚为死刑（《刑法》第383条第1款）。从上述规定来看，我国对受贿罪处罚最重，澳门特别行政区对其处罚最轻。其次，适用的种类不同。香港特别行政区《刑法》对受贿罪规定了监禁与罚金；

澳门特别行政区《刑法》对受贿罪规定了徒刑与罚金（澳门特别行政区《刑法》第337~338条）；台湾地区“刑法”对受贿罪规定了无期徒刑、有期徒刑、罚金与没收（台湾地区“刑法”第121~122条）；内地刑法则对受贿罪规定了死刑、无期徒刑、有期徒刑、没收财产等（我国《刑法》第383条）。经比较，相对而言，港澳地区关于对受贿罪的处罚所用刑种相似，即都用了有期自由刑与财产刑；台湾地区对受贿罪动用了无期自由刑、有期自由刑与财产刑；我国则对受贿罪规定了生命刑、无期自由刑、有期自由刑及财产刑。应当提出，内地刑法中作为非暴力犯罪的贿赂犯罪应否保留死刑，值得研究。

第五节　国际刑法中身份犯与中国身份犯之比较研究

一、《联合国反腐败公约》中贪污贿赂及滥用职权型身份犯与中国刑法中贪污贿赂及滥用职权型身份犯之比较

国际刑法中贪污贿赂及滥用职权型身份犯集中规定在《联合国反腐败公约》（在本节中简称《公约》）中，共有三类：第一类是受贿型身份犯，包括公职人员受贿罪、外国公职人员或国际公共组织官员受贿罪、影响力交易罪和私营部门内的受贿罪；第二类是贪污挪用型身份犯，包括贪污犯罪和挪用犯罪；第三类是滥用职权型身份犯。[①] 另外，《公约》第23条规定了身份犯的连累犯即“对犯罪所得的洗钱行为”。[②] 这些规定与中国刑法相比，

---

① 详见国际刑法中身份犯立法部分。

② 连累犯，是指事前与他人没有通谋，在他人犯罪以后，明知他人的犯罪情况，而故意地以各种形式予以帮助，依法应受处罚的行为。详见陈兴良：《共同犯罪论》（第二版），中国人民大学出版社2006年版，第425~426页。《联合国反腐败公约》第23条第2款第2项规定“各缔约国均应当至少将其根据本公约确立的各类犯罪列为上游犯罪”，即将《公约》规定的身份犯规定为“对犯罪所得的洗钱行为”（洗钱罪）。

存在着一定的差异。[1] 具体表现在：

（一）关于受贿犯罪问题

《公约》第 15 条“贿赂本国公职人员”中规定了（本国）公职人员受贿罪，第 18 条规定了“影响力交易”。这两条规定相当于中国《刑法》第 385 条、第 388 条的受贿罪和第 387 条的单位受贿罪。但是《公约》规定的受贿罪的构成要件较之中国《刑法》规定的受贿罪的构成要件要宽松得多。具体体现在：其一，关于贿赂的范围，中国《刑法》规定的是“财物”，而《公约》规定的则是“不正当好处”，其范围显然大于“财物”；其二，关于接受贿赂的主体，中国刑法规定的主体是“国家工作人员”或“国有单位”，而《公约》规定的则是“该公职人员本人或者其他人员或实体”，其范围更宽；其三，受贿罪的成立，中国《刑法》要求必须是“利用职务上的便利”，“索取”或者“收受”财物，而《公约》只规定“索取”或者“收受”，没有要求“利用职务上的便利”。其四，《公约》第 16 条“贿赂外国公职人员或者国际公共组织官员”中将受贿罪主体扩大到外国公职人员或者国际公共组织官员，而《刑法》没有作出类似规定。另外，《公约》第 21 条“私营部门内的贿赂”中规定了私营部门内的受贿罪，此规定类似于中国《刑法修正案（六）》第 7 条、《刑法》第 163 条规定的非国家工作人员受贿罪，《公约》第 21 条和中国《刑法》第 163 条之差异同于上述公职受贿罪之差异。

（二）关于贪污罪、挪用公款罪问题

《公约》第 17 条规定了“公职人员贪污、挪用或者以其他类似方式侵犯财产”。这一规定类似于中国《刑法》第 382 条第 1 款的贪污罪、第 384 条的挪用公款罪。但《公约》规定的犯罪成立条件比中国《刑法》宽松。具体体现在：其一，中国《刑法》规定的贪污罪（《刑法》第 382 条第 1 款）的对象是“公共财

---

① 参见陈学权：《〈联合国反腐败公约〉与中国内地刑法之完善》，载《法学》2004 年第 4 期。

物”和“国有财物”，挪用公款罪（第384条）的对象是“公款”和“用于救灾、抢险、防汛、优抚、扶贫、移民、救济款物”，而《公约》规定的贪污、挪用罪的对象是“因职务而受托的任何财产、公共资金、私人资金、公共证券、私人证券或者其他任何贵重物品”，其范围比中国《刑法》规定的贪污、挪用公款罪的对象要广得多。其二，中国《刑法》规定的挪用公款罪在客观方面严格限定为三种情形，即“进行非法活动的，或者挪用公款数额较大、进行营利活动的，或者挪用公款数额较大、超过3个月未还的”，而且挪用公款必须是归个人使用的才构成犯罪，而《公约》则没有这些行为方式上的限制。

（三）关于滥用职权罪问题

《公约》第19条规定的“滥用职权”，这一规定类似于中国《刑法》第397条规定的滥用职权罪。但是《公约》关于滥用职权的规定，与中国《刑法》规定的滥用职权罪存在着如下差别：其一，在犯罪主观方面，《公约》要求行为人主观上有“为其本人或者其他人员或实体获得不正当好处”的目的，而中国《刑法》规定的滥用职权罪则没有这样的要求。其二，在犯罪客观方面，《公约》规定滥用职权罪的成立并不要求以发生客观危害结果为要件，而中国刑法规定的滥用职权罪则要求发生“致使公共财产、国家和人民利益遭受重大损失”的结果。

（四）关于身份犯的连累犯洗钱罪的问题

《公约》第23条规定“对犯罪所得的洗钱行为”，该条规定与中国《刑法》第191条规定的洗钱罪存在着较大的差别，主要表现在：其一，在具体行为方式上，《公约》第23条第1款第1项第一目规定的“为协助任何参与实施上游犯罪者逃避其行为的法律后果而转换或者转移该财产”以及该款第2项第1目规定的“在得到财产时，明知其为犯罪所得而仍获取、占有或者使用”，并不属于中国《刑法》第191条规定的几种洗钱行为方式之一，而是属于中国《刑法》第310条规定的窝藏、包庇和第312条规定的窝藏、转移、收购、销售赃物等连累犯。其二，《公约》规定的洗钱罪的上游犯罪比中国刑法规定的洗钱罪的上游犯罪广得多。中国《刑法》第191条以及《刑法修正案（六）》关于洗钱罪的上游犯罪只规定了五种，即毒品犯罪、黑社会性质组织犯罪、恐怖活动犯罪、走私犯罪和贪污贿赂犯罪，而《公约》则要求各缔约国均应当寻求将洗钱罪“适用于范围最为广泛的上游犯罪”。同时，《公约》第23条第2款第2项还要求，各缔约国均应当至少将其根据本公约确立的各类犯罪（当然包括《公约》规定的身份犯）列为上游犯罪。

二、《联合国反腐败公约》中身份犯立法对中国身份犯立法的启示

（一）关于立法文化的启示——从身份论到契约论是个优化过程

《公约》的一个亮点就在于，其所确立的腐败犯罪的主体或所贿赂的对象不仅局限于本国公职人员，而且包括外国公职人员，腐败犯罪的主体也不仅局限于公共部门内的人员，还包括私营部门内的人员，因此关于公职人员的界定至关重要。值得借鉴的是，《公约》关于公职人员的界定主要是以是否行使公共职能为标准，这已经成为各国一致接受的国际准则。与此不同的是，中国刑法关于公职人员的界定主要是以是否系国家工作人员为标准，这确实需要进行深入的研究思考。比较而言，《公约》的规定更有利于打击公职人员腐败犯罪，而且以是否行使公共职能为标准确定公职人员较中国刑法以是否是国家工作人员身份为标准确定公职人员更能体现公职人员的实质含义。两种规定差异何故，笔者认为主要在于《公约》与中国法律文化差异使然，即身份契约之别。显然，如果以是否行使公共职能为准，立法者的关注点就在于约束特定职务行为问题，更多地体现了一种契约关系。如果以是否是国家工作人员为准，立法者的关注点就在于约束特定职务人员问题，更多地体现了一种身份关系。换言之，作为国际性法律文件，国际公约反映了一种契约精神，作为地域性

法律文件，中国刑法体现了一种身份观念。①

契约理论在西方源远流长，绵延至今，追根溯源，竟有几千年的历史传统。契约本来只是一种比较纯粹的思想观念形态，然而在长期的发展演变之中，被逐渐赋予了许多新的内容，日益成为一个内涵丰富的社会文化范畴。契约精神是什么？是一种理性关系，还是一种平等观念；是一种自由权利，还是一种行为方式，可谓仁者见仁，智者见智。契约精神可以从政治学、经济学、社会学以及法学等多种视角进行考察。大致包括主体资格认同、平等享有权利、意志的自由、妥协与让步等丰富的内容。然而就其核心精神而言，平等无疑是契约精神中最为重要的一项内容。可以说，平等是现代契约精神的前提和基础，离开了当事人之间身份、地位的平等，契约精神根本就无从谈起。②

中国自古以来就是一个十分典型的身份社会，“天有一日，人有十等”，这类绝对服从的思想 严重约束人们的头脑，自由、平等、契约、宪政这类民主政治的信条，古代中国人绝对闻所未闻。③ 在漫长的奴隶制、封建制时代，这种身份社会建立于血缘联系的基础之上，个人身份的获得与维持依赖于先天的血缘关系；及至新中国成立之后的30年里，这种身份社会则是建立在行政权力的分配基础之上，个人身份的获得与维持听命于行政权力的安排。④ 虽然30年来的改革开放打破了这种既定的格局，契约精神在决定社会资源的分配以及个人身份的获得等各方面逐渐占据了主导地位，然而根深蒂固的身份观念仍然挥之不去，甚至

---

① 参见万金冬、郎俊义：《〈联合国反腐败公约〉关于私营部门内腐败犯罪的规定及启示》，载《中国人民公安大学学报》2005年第1期。

② 杨海坤：《全球化、小康社会与契约精神》，载《比较法在中国》，法律出版社2004年版，第69页。

③ 刘全德：《西方社会契约理论的历史述评》，载《比较法在中国》，法律出版社2004年版，第99页。

④ 杨海坤：《全球化、小康社会与契约精神》，载《比较法在中国》，法律出版社2004年版，第69页。

还无所不在地渗透于政治、经济、法律之中。[①]

现代法治国家虽然没有统一划定的模式，各国历史条件和文化传统也存在着诸多差异，但是所采取的基本原则和制度大体一致。因此中国既然已经选择签署了《联合国反腐败公约》等一系列国际公约，就不仅仅需要法律制度上的修改和完善，更为重要的是法律文化上的吸收和借鉴。18世纪英国的历史法学家梅因曾指出："所有进步社会的运动，到此处为止，是一个从身份到契约的运动。"可以说，在中国建立市场经济的过程中，无论是公法领域，还是私法领域，都存在一个从身份到契约的运动。[②] 由此可见，中国刑法必须适应市场经济发展的时代要求，借鉴近代法律发展的文明成果，吸收西方契约精神的科学内涵。当然，科学地吸收和借鉴西方法律文化，并非是片面地抄袭或简单地移植，而必须结合中国的法律传统，充分体现法律精神的理性化，满足人民群众对法律价值的要求。如此而言，中国刑法无论是法律制度的完善，还是法律文化的转变，仍是一个需要深入研究的渐进而漫长的历史过程。[③]

（二）关于立法精神的启示——罪刑法定原则需要一以贯之

长期以来腐败现象使许多国家都深受其害，已经成为世界各国共同关注的一种国际公害，然而由于政治制度、人权观念和各国法律体系的差异，各个国家之间无论从道义上还是法律上都难以进行有效的合作。在此背景下，《联合国反腐败公约》（以下简称《公约》）作为各方妥协平衡的结果，不仅需要最大可能地兼顾各个国家的共同利益，而且需要最大限度地考虑各个国家的法律体制。令人欣喜的是，该《公约》直接借鉴了当今国际刑法和

---

① 参见万金冬、郎俊义：《〈联合国反腐败公约〉关于私营部门内腐败犯罪的规定及启示》，载《中国人民公安大学学报》2005年第1期。

② 孙耀刚：《走向市场经济》，载《比较法在中国》，法律出版社2004年版，第39页。

③ 参见万金冬、郎俊义：《〈联合国反腐败公约〉关于私营部门内腐败犯罪的规定及启示》，载《中国人民公安大学学报》2005年第1期。

一些国家刑事立法最新的发展成果，如前文大陆法系国家身份犯立法中谈到的法国新刑法典关于受贿罪主体扩大到国外的规定，不但在国际社会倡导了治理腐败的科学理念和策略，还提供了基本的法律指南和准则。罪刑法定原则作为刑事法学领域人类文明的重大成果之一，符合现代民主与法治的发展趋势，至今已成为不同社会制度的世界各国刑法中的最重要的一项原则。作为国际性刑事司法文件的《联合国反腐败公约》，自然将此精神合理吸收并一以贯之，如《公约》关于私营部门内贿赂犯罪与侵财犯罪的规定，无论是条文表述还是犯罪构成乃至立法思想都一脉相承，从而最大限度地减少了任意解释公约立法精神的空间。更为难能可贵的是，在各国纷纷要求具有一定的适用或解释空间以至众口难调的情况下，整部《公约》的规定明白无疑、清晰可辨，为各国刑事立法树立了良好的范例。①

令人遗憾的是，与此相对应的中国刑法中非国家工作人员受贿罪与职务侵占罪，其犯罪主体范围相去甚远，虽然后者更接近于《公约》规定的私营部门的范围，然而这是以与罪刑法定原则的根本要求相悖为代价的。众所周知，罪刑法定原则的基本精神是“法无明文规定不为罪，法无明文规定不处罚”。然而，法律明文规定不仅指法律的字面规定，并且指法律的逻辑包括内容。②因此，诸如“其他”之规定不仅使前后条文的字面规定无法保持一致，而且逻辑包括的内容也难以协调解释。据专家统计，中国刑法典（不含刑法修正案和单行刑法）在其452个条文中有171个条文（当然不乏身份犯的条款）使用了242个“其他”，其中239个“其他”都是作为“兜底性”条款来规定的。③这类规定

---

① 参见万金冬、郎俊义：《〈联合国反腐败公约〉关于私营部门内腐败犯罪的规定及启示》，载《中国人民公安大学学报》2005年第1期。

② 陈兴良：《罪刑法定的司法适用》，载《当代中国刑法新境域》，中国政法大学出版社2002年版，第99页。

③ 参见赵秉志主编：《刑法法治发展研究报告》（2003年卷·上册），中国人民公安大学出版社2003年版，第3页。

的出现，除了立法技术上的不成熟以外，可以看出立法者在立法思想上的矛盾心理：一方面，试图按照罪刑法定原则的要求使法律尽可能的明确具体；另一方面，又担心其所制定的法律有遗漏，不足以有效地惩罚犯罪。[①] 然而，诸如此类的规定不仅致使法律没有明文规定的东西可以成为定罪的要素，而且为任意解释立法的精神提供了合法的外衣。特别是在中国当前正处于向法治国家迈进时期的情况下，需要的正是法治的理性精神，因而更应当实行严格的罪刑法定，这是由中国法治发展的历史进程和社会变革的实际情况所决定的。[②]

（三）关于立法技术的启示——旨在追求法条的科学准确和规范协调

作为联合国历史上的第一部国际性反腐败法律文件，《联合国反腐败公约》克服了一些区域性法律文件的局限性，在许多方面体现或推动了国际刑法的新发展，如扩展了国际犯罪主体类型，丰富了普遍管辖的理论，强化了预防犯罪的功能，加强了国际刑事司法合作。特别是从《公约》制订过程以及条文内容来看，国际刑事立法机制正日益完善，立法技术也正走向成熟，使反腐败的法网更加严密，也更加科学有效。如《公约》规定私营部门内贿赂犯罪，其所针对的贿赂犯罪不仅包括了行贿，也包括了受贿；在行为表现上不仅包括了直接给予，也包括了间接给予；不仅包括了实际给予，还包括了许诺给予、提议给予；贿赂犯罪的对象也扩大为“不正当好处”。尤其值得借鉴的是，从世界各国的情况来看，由于政治、经济、文化、地理等多种因素的影响，目前各国实际依法从事公务的人员并非仅仅局限于国家工作人员，而且由于社会事务的纷繁复杂，不具有国家工作人员身

① 参见赵秉志主编：《刑法法治发展研究报告》（2003 年卷·上册），中国人民公安大学出版社 2003 年版，第 4 页。

② 参见万金冬、郎俊义：《〈联合国反腐败公约〉关于私营部门内腐败犯罪的规定及启示》，载《中国人民公安大学学报》2005 年第 1 期。

份但却从事公务活动的人员数量也出现迅速攀升的趋势。在此情况下，《公约》巧妙地采取了以是否行使公共职能为标准来确定是否为公职人员，其犯罪主体不仅范围宽泛，包罗甚广，而且概念明确，容易认定，妥善地解决了立法的严密性与明确性之间的矛盾问题。

与此类似的是，随着改革开放的逐步深化和市场经济的迅速发展，在中国经济生活中出现了许多新情况新问题，各种经济形式多元并存，市场主体类型日益复杂，人事制度随之改革，聘任制度广泛推行，在此情况下长期固有的身份界限被迅速消解和打破。然而，中国的刑事立法仍然沿袭了习惯思维和逻辑方式，许多犯罪主体的规定且不说其中一些概念较为模糊，难以掌握，就其关系而言，也是相互交叉，泾渭难辨，简直令人无所适从。根据有关专家的统计，在中国刑法的现有规定中，有相当一部分犯罪是由特殊主体构成的身份犯，而且对特殊主体身份的规定种类达70种之多，其中涉及国家工作人员的，就有32种不同的称谓。这些不同的分类过于具体的称谓，不仅大大限制了犯罪构成的容量，而且由于分类的科学性、准确性上的问题导致了法律规定的不合理。① 中国《刑法》第271条第2款的贪污罪中，何谓“委派”的人员，常常成为非纯正的国家工作人员的职务侵财行为能否以贪污罪论处的关键所在，然而由于对中国刑法有关规定的理解不一致，在此问题上经常存在着各种争议，甚至分歧意见就有三种之多，② 这无疑直接影响到打击腐败活动的力度。鉴于此，中国刑事立法迫切需要借鉴国际立法技术，既能追求外在条文的科学准确，又要达到内在逻辑的规范协调。③

---

① 参见赵秉志主编：《刑法法治发展研究报告》（2003年卷·上册），中国人民公安大学出版社2003年版，第35页。

② 王建平：《贪污罪中“受委托从事公务的人员”特征与界定》，载《反贪工作指导》2000年第3期。

③ 参见万金冬、郎俊义：《〈联合国反腐败公约〉关于私营部门内腐败犯罪的规定及启示》，载《中国人民公安大学学报》2005年第1期。

综上所述，笔者认为，从《公约》第三章“定罪与执法”规定的性质来看，将《公约》规定的腐败行为在本国法律上规定为犯罪是各缔约国的义务，至于对该犯罪行为如何定性，以及行为人的范围如何界定，《公约》并没有作出强制性规定。因此，中国刑法应结合本国实际以《公约》为引导，借鉴《公约》的立法文化、立法精神和立法技术进行适当修改。修改意见将在最后一章“完善中国刑法中身份犯立法构想”部分详述。

第三章　身份犯疑难实务问题比较研究

第一节　身份犯之个罪形态疑难实务问题比较研究

一、身份犯之个罪形态的定罪疑难实务问题研究

身份犯之个罪形态的定罪疑难问题主要集中在纯正身份犯个罪的场合，在不纯正身份犯的场合，司法实践中存在的不多。这是因为我国刑法中不纯正身份犯的定罪问题规定得十分明确，其罪名与非身份犯的罪名相同。这一点不同于台湾地区“刑法”。在台湾地区“刑法”不纯正身份犯理论中，身份既影响犯罪的性质，同时影响刑罚轻重，因此，对这类不纯正身份犯而言，行为人是否具有特定身份直接影响着罪名的成立。以故意杀人罪为例，如果行为人与被害人具有直系血亲关系，例如，儿子杀死自己的父亲，依照台湾地区“法律”规定构成杀害尊亲属罪（“刑法”第272条第1项），而不构成普通杀人罪（“刑法”第271条第1项）。林山田教授就坚持这种观点。他认为，台湾地区“刑法”第31条第2项规定：“因身份或其他特定关系致刑有重轻或免除者，其无特定关系之人，科处通常之刑。”对无身份者“科处通常之刑”，其意是说对无身份者既包括了定罪又包括了量刑。① 而在我国刑法中规定的不纯正身份犯的定罪，要么是在《刑法》总则中规定：“已满14周岁未满18周岁的人犯罪，应当从轻或者减轻处罚”（第17条第3款）。“又聋又哑的人或者盲人

① 林山田：《刑法通论（下册）增订八版》，台湾大学法学院图书部2002年版，第145页、第150页。

犯罪，可以从轻、减轻或者免除处罚。”（第19条）要么在分则中规定刑法身份者犯前款罪的从重处罚等方式。这样一来，司法实践中的定罪问题也就不存在争议，直接定已满14周岁未满18周岁的人、又聋又哑的人或者盲人具体所犯的罪名及分则中不纯正身份犯条款规定的所谓“前款之罪名”即可。然而，在纯正身份犯之个罪形态的场合司法实践中就定罪问题会存在一些争议，拟就以下若干问题作一些研究。

（一）村党支部成员是否是“其他依照法律从事公务的人员”

《全国人民代表大会常务委员会关于〈中华人民共和国刑法〉第93条第2款的解释》（2000年4月29日，以下简称《刑法第93条第2款解释》）是针对村民委员会的成员所做的明确解释，那么行政村的党支部成员能否适用这个解释？是否是准国家工作人员中的“其他依照法律从事公务的人员”呢？

在实践中，有的村民委员会成员同时也是村党支部成员，但也有一部分仅仅是村党支部成员。在理论上，仅仅是村党支部成员者是不是国家工作人员或准国家工作人员？是不是属于《刑法第93条第2款解释》当中的“村民委员会等村基层组织人员”，仍然存在着争议。否定者认为，村党支部成员不能单独成为贪污罪、挪用公款罪和受贿罪的主体。其理由除认为村党支部成员不具有国家工作人员的身份外，还认为村党支部成员不是准国家工作人员，详言之：

第一，村党支部为党的基层组织，而不是“非国有公司、企业、事业单位、社会团体”。因此，村党支部成员不是“国家机关、国有公司、企业、事业单位委派到非国有公司、企业、事业单位、社会团体中从事公务的人员”。

第二，村党支部成员不符合“其他依照法律从事公务的人员”的其他要件。根据《刑法第93条第2款解释》的规定，“其他依照法律从事公务的人员”包括具有“村民委员会等村基层组织人员”职务身份的人员。村党支部成员应符合立法解释对“其他依照法律从事公务的人员”的“村民委员会等村基层组织人员”身份的规定。然而，要认定村党支部成员为“其他依照法律从事公务的人员”以及由此而成立贪污罪、挪用公款和受贿罪的犯罪主体，仅仅符合这种身份是不够的，还需具备其他要件。根据《刑法第93条第2款解释》的规定，“村民委员会等村基层组织人员”要以国家工作人员身份构成贪污罪（《刑法》第382条第1款）、挪用公款罪（第384条）和受贿罪（第385条）的犯罪主体，应同时具备如下三个要件：一是从事《刑法第93条第2款解释》所规定的公务。具体包括如下7项中的一项或数项：救灾、抢险、防汛、优抚、扶贫、移民、救灾款物的管理；社会捐助公益事业款物的管理；国有土地的经营和管理；土地征用补偿费用的管理；代征、代缴税款；有关计划生育、户籍、征兵工作；协助人民政府从事的其他行政管理工作。二是以侵吞、窃取、骗取等手段非法占有公共财物或挪用公款或索贿、受贿。以贪污罪（《刑法》第382条第1款）为例，构成贪污罪的要件的关键问题在是否为“占有”上。没有“占有”也就谈不上“非法占有”与否的问题；而没有“非法占有”，“贪污”也就无从谈起。这种“非法占有”是指非所有人意图永远恶意地对所有人的财物（包括应属于国家的财物）的实际占领。三是利用职务上的便利。职务是与职权联系在一起的。有了相应的职务才有相应的职权，没有相应的职务就不应有相应的职权。同时，职权又与职责联系在一起，它们是一个问题的两个方面：相对于权力来说，是职权；相对于义务来说，是职责。《刑法第93条第2款解释》所规定的上述7项公务，均为“行政管理工作”，都不是村党支部成员这个党务工作者的职权、职责。由此，村党支部成员并不具备村基层组织人员利用职务上的便利这个要件。总而言之，村党支部成员虽然为村民委员会等村基层组织人员，但因不能同时具备上述三个要件而不能成为《刑法第93条第2款解释》关于“其他依照法律从事公务的人员”，因而也就不能以“其他依照法律从事公务的人员”身份成为贪污罪（《刑法》第382条第1款）、挪用公款罪（第384条）和受贿罪（第385条）的犯罪主体。①

笔者认为，村党支部成员属于《刑法第93条第2款解释》中的“其他依照法律从事公务的人员”，可以成为贪污罪（《刑法》第382条第1款）、挪用公款罪（第384条）和受贿罪（第385条）的犯罪主体，其主要理由有四：

一是，村党支部成员是村基层组织人员。《刑法第93条第2款解释》规定：“村民委员会等基层组织人员协助人民政府从事下列行政管理工作，属于《刑法》第九十三条第二款的规定的‘其他依照法律从事公务的人员’……”据此规定，村党支部成员应符合《刑法第93条第2款解释》对“其他依照法律从事公务的人员”的“……等村基层组织人员”身份的规定。对此，也与上述否定者的观点相一致。

二是，村党支部成员可以履行《刑法第93条第2款解释》规定的公务。毋宁说是村党支部成员，即使是一般公民，只要合法接受委托，从事公务，即可成为“其他依照法律从事公务的人员”。因此，据《刑法第93条第2款解释》第二部分的规定，村民委员会等基层组织人员（应当包括村党支部成员——笔者注）从事前款的公务，利用职务上的便利，非法占有公共财物、挪用公款、索取他人财物或者非法收受他人财物，构成犯罪的，适用《刑法》第382条和第383条贪污罪、第384条挪用公款罪、第385条和第386条受贿罪的规定。只要村党支部成员从事《刑法第93条第2款解释》中规定的7种公务之一，就有可能成为贪污罪主体、挪用公款罪主体和受贿罪主体。

三是，村党支部成员在实践中实际可以履行协助人民政府从事行政管理的工作。实践中，乡镇党委和乡镇政府没有完全实现

① 参见万筱萍：《关于村支书贪污罪犯罪主体之探析》，载《安徽理工大学学报》（社会科学版）2003年3月第5卷第1期。

党政分开，乡镇党委书记是第一负责人，也是党领导一切的体现。乡镇党委书记所从事的工作，主要是行政管理工作。乡镇党委书记可以成为贪污罪、挪用公款罪和受贿罪的主体，这个问题恐怕没有争议。为何村党支部成员能否成为贪污罪、挪用公款罪和受贿罪的主体的问题存在着争议呢？原因在于乡镇党委是广义的国家机关，而村党支部则不是，它是基层党组织。但是，由于受乡镇党委政府体制的影响，村党支部也成了实际上的管理者，与村委会一道协助人民政府从事行政管理工作。依照《刑法第93条第2款解释》，村党支部成员在从事协助人民政府行政管理工作中如实施非法占有公共财物、挪用公款或索贿、受贿的行为，像村委员会成员一样，也可以成为贪污罪、挪用公款和受贿罪的主体。

四是，如果对非法占有公共财物、挪用公款或索贿、受贿的行为不分别按贪污罪、挪用公款罪或受贿罪处理，而分别按职务侵占罪、挪用资金罪或非国家工作人员受贿罪处理，由于职务侵占罪、挪用资金罪或非国家工作人员受贿罪分别轻于贪污罪、挪用公款罪和受贿罪，势必造成打击不力，明显放纵了犯罪。

（二）界定国企改制过程中“国家工作人员”身份的疑难问题研究

1. 界定国家工作人员身份时如何理解“委派”的刑法涵义

随着国有企业改制的深化与人事制度的完善，国家干部和行政级别的概念在企业中越来越淡化，改制后的企业新招聘的人员及留任的原国有企业工作人员，很多不再填写干部履历表，而是由合同对其进行约束。这种情形下，如何界定国家工作人员的身份，已经成为贪污贿赂等职务犯罪案件中争议较大的问题。争议的焦点主要集中在对“委派”及“从事公务”的不同理解上。

在对“委派”的涵义作出界定前，应当先考察“委派”一词在我国立法中的沿革。最高人民检察院于1995年11月制发的《关于办理公司、企业人员受贿、侵占和挪用公司、企业资金犯罪案件适用法律的几个问题的通知》①（以下简称《公司、企业人员受贿、侵占和挪用资金通知》）规定："公司、企业中由政府主管部门任命或者委派的管理人员，以及国有企业委派到参股、合营公司、企业中行使管理职能的人员，属于国家工作人员。"同年12月，最高人民法院制发了《关于办理违反公司法受贿、侵占和挪用等刑事案件适用法律若干问题的解释》②（以下简称《公司、企业人员受贿、侵占和挪用等案件适用法律的解释》），其中对"委派人员"作了如下表述："国家工作人员……包括受国有公司、国有企业委派或者聘请，作为国有公司、国有企业代表，在中外合资、合作、股份制公司、企业中行使管理职权，并具有国家工作人员身份的人员。"由此可以看出，"两高"对国家工作人员的理解不尽相同，最高人民检察院持"公务论"、最高人民法院持"身份论"，后者认定的国家工作人员的范围相对较窄，它强调行使管理权的同时还要求具有国家工作人员的身份。直至1997年《刑法》第93条第2款对此作出了明确规定："国家机关、国有公司、企业、事业单位委派到非国有公司、企业、事业单位、社会团体从事公务的人员，……以国家工作人员论。"这一规定，是我们理解"委派"涵义的法律依据和基础。但是，我们必须认识到，《刑法》第93条对"委派"概念的沿用及立法表述，是对上述《公司、企业人员受贿、侵占和挪用资金通知》和《公司、企业人员受贿、侵占和挪用等案件适用法律的解释》进行一定取舍后作出的立法规定。因此对"委派"的理解，既要立足于刑法规定，又要参考《公司、企业人员受贿、侵占和挪用资金通知》和《公司、企业人员受贿、侵占和挪用等案件适用法律的解释》的精神内容，力求从"委派"的现行立法规定和立法

---

① 已被《最高人民检察院关于废止部分司法解释和规范性文件的决定》（2002年2月25日）废止，废止原因：该通知中的有关问题已在刑法及有关司法解释中作出明确规定。

② 已被《最高人民法院关于废止1980年1月1日至1997年6月30日期间发布的部分司法解释和司法解释性质文件（第九批）的决定》废止。

演变的结合上把握其正确涵义。

2003 年 11 月 13 日最高人民法院印发的《全国法院审理经济犯罪案件工作座谈会纪要》规定："国有公司、企业改制为股份有限公司后，原国有公司、企业工作人员和股份有限公司新任命的人员中，除代表国有投资主体行使监督、管理职权的人外，不以国家工作人员论。"这个纪要是对《刑法》第 93 条第 2 款规定的国有单位委派到非国有单位的以"国家工作人员"论的"委派人员"范围的限定解释，对诠释"委派"有一定的限制作用。我们应当从形式特征和实质特征两方面把握"委派"的法律内涵。"委派"的形式特征包括：（1）委派的主体为国家机关、国有公司、企业、事业单位（特别强调：没有人民团体）。这里的"国有"指全部国有，而非部分国有。向国企改制后的公司委派人员的通常为原国有企业或其上级企业、主管部门。（2）委派的形式多种多样，既可以是事前、事中的提名、推荐、指派、任命，也可以是事后的认可、同 意、批准等。但单纯的事后备案行为不属于受委派从事公务的人员。[①]（3）委派的方式应当合法有效。即委派没有超出委派方的职权范围，超越权限的委派应视为不具有合法性。而且委派方与被委派方均有同意的意思表示，这种意思表示一般应采取书面形式予以确认。以口头方式进行的"委派"，必须经过事后双方（委派单位和被委派单位以及被委派人员）的行为予以充分的证实。学界也有人主张，委派关系的成立必须有正式的书面文件。书面材料中，必须载明这类人员的职权范围、任职年限等明确被委派人享有管理监督职权的文字。但是笔者认为，结合目前国企改制的实际情况，委派的形式多种多样，司法认定中不必过分拘泥于形式要件。当然，认定口头形式进行的委

---

① 郭清国：《全国法院审理经济犯罪案件工作座谈会纪要的理解与适用》，载《刑事审判参考》（总第 39 集），法律出版社 2005 年版，第 183 页。

派时，应当十分慎重。①

“委派”的实质特征包括两方面内容：（1）国有单位的直接代表性。即被委派人员是作为委派单位代表在被委派单位从事公务的。其身份与被委派单位雇用、招收人员不同，具有明确的代表委派方利益的特点。② 这种国有单位的直接代表性，一般通过委派单位与被委派人员之间的行政隶属关系体现出来。被委派人员接受委派单位的领导、监督、管理，委派单位可以通过人事档案关系控制被委派人员。被委派人员可能原来就是在国有单位中从事公务的人员，也可能是为了委派需要而由国有单位招聘后再以国有单位名义派出。前者通常仍保留在原国有单位时的身份、级别、待遇等。（2）委派的公务性。即被委派人员在非国有单位从事的是领导、监督、管理等公务活动，而非从事一般性的劳务。所谓公务活动，其本质特征在于管理性，至于从事活动的主体是否具有干部身份对公务的认定不具有任何意义。③

2. 跨越改制的企业职工的身份认定问题

这个问题在国企改制中带有一定的普遍性，很多企业改制后，原班人马仍然留任，职责范围也与改制前一样。理论上，一种观点认为，国有企业改制为股份制企业后，其改制前原有的国家工作人员，即使不专门办理委派手续，其原有的国家工作人员身份依然保留，仍可以成为贪污罪（《刑法》第 382 条第 1 款）主体。④ 还有观点认为，对于在国有企业改制后的混合所有制公司、企业中担任一定职务，从事领导、管理职权的人员是否属于

---

① 参见李小文：《国企改制过程中国家工作人员的界定》，载《人民司法》2005 年第 9 期。

② 任进强：《再谈受委托从事公务的人员》，载《人民检察》2002 年第 5 期。

③ 肖中华：《贪污贿赂罪若干疑难问题论要》，载赵秉志主编：《刑事法判解研究》，人民法院出版社 2002 年第 1 期，第 163 页。

④ 孙力：《公务活动中犯罪界限的司法认定》，中国检察出版社 2000 年版，第 41 页；张穹：《贪污贿赂渎职“侵权”犯罪案件立案标准精释》，中国检察出版社 2000 年版，第 35 页；杨兴国：《贪污贿赂罪法律与司法解释应用问题解疑》，中国检察出版社 2002 年版，第 42～43 页。

委派对象，不能一概而论，而应区别对待。如果符合前文委派特征的应当属于委派对象，以国家工作人员论；如果劳动人事关系与原国有企业已经终止，属重新上岗就业，其在混合所有制公司、企业中担任一定职务行使管理职权，不是代表国有单位，而是代表他方或由该公司、企业聘任的，则不能认定为委派对象。①

笔者认为，国有企业改制后，其所有制形式发生了变化，企业自身的性质就发生了改变，原来的国有企业已经不复存在，在原国有企业中从事公务的人员，其原来的国家工作人员身份也随之丧失。这既是所有制性质决定的，也是法律面前人人平等原则在公司运作中的体现，更是公司、企业法人管理结构的直接要求。除非原国有企业或其上级企业、主管部门根据需要依法另行委派，被委派者才能以国家工作人员论。没有经过特别委派的人员，无论改制前是否为国家工作人员，都不应再作为国家工作人员对待。②

3. 受委派到改制后的公司、企业中担任经理及经理以下管理人员的是否全部都认定为国家工作人员

有些国有单位由于各种原因，向自己参股或者控股的公司、企业委派人员，除董事、监事之外，对一般的管理工作人员也进行委派，比如，经理、财务、业务员等。这些受委派到非国有公司、企业中从事公务的人员是否都应当认定为国家工作人员呢？一种观点认为，这些人员不管有无履行有关手续，都视为代表原国有单位参与对国有资产的经营管理的人员。也有人认为对此不能一概而论，应当从严把握，只有办理委派手续的人员才能认定为国家工作人员。笔者认为，这个问题必须结合委派的具体情况进行具体分析，不能将这些受委派的全部人员都认定为国家工作

① 韩耀武、张伟忠：《刑法中因“委派”而生的“准国家工作人员”的理解与司法认定》，载《人民法院报》2002 年 9 月 9 日。

② 参见李小文：《国企改制过程中国家工作人员的界定》，载《人民司法》2005 年第 9 期。

人员。根据2003年11月13日最高人民法院印发的《全国法院审理经济犯罪案件工作座谈会纪要》的规定和《最高人民法院关于办理违反公司法受贿、侵占和挪用等刑事案件适用法律若干问题的解释》的规定，只有在中外合资、合作、股份制公司、企业中代表国家机关、国有公司、企业、事业单位行使管理职权的受委派的董事、监事以及经理、财务、业务员等，才能被认定为具有国家工作人员身份。否则，不能认定为具有国家工作人员身份。

对此情形，《最高人民法院、最高人民检察关于办理国家出资企业中职务犯罪案件具体应用法律若干问题的意见》（以下简称《意见》，法发〔2010〕49号）有具体明确的规定，只不过是将“受委派”规定为“受委托”而已。依照《意见》第1条的规定，国家工作人员或者受国家机关、国有公司、企业、事业单位、人民团体委托管理、经营国有财产的人员利用职务上的便利，在国家出资企业改制过程中故意通过低估资产、隐瞒债权、虚设债务、虚构产权交易等方式隐匿公司、企业财产，转为本人持有股份的改制后公司、企业所有，应当依法追究刑事责任的，依照《刑法》第382条、第383条的规定，以贪污罪定罪处罚。贪污数额一般应当以所隐匿财产全额计算；改制后公司、企业仍有国有股份的，按股份比例扣除归于国有的部分。所隐匿财产在改制过程中已为行为人实际控制，或者国家出资企业改制已经完成的，以犯罪既遂处理。但是上述规定以外的人员（即具有刑法身份“公司、企业或者其他单位的人员”而非国家工作人员或准国家工作人员）实施该款行为的，依照《刑法》第271条的规定，以职务侵占罪定罪处罚；这些公司、企业或者其他单位的人员与上述规定的人员共同实施该款行为的，以贪污罪的共犯论处。在企业改制过程中未采取低估资产、隐瞒债权、虚设债务、虚构产权交易等方式故意隐匿公司、企业财产的，一般不应当认定为贪污；造成国有资产重大损失，依法构成《刑法》第168条或者第169条规定的犯罪的，依照该规定定罪处罚。另外，依照

《意见》第6条的规定，经国家机关、国有公司、企业、事业单位提名、推荐、任命、批准等，在国有控股、参股公司及其分支机构中从事公务的人员，应当认定为国家工作人员。具体的任命机构和程序，不影响国家工作人员的认定。经国家出资企业中负有管理、监督国有资产职责的组织批准或者研究决定，代表其在国有控股、参股公司及其分支机构中从事组织、领导、监督、经营、管理工作的人员，应当认定为国家工作人员。国家出资企业中的国家工作人员，在国家出资企业中持有个人股份或者同时接受非国有股东委托的，不影响其国家工作人员身份的认定。

4. 再次受委派的是否认定为国家工作人员

在司法实践中，有的行为人先由国有单位委派到国企改制后的公司、企业中从事公务，此时行为人应当以国家工作人员论是明确的，但随后又被该非国有公司、企业委派到其他非国有公司、企业，即实践中所称的“再次委派”，这时行为人是否还具有国家工作人员的身份呢？一种观点认为，非国有单位将所接受的委派人员安排到下属单位从事一定管理职责的，一律按国有单位委派对象认定；还有的认为，受委派从事公务的前提是委派单位为国有单位，这种再次委派的委派主体是非国有公司、企业，因此不得将受委派的人员认定为国家工作人员。[1] 笔者认为，这两种观点都有失偏颇，实践中应区分两种情形分别对待：一是如果再次派遣是经过原国有单位批准或者同意的，或者是经原国有单位意思表示同意，则应视为原国有单位的委派，以国家工作人员论；二是如果原国有单位对其第二次派遣并不知情或者根本不同意的，则被派遣者的身份应视为已经改变，不能再以国家工作人员论，[2] 理由是委派主体不能认为是国家机关、国有公司、企

---

① 孙国祥主编：《贪污贿赂犯罪疑难问题学理与判解》，中国检察出版社2003年版，第77～78页。

② 参见李小文：《国企改制过程中国家工作人员的界定》，载《人民司法》2005年第9期。

业、事业单位。

实践中，上海市高级人民法院于2004年发布的《关于刑法总则适用若干问题的解答》中提到："非国有单位将所接受的'委派人员'安排到下属单位从事一定的管理职责，其劳动人事关系仍由国有单位管理或予以保留的，不影响对其国有单位委派人员的认定。"这实际上为界定再次委派人员是否具有国家工作人员身份提供了一个很好的参考性意见。不过，我们应当注意以下两点：(1)劳动人事关系是否仍由国有单位管理或保留并非判断的唯一标准，关键还是要看再次委派是否体现了原国有单位的意志。有些人员系国有公司特地从社会上招聘的，然后再委派到改制后的新公司中从事公务，其人事关系原本就在改制后的公司里，如果新公司将其再次委派出去是经过了原国有公司的批准，也应当认定为国家工作人员。(2)有的认为，行为人被委派到非国有公司后，又受该非国有公司"委派"到不具有独立法人资格的分支机构工作，则不论其再次"委派"是否经过原国有单位的同意或批准，都应当认定为国家工作人员。[①] 其理由在于，这里的"委派"实际上是这个非国有单位的内部分工，并非上述意义上的"委派"。笔者认为这种观点值得商榷。多级控股是现代企业制度发展的产物，它使得母公司得以用极少的资产投入控制支配了超过自身资产数额数倍、数十倍乃至数百倍的资产。国家或国有独资公司、企业对一级子公司的控股为直接控股。很显然，在多级控股的情况下，子公司的级别越低，国有资产在其中所占的比例就越低，其他所有制资产的股东的出资额比例就越高，国有控股公司往往就演变成国有参股公司，非国有资产的成分在这些公司居于绝对控股或相对控股的地位。因此，笔者认为，非国有单位将所接受的委派对象安排到下属单位从事一定管理职责的，不能一概作为原国有单位委派对象认定，而应根据具体情况

---

① 参见李小文：《国企改制过程中国家工作人员的界定》，载《人民司法》2005年第9期。

区别对待。如果其工作人员是受原国有单位或者国有相对控股的子公司推荐而从事公务的，不影响国有单位委派对象的认定。如果是受其他合资方的非国有公司、企业委派而在下一级公司、企业从事一定的管理职责的，则不能再视为国有单位委派，[①] 对此部分受委派者不能以国家工作人员论，即不具有国家工作人员身份。

（三）贪污案件中非法财物可否成为贪污罪的对象

在实践中，有些行为人侵吞的财物并非其本单位的合法财物，而是诸如扣押品、违禁品及受贿的赃款赃物等非法财物。例如被告人马某某，女，1954 年某月生，广东省某市人，汉族，文化程度大专，案发前系某市公安局交通警察支队交通安全宣传教育处处长，曾是某市公安局交警支队车辆管理处处长。某市公安局交警支队车辆管理处（以下简称某车管处）一直为中国人民保险公司某市某支公司（以下简某保险公司）代办车辆保险业务，某保险公司为了争取更多的保险业务，违反国家规定，按照高出国家规定允许的比例支付回扣给车管处，作为该处小金库的流动资金使用。1999 年 3 月间，被告人马某某利用其担任某车管处处长，负责该处全面工作的职务之便，通过电话要求某保险公司的冯某某，将其中给付车管处的手续费人民币 20 万元交到某百货大楼股份有限公司作为车管处购物之用。随后，被告人马某某私自在某百货大楼将该笔款项用于购买药材、补品、日用品等个人消费。在处理本案时，就定性问题产生了分歧意见。一种意见认为，上述人民币 20 万元属于某保险公司行贿车管所的赃款，不能追究其贪污罪的刑事责任。另一种意见认为，被告人马某某既构成受贿罪，又构成贪污罪，实行数罪并罚。某一审法院对被告人马某某只定贪污罪，没有追究其（单位）受贿罪的刑事责任。本案涉及非法财物可否成为贪污罪对象的理论问题。

---

① 参见韩耀武、张伟忠：《刑法中因“委派”而生的“准国家工作人员”的理解与司法认定》，载《人民法院报》2002 年 9 月 9 日。

否定者认为，这种非法财物并非行为人所在的“本单位公共财物”，其理论依据是行为人所在的单位对此赃物不享有所有权，赃物的所有权仍归行贿的单位所有，行为人没有侵占本单位公共财物，就不能构成贪污罪。

笔者认为，这种观点值得商榷。赃物的终极所有权归属国家，但是，在被追缴前暂时由相关单位临时占有。因此，可视赃物为临时占有单位的公共财物，也就是说赃物可以成为贪污罪对象。理由如下：

（1）从法律规定上看，赃物的终极所有权归国家有充分的法律依据。我国《刑法》第64条规定：“犯罪分子违法所得的一切财物，应当予以追缴或者责令退赔；对被害人的合法财产，应当及时返还；违禁品和供犯罪所用的本人财物，应当予以没收。没收的财物和罚金，一律上缴国库，不得挪用和自行处理。”由此可见，应当追缴的违法所得的所有权归国家所有。这里所讲的应当追缴的违法所得，指的是没有被害人或被害单位又没有责令退赔的情形。上述车管处收受某保险公司的贿赂款人民币20万元就是这种情形，应当予以追缴，上缴国库。

（2）从法学理论上看，尚未追缴的赃物，也是赃物，其所有权仍属于国家，这是合乎法理的。根据《民法通则》第71条的规定，财物所有权是指所有人依法对自己的财物享有占有、使用、收益和处分的权利。尚未追缴的赃物归国家所有这一问题，在理论上之所以存在模糊认识，是因为国家对尚未追缴的赃物尚未实际占有，使其所有权没有完全实现，只是处于期待的状态，或者说，这部分财物的所有权处于游离状态。财产所有权，作为一种民事法律关系，其主体是财产所有人，客体是财产，它的内容是财产所有人对其财产所有的权利和非财产所有人负有不得侵犯的义务。[①] 因此，尽管作为赃物所有者的国家，对尚未追缴的

① 李由义主编：《民法学》，北京大学出版社1988年版，第171页。

赃物没有实际占有，但赃物所有权关系已为我国法律所确认，国家对这部分赃物享有绝对的支配权，并且排除他人非法干涉。[①]上述某车管处收受某保险公司的贿赂款人民币 20 万元，尽管尚未追缴，但是依照《刑法》第 64 条的规定，应当予以追缴，上缴国库。显然，其终极所有权归国家所有。

当然，在这里应当说明的一点是，国家机关能否可以成为单位犯罪的主体，存在争议。笔者认为，某车管处能成为受贿罪主体，原因是我国《刑法》第 30 条规定的单位犯罪主体没有将“国家机关”这一单位排除在外。某车管处直接负责的主管人员或其他直接责任人员构成了受贿罪，车管处收受的这 20 万元能够认定为赃物，不影响其终极所有权归国家所有。

（3）尚未追缴的赃物可视为公共财物。由上述分析可知，尽管尚未追缴的财物的终极所有权归属于国家，但由于尚未追缴，处于涉案单位临时占有，按照民法中所有权之占有、使用、收益和处分的四权能可以分离的理论，这种财物可视为临时占有单位的公共财物，也就是说这种赃物可以成为贪污罪对象。

本案中马某某实际上实施了两种犯罪行为，一种是作为直接负责的主管人员收受贿赂款人民币 20 万元，其行为构成了（单位）受贿罪；另一种是作为某车管处处长，利用其职务便利，侵吞了临时归该处占有可视为其单位公共财物的赃款人民币 20 万元，其行为又构成了贪污罪。依照《刑法》第 382 条第 1 款、第 383 条、第 387 条和第 69 条的规定，应当对其以贪污罪和单位受贿罪分别判处刑罚，并用数罪并罚的原则来决定其执行的刑罚。某一审法院只追究马某某贪污的刑事责任，而放纵其受贿的刑事责任，是不全面的。[②]

---

① 徐留成：《论赌资犯罪的数额认定》，载《人民检察》1996 年第 7 期。

② 参见邢冰、徐留成：《赃物可以成为贪污罪的犯罪对象》，载《检察日报》2005 年 9 月 22 日。

（四）受贿案件中个罪形态定罪疑难问题研究

1. 如何区分受贿罪刑法规定中的“利用职务上的便利”与“利用职权或地位形成的便利条件”

司法实践中，经常遇到受贿罪中“利用职务上的便利”与“利用职权或地位形成的便利条件”的区分问题，而正确区分二者是办好案件的关键。

自1979年《刑法》颁行以来，在理论上和司法实践中对上述问题的内涵和处延，甚至它是否应作为认定受贿罪的要件，产生了不同的理解和争论。在上个世纪80年代中期，刑法学界的一般观点认为利用职务上的便利是指利用本人职务范围内的权力所造成的便利条件。具体表现在，利用自己的职权或不执行自己的职务活动，为行贿人谋取利益。① 照此观点，行为人如果没有实施职务上的作为或不作为，就不构成受贿罪。这是对利用职务上的便利的狭义解释。利用职务上的便利到底应当怎样理解，其内容到底包括哪些，这涉及多方面问题，应当多角度进行综合研究，才能作出科学界定。从语义学上看，利用职务上的便利，确实是指行为人直接利用自己所担任的职务上的便利，而不包括工作上的便利或他人职务上的便利，但是利用职务上的便利，不仅是个语义学问题，从法学角度看，它是个法律概念。法律条文和法律概念要通过一定的文字予以精确表述，我们必须准确理解其字面含义。但又不能局限于文字，还必须从法律上把握其内容。利用职务上的便利，是受贿罪一个重要的犯罪构成要件。单从文字上理解，难以把握其真正内涵。我国刑法中关于“利用职务上的便利”有多处规定。如《刑法》第382条、第384条、第385条等都有“国家工作人员利用职务上的便利”的规定。文字表述一样，但从法律上讲，它们是不同犯罪的构成要件，有其不同的内涵。例如，《刑法》第382条贪污罪、第384条挪用公款罪中

---

① 雷鹰：《谈谈受贿罪》，载《法学研究》1987年第5期。

利用职务上的便利与受贿罪利用职务上的便利，其内容范围大不一样。前者仅限于经手、管理公共财物的职务，而后者却包括一切公务活动。①《刑法》第 385 条第 1 款规定的“利用职务上的便利”是受贿罪的必要构成要件。该款中“利用职务上的便利”通常与“为他人谋取利益”相联系，但行为人为他人谋取利益时所利用的职务情况比较复杂，有的是直接利用本人的职务，有的是间接利用，即通过其他国家工作人员的职务行为，为他人谋取利益，如利用自己分管、主管的下属工作人员的职务便利，或者利用不属自己分管的下级部门的国家工作人员的职务便利，为他人谋取利益。由于《刑法》第 388 条规定“通过其他国家工作人员职务上的行为”为他人谋取利益构成受贿罪，须以“为他人谋取不正当利益”为必要条件，司法实务中对于利用其他国家工作人员的职务便利为他人谋取正当利益，非法收受或者索要他人财物的行为，能否以受贿罪定罪处罚，有不同的认识。考虑到行为人通过其他国家工作人员职务上的行为为他人谋取利益，存在着利用本部门、本系统中与自己有隶属、制约关系的国家工作人员的职务行为的情形，由于二者之间存在着管理体制上的隶属、制约关系，因此，这种利用带有指挥、命令、下级不敢不从的性质，是国家工作人员利用本人的职务便利、为他人谋取利益的具体表现。《全国法院审理经济犯罪案件工作座谈会纪要》（2003 年 11 月 13 日发布）第 3 条第 1 款明确：“刑法第三百八十五条第一款规定的‘利用职务上的便利’，既包括利用本人职务上主管、负责、承办某项公共事务的职权，也包括利用职务上有隶属、制约关系的其他国家工作人员的职权”，并强调，利用本人职权并不局限于国家工作人员的职责分工，“担任单位领导职务的国家工作人员通过不属自己主管的下级部门的国家工作人员的职务为他人谋取利益的，应当认定为‘利用职务上的便利’为他人谋取利益。”

---

① 刘亚丽：《对受贿罪“利用职务上的便利”探讨》，载《中国刑事法杂志》总第 47 期。

《刑法》第388条关于“利用本人职权或者地位形成的便利条件”的规定，直接来源于《最高人民法院、最高人民检察院关于执行〈关于惩治贪污罪贿赂罪的补充规定〉若干问题的解答》[①]（1989年11月6日发布）。该解答第3条第2项规定：“受贿罪中‘利用职务上的便利’，是指利用职权或者与职务有关的便利条件。‘职权’是指本人职务范围内的权力。‘与职务有关’，是指虽然不是直接利用职权，但利用了本人的职权或地位形成的便利条件。国家工作人员不是直接利用本人职权，而是利用本人职权或地位形成的便利条件，通过其他国家工作人员职务上的行为，为请托人谋取利益，而本人从中向请托人索取或者非法收受财物的，应以受贿论处。对于单纯利用亲友关系，为请托人办事，从中收受财物的，不应以受贿论处。”1997年修订《刑法》时，将“利用本人职权或者地位形成的便利条件”与“请托人谋取不正当利益”相联系，作为国家工作人员斡旋受贿，构成受贿罪的共同条件。为了与《刑法》第385条第1款的规定进行区分，《全国法院审理经济犯罪案件工作座谈会纪要》（2003年11月13日发布）第3条第3款明确：“《刑法》第388条规定的‘利用本人职权或者地位形成的便利条件’，是指行为人与被其利用的国家工作人员之间在职务上虽然没有隶属、制约关系，但是行为人利用了本人职权或者地位产生的影响和一定的工作联系，如单位内不同部门的国家工作人员之间、上下级单位没有职务上隶属、制约关系的国家工作人员之间、有工作联系的不同单位的国家工作人员之间等。”可见该《纪要》明确了斡旋贿赂构成受贿罪应具备以下两个特征：一是接受请托、索取或者收受财物的国家工作人员与利用职务行为为请托人谋取不正当利益的国家工作人员之间没有职务上的隶属、制约关系，如单位内不同部门的

① 根据《最高人民法院、最高人民检察院关于废止1980年1月1日至1997年6月30日期间制发的部分司法解释和司法解释性质文件目录》（法释〔2013〕1号），《刑法》及相关司法解释有新规定。

国家工作人员之间、上下级单位没有隶属、制约关系的国家工作人员之间、有工作联系的不同单位的国家工作人员之间等；二是索取或者收受财物的国家工作人员对于被利用的国家工作人员职务行为存在一定的影响，但这种影响应当是间接的，如果能够直接影响，则应适用《刑法》第385条第1款。区别的关键在于行为人与被其利用的国家工作人员之间是否存在着职务上的隶属关系或者制约关系。[①] 有隶属关系者是“利用职务上的便利”；无隶属关系者是“利用职权或地位形成的便利条件”。正确区分这一点，在处理受贿案件中有利于准确适用《刑法》第385条和第388条的规定。

2. “回扣”的所有权归属是否影响受贿罪的定罪

我国《刑法》第385条第2款规定：“国家工作人员在经济往来中，违反国家规定，收受各种名义的回扣、手续费，归个人所有的，以受贿论处。”这是关于准受贿罪的规定。司法实践中，有时回扣来源于行为人的单位，有时来源于对方单位，这就带来了回扣所有权归属是否影响受贿罪成立的问题。如果回扣表面来看是来源于对方单位，但此回扣的所有权归属行为人的单位，在此情况下是定贪污罪呢？还是定受贿罪呢？例如，2000年，浙江某金融中心工程招投标，邵某是该工程发包方负责人，整个工程的造价需人民币6000万元，某建筑公司中标前以给付邵某人民币50万元回扣为条件，要求工程造价定为人民币6050万元。邵某收受回扣后使某建筑公司得以中标。处理本案时，有两种不同意见。一种意见认为，依照《刑法》第385条第2款的规定，应当定受贿罪。另一种意见认为，人民币50万元回扣的所有权归属邵某所在单位某金融中心，依照《刑法》第382条的规定，应当定贪污罪。此案涉及“回扣”的所有权归属是否影响受贿罪定罪的理论问题。笔者认为，应当具体情况具体分析，不能一概而论。

---

① 参见万鄂湘、张军主编：《最新刑事法律文件解读》2005年第6辑，人民法院出版社2005年版，第50～52页。

（1）回扣的所有权不归属行为人所在单位的，可定受贿罪

回扣是指在经济活动中，卖方从收受的价款中扣出一部分回送给买方或其代理人的财物。笔者认为，适用《刑法》第385条第2款定受贿罪的前提是回扣的所有权不归属行为人所在的单位。否则，就会与《刑法》第382条关于贪污罪的规定冲突，这是因为贪污罪要求行为人侵吞、骗取本单位的公共财物。上述案例如果是这样：2000年，浙江某金融中心工程招投标，负责监督招投标的邵某以中标后安排其亲戚参与工程承包为条件，帮助某建筑公司成功中标。工程开工后，因客观原因邵某亲戚未能参与承包，为了使邵某的利益得到弥补，某建筑公司遂送给邵某50万元回扣。这里的50万元是某建筑公司自己所有的财物，不归邵某所在的单位所有，邵某收受这50万元完全是一种权钱的交易，符合受贿罪的犯罪构成，应当定受贿罪。

（2）回扣的所有权归属行为人所在单位的，可定贪污罪

实践中回扣的形式多种多样，收受回扣行为性质的认定具有复杂性，认定收受回扣行为的法律性质，需要具体问题具体分析。收受回扣行为的性质有以下几种不同情形：①回扣归行为人单位所有，单位收取回扣后如果入账，属合法行为；如果不入账，达到一定数额则构成受贿。②回扣归单位（无论是买方或是卖方）所有，但经办人占为已有，经办人实施的就是侵吞单位公共财物的行为，是一种贪污行为。③回扣由卖方暗中直接给予经办人，经办人占有的，如果回扣是卖方所有的财物，符合贿赂性的特征，认定为受贿。④回扣由卖方暗中直接给予（买方）经办人，经办人占有的，如果回扣是买方单位的财物，那么经办人实质上是通过卖方的转手行为将单位财物以回扣的形式据为已有，（买方）经办人的收受行为构成贪污。[①] 这种回扣本身，并非出于买卖双方自由意志选择的一致性，属于买卖合同的无效部分内

---

① 黄庆芳：《收受回扣的法律性质及其认定》，载《杭州商学院学报》2003年第3期。

容，其所有权自然不能转移，仍归原单位所有。

一般而言，通过犯罪对象，可以对贪污与受贿作出清楚的界定。行为人所取得的财物系他人（包括单位）的财物，即为受贿；所取得的财物系本单位的公共财物（包括本单位管理、使用或者运输中的私人财物），即为贪污。但是，在经济往来中，国家工作人员利用签订、履行合同的职务便利，经由交易对方以各种名义的回扣、手续费等形式收受财物，不能不加区别地一概认定为《刑法》第385条第2款规定的受贿行为，而应当结合交易的真实情况，具体分析行为人所获得的财物实际上是属于经济往来的对方单位还是行为人单位，应审慎加以区分，然后准确认定其行为的性质。在购销活动中，如果购入所在方行为人收受的各种名义的回扣、手续费等实际上来源于虚增标的金额（如上述案例），或者卖出方行为人收受的各种名义的回扣、手续费，实际上来源于降低标的金额者，因该回扣或者手续费实质上属于本单位的额外支出或者应得利益，实际上侵犯的是行为人本单位的财产权利，就应当认定是一种变相的贪污行为。① 总之，回扣的所有权的归属影响行为人行为的定性，归行为人所在单位的，可定贪污罪；归行为人对方所在单位的，可定受贿罪。

上述案例中，邵某是浙江某金融中心工程发包方负责人，利用职务便利，使整个工程的造价由原来的实际只需人民币6000万元，提高到人民币6050万元，某金融中心多支出人民币50万元。表面看来，这50万元的回扣是从某建筑公司得来，而实质上，这50万元的合同关系是无效的民事法律关系，其所有权仍归发包单位某金融中心所有，是公款。因此，邵某的行为完全符合贪污罪的犯罪构成特征，应当以贪污罪追究其刑事责任。②

---

① 参见万鄂湘、张军主编：《最新刑事法律文件解读》2005年第6辑，人民法院出版社2005年版，第47~48页。

② 参见邢冰、徐留成：《违规收受“回扣”并非一律定受贿》，载《检察日报》2005年10月21日。

3. 转化的受贿犯意是否构成受贿罪的问题研究

转化的受贿犯意是指，行为人开始并没有受贿的主观故意，而是在事后由于对方强调不要还或是不要给钱的情况下，产生了不还的想法。转化的受贿犯意能否构成受贿罪在实践中存在着争议。例如王某系某市人民医院财务科长。2000 年 7 月，王某找到承包该院房屋维修工程的包工头陈某借款 2 万元。陈某考虑到工程付款等事情需要王某关照，就拿了 2 万元给王某，也没要借据。后来王某对陈某提起还钱的事，陈某说："科长，你太见外了，我以后请你帮忙的地方多着呢。"以后数年，王某一直没有将 2 万元还给陈某，陈某也没有向王某催要。在王某的关照下，陈某在该院房屋维修工程的付款一直较顺利。对此案的定罪问题有两种不同意见：否定定罪者认为，这种情况下行为人在没有产生为他人谋取利益的主观故意下向对方借钱，之后尽管为他人谋取了利益，但没有明确表示不归还此借款，也不构成受贿罪。其理由是行为人有为他人谋取利益的客观行为，但缺少受贿的主观故意。肯定定罪者认为，王某与陈某开始时未表现为贿赂关系，而是表现为借贷关系或是有偿服务等，但是一段时间后由借贷关系或是有偿服务转变为贿赂犯罪行为。笔者认为，就本案而言，在主观上，王某有收受贿赂的故意。王某向利害关系人陈某借钱，也许开始并没有受贿的主观故意，但在陈某表示不要他还（也就是送给他）时，王某也没有表示再归还此借款。从此，王某与陈某的贷款关系就不复存在。客观上，王某收受贿赂，并利用职务之便为他人牟利。王某的借款，与其利用职务便利紧密联系，不可分割。可以说，如果不是王某的职务因素，他可能借不到陈某的钱。其次表现为非法收受陈某的 2 万元，并为陈某谋取利益。因为如果不是王某的职权，陈某和他既无亲戚关系，又无人情往来，更不是馈赠，凭什么不要他还款？王某自己也知道，陈某不要自己还钱是想利用自己的职权为他谋利益，而且自己的职权确实能够为陈某谋利益。事实上王某在陈某明确表示不要他还款后，一是再也不提还钱的事；二是利用自己担任财务科长的职权为向陈某支付工程款提供各种方便。综上所述，王某的行为符合转化型受贿罪的构成要件，应以受贿罪定罪。也就是说，行为人转化的受贿犯意能构成受贿罪。

总之，在受贿犯罪案件中，有部分受贿行为是以“借款”的名义实施的，由于民间借贷行为的合法性，对于国家工作人员的正当借款行为，当然不能以受贿犯罪论处。依照《最高人民法院全国法院审理经济犯罪案件工作座谈会纪要》（2003 年 11 月 13 日公布）第 3 条第 6 款的规定，国家工作人员利用职务上的便利，以借为名向他人索取财物，或者非法收受财物为他人谋取利益的，应当认定为受贿。具体认定时，不能仅仅看是否有书面借款手续，应当根据以下因素综合判定：（1）有无正当、合理的借款事由；（2）款项的去向；（3）双方平时关系如何、有无经济往来；（4）出借方是否要求国家工作人员利用职务上的便利为其谋取利益；（5）借款后是否有归还的意思表示及行为；（6）是否有归还的能力；（7）未归还的原因，等等。[①] 因此，在处理此类案件时，应当注意以下两点：（1）在主观方面，行为人开始并没有受贿的主观故意，而是在事后由于对方强调不要还或是不要给钱的情况下，产生了不还的想法。（2）在客观方面，首先表现为利用职务上的便利，或向利害关系人借款，或要求利害关系人为自己提供建房、装修等有偿服务；其次表现为非法收受他人财物，为他人谋取利益。[②]符合这两个特征的即是受贿，不符合的则不是，而是“借贷关系”。

（五）挪用型犯罪案件个罪形态定罪疑难问题研究

1. 为单位利益挪用公款给他人使用的，能否以挪用公款罪

---

① 参见万鄂湘、张军主编：《最新刑事法律文件解读》2005 年第 7 辑，人民法院出版社 2005 年版，第 116 ~ 117 页。

② 参见王林祥、陈军：《如何认定“转化型”受贿》，载《人民检察》2005 年第 9 期。

追究直接负责的主管人员和其他直接责任人员的刑事责任

在司法实践中，有些国有公司、企业、事业单位或者人民团体的负责人为了单位的利益，违反规定以单位名义将公款借给个人使用，对于这种行为能否以挪用公款罪对单位中直接负责的主管人员和其他直接责任人员追究刑事责任，实践中有不同的做法：有的以挪用公款罪定罪处罚，有的不以犯罪论处。由于1997年刑法中未规定单位可以构成挪用公款罪，因而对于单位挪用公款的行为，不能以挪用公款罪来追究单位的刑事责任。这可以说是罪刑法定原则的必然要求，而且在理论上也几乎没有异议。但对于能否以挪用公款罪来追究直接负责的主管人员和其他直接责任人员的刑事责任，理论上存在否定与肯定两种不同观点。否定者认为，对此类案件，如果以挪用公款罪追究直接负责的主管人员和其他直接责任人员的刑事责任，势必与罪刑法定原则相违背。对单位犯罪而言，不论是双罚制还是单罚制，都必须以明确规定单位所构成的具体犯罪为前提。否定者还认为，对于此类以单位名义挪用公款的行为，倘若构成其他单位犯罪的，以其触犯的单位犯罪的罪名定罪处罚。[①]肯定者则认为，虽然1997年《刑法》没有明确规定单位可以成为挪用公款罪的主体，但在单位非法将资金直接拆借给其他私有公司、私有企业时，仍然可以依照共同犯罪的原理，视具体案情对有关直接责任人员以挪用公款罪论处（在满足挪用公款罪其他构成条件的情况下）。[②]

笔者认为，此类问题是在法律没有规定该种单位行为构成犯罪的情况下应否追究有关责任人员即直接负责的主管人员和其他直接责任人员的刑事责任问题，最高司法机关对这个问题的处理意见是不一致的。《最高人民法院关于审理诈骗犯罪案件具体应

① 参见杨聚章、田立文：《关于挪用公款罪的几个问题》，载高铭暄、马克昌主编：《刑法热点疑难问题探讨》，中国人民公安大学出版社2002年版，第1227页。

② 参见赵秉志主编：《中国刑法案例与学理研究分则篇（六）·贪污贿赂罪、渎职罪》，法律出版社2001年版，第97页。

用法律的若干问题的解释》（1996 年 12 月 24 日通过）[①] 第 1 条第 4 款规定，单位直接负责的主管人员和其他直接责任人员以单位名义实施诈骗行为，诈骗所得归单位所有，数额在 5 万至 10 万元以上的，应当依照 1979 年《刑法》第 151 条（数额较大的诈骗罪）的规定追究上述人员的刑事责任；数额在 20 万至 30 万元以上的，依照 1979 年《刑法》第 152 条（数额巨大或情节特别严重的诈骗罪）的规定追究上述人员的刑事责任。但是，在 1997 年《刑法》实施以后，最高人民法院就 1997 年《刑法》没有明确规定单位犯罪的情况下，在单位实施该类行为时该如何处理，其态度发生了转变。就单位贷款诈骗行为的处理来看，《最高人民法院全国法院审理金融犯罪案件工作座谈会纪要》（2001 年 1 月 21 日发布）第 2 条第三个问题“关于金融诈骗罪”第 2 小点强调：“根据《刑法》第 30 条和第 193 条的规定，单位不构成贷款诈骗罪。对于单位实施的贷款诈骗行为，不能以贷款诈骗罪定罪处罚，也不能以贷款诈骗罪追究直接负责的主管人员和其他直接责任人员的刑事责任。但是，在司法实践中，对于单位十分明显地以非法占有为目的，利用签订、履行借款合同诈骗银行或其他金融机构贷款符合《刑法》第 224 条规定的合同诈骗罪构成要件的，应当以合同诈骗罪定罪处罚。”此外，《全国法院审理经济犯罪案件工作座谈会纪要》（2003 年 11 月 13 日最高人民法院发布）第 4 条第 1 款规定：“经单位领导集体研究决定挪用公款归个人使用，或者单位负责人为了单位的利益，决定将公款给个人使用的，不以挪用公款罪定罪处罚。上述行为致使单位遭受重大损失，构成其他犯罪的，依照刑法的有关规定对责任人员定罪处罚。”上述规定是符合罪刑法定原则要求的。与最高人民法院的规定相矛盾的是最高人民检察院的以下两个批复：第一个是最高人民检察院针对内蒙古自治区和江苏省人民检察院的请示于 1996

① 已被《最高人民法院关于废止 1980 年 1 月 1 日至 1997 年 6 月 30 日期间发布的部分司法解释和司法解释性质文件（第九批）的决定》废止。

年1月23日作出的批复："单位组织实施盗窃，获取财产归单位所有，数额巨大，情节恶劣的，应对其直接负责的主管人员和其他直接责任人员按盗窃罪依法批捕、起诉。"第二个批复是针对上述第一个批复而作出的。由于该批复是在1997年《刑法》实施之前作出的，在1997年《刑法》实施之后是否能将之适用于单位盗窃案件的处理，存在疑问。为此，2002年8月13日最高人民检察院公布并施行了《关于单位有关人员组织实施盗窃行为如何适用法律问题的批复》，该《批复》指出："近来，一些省人民检察院就单位有关人员为谋取单位利益组织实施盗窃行为如何适用法律问题向我院请示。根据刑法的有关规定，现批复如下：单位有关人员为谋取单位利益组织实施盗窃行为，情节严重的，应当依照《刑法》第264条的规定以盗窃罪追究直接责任人员的刑事责任。"

笔者认为，为单位利益挪用公款给他人使用的，不能以挪用公款罪追究直接负责的主管人员和其他直接责任人员的刑事责任。第一，是因为单位犯罪是由单位作为犯罪主体所实施的刑法分则有明文规定的严重危害社会的行为，对单位中直接负责的主管人员和其他直接责任人员判处刑罚体现的是对单位整体所应负刑事责任的一种分担，即直接负责的主管人员和其他直接责任人员是单位犯罪的刑事责任承担者之一（无论是单罚制或是双罚制的情况），而不是意味着该类人员也是单位犯罪的主体。[①] 这说明在单位实施某一行为的场合，要追究有关直接负责的主管人员和其他直接责任人员的刑事责任，须以单位所实施的行为已构成犯罪为前提。因此，在单位的行为不构成犯罪的情况下，追究直接负责的主管人员和其他直接责任人员的刑事责任，便会导致犯罪与刑事责任的必然联系出现割裂，造成在没有犯罪的情况下却存

① 参见张明楷：《刑法学》（第二版），法律出版社2003年版，第931页。受贿罪的主体仅限于国家机关、国有公司、企业、事业单位与人民团体。说明单位犯罪的主体是单位，而不是自然人。从而与自然人犯罪相区分。

在刑事责任的不合理现象。第二，前述否定者所认为的以挪用公款罪追究单位挪用公款责任的案件中有关责任人员的刑事责任，势必与罪刑法定原则相违背。以笔者看来，最高人民检察院在关于单位盗窃行为如何处理的前后两个《批复》中，一致表明了对于单位盗窃案件中的直接负责的主管人员和其他直接责任人员要依照针对自然人犯盗窃罪所规定的法条来追究刑事责任的态度。对此亦有学者赞同认为，根据1997年《刑法》第30条的规定，在1997年《刑法》没有将盗窃罪、贷款诈骗罪规定为单位犯罪的情况下，不能追究单位犯罪的刑事责任。但是，1997年《刑法》第30条并没有禁止追究自然人的刑事责任。根据1997年《刑法》的有关规定，在自然人可能成为犯罪主体的情况下，应当追究自然人的刑事责任。在这种情况下，单位犯罪不能成立，单位直接负责的主管人员和其他直接责任人员因为自己的行为构成自然人犯罪而承担刑事责任。[①] 问题在于，对于1997年《刑法》没有明确规定单位能够实施刑法分则所规定的某种危害社会的行为而单位实施了该种行为的案件，以1997年《刑法》针对自然人规定的犯罪法条来追究直接负责的主管人员和其他直接责任人员的刑事责任，其法律依据何在？应当看到，1997年《刑法》之所以规定单位犯罪，就是为了体现对单位犯罪与自然人犯罪的区别对待，为追究单位及有关直接负责的主管人员和其他直接责任人员的刑事责任（双罚制的情况下）或为追究直接负责的主管人员和其他直接责任人员的刑事责任（单罚制的情况下）提供法律依据。这说明，要追究单位实施的危害行为的案件中直接负责的主管人员和其他直接责任人员的刑事责任，无论在何种情况下都要以刑法对该种行为有明文规定为前提。在1997年《刑法》没有规定单位可以实施某种危害行为的情况下，对单位实施该种危害行为的案件中的直接负责的主管人员和其他直接责任人

① 参见张明楷：《法益初论》，中国政法大学出版社2004年版，第367页。

员以刑法中针对自然人犯罪规定的法条来追究刑事责任，确实违背了罪刑法定原则。按照上述学者的逻辑，假如刑法对所有的单位犯罪都实行单罚制，那么，在刑法中岂不是根本没有规定单位犯罪的必要？只需要按相关的自然人犯罪加以处理即可。第三，在单位行为不构成犯罪的情况下，以相关的自然人犯罪来追究直接负责的主管人员和其他直接责任人员的刑事责任，便意味着抹杀了单位行为与自然人个人行为的界限，将本来由单位意志支配下的行为强行作为个人意志支配下的行为对待。有的学者在论述为了单位利益而诈骗贷款的刑事责任问题时指出：为了单位利益而诈骗贷款的行为是单位行为，因为这种行为是以单位的名义实施的，并且也是为了单位利益；同时这种行为也是有关直接负责的主管人员和其他直接责任人员的行为，因为单位行为必须通过人来实施，没有人的行为就不会有单位行为。不能因为无法处罚单位，就连自然人也不处罚。① 对此，笔者认为，为了单位利益而诈骗贷款的行为既是刑法意义上的单位行为，也是刑法意义上的个人行为，这在逻辑上不能成立。该种行为既然体现的是单位意志，实现的是单位利益，当然就是刑法意义上的单位行为。单位行为固然必须通过单位的成员来付诸实施，但其实施的是体现单位意志的刑法意义上的单位行为，而不是体现个人意志的刑法意义上的个人行为，不能说一种刑法意义上的单位行为由个人实施后便由此获得了刑法意义上的个人行为的属性。单位的任何成员如果脱离了单位，就不再具有其在单位中的地位，其实施的行为也就不可能成为刑法意义上的单位行为，而只是孤立的个人行为。第四，1997 年《刑法》规定挪用公款罪的目的，是为了惩治国家工作人员个人利用职务上的便利将资金或特定公物挪作私用的行为。单位挪用公款案件中直接负责的主管人员和其他直接责任人员所实施的行为并非为了其本人的利益，不具备挪用公款罪

① 参见周振晓：《为了单位利益而诈骗贷款的刑事责任》，载《观察与思考》2001 年第 10 期。

的“归个人使用”这一要件。[①] 因此，《全国法院审理经济犯罪案件工作座谈会纪要》第 4 条第 1 款的规定是符合刑法理论的，也是符合司法实际的。根据该款的规定，对于以单位名义将公款借给个人使用的行为，能否以挪用公款罪定罪处罚，应当审查认定该行为是否属于单位行为。对于单位行为，即经单位领导集体研究决定将公款给个人使用，或者单位负责人为了单位的利益，决定将公款给个人使用的，由于刑法没有规定单位挪用公款罪，根据罪刑法定原则，既不能以挪用公款罪追究单位的刑事责任，也不能以挪用公款罪追究单位中直接负责的主管人员和其他直接责任人员的刑事责任。[②]

对于单位挪用公款行为，虽然笔者认为不能以挪用公款罪来追究直接责任人员的刑事责任，但是，从刑法理论上讲，鉴于刑法对用账外客户资金非法拆借、发放贷款的行为规定了单位犯罪，如果此类“挪用公款行为”符合这些罪的构成要件，是可以以该罪论处的。即使此类的行为不符合这些罪的构成要件，在造成公款严重损失的情况下，对于对此行为直接负责的主管人员和其他直接责任人员可依据其在挪用公款时所具有的主观罪过的实际情况（如对使用人的还款能力或还款信誉疏于考察等），依法认定相应的渎职类犯罪，如滥用职权罪，玩忽职守罪，国家机关工作人员签订、履行合同失职被骗罪，国有公司、企业、事业单位人员失职罪，国有公司、企业、事业单位人员滥用职权罪或者签订、履行合同失职被骗罪等。[③]

2. 受委托管理、经营国有财产的人员能否成为挪用公款罪的主体

---

① 参见王志祥：《论挪用公款罪主体的几个问题》，载《法商研究》2004 年第 2 期。

② 参见万鄂湘、张军主编：《最新刑事法律文件解读》2005 年第 7 辑，人民法院出版社 2005 年版，第 116 页。

③ 参见王志祥：《论挪用公款罪主体的几个问题》，载《法商研究》2004 年第 2 期。

《刑法》第382条贪污罪的主体和第384条挪用公款罪的主体，采取了不同的立法方式。《刑法》第382条第1款规定的贪污罪主体为国家工作人员，第2款规定："受国家机关、国有公司、企业、事业单位、人民团体委托管理、经营国有财产的人员，利用职务上的便利，侵吞，窃取、骗取或者以其他手段非法占有国有财物的，以贪污论。"该款规定的贪污罪主体为受国家机关、国有公司、企业、事业单位、人民团体委托管理、经营国有财产的人员。而《刑法》第384条规定的挪用公款罪主体是国家工作人员。对于受国家机关、国有公司、企业、事业单位、人民团体委托管理、经营国有财产的人员能否成为挪用公款罪的主体的问题，司法实践中存在很大的分歧。为此，《最高人民法院关于对受委托管理、经营国有财产的人员挪用国有资金行为如何定罪问题的批复》（2000年2月13日通过、2000年2月24日施行）明确指出："对于受国家机关、国有公司、企业、事业单位、人民团体委托，管理、经营国有财产的非国家工作人员，利用职务上的便利，挪用国有资金归个人使用构成犯罪的，应当依照《刑法》第272条第1款的规定定罪处罚。"应当说，该《批复》立足于罪刑法定原则，正确地解决了受国家机关、国有公司、企业、事业单位、人民团体委托管理、经营国有财产的非国家工作人员能否成为挪用公款罪主体的问题。可是，对于挪用公款罪主体应否在立法上扩大到"受国家机关、国有公司、企业、事业单位、人民团体委托管理、经营国有财产的人员"，在理论界存在着争议。对此问题将在最后一章立法完善部分详述。笔者认为这是立法完善问题。就现行《刑法》来看，根据《刑法》第93条的规定，国家工作人员的本质特征是"依法从事公务"，而受委托管理、经营国有财产的人员显然并非"依法从事公务"，而是依照"委托关系"从事公务。在这种委托关系中，贪污罪中的"委托"与民法意义上的"委托"不尽相同。贪污罪中的委托具有以下几个特点：一是委托主体具有特定性。即委托人必须是国家机关、国有公司、企业、事业单位、人民团体等特定的法定机构，而非其他个人或单位。受托人则必须是国家工作人员以外的人员。二是委托关系具有行政隶属性。即委托人与受托人之间不是民法上的平等主体间的委托，而具有行政隶属关系，受托人必须受委托人的管理。三是委托关系具有合法性。委托人必须是有资格的委托，行使委托权必须在职权范围内依法进行。无委托权的委托（如国家机关、国有单位中的个人委托）、超越权限的委托、不依法进行的委托，都不具有委托的合法性和有效性。合法的委托，既可以是书面的，也可以是口头的。四是委托人行为后果具有归属性。委托人必须实施委托行为，没有委托行为，就不能使受托人行使委托单位的职权。受托人在管理、经营国有财产所产生的盈亏或其他后果由委托人承担责任。[①] 基于此，为了强化对国有财产的保护，《刑法》第 382 条第 2 款对受委托管理、经营国有财产的人员作为贪污罪主体的问题专门作出了规定。而对于挪用公款罪，基于其主体被严格地限定为国家工作人员，当然不可能发生受委托管理、经营国有财产的人员作为其主体的问题。《全国人大常委会关于惩治贪污罪贿赂罪的补充规定》（1988 年 1 月 21 日公布）[②] 对贪污罪和挪用公款罪的主体作出了完全相同的规定，而在 1997 年《刑法》中，立法者对这两个罪的主体则加以区别对待。[③] 无论立法上是否合理，按照罪刑法定原则的要求，对于受国家机关、国有公司、企业、事业单位、人民团体委托，管理、经营国有财产的非国家工作人员，利用职务上的便利，挪用国有资金归个人使用构成犯罪的，应当依照《刑法》第 272 条第 1 款的规定，即以挪用资金罪定罪处罚。

---

① 参见周军：《试论刑法关于受委派与受委托从事公务的区别》，载《天津市政法管理干部学院学报》1999 年第 3 期。

② 已被 1997 年《刑法》明令废止。

③ 参见王志祥：《论挪用公款罪主体的几个问题》，载《法商研究》2004 年第 2 期。

二、身份犯之个罪形态的量刑疑难实务问题研究

就不纯正身份犯的量刑问题而言，实践中没有多大争议，难点主要在于纯正身份犯的量刑问题。对我国刑法规定的不纯正身份犯而言，行为人是否具有特定身份，仅对刑罚有影响，而不影响罪名的成立。换言之，有特定身份者与无特定身份者实施相同性质的犯罪，两者构成同样的罪名，只是行为人具有的特定身份仅影响到刑罚的轻重。但是，值得注意的是，由于主体所具有的特定身份的性质不同，对刑罚的影响方式也各不相同，主要包括两种情况：一是对于有些身份而言，行为人只要具备这种身份，即对刑罚的轻重产生一定的影响。如已满 14 周岁未满 18 周岁的人实施刑法分则所规定的任何一种犯罪，都应依照法律的规定“从轻或者减轻处罚”。二是行为人不仅应具有特定身份，而且必须具备利用该身份的条件才构成不纯正身份犯，并依照法律的规定处罚。如《刑法》第 245 条规定的非法搜查罪和非法侵入住宅罪，司法工作人员必须滥用职权实施该罪，才能“从重处罚”。如果司法工作人员在实施非法搜查和非法侵入住宅的行为时并未利用自己的职权，则不构成不纯正身份犯，对其应按照普通人犯罪论处。但是，有人认为，根据《刑法》第 253 条第 2 款的规定，邮政工作人员私自开拆、毁弃、隐匿邮件而窃取财物的，必须是邮政工作人员利用自己职务或者工作之便实施的，以盗窃罪定罪，从重处罚，否则只能依照普通人实施盗窃罪判处适当的刑罚。① 笔者认为，这个问题值得商榷。在这种情况下，对邮政工作人员以盗窃罪论处的前提是其构成私自开拆、隐匿、毁弃邮件、电报罪。邮政工作人员构成此罪是否要求行为人利用职务上的便利？例如，甲邮政局的工作人员没有利用职务的便利，隐匿、毁弃乙邮政局的邮件、电报的行为，是否成立本罪？1979 年

① 参见杜国强：《身份犯研究》，武汉大学出版社 2005 年版，第 178～179 页。

《刑法》将本罪规定在渎职罪中，理所当然要求行为人利用职务上的便利；但1997年《刑法》将本罪规定在侵犯公民人身权利民主权利罪中。1979年《刑法》规定邮政工作人员犯本罪而窃取财物的，以贪污罪论处；1997年《刑法》规定对这种行为以盗窃罪论处。所以，笔者认为，成立本罪不需要利用职务便利或工作便利（利用职务之便或工作之便的，当然也成立本罪）。[①] 既然承认邮政工作人员构成私自开拆、隐匿、毁弃邮件、电报罪不需要利用职务上的便利或工作便利，那么邮政工作人员犯私自开拆、隐匿、毁弃邮件、电报罪窃取财物的，不利用职务便利或工作便利同样也能以盗窃罪论处，并从重处罚。

（一）贪污罪未遂问题研究

贪污罪是否存在未遂问题，在理论界及司法实践中曾一度存在争议。就目前而言，贪污罪存在未遂状态基本上达成了共识。[②] 然而，关于贪污罪既遂与未遂的标准却存在着很大分歧。概括起来主要有如下四种观点：

第一种观点是失控说。该说主张贪污罪既遂与未遂的区分标准，应当以公共财物的所有人是否失去对公共财物的控制，即以实际失去支配权为界限。凡是行为人利用职务上的便利，通过某种手段使公共财物的所有人、持有人丧失对该公共财物的实际控制，就构成贪污罪的既遂；反之，则为未遂。这种观点的实质在于以对公共财产的实际控制作为财产所有权转移的标志。

第二种观点是占有说，亦称取得说。该观点认为区分贪污罪既遂与未遂的标准就是看公共财物是否为行为人所实际非法占有。凡是行为人已实际取得其本欲占有的公共财物的，是贪污罪既遂；未能实际取碍公共财物的，是贪污罪未遂。这种观点的实

---

① 参见张明楷：《刑法学》（第二版），法律出版社2003年版，第721页。

② 参见田晓保、宋海涛、王红兵：《贪污罪存在未遂》，载《人民检察》1997年第11期。唐世月：《贪污罪研究》，人民法院出版社2002年版，第278～280页。徐立：《贪污罪未遂形态分析》，载《科技创业月刊》2005年第3期。

质在于认为贪污罪是一种结果犯罪，而贪污罪的结果只能是以公共财物是否已经实际地转移到行为人手中，被行为人所占有来体现。因此，行为人是否实际地占有公共财物就成为贪污罪犯罪结果发生与否、贪污罪是否达到既遂的认定标准。

第三种观点是控制说。该观点认为区分贪污罪既遂与未遂的标准应当以行为人是否取得对公共财物的实际控制或支配为界限。凡是行为人利用职务上的便利取得对公共财物的实际控制的，为贪污罪既遂；反之，行为人尚未对公共财物达到实际控制的程度的，只能成立未遂。该观点的实质在于将衡量贪污罪既遂的着重点放在犯罪主体的角度，以其实行行为作为认定贪污罪既遂的关键，而不是仅仅考虑公共财物的所有人或持有人是否失去控制，失控虽然在一定程度上意味着所有权的转移，但并不反映出犯罪结果的特征。只有同时兼顾行为人对公共财物是否达到实际控制，才能正确认定贪污罪的既遂。

第四种观点是折衷说，即失控兼控制说。该说认为只有把失控说与控制说相结合才能为界定贪污罪既遂与未遂提供科学的标准，也就是说：既考虑到公共财产所有人的一面，又兼顾到犯罪人行为的一面；既考虑到所有人对财产的失控，又考虑到行为人对财产的控制，才是比较全面的。因此，区分贪污罪既遂与未遂的标准，应坚持行为人客观行为与主观故意相一致的原则。如果公共财物的所有人已失去了对公共财物的控制，而行为人已经实际控制公共财物，就说明实现了预期的贪污犯罪故意，达到了非法占有的目的，则属贪污罪既遂，相反则是未遂。①

上述几种观点中，失控说的出发点是基于公共财物已经遭受实际损害，贪污罪客体已受到行为人的侵害，从而确定为贪污罪的既遂。这种观点强调刑法对社会的保障、防卫功能，但只论及公共财物所有权转移的一面，而忽视了行为人对公共财物的非法

① 徐立：《贪污罪未遂形态分析》，载《科技创业月刊》2005 年第 3 期。

占有。如以此来划分贪污罪的既遂与未遂，则对所有人对财物失去控制，而行为人又未实际控制财物的情况无法解释。可见，该观点一个最大的缺陷是不能涵盖一切贪污罪既遂与未遂的区分；同时，该观点在一定程度上扩大了贪污罪既遂成立的范围，故不可取。占有说纠正了失控说对行为人忽视的不足，并从行为人的立场看其是否实际占有，但这种观点却不适当地对“占有”的含义加以限制，认为财物必须现实地转移到行为人手中，才能认为是发生贪污罪的犯罪结果，又不适当地缩小了贪污罪既遂成立的范围。因为，在财会结算方式日趋现代化的今天，行为人可实际控制公共财物，但不一定已实际取得公共财物。在这种情形下，行为人已实现了主观上非法占有的目的，完成了符合贪污罪既遂的法定要求，如不以贪污罪既遂认定，势必会放纵犯罪。因此，笔者认为不能困守行为人实际取得这一标准，否则不利于对贪污罪的惩治。[①] 至于折衷说即失控兼控制说的观点，笔者认为，很难想象行为人已经控制了财物，财物所有者难道还不失控吗？因此，可以说该说的实质仍然是控制说。

基于以上分析，笔者主张以控制说作为区分贪污罪既遂与未遂的标准。因为控制说更符合刑法区分犯罪既遂与未遂的基本理论学说“犯罪构成要件齐备说”。所谓犯罪构成要件齐备说，就是以犯罪构成要件是否齐备作为区分犯罪既遂与未遂的标准，犯罪构成要件齐备的是犯罪既遂，犯罪构成要件不齐备的，是犯罪未遂。该说也叫犯罪构成说，其显著的特点是强调主客观相统一。具体到贪污罪而言，其犯罪构成要件齐备就是行为人客观上完成了贪污行为并非法占有了公共财物，主观上达到了非法占有公共财物的目的。[②] 而控制说能够满足贪污罪在上述主客观方面的要求，因为控制说主张以行为人对所贪污的公共财物是否“实

① 徐立：《贪污罪未遂形态分析》，载《科技创业月刊》2005 年第 3 期。

② 陈兴良：《当代中国刑法新境领域》，中国政法大学出版社 2002 年版；熊选国、苗有水：《如何区分贪污罪既遂与未遂》，载《人民法院报》2004 年 12 月 29 日。

际控制”作为区分标准，“实际控制”所体现的是行为人对公共财物的实质性的占有，当行为人实际控制了所贪污的公共财物时，表明行为人在客观上已完成贪污行为并非法占有了公共财物，主观上已达到非法占有公共财物的目的，从而齐备了贪污罪主、客观方面的要件。应当指出，以“控制说”为标准，不会影响对贪污罪行为人“以非法占有为目的”主观故意的认定。诚然，作为贪污罪对象的有些公共财物本来就在行为人合法管理之下，要认定其是否已被行为人非法控制有时会遇到一定的困难，但是，只要综合分析行为人的言行，特别是所实施的行为、其对该公共财物的支配使用等情况，是不难作出正确判断的。总之，区分贪污罪的既遂与未遂，应以行为人是否对所贪污财物实际控制为标准。判断行为人是否已对某财物实际控制，主要看其是否对该财物有效支配，而不是看是否“占为己有”或办理了财产所有权转移手续。例如，某市云台粮管所系国有企业，2000 年 5 月，经政府主管部门批准，该所转制为个人出资的有限责任公司，并委托一资产评估机构对该所资产进行评估，评估所需报表、资料由粮管所提供。粮管所长王某根据自己的业绩、威信及财力，估计自己成为改制后新企业的大股东、董事长没有问题，就与副所长陈某、财务科长连某研究，采取虚报债务、隐匿资产等手法，共隐瞒国有资产 300 万元。资产评估中，评估人员对虚报的债务予以确认，对瞒报的事实未能发现。同年 9 月 1 日，评估机构上交了评估报告，认定云台粮管所资产为 700 万元。同年 9 月 20 日，市有关主管部门认可了该评估报告，并决定按该评估价出让该粮管所的国有资产。与此同时，粮管所经竞争和选举，王、陈成为新企业大股东，分别被选为董事长、副董事长。随后，粮管所向主管部门上报了企业改制实施方案，确定改制后的粮油食品有限责任公司由王某等 20 人出资，其中王、陈、连各占股份 30%、20%、10%。该方案被批准。11 月 20 日，有限责任公司向市财政局缴清了国有资产购买款 700 万元。案发时，资产所有权转移手续尚在办理之中。该案件中王某与陈某、连某密谋隐瞒国有资产是犯罪的预备；向资产评估机构上报评估所需报表、资料时虚报债务、隐匿资产是犯罪行为的实行；评估机构基于虚假报表资料所作出的评估报告得到市主管部门认可，标志着国家对王某等人所隐瞒的国有资产失去了控制；改制后的公司向市财政局交清国有资产购买款，标志着王某等人已实际控制即非法占有了所隐瞒的资产，构成了犯罪既遂，因为此时王某等人以700万元购买实际价值为1000万元的国有资产的购买合同已成交并实际履行，王某等人已非法占有了隐瞒的300万元国有资产。至于案发时资产所有权的转移手续尚未办好，则不影响既遂的构成。而上述自犯罪行为开始实行之时起至国有资产购买合同履行前的任何时候，如果由于王某等人意志之外的原因而使犯罪未能得逞，则是犯罪的未遂。①

由于理论界对区分既遂与未遂的标准存在着争议，为统一司法标准，最高人民法院于2003年11月13日公布了《全国法院审理经济犯罪案件工作座谈会纪要》。该纪要第2条第1款规定："贪污罪是一种以非法占有为目的的财产性职务犯罪，与盗窃、诈骗、抢夺等侵犯财产罪一样，应当以行为人是否实际控制财物作为区分贪污罪既遂与未遂的标准。对于行为人利用职务上的便利，实施了虚假平账等贪污行为，但公共财物尚未实际转移，或者尚未被行为人控制就被查获的，应当认定为贪污未遂。行为人控制公共财物后，是否将财物据为已有，不影响贪污既遂的认定。"此款规定的内容，采取了理论上的控制说观点。根据《刑法》第23条第2款的规定，对于未遂犯，可以比照既遂犯从轻或者减轻处罚。

（二）贪污公款后用之于公应否扣除、归案前主动退赃可否以自首论

司法实践中，对于贪污公款后用之于公应否扣除及归案前主

① 朱孝清：《隐瞒国有资产案件定性研究》，载《人民检察》2005年第1期。

动退赃可否以自首论认识不一，存在着争议。例如，被告人胡某某，男，1958 年某月某日生，广东省某市人，汉族，文化程度大专，作案期间系某市国土局测绘地名科副科长。被告人徐某，女，1949 年某月某日生，广东省某县人，汉族，文化程度大专，作案期间系广东省某市国土局副局长。1992 年，广东省发展银行某某分行（以下简称某某发展银行）为争取存款，与某市国土局商定，某市国土局在该行存款，该行除支付国家规定利息外，还额外支付一定利率（以下称优惠利息）给该国土局作为福利。某市国土局交由被告人胡某某、徐某具体经办，被告人胡某某负责领取优惠利息及掌握密码，被告人徐某负责记账和保管存款。1992 年 9 月至 1994 年 12 月间，被告人徐某、胡某某利用这一职务之便，将某某发展银行付给某市国土局的人民币 895613. 69 元优惠利息占为已有，其中被告人胡某某侵吞人民币 683613. 69 元，被告人徐某侵吞人民币 212000 元。1995 年 6 月，被告人胡某某、徐某因害怕问题被发现，经商议后共退回人民币 431037. 69 元给某市国土局，作为福利发给该国土局的职工干部。其中被告人胡某某退回人民币 211037. 69 元，徐某退回人民币 22 万元。因他人举报，徐某于 2000 年 8 月 9 日被监视居住，同月 30 日被逮捕。胡某某于 2000 年 8 月 12 日被刑事拘留，同月 25 日被逮捕。

在处理本案时，就贪污公款后将部分赃款用之于公应否扣除其犯罪数额及可否以自首论的问题产生了分歧。主张应当扣除者认为，胡、徐二人贪污公款后将部分赃款用之于公应当扣除，因为胡、徐二人没有非法占有该部分公款的故意；不主张扣除者认为，胡、徐二人贪污公款人民币 895613. 69 元的行为已经既遂，他们共同退回人民币 431037. 69 元的行为是归案前退赃，是酌定从轻情节，不应当扣除其犯罪数额。就自首问题，肯定者提出归案前退赃相当于自首，应当从轻处罚，理由是胡、徐二人在被追究刑事责任前积极退赃，相当于主动承认犯罪事实及作出相应补救，可以视为自首。否定者认为，胡、徐二人在归案前退赃是酌定从轻情节，不符合自首条件，不能以自首论。某一审法院经审判委员会讨论决定，没有给予扣除，也没有以自首论。某二审法院裁定驳回上诉，维持原判。

1. 贪污公款后用之于公应否扣除

刑法理论界及司法实践部门对用之于公的数额是否应当扣除，意见不一。笔者认为，应当具体情况具体分析。

(1)“赃款去向”有别于“赃款数额”，并非是贪污罪的构成要件

为了解决这个问题，关键是要明确贪污案件中赃款的去向是否影响定罪？也就是说赃款去向是不是贪污罪的犯罪构成。若是，则应当扣除；反之，则不应当扣除。笔者认为，贪污案件赃款去向在以下三种情形中，都不影响贪污罪的定罪：

①有证据证实行为人采用侵吞、窃取、骗取或其他非法手段占有公共财物，行为人将占有款物私存、还债、购房等私用或以个人或家庭成员的名义缴纳应由个人缴纳的有关费用，或借给他人使用，或用于社会捐赠。在其他犯罪构成要件具备的情况下，只要有证据证实是以个人名义进行的上述行为，都是个人占有的一种表现，应视为个人占有，认定贪污，应依法以贪污罪处罚，司法实践中对此情形的认定没有争议。

②行为人采用侵吞、窃取、骗取或其他非法手段占有公共财物之后，有证据证实因公做了不再报销的开支或作为福利发给职工，在实践中一般将上述行为所取得的收入视为非法，认为行为人主观上没有以非法占为己有为目的，不以贪污罪论处。笔者认为，赃款去向就是行为人以各种方式对所取得的贪污之财的处分，其贪污犯罪已经既遂不影响贪污罪的成立。上述贪污案件中赃款去向用之于公，只是对赃款的一种处理。根据我国刑法的规定和刑法理论，国家工作人员利用职务上的便利，侵吞、窃取、骗取或者其他手段非法占有公共财物的，是贪污罪。犯罪既遂是指某一犯罪行为齐备了具体犯罪构成的全部要件。行为人实施了

贪污行为，取得并实际控制了贪污的赃款，行为人已完成了贪污的全过程，应当认为贪污既遂，符合刑法关于犯罪既遂的规定。实施犯罪后处分赃款的行为，不应影响贪污罪的构成。那种认为赃款去向决定行为性质，赃款只要用于公务，即不构成贪污犯罪的观点于法无据。

但是，如果行为人在实施“侵吞”公款时的主观目的就是为了用之于公，由于这种情形缺少“非法占有”的贪污罪主观要件，就应另当别论。按照主客观相一致的原则，在这种情形下：如果所谓“侵吞”公款的全部数额都用之于公，就不能认定行为人构成贪污罪；如果所谓“侵吞”的公款中有一部分数额用之于公，就应当从行为人贪污的总额中扣除。也就是说，用之于公的数额本身因缺少非法占有的贪污罪主观要件而不应当计算在犯罪数额之内。坚持赃款去向影响定罪的观点混淆了“赃款去向”与“赃款数额”两个不同概念，后者是贪污罪的构成要件，其依据是《刑法》第382条将犯罪数额作为犯罪构成来规定，而前者没有相应的法律规定，因而不能主张其是贪污罪的构成要件，当然不能影响贪污罪的定罪。

③行为人采用侵吞、窃取、骗取或其他非法手段套取公款，但去向不明。这有多种情况：有的将款物纳入小金库，但由于财务管理混乱，无账可查；有的白条子入账真真假假，难以查清核实；有的甚至报案称被骗、被盗，无法查清；有的说因公开支，但拒不交代具体去向；有的说业务活动中送给人了，但拒不交代送给谁等等。由于贪污罪的犯罪嫌疑人对公共财物的控制、转移、独占支配的行为通常在秘密状态下完成，事前事后并不张扬，没有留下足够的证据，因此，对赃款的实际去向，由侦、控双方证明尚有特殊的困难。如犯罪嫌疑人以随意性的辩解应对，今天说送给某甲，经查无此事，明天说送给了某乙，后天说记错了，其实是送给某丙，经查又无此事……这样周而复始，无穷尽也，显然放任其口供的随意性，必将严重损害司法公正、降低效

率。在这种特殊的情况下，犯罪嫌疑人就应当承担对无罪或罪轻的举证责任，如我国刑法规定的巨额财产来源不明罪，因其危害性和追究的困难性，就采用特殊的诉讼手段，适用举证责任的倒置。当然，在举证不能或困难时应当给予帮助。有的称公诉案件证明责任倒置为证明责任的减轻，或叫举证责任的减轻。贪污罪嫌疑人只要已经采用非法手段持有了公共财产，其先前的违法行为使公共财物处于非法状态，导致证明上的困难，就应当认定赃款用于个人使用。如果嫌疑人要推翻这种推定，辩解贪污赃款被盗、被骗，因公开支等，就必须承担相应的证明责任。反之嫌疑人不对现存证据或指控事实提出有效的主张，根本不辩解，不说明，则应当认定为非法占为已有，构成贪污罪。①

（2）赃款去向是酌定量刑情节

笔者认为，赃款去向是否影响量刑及如何影响，应当具体情况具体分析。一般来说，查明赃款去向，有利于判明被告人的社会危害性和主观恶性程度，如被告人犯罪后能积极主动退赃，反映被告人有悔罪表现，而且主观恶性较小；相反，如将赃款用于赌博、嫖娼或进行黑社会性质的犯罪等等，反映其社会危害性较大，没有悔罪表现。同时，从赃款赃物去向中，往往可以挖出串案、窝案，扩大战果。这些都可作为酌定量刑情节。

综上所述，赃款去向虽然不是贪污罪的犯罪构成要件，不影响定罪，但是它是酌定量刑情节。因此，贪污公款后用之于公，不应当从犯罪数额中扣除，除非行为人在实施所谓的“侵吞”公款之时，其主观目的就是为了用之于公，由于这种情形缺少“非法占有”的贪污罪主观要件，依主客观相一致的原则，就应另当别论，即：如果全部数额都用之于公，就不应当认定行为人构成贪污罪；如果部分数额用之于公，则应当从犯罪总数额中扣除。

2. 归案前退赃可否以自首论

---

① 参见林幼红：《关于贪污案件赃款去向的几个问题》，载《广西政法管理干部学院学报》2003 年 4 月第 18 卷。

有人提出：贪污分子在被追究刑事责任前积极地全部或大部分退赃，且在案发后如实供述犯罪事实，认罪态度好，其在案发后如实供认的效力溯及到归案前退赃之时，相当于自动投案，应当以自首论，予以从轻或减轻处罚。这种认识固然便于改造罪犯，实现刑罚目的；有利于挽回经济损失，减少诉讼成本，符合经济原则。其积极意义显而易见，但是不符合我国刑法中关于自首条件的规定，亦有悖于自首的刑法理论。

根据《刑法》第67条和最高人民法院《关于处理自首和立功具体应用法律若干问题的解释》（法释〔1998〕8号，以下简称《自首、立功解释》）的规定，所谓自首，是指犯罪人犯罪以后自动投案，如实供述罪行，或者被采取刑事强制措施后犯罪嫌疑人、被告人和正在服刑的罪犯，如实供述司法机关还未掌握的本人其他罪行，接受国家审查和制裁的行为。其本质特征在于犯罪人基于自己的意志将自己所犯罪行交由司法机关追诉。根据自首的定义，可作如下理解：第一，自首是犯罪人犯罪以后的行为。第二，自首是犯罪人犯罪以后的积极表现。第三，自首是对犯罪人的一种分类。在刑法理论上，有自首情节的人可以称为自首犯。第四，自首是刑法规定的可以从宽处理的刑罚裁量制度，体现了我国惩办与宽严相济的刑事政策。[①]

根据《刑法》第67条和《自首、立功解释》的规定，自首有两种：一种是一般自首，另一种是特殊自首，亦称准自首。一般自首是指犯罪人在犯罪以后、归案之前，自动投案，如实供述自己罪行的行为。成立的条件有二：一是自动投案，二是如实供述。归案前退赃的行为虽然发生在归案前，但行为人没有自动投案，而且也不能视为如实供述自己的全部罪行，此行为显然不是一般自首。至于说归案前部分退赃的，更没有理由成立一般自首。特殊自首，是指被采取刑事强制措施的犯罪嫌疑人或被告

① 谢望原主编：《刑法学》，北京大学出版社2003年版，第389～393页。

人，或者是被判处刑罚且正在服刑期间的罪犯，如实供述司法机关尚未掌握的本人其他罪行的行为。成立的条件有其特殊性：一是特殊自首主体的特殊性，必须是被采取刑事强制措施（包括拘传、拘留、取保候审、监视居住和逮捕等）的犯罪嫌疑人、刑事被告人或正在服刑期间的罪犯。二是自首内容的特殊性。其内容必须是犯罪分子如实供述司法机关尚未掌握的本人其他罪行的行为。归案前退赃的行为人虽然符合特殊自首主体条件，但是在归案前的退赃行为，不能视为如实供述司法机关尚未掌握的本人其他罪行的行为，即这种行为不能构成特殊自首。

除非是：归案前退赃的行为人在归案后如实供述司法机关尚未掌握的本人就退赃部分的罪行的行为，才可以认定为特殊自首。

对归案前退赃的行为，尽管不能认定为自首，但是，本着实事求是，贯彻罪责刑相一致的刑法原则，可以从轻处罚，以实现刑罚目的，更好地改造罪犯。就上述案例而言，胡、徐二犯贪污公款人民币 895613.69 元后，在退赃以前，其行为已经既遂，他们共同退回人民币 431037.69 元的行为是酌定从轻情节，但不应当扣除其犯罪数额。就自首问题，胡、徐二人在归案前退赃的行为，不能视为案发前自动投案和如实供述自己的罪行，亦不能认为其在归案后如实供述了司法机关尚未掌握的本人其他罪行的行为，不符合自首条件，不能以自首论。某一、二审法院的处理决定是正确的。

（三）受贿罪未遂问题研究

1. 受贿罪未遂标准问题研究

受贿罪是否存在未遂的问题，理论界经过一番激烈的论争基本上达成了共识，即受贿罪是存在未遂的。但由于受贿罪的客观构成要件较为复杂，对于该罪的既遂与未遂的划分标准，理论界与实务界众说纷纭，莫衷一是。概括起来主要有以下五种观点：

（1）承诺行为标准说。此说认为在收受贿赂的情况下，应以受贿人承诺之时为既遂标志，即只要行为人作出利用职务之便为他人谋利益而收受他人贿赂的承诺时，即为受贿既遂。其主要理由是，受贿罪侵犯的客体为国家机关的正常活动，承诺受贿已经产生了危害国家机关的正常活动、破坏国家机关和国家机关工作人员声誉的结果，即构成受贿罪的既遂。

（2）收受行为标准说或称贿赂取得标准说。此说主张应以受贿人是否收受到贿赂作为受贿罪既遂与未遂相区别的标准。其主要理由是：第一，受贿罪侵害的客体不仅仅是国家机关的正常活动，更主要的是公私财产所有权。是否收受贿赂，取决于公私财产所有权这一主要客体是否受到了实际损害。第二，犯罪既遂与未遂的区别，是看犯罪目的是否达到了，亦即是否发生了犯罪结果。在受贿罪中，犯罪人的主要目的和犯罪结果均已达到，应为既遂；反之，财物未到手则表明犯罪目的未达到，犯罪结果未发生，应为未遂。①

（3）谋利行为标准说。此说认为只要行为人为相对人谋取了私利，而无论是否得到贿赂，均应视为既遂，反之，只有行为人意志以外的原因而未能为他人谋取利益时，则为未遂。理由是，受贿人是否为行贿人谋取了私利，表明是否实际侵害了国家机关的正常活动，而且这一标准也不会放纵那些为行贿人先谋利而事后收受贿赂的罪犯。

（4）收受贿赂与实际重大损失择一说。认为在一般情况下应以行为人是否实际收受贿赂为标准，已收受的为既遂，未收受的为未遂。但是，虽然未收受贿赂，行为人利用职务之便为行贿人谋取私利的行为已经给国家和人民利益造成了实际重大损失的，也属于受贿罪的既遂。②

---

① 李蕴辉、尹永政：《受贿罪未遂问题浅探》，载《中央政法管理干部学院学报》1999 年第 5 期。夏强、任继鸿：《也谈受贿罪的既遂与未遂标准》，载《杭州商学院学报》2003 年第 1 期。

② 李蕴辉、尹永政：《受贿罪未遂问题浅探》，载《中央政法管理干部学院学报》1999 年第 5 期。

（5）取财、谋利双重标准说。该种学说认为，受贿人取得了贿赂，又利用职务上的便利为行贿人谋取了利益的，才构成受贿罪既遂。然而，只具备其中之一的，由于意志以外的原因而未具备另外一项条件，均为受贿罪未遂。①

笔者认为，上述五种观点均有值得商榷之处：

第一，承诺行为标准说以受贿罪侵犯的客体，即侵犯了国家工作人员的职务廉洁性作为理论根据，单纯地以承诺受贿行为的法律属性为出发点，去探求受贿罪的既遂与未遂的区分标准，这种做法显然无视受贿罪的客观方面的基本要求。殊不知受贿罪存在收受贿赂和索取贿赂两种形态，其客观方面表现为收受、索取贿赂和为他人谋取利益。而这里的为他人谋取利益只要求行为人有利用职务上的便利为他人谋取利益的真实意思表示即可。不管是否已为他人谋取利益，均不影响受贿罪的构成。因此对于手段行为，可不以犯罪形态作为衡量标准，不论其行为是预备行为，还是实行行为，亦或完成状态，均不是受贿形态的必备标志，即谋利行为是否着手，对于受贿罪着手与否的认定，不产生任何影响。② 如果行为人先承诺，承诺以后未来得及收受贿赂就案发，这种情况完全符合犯罪未遂的特征。把承诺行为作为受贿罪的既遂处理，显然失之过严。

第二，收受行为标准说或称贿赂取得标准说，可以说其结论没有什么问题，但其论证过程中所阐述的理由值得商榷。我们知道我国刑法理论对犯罪既遂与未遂的区分标准主要有犯罪目的说、犯罪结果说、犯罪构成说三种观点，其中犯罪构成说为通说。所谓犯罪构成说，就是以犯罪构成要件是否齐备作为区分犯罪既遂与未遂的标准，犯罪构成要件齐备的是犯罪既遂，犯罪构

① 赵长青、张翔飞、廖忠洪编著：《贿赂罪个案研究》，四川大学出版社 1991 年版，第 69 页。

② 参见肖介清：《受贿罪的定罪与量刑》，人民法院出版社 2001 年版，第 228 页。

成要件不齐备的，是犯罪未遂。因此，犯罪构成要件说又称犯罪构成要件齐备说。其显著的特点是强调主客观相统一。[①] 因此，以行为人的目的是否实现为由来论证受贿罪的既遂与未遂标准，显然失当。

第三，谋取利益标准说以受贿人是否为行贿人谋取了利益作为受贿罪既遂与未遂的区分标准之所以不妥，是因为"谋取利益"并不属于该罪完备的标志。有的案件，受贿人为行贿人谋取了利益，但却尚未收到财物，未完备构成要件，不能认定为犯罪既遂。有的案件，受贿人基于受贿的犯罪故意，已收到了贿赂，完备了构成要件，应认定为犯罪既遂，但却尚未开始实际实施为行贿人谋利益的行为，或者虽已实施却并未完成或并未成功。如果对这些案件以是否为行贿人谋取了利益为标准来区分既遂与未遂，就会违背犯罪既遂与未遂划分的原则和受贿罪犯罪构成要件的要求。[②] 况且，因索贿行为而构成的受贿罪也不要求"为他人谋取利益"这一构成要件。很显然，更不能将谋取利益作为区分索贿型受贿罪既遂与未遂的标准。

第四，取财、谋利双重标准说从受贿罪的构成要件入手来区分受贿罪的既遂和未遂这本身并无问题，但对构成要件中的某些要素的理解则有存疑之处。现今，刑法理论界大多将谋利的最低限度理解为"许诺为他人谋取利益"。谋利行为共存在四种情形，即许而未谋、谋而未得、谋而部分得及谋而全得，可见谋取到利益是谋利的最后一种情形，也是受贿罪的最严重的客观表现。"它只是表明受贿罪既遂与未遂条件中危害程度的重要情节之一，与受贿既遂与未遂的区分无关。"[③] 持该说者有缩小受贿罪既遂成

---

① 参见朱孝清：《隐瞒国有资产案件定性研究》，载《人民检察》2005 年第 1 期。

② 赵秉志：《犯罪未遂的理论与实践》，中国人民大学出版社 1987 年版，第 298 页。

③ 赵秉志：《犯罪未遂的理论与实践》，中国人民大学出版社 1987 年版，第 297 ~298 页。

立范围之嫌。①

第五，收受贿赂与实际重大损失择一说实为取得贿赂说的补充性标准。受贿罪虽为结果犯，但这里的“结果”指称的对象是贿赂的取得，而并不指给国家和人民造成的损失。假设上述结论成立，则会引发一个问题，也就是受贿罪的客观要件表现为谋利行为、取财行为和给他人造成损失的结果等三个方面，这种结论并不能让刑法学界认同。对于受贿罪而言，行为人的收受贿赂行为有无给国家和人民造成重大损失并不是一个定罪根据，当然地不能以此来界定受贿罪的既遂与未遂，它只是一个反映受贿行为的社会危害性程度的功能性要素，只能作为量刑情节来看待。如果将其作为区分受贿罪的既遂和未遂的标准，这种做法与刑法基本理论不符，坚守此学说必然会造成司法实践的混乱。②

笔者主张应以是否收到贿赂作为区分受贿罪的既遂与未遂的统一标准。即：在受贿罪的其他要件都齐备的情况下，收到贿赂的为既遂，未收到贿赂的为未遂。与之类似的观点还有收受财物说、③ 收受贿赂说等。④ 笔者之所以坚持这种观点，其理由有二：

第一，坚持了区分犯罪既遂与未遂的是否齐备犯罪构成要件标准的通说理论。《刑法》中共有5个条款涉及受贿罪，即《刑法修正案（六）》第7条、《刑法》第163条第3款：收受贿赂、索贿及国有公司、企业或者其他国有单位中从事公务的人员和国有公司、企业或者其他国有单位委派到非国有公司、企业以及其他单位从事公务的人员在经济往来中，违反国家规定，收受各种名义的回扣、手续费，归个人所有的行为。第184条第2款：国有金融机构工作人员和国有金融机构委派到非国有金融机构从事公务的人员有前款行为（非国家工作人员受贿罪）的，依照受贿

---

①②③ 夏强、任继鸿：《也谈受贿罪的既遂与未遂标准》，载《杭州商学院学报》2003年第1期。

④ 赵秉志：《犯罪未遂的理论与实践》，中国人民大学出版社1987年版，第299~300页。

罪的规定定罪处罚。第385条（受贿罪）：国家工作人员利用职务上的便利，索取他人财物的，或者非法收受他人财物，为他人谋取利益的，是受贿罪。国家工作人员在经济往来中，违反国家规定，收受各种名义的回扣、手续费，归个人所有的，以受贿论处。第388条：（受贿罪）国家工作人员利用本人职权或者地位形成的便利条件，通过其他国家工作人员职务上的行为，为请托人谋取不正当利益，索取请托人财物或者收受请托人财物的，以受贿论处。第399条（《刑法修正案（四）》第8条）第四款：司法工作人员收受贿赂，有前三款行为的，同时又构成本法第三百八十五条规定之罪的，依照处罚较重的规定定罪处罚。这5个条款中的受贿罪可以概括成三个类型：一是收受财物型的；二是索取财物型的；三是收受各种名义的回扣、手续费型的。第一种类型的受贿罪客观方面还要求为他人谋取利益（典型的受贿罪）或为他人谋取不正当利益（第388条间接受贿罪）。后两种，即索取财物型的受贿罪和收受各种名义的回扣、手续费型的受贿罪不要求为他人谋取利益或为他人谋取不正当利益。对此后两种类型的受贿罪，以是否收到贿赂为既遂与未遂的标准的争议不大，或者说根据犯罪构成要件齐备说的既遂与未遂的区分标准容易理解一些。而对于第一种类型的受贿罪，由于其要求为他人谋取利益或谋取不正当利益这个条件大部分学者认为是客观要件，可以说是通说。如有学者认为“为他人谋取利益”仍然是受贿罪的客观要件要素，其内容是许诺为他人谋取利益。[①] 于是就有人提出，既然该条件是客观要件，那么假如行为人收到贿赂后没有完成“为他人谋取利益或谋取不正当利益”的行为，不也是未遂吗？从而以此来否定以是否收到贿赂作为区分既遂与未遂的标准问题。笔者认为，根据《最高人民法院全国法院审理经济犯罪案件工作座谈会纪要》（2003年11月13日公布）第3条第2款的规

① 张明楷：《刑法学》（第二版），法律出版社2003年版，第925页。

定，即："为他人谋取利益包括承诺、实施和实现三个阶段的行为。只要具有其中一个阶段的行为，如国家工作人员收受他人财物时，根据他人提出的具体请托事项，承诺为他人谋取利益的，就具备了为他人谋取利益的要件。明知他人有具体请托事项而收受财物的，视为承诺为他人谋取利益。"这些规定就是许诺为他人谋取利益的内容。从此内容可以看出，许诺为他人谋取利益与收受贿赂行为是一种连体的复合行为，二者缺少其一就失去《刑法》关于受贿的行为上的意义。如缺少为他人谋取利益行为，即便是收受贿赂也不构成受贿罪。同样道理，即便是有为他人谋取利益或谋取不正当利益的行为，但缺少收受贿赂行为也不构成受贿罪。因此，是否完成"为他人谋取利益或谋取不正当利益"的行为，是罪与非罪的问题，而不是既遂与未遂的问题。故上述反对以收到贿赂作为区分受贿罪既遂与未遂标准的观点不成立。

第二，用"收到贿赂"比"收受贿赂"或"收受财物"标准更全面。用"收受"，有遗漏"索取"之嫌，受贿罪有收受贿赂型与索取贿赂型之分。再者，"贿赂"广于"财物"。现行《刑法》明文规定的贿赂范围包括财物和各种名义的回扣、手续费（也可以概括成财物），但在理论上对贿赂的范围除包括财物以外，是否还包括财产性利益甚至是"性"，存在着争议。从前瞻性的角度考虑，我们用"收到贿赂说"而没有用"收到财物说"。

2. 贿赂系伪劣物品的未遂问题研究

司法实践中，受贿人收受的贿赂中有时是伪劣物品，如假烟酒、字画、首饰等。对收受的伪劣物品如何计算受贿数额，实践中做法大致有如下几种：

第一种观点，认为假冒伪劣物品属于打击、销毁的对象，无法定其市场价格，故不宜定受贿数额。

第二种观点，认为应以正牌商品的市场价格认定受贿数额。

第三种观点，认为假冒伪劣商品虽然无法定其市场价格，但仍有其本身的实际价值，应按物价部门实际评估的价格认定其受贿数额。具体理由如下：（1）受贿罪客观上表现为索取或非法收受他人财物。即受贿犯罪的对象是他人的财物，是一种有价值和使用价值的特定物，因而应该以收受的物品反映出来的实际价值来认定其受贿数额。（2）受贿犯罪其实也是一种侵财犯罪，认定受贿数额可以比照认定盗窃数额的一些规定来执行。司法实践中，盗窃伪劣物品，以物价部门的价格评估鉴定来认定其犯罪数额。（3）伪劣商品虽然属于打击、销毁的对象，但其客观上仍有其本身的实际价值，承认伪劣物品的价值与我国的立法精神也是不排斥的。（4）行贿人以正牌商品的市场价格购得假冒伪劣商品，只能说明他没有识别真伪的能力，是受欺骗者，在办理案件时不能把这种欺诈交易的结果转嫁到受贿人头上，而以正牌商品的价格来认定受贿数额。①

第四种观点，认为应以行贿方实际支付的价格确定受贿数额。具体理由是：（1）受贿罪客观上表现为索取或非法收受他人财物。即受贿犯罪的对象是他人的财物，是一种以他人实际支付的价格反映出来的特定物。因而应该以行贿的物品反映出来的价格来认定其受贿数额。（2）根据主客观相一致的犯罪构成理论，受贿犯罪是一种故意犯罪，这里主观故意的直接指向就是常说的“以权谋利”，而并非以权谋取无实际使用价值的伪劣物品。实践中受贿人虽收受了他人的伪劣物品，但这只是受贿人的一种过失心态，即刑法理论上所讲的犯罪对象的认识错误。对此，不应影响其犯罪性质的认定。（3）认定受贿数额不能比照认定盗窃数额的一些规定来执行。（4）伪劣物品系我国刑法打击的对象，不具有合法性，不应以物价部门实际评估的价格认定受贿数额。②

---

① 参见丁玉中、曹征路：《受贿收到伪劣商品如何计算犯罪数额》，载中国职务犯罪预防网，2002 年 10 月 4 日访问。

② 丁军青：《受贿所得系伪劣产品的数额计算》，载《人民检察》1999 年第 6 期。

上述四种观点都存在有失偏颇的地方。第一种观点，以假冒伪劣物品属于打击、销毁的对象，无法定其市场价格为由，不定受贿数额，亦即不追究受贿人的刑事责任，实则有放纵犯罪之嫌。因为，尽管是假冒伪劣物品，但毕竟有其价值和使用价值，仍然符合我国刑法中关于贿赂的“财产”及“回扣、手续费”的物质属性，可以成为“贿赂”，应当追究受贿人的刑事责任。第二种观点，认为应以正牌商品的市场价格认定受贿数额，对受贿人有失公正。当代刑法理念是既要打击犯罪，又要保护人权。如以正牌商品的市场价格认定受贿数额，而并非行贿受贿双方的意旨所指，有违主客观相一致原则和罪责刑相适应原则。显然，对受贿人是不公平的。第三种观点，按物价部门实际评估的价格认定其受贿数额，也有些问题：（1）同第二种观点一样，有违主客观相一致原则和罪责刑相适应原则，因为物价部门实际评估的价格有时可能高于或低于行贿受贿双方的意旨所指，要么处罚过重，要么处罚过轻。（2）认定受贿数额不能比照认定盗窃数额的一些规定来执行。司法实践中，盗窃伪劣物品，因无实际价值而不予认定其犯罪数额。如扒窃一万元假钞，虽然数额较大，但不能据此定罪科刑。但是对于受贿犯罪就不能比照这一规定来执行。犯罪客体决定犯罪性质，盗窃罪与受贿罪侵犯的是两个不同的客体，盗窃罪侵犯的客体是公私财物的所有权。这里如公私财物系不受法律保护的无价值的伪劣物品，则犯罪客体实际上并未遭到损害，因而不宜以犯罪论处。如公私财物的实际价值小于伪劣物品相对应的正牌商品的价值，其社会危害性相对较小，处罚也应当较轻一些。而受贿犯罪侵犯的客体是公职人员的职务廉洁性，而非公私财物的所有权。受贿人收到伪劣物品，表面上看公私财物的合法所有权这一犯罪对象没有遭到损害或者遭到的侵害较小，但实际上国家公职人员的职务廉洁性这一犯罪客体已受到侵犯，产生了较大的社会危害性，已具备了受贿犯罪的主客观要件，应追究其法律责任。[①] 第四种观点，以行贿方实际支付的价格确定受贿数额，也有不妥之处。行贿人实施的是行贿行为，受贿人实施的是受贿行为，考量受贿人的刑事责任，应当以受贿人对贿赂的认识情况而不应当仅仅以行贿人对贿赂的认识情况为依据。

综上所述，笔者主张以受贿人对贿赂的认识错误来处理。具体来说，分为以下两种情况：

（1）作为贿赂的伪劣物品，经过物价部门实际评估的价格为零时，应按对象认识错误，以未遂处理。之所以这样处理，是因为具体的贿赂不存在，受贿人误认为存在而实施受贿行为，因而致犯罪未得逞的，应定犯罪未遂。[②] 这样处理，与前述受贿罪的“收到贿赂”说既遂标准是一脉相承的。具体操作时应以伪劣物品的正牌商品的价格数额为基数，依照《刑法》第 386 条及第 383 条的规定，对应量刑档次，如此基数数额 10 万元以上的，处 10 年以上有期徒刑或者无期徒刑，可以并处没收财产；情节特别严重的，处死刑，并处没收财产。然后，再依照《刑法》第 23 条的规定，可以比照既遂犯从轻或减轻处罚。

（2）作为贿赂的伪劣物品，经过物价部门实际评估的价格为低于相对应的正牌商品的价值时，是对象部分认识错误，不能以未遂处理，应当以受贿罪既遂论。但是量刑时既要与前述伪劣物品无任何价值的情况有所区别，又要与真品完全价值的情况有所区别。在量刑时如何操作呢？以物价部门实际评估的价格为基数，对应《刑法》第 383 条的量刑档次，然后予以酌情考虑伪劣物品与真品之间的差价，此差价的数额越大，影响酌情从重量刑的程度越大。

---

① 丁军青：《受贿所得系伪劣产品的数额计算》，载《人民检察》1999 年第 6 期。

② 高铭暄主编：《刑法专论》（上编），高等教育出版社 2002 年版，第 257 页。

（四）挪而未用公款案件的既遂与未遂问题研究

挪而未用公款的案件是否存在未遂问题，在理论和实务界素有争议。第一种观点认为，“挪用”，从文义上分析，应包括挪动和使用。因此，只有挪动并实际使用了公款的，才构成挪用公款罪既遂，换言之，如果是挪而未用，即在挪动公款后尚未实际使用的，应认为是挪用公款罪未遂。① 可以说这种观点叫做“挪且用”的既遂标准说。第二种观点则认为，挪用公款罪的既遂，并不以公款是否已被实际使用为标准，而是以公款的占有权是否已被非法转移为标志，即使是挪动公款后尚未及时使用的，仍然应当认为已构成挪用公款罪既遂，而不能认为是挪用公款罪未遂。②这种既遂标准的观点，可以叫做“公款占有权非法转移”说。

处理这类挪而未用公款的案件，之所以意见不一主要是因为对挪用公款罪犯罪构成要件的理解不同所致。笔者认为，应当具体问题具体分析，不能一概而论。原因在于《刑法》第 384 条对构成挪用公款罪规定了三种情况：一是，国家工作人员利用职务上的便利，挪用公款归个人使用，进行非法活动的；二是，国家工作人员利用职务上的便利，挪用公款归个人使用，挪用公款数额较大、进行营利活动的；三是，国家工作人员利用职务上的便利，挪用公款归个人使用，挪用公款数额较大，超过三个月未还的。对于前两种情况笔者坚持以是否“公款占有权非法转移”的标准来区分既遂与未遂问题。按照区分既遂与未遂标准的犯罪构成要件齐备说的通说理论，其理由是：（1）从词义上分析，挪用公款应当理解为“为了‘用’而‘挪’”，“用”是行为人实施“挪”这一行为的目的，无此目的，则不可能产生“挪”的行为。与此相联系，“挪”是挪用公款罪客观方面的行为要素，无此行

① 参见高铭暄、王作富主编：《中国惩治经济犯罪全书》，中国政法大学出版社 1995 年版，第 1002 页。

② 周加海：《挪用公款罪的既、未遂形态之司法认定》，载法律教育网 http：//www. chinalawedu. com/news/2004_ 8%5C1%5C1648038577. htm。

为，则不成立挪用公款罪；但“用”不必是一种客观行为，而是一种目的要素。虽然在实际发生的绝大多数案件中，“用”是紧随“挪”之后发生的一种伴随行为，但在个别特殊的场合，行为人完成了“挪”的行为以后来不及使用公款即案发。如果能够查明挪用公款的目的在于将公款用于营利活动或者非法活动，则仍然应当按照挪用公款用于营利活动或者非法活动处理，即构成挪用公款罪的既遂。这就是说，挪用行为中的“挪”应理解为挪用公款罪客观方面的构成要素，而“用”属于该罪主观方面的构成要素。（2）只要行为人挪动了公款并使公款脱离了单位的控制，即公款的占有权被行为人非法转移到自己或他人手中，就侵犯了单位对该款项的占有、使用和收益权，破坏了公款所有权的完整性，同时也侵犯了国家工作人员职务行为的廉洁性。司法认定中不应等待行为人将挪出的款项使用之后，才确认危害后果的发生。行为人挪出公款后，即使未来得及使用，只要具备法律规定的其他要件，完全可以认定其构成挪用公款罪的既遂。① 例如，被告人刘某，男，27 岁，某国有银行某县支行储蓄所主任。刘某平时嗜赌。1997 年间，刘某在赌场上屡屡失利，生活极为窘迫。刘心有未甘。1998 年春节，刘暗暗发誓，一定要想法子弄点钱来，赌把“大”的，尽快摆脱困境。同年 3 月 4 日，刘某利用其任主任、负责取库款之便，采取取存单据不入账的手段，中途截留现金 10 万元，准备在赌场上“大获全胜”后，于月底再神不知、鬼不觉地将其归还。未曾料在此期间，刘某的赌友皆因各种原因不能陪其“尽兴”，到月底时，这10 万元一直都没有派上用场。刘某在同年 4 月 4 日归还了这笔公款。本案之被告人刘某的行为，已构成挪用公款罪，这应该不存在什么争议。是犯罪既遂，还是未遂呢？笔者认为应构成犯罪既遂。根据以上分析，挪用公款罪的既遂，应当以行为人是否已非法占有公款为标志，已

---

① 熊选国、苗有水：《挪用公款后尚未投入使用的行为的性质》，载中国法院网，2005 年 8 月 3 日访问。

将公款转为行为人自己非法控制的，则构成既遂，否则便是未遂。至于行为人是否实际使用公款，对犯罪既遂的成立则无影响。而从本案案情来看，本案之被告人刘某显然已取得了10万元公款的非法占有权，因此，虽然其没能实际使用该笔款项，其行为也已构成挪用公款罪既遂。[①] 这与《全国法院审理经济犯罪案件工作座谈会纪要》（2003年11月13日公布）第4条第7款的规定是一致的。该款规定："挪用公款后尚未投入实际使用的，只要同时具备'数额较大'和'超过三个月未还'的构成要件，应当认定为挪用公款罪，但可以酌情从轻处罚。"对于《刑法》第384条规定的前两种不要求三个月时限条件的挪用公款行为，可以采用"公款占有权非法转移"说来区分既遂与未遂问题，但是对于后一种情况要求三个月时限条件的挪用公款行为，如适用该说尚有问题，值得商榷。如不是出于进行营利活动或进行非法活动的目的而是其他目的挪用公款数额较大超过三个月时间后，行为人没有使用的，依照"公款占有权非法转移"说的观点，对此定为挪用公款既遂也没有任何问题。如果挪用人挪用数额较大的公款在客观上未超过三个月时间，但其意图是挪用超过三个月时间，只是因意志以外的原因而案发的，尽管公款占有权非法转移了，但因不齐备犯罪构成要件，仍然可以认定为犯罪未遂。例如，甲某是某法院的会计，系国家工作人员，其利用职务上的便利截留其单位公款人民币20万元，借给其外甥乙某作为去英国留学的费用，甲乙二人签订了协议，商定使用期为2年。但是，由于乙某办理出国手续较慢，甲某将此款20万元在家保存2个月仍未交付给乙某。此时案发。此案也是挪而未用的情况。虽然此案公款占有权已非法转移，但甲乙二者签订了协议，甲某主观上意图挪用2年，客观上公款占有权非法转移了两个月，未完全齐备挪用公款罪的全部犯罪构成要件。因此：首先肯定甲某构成挪

---

① 参见周加海：《挪用公款罪的既、未遂形态之司法认定》，载法律教育网 http：//www. chinalawedu. com/news/2004_ 8%5C1%5C1648038577. htm。

用公款罪，因其意图挪用公款人民币20万元2年。其次，应当认定甲某的行为构成未遂，因其将人民币20万元公款的占有权非法转移不到3个月，不齐备挪用公款罪的全部犯罪构成要件。

第二节 混合主体共同犯身份犯之共同犯罪形态的定罪与量刑

一、混合主体共同犯纯正身份犯之共同犯罪形态的定罪与量刑

（一）混合主体共同犯纯正身份犯的定罪问题比较研究

有论者称混合主体共同犯罪为有身份者与无身份者共同犯罪及有不同种身份者共同犯罪，并不十分准确，因为自然人与单位共同犯罪也可以说是混合主体共同犯罪。假若反过来说“有身份者与无身份者共同犯罪及有不同种身份者共同犯罪”为混合主体共同犯罪，则是成立的。因此，可以说混合主体共同犯罪包括三种情况，一是，有身份者与无身份者共同犯罪；二是，有不同种身份者共同犯罪；三是，自然人与单位共同犯罪。其中，自然人与特殊单位共同犯罪，才是有关身份犯的问题。因此，笔者在本部分拟研究三个问题，即：有身份者与无身份者共同犯纯正自然人身份犯的定罪问题研究；有不同种身份者共同犯纯正自然人身份犯的定罪问题研究；自然人与特殊单位共同犯纯正单位身份犯的定罪问题研究。

1. 有身份者与无身份者共同犯纯正自然人身份犯的定罪问题研究

在有身份者与无身份者共同犯罪中，我国刑法学界基本上都主张对无身份者也应当追究其刑事责任，而对其定罪问题，在刑法理论和实践中众说纷纭，莫衷一是。概括起来，主要有如下观点：

（1）分别定罪说

这种学说认为，有身份者与无身份者的共同犯罪，应根据犯罪主体的不同区别对待，有特定身份者以纯正自然人身份犯论，无特定身份者则以非身份犯论。如售货员甲与社会上的乙、丙二人内外勾结，共同窃取其经管的国家财产，对甲应以贪污罪论处，对乙、丙则应以非身份犯罪盗窃罪论处。①

分别定罪说的缺陷在于过分强调有身份者的特殊性，忽视共同犯罪的整体性特征和共同犯罪人行为之间的联系。其不当之处有三：其一，有悖于共同犯罪原理。共同犯罪案件，在主观上具有共同犯罪故意，在客观上具有共同犯罪行为。因此。对各个共同犯罪人只能按照同一罪名定罪，而不能分别定罪，否则无异于承认在同一共同犯罪行为中存在着两个以上的共同犯罪故意，同时也割裂了各共同犯罪人行为之间的联系性，忽视了共同犯罪最主要特征即整体性特征。共同犯罪整体性具体表现在：①从主体上看，犯罪主体不是单个体，而是由二人以上所组成的集合整体。②从共同犯罪行为上看，共同犯罪行为是由组织行为、实行行为和教唆行为等组成的相互联系的有机整体，而不是个体行为。③从主观方面上看，共同犯罪故意是由各共同犯罪人之间的犯罪意图（包括组织的故意、实行的故意、帮助的故意和教唆的故意等）相互沟通、协调一致的犯意联络整体。如分别定罪，必然会割裂此整体性，有悖于共同犯罪的一般理论。其二，违背了罪名与罪行相一致的原则。罪名是对罪状最本质特征的表述与反映。因此，罪名必须与具体罪行相一致。单独犯罪是这样，共同犯罪也是这样。如果坚持分别定罪说，就会出现同一共同犯罪行为存在有不同种罪名的现象，从而混淆了此罪与彼罪，甚至是罪与非罪的界限。其三，违背了罪刑相适应原则，不利于定罪量刑。有身份者与无身份者共同犯罪，只有根据同一法条定罪量刑，才有可能保证罪与刑相适应。如果分别定罪，必然使有身份

① 参见李学同：《论混合主体共同职务犯罪》，载《政法学报》1991年第4期。

者与无身份者在量刑上出现很大差异。同时，在有些场合，若坚持分别定罪说，对无身份者的行为根本无法定罪。如国家工作人员与常人共同收受贿赂或挪用公款的行为，依分别定罪说，对国家工作人员定受贿罪或挪用公款罪，而对常人就无法律依据追究其刑事责任，无疑放纵了犯罪。这将有损于执法的统一性和严肃性。如广西壮族自治区原主席成某某与李某共同受贿案，以及北京首都公路发展有限公司原党委书记兼董事长毕某某及其妻王某某共同受贿案，依这种学说，成某某、毕某某可定受贿罪，而李某、王某某就定不了罪，显然放纵了犯罪。

分别定罪说源于大陆法系行为共同说的共同犯罪理论。该说认为，共犯是指复数的人不是去实施特定的犯罪，而是通过共同的行为来实现各自所意图实现的犯罪。首先，它的出发点在于主观主义刑法理论的立场。然而最近也有从客观主义刑法理论的立场出发的行为共同说的主张。由于行为共同说把共犯考虑为在各自犯罪意思的实现方法及过程中背离法律构成的事实上的共同关系，所以该共同关系可跨越不同的复数的犯罪事实而成立，并且还可以成立于一个犯罪中的一部分。因此，正犯以及从犯所成立的罪名不是同一也可以，因而也能够否定继承的共犯，对于过失犯也能肯定共犯的成立。[①] 行为共同说将共犯的可罚性建立在各共同犯罪人行为的基础上，对各共同犯罪人的主观恶性予以充分的关注，显然，此说是建立在主观主义基础之上的，但是这种学说割裂了主观与客观的联系。因而，分别定罪说从理论来源上就根本不可能正确解决有身份者与无身份者共同犯罪的定罪问题。

（2）统一定罪说

在共同犯罪理论上，大陆法系国家存在着犯罪共同说。该说把共犯理解为复数的人共同实施特定的犯罪。其根据是客观主义刑法理论。也就是说，根据这一学说，只有对于同一犯罪的共犯

---

① 参见［日］野村稔：《刑法总论》，全理其、何力译，邓又天审校，法律出版社2001年版，第388～389页。

才成立，在不同的构成要件之间共犯不成立（罪名的同一性、从属性），共犯被限定为故意犯，在过失犯的场合下应否定共犯。并且，还要否定共犯者之间欠缺意思沟通的片面共犯。但是在今天，犯罪共同说的主张已经缓和，上述结论也有了以下的变化。即不同的犯罪构成要件之间具有同样性质并相互重合的场合肯定共犯的成立（部分性犯罪共同说）。并且还有肯定过失犯的共同正犯的见解。对于与片面共犯相关的从犯也肯定共犯的成立。①此说以正犯即实行犯的行为为中心，使共犯（狭义上的共犯指除正犯以外的共同犯罪人）依附于正犯而存在，这就严格地限制了共犯的构成要件，其缺陷源于此说赖以建立的客观主义，同行为共同说一样割裂了主观与客观的联系，忽视了行为人的主观犯意。

受大陆法系这种犯罪共同说理论的影响，在我国，有不少学者坚持如下两种统一定罪说：

第一，实行犯决定说。该说认为，有身份者与无身份者共同犯罪应以实行犯实行何种犯罪构成要件的行为为根据认定其性质。详言之，有身份者为实行犯，无身份者为共犯时，各共同犯罪人均构成纯正身份犯；有身份者与无身份者同为实行犯时，应对各共同犯罪人分别定罪；无身份者为实行犯，有身份者为共犯时，各共同犯罪人则构成非身份犯。②

实行犯决定说强调实行犯在共同犯罪中的核心地位和作用，无疑具有合理的一面，但以实行犯的犯罪性质作为混合主体共同犯罪的定罪标准却不甚科学。其缺陷主要有二：其一，无法克服其自身存在的矛盾。当有身份者与无身份者不同时为实行犯时，依此说统一定罪，尚可将其主张贯彻到底。然而，当有身份者与无身份者同为实行犯时对各共同犯罪人分别定罪，便陷入分别定

① 参见［日］野村稔：《刑法总论》，全理其、何力译，邓又天审校，法律出版社2001年版，第387页。

② 参见周红梅：《职务犯罪中的共同犯罪》，载《法律科学》1990年第4期。

罪说，其缺陷是显而易见的。其二，不能适应无实行犯的场合。根据我国刑法理论，故意犯罪过程中的犯罪形态表现为完成形态和未完成形态两种形式。前者系指犯罪既遂，后者包括犯罪预备、犯罪未遂和犯罪中止。所谓犯罪预备，是指在为实行犯罪而进行准备的阶段所发生的行为状态。犯罪未遂，是指在实行阶段或在实行完毕之后实害结果产生之前所发生的行为状态；犯罪中止，则是指犯罪预备阶段、实行阶段或实行之后实害结果产生以前发生的行为状态。由此可见，如果犯罪处于预备状态或预备阶段的中止状态，整个案件尚不存在我国刑法意义上的“实行犯”，同时，在被教唆者未犯所教唆之罪的情况下，也不存在所教唆之罪的“实行犯”。这样，无实行犯，怎么能依实行犯决定说定罪呢？

第二，有特定身份的实行犯决定说。该说认为，无身份者与有身份者不同为实行犯时按照实行犯决定说观点处理，同为实行犯时不像实行犯决定说那样对各共同犯罪人分别定罪，而是依照有身份的实行犯的犯罪特点来统一定罪，其理由如下：第一，首先是遵循了共同犯罪的原则原理，即共同犯罪具有整体性，也就是说，共同犯罪案件是一个不可分割的整体。该说注意到了无身份者利用有身份者的身份共同实行犯罪的主客观内容，符合共同犯罪的主客观构成要件及其对定罪的要求，不至于人为地割裂案件的整体性，或者降低无身份者本来应当承担的罪质罪责。第二，充分承认特殊主体身份对案件整体性质的影响。主体身份在有身份者与无身份者共同犯罪的案件中应当具有决定案件性质和全部共同犯罪人罪名的主导作用。这一点，不但表现在有身份者为实行犯、无身份者为非实行犯的场合，而且在有身份者与无身份者同为实行犯的情况下也是如此。第三，这样一元化的定罪，避免了定罪上的不统一，使罪名与罪行相一致，罪行与罪责相协调。坚持同一定罪的原则，对共同犯罪人的处罚首先建立在统一的共同犯罪危害性之基础上，在此基础上再考虑各犯罪人在共同犯罪中的作用大小来决定其刑罚轻重，这样就能使刑罚与犯罪性质和危害程度相适应。[①]

这种学说不乏合理因素，但是，这种观点亦不能作为有身份者与无身份者共同犯罪定罪的一般标准。其原因在于适用范围受到了限制。此说只适用于部分有身份者与无身份者共同犯罪的案件，即仅适用于存在有身份者的实行犯的混合主体共同犯罪案件（包括有身份者与无身份者同为实行犯的场合），甚或适用于有身份者教唆无身份者犯纯正身份犯的共同犯罪案件（有身份者利用“有故意无身份的工具”构成间接正犯）。但是，并非适用于所有的有身份者与无身份者共同犯罪案件，如有身份者为非实行犯而无身份者为实行犯的案件等。同时，与实行犯决定说一样，也不适用于不存在实行犯的有身份者与无身份者共同犯罪案件。

依上述二种学说，对成某某很难定受贿罪，因为具体收受贿赂者是李某，而李某没有国家机关工作人员的身份。

在日本，草野豹一郎大审院判事[②]首先提出了共同意思主体说的共同犯罪理论，其后又为斋藤金作、下村康正、西原春夫等教授所继承和展开。共同意思主体说的特征在于，把共犯现象看做是共同意思主体这一超个人的社会心理存在的活动。根据该观点，并非同心同德的二人以上的多人为了实现特定的犯罪这一共同的目标而同流合污时，便形成了他们同心协力的共同意思主体，该共同意思主体中的一个以上的人在共同目的之下实行犯罪的时候，便可确定该共同意思主体的活动，因此构成共同意思主体的所有成员的共犯得以成立，只是各自的责任要根据共同意思主体的各个成员对于该共同意思主体的活动所发挥的作用来决定。[③] 该说认为，两个异心别体的人，为完成共同犯罪而齐心协

① 参见赵秉志：《论主体特定身份与共同犯罪》，载《中南政法学院学报》1989年第2期。

② 大审院判事，即日本旧时的最高法院法官。

③ 参见［日］野村稔：《刑法总论》，全理其、何力译，邓又天审校，法律出版社2001年版，第409～410页。

力，成为同心一体，即共同意思主体，该主体中的每个人基于共同意思而为的犯罪，就是共同犯罪，其犯罪效力当然及于共同意思主体中的每个人，因而主张：统一定罪，即各共同犯罪人的罪名必须相同，不能对各共同犯罪人分别定罪。

共同犯罪人的罪名，取决于共同意思主体的共同行为所应定的罪名。即有身份者与无身份者共同实行以特定身份为构成要件的犯罪，无论有身份者是实行犯，还是组织犯、帮助犯或教唆犯，对有身份者和无身份者均以纯正身份犯论。①

共同意思主体说强调共同犯罪的整体性，充分注意各共同犯罪人之间的犯意联络。主张对共同犯罪人统一定罪，因而是可取的。在我国，受共同意思主体说的影响，部分学者又提出如下几种统一定罪的理论：

第一种，主犯决定说。这种观点认为，应该按照主犯犯罪行为的基本特征确定各共同犯罪人的罪名。这种观点起初的主要法律依据是《最高人民法院、最高人民检察院关于当前办理经济犯罪案件中具体应用法律的若干问题的解答（试行）》（1985 年 7 月 18 日）② 中的解释，即“内外勾结进行贪污或者盗窃活动的共同犯罪（包括一般共同犯罪和集团犯罪）应按其共同犯罪的基本特征定罪。共同犯罪的基本特征一般是由主犯犯罪的基本特征决定的。如果共同犯罪中主犯犯罪的基本特征是贪污，同案犯中不具有贪污罪主体身份的人应以贪污罪的共犯论处……如果共同犯罪中主犯犯罪的基本特征是盗窃，同案犯中的国家工作人员不论是否利用职务上的便利，应以盗窃罪的共犯论处”。③ 也就是说，主犯的犯罪特征决定共同犯罪的性质，即主犯是有刑法身份者，

① 参见叶高峰主编：《共同犯罪的理论及其运用》，河南人民出版社 1990 年版，第 280 ~ 281 页。

② 根据《最高人民法院、最高人民检察院关于废止 1980 年 1 月 1 日至 1997 年 6 月 30 日期间制发的部分司法解释和司法解释性质文件目录》（法释〔2013〕1 号），《刑法》及相关司法解释有新规定。

③ 参见李学同：《论混合主体共同职务犯罪》，载《政法学报》1991 年第 4 期。

各共同犯罪人均以纯正身份犯论处；主犯为无刑法身份者，则以非身份犯论。后来，《最高人民法院关于审理贪污、职务侵占案件如何认定共同犯罪几个问题的解释》（2000 年 6 月 27 日最高人民法院审委会第 1120 次会议通过，以下简称《共同贪污、职务侵占案解释》）第 3 条有类似的规定："公司、企业或者其他单位中，不具有国家工作人员身份的人与国家工作人员勾结，分别利用各自的职务便利，共同将本单位财物非法占为己有的，按照主犯的犯罪性质定罪。"

主犯决定说，是对共同意思主体说的曲解，因此遭到很多学者的批判。首先，以主犯犯罪的基本特征作为确定犯罪性质的依据，有悖于共同犯罪人分类的本意。共同犯罪人的分类有分工分类法和作用分类法两种，前者主要是用来解决定罪问题的，后者主要是用来解决量刑问题的。而主犯是作用分类法的结果，这种认为主犯犯罪的基本特征决定共同犯罪性质的观点和做法，是用作用分类法代替分工分类法解决共同犯罪的定罪问题，显然失当。其次，有刑法身份者与无刑法身份者如果同为主犯，应按哪个主犯的行为特征定罪呢？显然，在这种情况下主犯决定说是难以行得通的。再次，不利于贯彻罪责刑相适应原则，使定罪量刑产生新的不协调和不统一。例如，国家工作人员甲与常人乙二人内外勾结共同窃取非特定款物的公款人民币 500～2000 元，如果国家工作人员甲是主犯，常人是从犯。依此说，则甲乙都不构成犯罪（因贪污公款不满人民币 5000 元者要求具备情节严重才构成贪污罪）；如果甲为从犯，乙为主犯，则甲乙都构成盗窃罪。这就出现甲作为主犯时不构成犯罪而不受刑罚处罚，作为从犯时则构成犯罪而受刑罚处罚的不合理现象。再如，司法工作人员与普通人员内外勾结徇私舞弊，合伙释放在押人员。依此说，当司法工作人员为主犯时，均定私放在押人员罪（《刑法》第 400 条）；当普通人员为主犯时，则均定窝藏罪（《刑法》第310 条）。对于普通人员来说，定窝藏罪时，为主犯，处 3 年以下有期徒刑、拘役或者管制；定私放在押人员罪时，为从犯，处5年以下有期徒刑或者拘役，情节特别严重的，处5年以上10年以下有期徒刑。这样，由于定性不同，便出现了处刑上的差异。同是一个无刑法身份者的普通人员，当其为主犯时适用轻刑法条，是从犯时却适用重刑法条，显然有悖于罪责刑相适应原则。

第二种，利用特定身份说。该说认为，认定有刑法身份者与无刑法身份者共同犯罪性质的最根本、最关键的依据就在于有刑法身份者是否利用其身份实施了犯罪。如果没有利用其特定身份上的便利进行犯罪，就不能认定构成纯正身份犯。如果在犯罪过程中，有特定身份者利用其身份上的便利实施犯罪，就使无身份者的犯罪性质发生了质的变化，整个案件就应依照有身份者的犯罪性质定罪。这种观点的理由如下：

首先，内外勾结的共同犯罪已经成为渎职性犯罪。根据马克思主义哲学基本原理，事物的性质主要是由取得支配地位的矛盾的主要方面所决定的。在内外勾结的犯罪中，有特定刑法身份者的“身份”、“职务”是矛盾的主要方面，这就决定以“身份”“职务”这一特殊资本影响案件的性质。这种内外勾结，实质上是一种权财交易。在以“身份”换取“钱财”的肮脏交易中，不管有身份者作为还是不作为，无疑都起着主要作用，必然使这种犯罪自始至终打上“渎职”的烙印。

其次，以是否利用“身份”、“职务”之便作为认定内外勾结犯罪性质的标准，不仅可以准确地反映内外勾结犯罪的特殊本质，也可以避免人为地把共同犯罪案件分割开来，还可以使此类案件做到罪与刑相适应，罪行与罪名相一致，并且便于司法部门对案件的正确处理。① 利用特定身份说与有身份的实行犯决定说一样，蕴含的思想是：其一，重视主体身份在有刑法身份者与无刑法身份者共同犯罪中的作用，认为主体身份决定共同犯罪的性

---

① 肖介清：《论“内外勾结”犯罪应以特定身份者的行为定性》，载《河北法学》1993年第2期。

质。其二，强调共同犯罪的整体性，主张统一定罪，坚持罪名与罪行相一致。然而，这种学说，仅适用于有刑法身份者与无刑法身份者共同犯法律规定需要利用“身份”、“职务”的案件，却不适用于有身份者与无身份者共同犯法律规定只要具备主体身份而不需要利用“身份”、“职务”即仅具备身份型身份犯的案件。比如前例中司法工作人员伙同普通人员共同释放在押人员一案即是。

第三种，为主职权行为决定说。在刑法学界有专家主张，有身份者与无刑法身份者共同犯职务犯的，在定罪关系方面，认为在两种纯正身份犯相互加功而实施共同犯罪的情况下，全案要反映共同犯罪的性质，确定一个合适的罪名，而不能分别定罪。在一般情况下应根据为主的职权行为来认定；在两种职权行为分不清主次的情况下，应采取就低不就高的原则来认定共同犯罪的性质。在量刑关系方面，解决的原则是“同罪异罚”。认为“为主职权行为决定说”既符合哲学关于矛盾的主要方面决定事物性质的基本原理，又能体现公平、公正的基本要求。[①] 针对职务犯而言，这种观点无疑是合理的，但是不能适用于所有身份者与无身份者共同犯罪的案件。

第四种，身份犯修正构成说。该说认为，在共同犯罪的场合，无身份者可以通过有身份者的个人要素而获得侵犯身份犯客体的可能性，进而具备了构成该身份犯的主体资格。修正的犯罪构成不仅可以修正基本构成的客观要件（传统观点），而且可以修正基本构成的主体要件，在身份犯的修正构成中，身份不是犯罪的主体要件，无身份者同样可以符合身份犯的修正构成，[②] 即无身份者可以身份犯论处。这样一来，有身份者与无身份者共同

① 赵秉志：《共犯与身份问题研究——以职务犯为视角》，载《中国法学》2004年第1期。

② 王作富、庄劲：《共同犯罪与构成身份新论》，载《人民检察》2003年第11期。

犯罪的案件中就出现了两个不同的犯罪构成：（有身份者符合的）身份犯的基本犯罪构成与（无身份者符合的）身份犯的修正犯罪构成。而共同犯罪的整体性特征要求共同犯罪的案件只有一个犯罪构成，这种观点忽视了共同犯罪的整体性，显然与共同犯罪的基本理论相违背。

（3）笔者主张的“共同犯罪构成符合说”

综上，有刑法身份者与无刑法身份者的混合主体共同犯罪的定罪问题之所以分歧较大，是因为人们对共同犯罪的整体性特征及各行为人间的犯意联络认识不够所致。现以共同意思主体说为渊源，借鉴有身份的实行犯决定说和利用特定身份说及为主职权行为决定说的合理内核，继承我国刑法理论中共同犯罪整体性特征的文化传统，结合我国的司法实际，笔者主张“共同犯罪构成符合说”，诚望与诸位专家学者共同探讨。

所谓共同犯罪构成符合说，是指从整体上考察有刑法身份者与无刑法身份者的混合主体共同犯罪，只要各共同犯罪人具有共同的犯意，且他们之间有意识联络，其共同犯罪行为符合刑法分则所规定纯正身份犯的犯罪构成，各共同犯罪人统一定罪，均以该纯正身份犯论处，否则以非身份犯论处。简言之，有刑法身份者与无刑法身份者以共同的犯意共同犯以特定身份为构成要件的犯罪，均以纯正身份犯论处，其理由是：

第一，有刑法身份者与无刑法身份者的混合主体的共同犯罪完全符合纯正身份犯的犯罪构成。

①就其犯罪主体而言，从整体上看只是一个集合体，而非数个，即是纯正身份犯的主体。将共同犯罪的主体作为一个整体来看待，“异心别体”（有刑法身份者与无刑法身份者），经共同犯罪故意的意识联络而结成“同心一体”（有刑法身份者与无刑法身份者结合后作为一个整体的共同犯罪主体）。也就是说，只要在共同犯罪主体中存在一个刑法身份者，便可认定共同犯罪主体为有刑法身份者的共同犯罪主体，从而符合了纯正身份犯的主体

条件。例如，被告人刘某甲年满18周岁，无固定职业，2000年初，其同在中国建设银行浙江省义乌市支行信贷经营科任客户经理的胞弟刘某乙（年满18周岁）商量，要求帮助其在义乌市建行骗取贷款。2000年3月，被告人刘某甲从宁波等地刻印其虚构的“义乌市顺发物资经营公司”的公章、财务专用章、法人代表“王云发”的私章及“已审核陈建明”的印章，并伪造了顺发公司营业执照复印件。经法院审理查明，2000年5月至2002年7月17日，刘氏二被告人先后分9次从义乌建行骗取贷款人民币3100万元，用于赴澳门赌博和其他挥霍消费，致使银行公款人民币2000多万元无法追回。最后，两被告人再欲骗贷人民币1000万元时被抓获。本案中的具有国家工作人员身份的刘某乙与常人的刘某甲共同利用刘某乙的部门经理的职务之便骗取建行贷款，作为一个整体的共同犯罪主体，国家工作人员刘某乙与常人刘某甲都构成贪污罪的主体。在此，常人刘某甲之所以也能成为贪污罪的主体，是因其与国家工作人员刘某乙一起共同犯罪，形成了一个各行为人之间相互联系的共同犯罪主体，不同于他单独犯罪，也不同于他同一般主体共同犯罪。

②有刑法身份者与无刑法身份者的混合主体共同犯罪的客观方面是纯正身份犯的客观方面。首先看其共同犯罪行为。笔者认为，有身份者与无身份者共同犯罪行为不仅是实行行为与非实行行为的有机统一，而且也是有刑法身份者的行为与无刑法身份者的行为的有机统一。在这一统一体内，只要存在有刑法身份者的行为，无论这一行为表现为实行行为或非实行行为（包括组织行为、帮助行为和教唆行为），从整体上来考察，此种混合主体共同犯罪的行为便具备了纯正身份犯的行为要件。在此，应注意以下两种情况：

一种情况是，此种混合主体共同犯以利用职务等刑法身份为构成要件的纯正身份犯，即具备并利用身份型身份犯。这种情况下，只要行为人的职务等刑法身份被利用，此种混合主体共同犯罪行为就具备了“利用刑法身份”这种纯正身份犯的构成要件，从而也符合了纯正身份犯的行为特征。在此，无刑法身份者的行为之所以也符合纯正身份犯的行为特征，是因为有身份者与无身份者的共同犯罪行为具有整体性。正如古希腊哲学家亚里多德所言：“整体大于部分之和”。之所以如此是因为“整体”比“部分之和”具有更丰富的内涵，即各部分之间的联系。因此，无论有刑法身份者采用什么方式利用了刑法身份，作为一个整体的共同犯罪行为包含着“利用刑法身份”这一联系因素。正因为如此，作为整体上的共同犯罪主体的一个分子——无刑法身份者，从整体意义上看，怎么能说他没有利用刑法身份呢？如国家工作人员甲故意不锁自己保管的仓库让常人乙窃取国有公司的公共财物，甲利用职务便利帮助乙实行犯罪，是帮助犯，而乙是实行犯。单独看来，常人乙好像是没有利用职务便利，但从整体上来看，我们不能不说，作为一个整体的共同犯罪行为利用了职务便利。从这个意义讲，常人乙也利用了职务便利。因此，甲乙二人均构成贪污罪。再如前述常人刘某甲与具有国家工作人员身份的刘某乙共同贪污案，从个体的角度表面看来，常人刘某甲没有利用职务便利，而实际上，刘某甲是通过准国家工作人员刘某乙利用了准国家工作人员的职务便利。因此，可以说刘氏甲乙二被告人都利用了职务便利，均符合贪污罪关于“利用职务便利”的构成要件。

另一种情况是，有身份者与无身份者共同犯不以利用职务等刑法身份为构成要件的纯正身份犯，即公具备身份型身份犯。在这种场合，有刑法身份者与无刑法身份者结成了一个整体上含有有刑法身份者的共同犯罪主体。既然这一共同犯罪主体包含有刑法身份者，那么共同犯罪主体的共同犯罪行为也必然要打上刑法身份的烙印。因此，此种有身份者与无身份者的共同犯罪行为，便具备了纯正身份犯行为要件。如司法工作人员伙同常人，合谋将在押人员释放一案。司法工作人员与常人在一起组成一个包含有“司法工作人员”的共同犯罪主体。这一共同主体所实施的共同行为，应当是司法工作人员私放在押人员的行为。不然，与普通人之间共同释放在押人员（很难想象会发生）又有什么区别呢？对这种观点，我国有不少学者持否定意见。他们主张分别定罪。这种分别定罪的主张与前述“分别定罪说”的主张是一样的，其缺陷是显而易见的。

③此种有身份者与无身份者的共同犯罪之故意是纯正身份犯的故意，即是指有刑法身份者与无刑法身份者明知他们的共同行为会发生危害结果，并且希望或者放任这一危害结果发生的心理态度。也就是说，无论是有刑法身份者还是无刑法身份者，对他们的共同危害结果都抱有故意的心理态度。这种故意的内容是：无刑法身份者不仅明知自己在犯罪，而且明知有刑法身份者在犯罪，同时还明知其与有刑法身份者在共同犯罪，并且希望或放任这种纯正身份犯的犯罪结果的发生。如成某某与李某明知共同受贿人民币2千多万元的行为会危害社会，严重损害国家工作人员职务的廉洁性，败坏国家工作人员的声誉，并且都希望这种危害结果的发生，他们具有共同的受贿故意。就前述常人刘某甲与具有国家工作人员身份的刘某乙共同贪污案而言，刘氏二被告人都明知在与对方一起骗取建行巨额贷款，并且希望这种贪污结果的发生，因此，他们都具有共同贪污的故意。

④此种有身份者与无身份者共同犯罪的客体是纯正身份犯的客体。所谓客体，是指受我国刑法保护而为犯罪行为所侵害的社会关系。行为人的身份是社会关系的体现，刑法身份是刑事法律关系的体现。据此，我们可以将客体分为刑法身份关系和非刑法身份关系，前者如贪污罪、受贿罪等罪的客体即是；后者如盗窃罪、抢劫罪等罪的客体即是。我们之所以把犯罪客体作如此分类，是为了更好地研究此种有身份者与无身份者共同犯罪的客体。在有身份者与无身份者共同犯罪的客体中，既存在有刑法身份关系，又存在非刑法身份关系，有身份者与无身份者共同犯罪

行为所侵犯的客体到底是刑法身份关系，还是非刑法身份关系呢？笔者认为，根据马克思主义原理，事物的性质应当由取得支配地位的矛盾的主要方面来决定，因此，我们既然把有身份者与无身份者共同犯罪的主体、主观方面、客观方面看作一个整体，那么有身份者与无身份者共同犯罪的客体也应当看作一个整体，其性质就应当是刑法身份关系，即纯正身份犯的客体。这是由刑法身份关系的性质所决定的。如国家工作人员甲与常人乙共同窃取甲保管的国有企业的公共财物，若分别来考察，国家工作人员甲侵犯了公共财物的所有权和国家公务人员清正廉洁的职务制度，常人乙则仅侵犯了公共财物的所有权。但从整体上来看，甲乙所侵犯的客体应当是同一客体，这一客体是甲单独所侵犯的客体与乙单独所侵犯的客体的融合，其结果表现为复杂客体，即侵犯了公共财物的所有权和国家公务人员清正廉洁的职务制度。因此，甲乙所侵犯的客体即是贪污罪的客体。

第二，事实上，"共同犯罪构成符合说"的主张，已被立法和司法解释所确认，或者说被强调。①内外勾结、共同贪污的行为，以共犯论处的做法，被立法和司法解释所确认，或者说被强调。我国《刑法》第382条第1款规定，国家工作人员利用职务上的便利，侵吞、窃取、骗取或者以其他手段非法占有公共财物的，是贪污罪。这是关于个体犯罪的情况下贪污罪犯罪构成要件的规定。如国家工作人员与常人内外勾结、共同贪污的，依据"共同犯罪构成符合说"的观点，常人也可定贪污罪。为了使这种做法法定化，在接下来的该条第3款这样规定："与前两款所列人员勾结，伙同贪污的，以共犯论处"。这说明刑事立法的精神与"共同犯罪构成符合说"的观点是一致的。《共同贪污、职务侵占案解释》中第一条也有类似的规定："行为人与国家工作人员勾结，利用国家工作人员的职务便利，共同侵吞、窃取、骗取或者以其他手段非法占有公共财物的，以贪污罪共犯论处。"同样说明了这个问题。之所以说这种做法被强调，是因为如果没有“内外勾结，伙同贪污的，以共犯论处”之规定，根据刑法总则第25条关于共同犯罪的规定和分则第382条第1款关于贪污罪的个罪规定及共同犯罪理论仍然可以得出“国家工作人员与非国家工作人员内外勾结，伙同贪污的，以共犯论处”的结论。之所以有这样的规定，是因为司法实践中这类案件多、争议大，才强调性地做了规定。类似的规定如《刑法》第310条（窝藏、包庇罪）第二款“犯前款罪，事前通谋的，以共同犯罪论处”。这样规定也是起强调作用的。试想如果不是起强调作用，难道也规定“女子与男子共同强奸者以共犯论处”吗？众所周知，司法实践中，妇女也可以成为强奸罪的共犯，只是此类案件较少，而未强调规定而已。②内外勾结、伙同贪污的，统一定贪污罪的做法，被推广到内外勾结、共同职务侵占案件，以及伙同挪用公款的案件上。《共同贪污、职务侵占案解释》第2条规定：“行为人与公司、企业或者其他单位的人员勾结，利用公司、企业或者其他单位人员的职务便利，共同将该单位财物非法占为己有，数额较大的，以职务侵占罪共犯论处。”《最高人民法院关于审理挪用公款案件具体应用法律若干问题的解释》（1998年4月6日最高人民法院审判委员会972次会议通过）第八条规定：“挪用公款给他人使用，使用人与挪用人共谋，指使或者参与策划取得公款的，以挪用公款罪的共犯定罪处罚。”这说明“内外勾结共同贪污统一定贪污罪的立法精神”及“共同犯罪构成符合说”的观点，也适用于内外勾结共同职务侵占案件及伙同挪用公款案件，共同犯罪构成符合说的适用范围在刑事法律规范上又扩大了一步。③广西原主席成某某和其情妇李某（常人）内外勾结伙同受贿，广西柳州市原公安局长于某某伙同妻子陈某共同受贿，北京首都公路发展有限公司原党委书记兼董事长毕某某及其妻王某某共同受贿案等都统一定受贿罪的判例出现，也同样说明共同犯罪构成符合说中定罪观点的正确性。④《最高人民法院全国法院审理经济犯罪案件工作座谈会纪要》（2003年11月13日公布）第3条第5

款明确规定："根据刑法关于共同犯罪的规定，对非国家工作人员与国家工作人员勾结，伙同受贿的，应当以受贿罪的共犯追究刑事责任。"这里强调了规定的根据是"刑法关于共同犯罪的规定"。该款进一步规定："非国家工作人员是否构成受贿罪共犯，取决于双方有无共同受贿的故意和行为。国家工作人员的近亲属向国家工作人员代为转达请托事项，收受请托人财物并告知该国家工作人员，或者国家工作人员明知其近亲属收受了他人财物，仍按照近亲属的要求利用职权为他人谋取利益的，对该国家工作人员应认定为受贿罪，其近亲属以受贿罪共犯论处。近亲属以外的其他人与国家工作人员通谋，由国家工作人员利用职务上的便利为请托人谋取利益，收受请托人财物后双方共同占有的，构成受贿罪共犯。国家工作人员利用职务上的便利为他人谋取利益，并指定他人将财物送给其他人，构成犯罪的，应以受贿罪定罪处罚。"⑤《刑法修正案（七）》第13条规定："国家工作人员的近亲属或者其他与该国家工作人员关系密切的人，通过该国家工作人员职务上的行为，或者利用该国家工作人员职权或者地位形成的便利条件，通过其他国家工作人员职务上的行为，为请托人谋取不正当利益，索取请托人财物或者收受请托人财物，数额较大或者有其他较重情节的，处三年以下有期徒刑或者拘役，并处罚金；数额巨大或者有其他严重情节的，处三年以上七年以下有期徒刑，并处罚金；数额特别巨大或者有其他特别严重情节的，处七年以上有期徒刑，并处罚金或者没收财产。离职的国家工作人员或者其近亲属以及其他与其关系密切的人，利用该离职的国家工作人员原职权或者地位形成的便利条件实施前款行为的，依照前款的规定定罪处罚。"即对非国家工作人员独立以受贿罪定罪处罚。这些规定与共同犯罪构成符合说的理论不谋而合。《最高人民法院、最高人民检察院关于办理国家出资企业中职务犯罪案件具体应用法律若干问题的意见》（法发〔2010〕49号）第1条第1款规定："第一款规定（即国家工作人员或者受国家机关、国有公司、企业、事业单位、人民团体委托管理、经营国有财产的人员）以外的人员实施该行为（即利用职务上的便利，在国家出资企业改制过程中故意通过低估资产、隐瞒债权、虚设债务、虚构产权交易等方式隐匿公司、企业财产，转为本人持有股份的改制后公司、企业所有）的，依照《刑法》第二百七十一条的规定，以职务侵占罪定罪处罚；第一款规定以外的人员与第一款规定的人员共同实施该款行为的，以贪污罪的共犯论处。”这样规定，也同有身份者与无身份者共同犯罪统一以身份犯定罪的“共同犯罪构成符合说”理论精神相一致。

第三，境外类似的立法例与“共同犯罪构成符合说”的理论不谋而合。《最高人民法院、最高人民检察院关于办理国家出资企业中职务犯罪案件具体应用法律若干问题的意见》（法发〔2010〕49号）第1条第1款规定：“第一款规定（即国家工作人员或者受国家机关、国有公司、企业、事业单位、人民团体委托管理、经营国有财产的人员）以外的人员实施该行为（即利用职务上的便利，在国家出资企业改制过程中故意通过低估资产、隐瞒债权、虚设债务、虚构产权交易等方式隐匿公司、企业财产，转为本人持有股份的改制后公司、企业所有）的，依照刑法第二百七十一条的规定，以职务侵占罪定罪处罚；第一款规定以外的人员与第一款规定的人员共同实施该款行为的，以贪污罪的共犯论处。”这样规定，也同有身份者与无身份者共同犯罪统一以身份犯定罪的“共同犯罪构成符合说”理论精神相一致。《日本刑法典》在第65条对“身份犯的共犯”作出了规定。该法第65条第1款规定：“对于因犯罪人身份而构成的犯罪行为进行加功的人，虽不具有这种身份的，也是共犯。”[①] 简言之，无身份者本来不可以构成身份犯，但由于其行为影响因犯罪人身份而构成的犯罪行为，所以刑法才将其规定为身份犯的共犯，即统一定

① 张明楷译：《日本刑法典》，法律出版社2006年版，第28页。

"因犯罪人身份而构成的犯罪行为"所触犯的罪名。因此，在日本刑法界对此共犯的立法称作"拟制的共犯"。台湾地区现行"刑法"第 31 条第 1 项规定："因身份或其他特定关系成立之罪，其共同实施或教唆帮助者，虽无特定关系，仍以共犯论。"[①] 此规定与日本刑法有异曲同工之妙。《日本刑法》第 65 条第 1 款规定无身份者加功（有助于实现犯罪的一切行为，包括教唆行为、帮助行为和实行行为）于因犯罪人身份而构成的犯罪行为，构成身份犯的共犯。台湾地区"刑法"第 31 条第 1 项规定无特定关系之人（没有身份者）与有特定关系之人（有身份者）共同实施或教唆帮助因身份或其他特定关系成立之罪的，虽无特定关系，仍以共犯论。此与日本刑法规定的精神是一样的，对有身份者与无身份者共同犯纯正身份犯的，皆以纯正身份犯论。前述关于身份犯的共犯之规定，与笔者主张的共同犯罪构成符合说理论内容的实质是一样的。因此，我国修改刑法总则时应当增加身份犯的共犯内容。

2. 有不同种身份者共同犯纯正自然人身份犯的定罪问题研究

尽管对有不同种身份者共同犯纯正自然人身份犯的定罪问题，最高人民法院在《关于审理贪污、职务侵占案件如何认定共同犯罪几个问题的解释》（以下简称《共同贪污、职务侵占案解释》）第 3 条和《全国法院审理经济犯罪案件工作座谈会纪要》（2003 年 11 月 13 日公布）第 2 条第 3 款作出了明确规定，但在理论上的认识及司法实践中的做法还不够统一。例如，上诉人（原审被告人）林某春，男，1952 年某月某日生，汉族，浙江省某某市人，中专文化，原（国有）某某华能硅粉有限公司总经理、法定代表人，系依法受委托从事公务的国家工作人员。1999 年 9 月 10 日因本案被刑事拘留，同年 9 月 22 日被逮捕。上诉人

① 林山田：《刑法通论（下册）增订八版》，台湾大学法学院图书部 2002 年版，第 145 页、第 150 页。

(原审被告人）潘某，女，1965年某月某日生，汉族，浙江省某某市人，中专文化，原某某华能硅粉有限公司财务部经理兼长江期货某某营业部会计，没有国家工作人员身份。1999年9月10日因本案被取保候审，2000年6月9日被逮捕。某一审法院认定：被告人林某春系国有某某华能硅粉有限公司（以下简称华硅公司）法人代表兼总经理，国家干部；被告人潘某系华硅公司财务部经理兼长江期货某某营业部（以下简称长江期货部）会计。1996年1月，被告人林某春与张某、陈某、陆某章、戴某强（均另案处理）各出资人民币1万元，合计5万元，在长江期货部设立"李某山"私人期货账户（账号88086)；被告人潘某在林某春的动员下也在该期货部设立"黄某强"私人期货账户（账号88084)，黄某强户内先后注入个人资金人民币4万元。同年12月底，被告人林某春指使被告人潘某，将他们当年分别以"李某山"、"黄某强"账户动用公款炒期货亏损的人民币248832元和139660元，合计388492元，冲人其本公司在长江期货部的亏损款中，共作报损处理。1998年12月31日，华硅公司对该期货部连同其他下属部门经营亏损作出核销，从而使公款的所有权受到侵犯。某一审法院认为华硅公司对亏损款的核销行为发生在1998年，应适用犯罪行为终了时的法律，被告人林某春、潘某作为国有公司中从事公务的人员，利用职务上的便利，侵吞公款388492元，其行为均已构成贪污罪。案发后，被告人林某春退出赃款人民币32750元；被告人潘某退出赃款人民币1.5万元。在共同贪污犯罪中，被告人林某春起主要作用，系主犯，按照其所参与的全部犯罪处罚；被告人潘某起次要作用，系从犯，依法予以减轻处罚。依照《中华人民共和国刑法》第93条、第382条、第383条第1款第1项、第25条第1款、第26条第1、4款、第27条、第64条之规定，以贪污罪判处被告人林某春有期徒刑十三年；以贪污罪判处被告人潘某有期徒刑五年。某二审法院认为，上诉人林某春系某某华能硅粉有限公司受委托从事公务的国家工作人员，当明知自己与潘某私人炒期货亏损，以及个人期货账户内已注入公款的情况下，仍利用职务上的便利，隐瞒自己及本公司职工潘某私人炒期货的事实真相，骗取报损，并指使潘某将期货造成的亏损冲入本公司在长江期货部的亏损款中，共作报损处理，合计人民币 119596.40 元，其行为已构成贪污罪。上诉人潘某系某某华能硅粉有限公司合同制工人，没有国家工作人员身份，当其明知自己私人炒期货亏损，以及个人期货账户内已注入公款的情况下，仍听从林某春的指使，利用财务经理、会计职务上的便利，将其亏损冲入本公司在期货部的亏损款中，共作报损处理，个人所得人民币 69830 元，属数额较大，其行为已构成侵占罪（按照 1996 年 12 月 31 日当时的《刑法》所定的罪名，该罪名从 1997 年 10 月 1 日起改为职务侵占罪）。鉴于中国华能浙江公司为考虑与地方的关系，对于非本公司职工的其他个人关系户的亏损，已同意报损，则林某春作为本案的主犯，应对其隐瞒后骗取报损的及潘某应承担的份额部分负全部责任；对于公司已同意报损部分，不应由其承担责任。一审认定林某春贪污的数额为 388492 元，确实有误，应予纠正。上诉人潘某应承担“黄某强”账户内报损数额二分之一，即 69830 元的责任。一审认定潘某个人所得数额为 139660 元的证据尚不充分，予以纠正。同时，原判认定本案犯罪行为于 1998 年 12 月 31 日终了，违背客观事实和法律规定，属认定错误。本案行为人实施报损、平衡账目的行为时间在 1996 年 12 月 31 日，该日即为犯罪行为终了之时。鉴于 1985 年 7 月 18 日《最高人民法院、最高人民检察院关于当前办理经济犯罪案件中具体应用法律的若干问题的解答》[①] 第一条第（二）项之规定，不仅在时间上无法对其之后颁布的 1995 年 2 月 28 日《全国人民代表大会常务委员会关于惩治违反公司法的犯罪

① 根据《最高人民法院、最高人民检察院关于废止 1980 年 1 月 1 日至 1997 年 6 月 30 日期间制发的部分司法解释和司法解释性质文件目录》（法释〔2013〕1 号），《刑法》及相关司法解释有新规定。

的决定》产生司法解释之效力，而且该解答的实体内容是指“内外勾结”型经济犯罪案件如何定罪的问题，而本案属非内外勾结型案件。《最高人民法院关于审理贪污、职务侵占案件如何认定共同犯罪几个问题的解释》自2000年7月8日起施行，对于该解释施行以前的行为依照刑法的溯及力原则，仍应按从旧兼从轻的规则办，本案分别定罪比以主犯定罪较轻，依法予以分别定罪，潘某的行为依法构成侵占罪。原判认定被告人潘某的行为构成贪污罪，属定罪错误，应予纠正。在本院二审审理期间，上诉人潘某退清了个人全部所得款，确有悔罪表现。鉴于本院对上诉人林某春的贪污数额认定，以及对上诉人潘某的定罪和侵占数额认定均已作出重大纠正，依法改判：上诉人（原审被告人）林某春犯贪污罪，判处有期徒刑十年；上诉人（原审被告人）潘某犯侵占罪，判处拘役三个月。

本案涉及具有不同种刑法身份者各自利用自己的职务便利共同犯罪如何定罪的理论问题。针对本案而言，亦即具有贪污罪主体资格的国家工作人员林某春与具有职务侵占罪（1997年10月1日现行1997年《刑法》实施前称作“侵占罪”）主体资格的公司经理、会计潘某共同侵占国有公司的公共财物的行为，如何定罪？

就此问题，刑法理论界和实务界存在如下四种见解：

第一种，分别定罪。即林某春定贪污罪，潘某定侵占罪（按照1996年12月31日当时的《刑法》所定的罪名是侵占罪，1997年10月1日起该罪名改为职务侵占罪）。其理论缺陷主要是：过分强调有刑法身份者的特殊性，忽视共同犯罪的整体性和共同犯罪人的行为之间的联系，有悖于共同犯罪原理，既违背了罪名与罪行相一致的原则，又违背了罪责刑相适应原则，不利于定罪量刑。前有详述，即是分别定罪说的缺陷，在此不赘。

第二种，按数罪并罚处理。对林某春、潘某均认定其既构成贪污罪，又构成侵占罪，按照贪污罪和侵占罪对他们分别量刑后，依照数罪并罚的原则决定他们应当执行的刑罚。这种观点认为，林潘二人有共同犯数罪的故意，在客观上他们共同实施了数个行为，从整体上看符合数个犯罪构成要件。就本案而言，林某春利用职务便利实施了侵吞行为，并且参与了潘某犯侵占罪的密谋，犯有贪污罪和侵占罪两罪；潘某利用自己任会计的便利侵吞单位财产，行为已构成侵占罪（按照1996年12月31日当时的《刑法》所定的罪名），又参与了林某春贪污的密谋，又构成了贪污罪。[①]笔者认为，这种观点值得商榷。首先，这种观点混淆了单独犯罪的故意与共同犯罪的故意两个不同的概念，以及没有明确犯罪故意与犯罪故意的内容是两个不同的概念。如果是单独犯罪，林某春具有贪污的故意，其故意的内容是其利用自己具有国家工作人员身份的便利条件侵吞单位公共财产，潘某具有侵占罪的故意，其故意的内容是其利用自己任经理、会计的便利侵吞单位公共财产；如果是共同犯罪，林某春、潘某都具有利用林某春的国家工作人员职务便利和利用潘某公司财务经理、会计的职务便利侵吞单位公共财产的犯罪故意，这是他们在共同意思联络支配下所具有的共同犯罪故意内容，这种故意是共同犯罪故意，在数量上只有一个，而非数个。本案是共同犯罪，其犯罪故意是共同犯罪故意，只有一个。其次，从客观行为上来看，共同犯罪的最大特点是其行为具有整体性，在数量上只有一个行为，即共同犯罪行为，不可能符合数个犯罪构成的行为要件。因此，本案是一罪而非数罪，不应按照数罪并罚的原则来处理。

第三种，按照想象竞合犯的原则处理。这种观点认为，林某春、潘某具备的身份是平行的关系，但不同身份构成之间的行为特征相同或类似。这属于一个行为触犯两个互不包容的罪名即贪污罪与职务侵占罪，是想象的竞合犯，应当从一重处断。笔者认为竞合犯的理论来源于日德刑法理论，其本意主要是从法律规定

---

① 赵秉志主编：《中国刑法案例与学理研究》分则编（六），法律出版社2001年版，第16～22页。

的内容上来看，犯罪构成中的方法、手段等客观要件上的竞合。想象竞合犯与法条竞合犯的区别在于被触犯两个罪名有没有包容与被包容或交叉的关系。贪污罪与职务侵占罪的犯罪构成有交叉关系，只是犯罪的主体要件有些差异。因此，贪污罪与职务侵占罪是法条竞合关系而非想象竞合关系。

第四种，这类案件，应当按主犯的犯罪性质统一定罪，其法律依据是《共同贪污、职务侵占案解释》第3条的规定："公司、企业或者其他单位中，不具有国家工作人员身份的人与国家工作人员勾结，分别利用各自的职务便利，共同将本单位财物非法占为己有的，按照主犯的犯罪性质定罪。"从解释的本意上讲，该条前一部分"公司、企业或者其他单位中，不具有国家工作人员身份的人"，应从字面上作限制性的解释，即仅指具有"公司、企业或其他单位中的职务便利"之人，只有这部分人才有可能利用上述单位的职务便利，这是1997年《刑法》中职务侵占罪犯罪构成要件"利用职务便利"所要求的。而在1997年前的单行刑法或附属刑法中职务侵占罪相应的构成要件是"利用工作便利"或者"职务上的便利"。认真研究一下上述前后两法中职务侵占罪中犯罪构成要件的变化，就不难理解以上所作的限制解释。可见，公司、企业或者其他单位中无职务仅负责一般工作的工作人员就无从谈起利用"职务便利"，如果这部分人与国家工作人员相勾结，共同将本单位财物非法占为己有的，据《刑法》第271条第2款和《刑法》第382条的规定以及《共同贪污、职务侵占案解释》第1条，应以贪污罪共犯论处，而不应适用该解释的第3条。同时，也无法适用第3条。

《共同贪污、职务侵占案解释》第3条解决定罪的方法实际上是主犯决定说的主张。其缺陷如同在前述中的主犯决定说一样，至少有以下几种情况无法解决定罪问题：

第一，归案的共同犯罪人都是从犯，真正的主犯是国家工作人员或常人，因其未归案难以查清的。

第二，国家工作人员与公司、企业或者其他单位中不具有国家工作人员身份的人都是主犯，是都定职务侵占罪，还是都定贪污罪，难以取舍。

第三，难以区分主从犯时。

第五种，按照法条竞合原则处理。林某春、潘某的共同犯罪行为既符合 1997 年《刑法》以前的单行刑法《贪污贿赂犯罪补充规定》中关于贪污罪的犯罪构成，又符合《关于惩治违反公司法的犯罪的决定》规定的侵占罪（已被现行《刑法》第 271 条吸收）的犯罪构成，择一重罪“贪污罪”所在法条的规定，对林某春、潘某统一定贪污罪。

笔者赞成按照法条竞合的原则处理，主张对林某春、潘某统一定贪污罪。理由是：林某春、潘某的共同犯罪行为具有法条竞合的特征。法条竞合的特征有四：一是行为人实施一个犯罪行为。本案的行为人是混合主体，犯罪行为是共同犯罪行为。二是一个犯罪行为（共同犯罪行为）涉及数个罪名。三是，数个罪名存在一定的逻辑关系，这种逻辑关系包括数个罪名所在法条中包含的犯罪构成之间有从属关系和交叉关系。[①] 四是，法条竞合是静态的，即法条之间的从属关系或交叉关系是各法条固有的存在，不因犯罪行为的介入而存在。如《刑法》第 382 条贪污罪与《刑法》第 271 条第 1 款职务侵占罪的犯罪构成的交叉关系即是。而想象竞合犯的竞合关系，是由于犯罪行为的介入而存在，是动态的。如，行为人开一枪打死一人并打伤一人，其开枪行为介入后才使故意伤害罪与故意杀人罪的犯罪构成发生竞合关系。显然，贪污罪的犯罪构成与职务侵占罪（按照 1996 年 12 月 31 日当时的《刑法》所定的罪名是侵占罪）的犯罪构成存在交叉关系。详言之：贪污罪的客体是公共财产（或称混合型财产）所有权，主体是国家工作人员或准国家工作人员；职务侵占罪（按照 1996

---

① 陈兴良、龚培华、李奇路：《法条竞合论》，复旦大学出版社 1993 年版，第 13 ~ 22 页。

年12月31日当时的法律《关于惩治违反公司法的犯罪的决定》所定的罪名是侵占罪）的客体是公私财产所有权，主体是具有公司、企业或者其他单位经理、厂长等职务的人员，但不属于从事公务的人员。[①] 贪污罪与职务侵占罪的手段或方法上有类似之处，按照法条竞合的原则处理本案是正确的，笔者完全赞同。

《共同贪污、职务侵占案解释》第3条的规定给“共同犯罪构成符合说”带来新课题，基于以上分析，笔者主张用法条竞合犯的原则处理。依前述“共同犯罪构成符合说”的观点，第三条规定的共同犯罪行为，既符合《刑法》第271条第1款规定的职务侵占罪的犯罪构成，又符合《刑法》第382条和第383条规定的贪污罪的犯罪构成。此同一犯罪行为，触犯了两个罪名。比较而言，关于贪污罪的法定刑重于关于职务侵占罪的，按照择一重处断的原则，对第三条所规定的共同犯罪，均应按照《刑法》第382条和第383条规定的贪污罪来定罪量刑。如此论证与《全国法院审理经济犯罪案件工作座谈会纪要》（2003年11月13日公布）的相关部分规定是一致的。该纪要第2条第3项明确规定：“对于在公司、企业或者其他单位中，非国家工作人员与国家工作人员勾结，分别利用各自的职务便利，共同将本单位财物非法占有的，应当尽量区分主从犯，按照主犯的犯罪性质定罪。如果各共同犯罪人在共同犯罪中的地位、作用相当，难以区分主从犯的，可以贪污罪定罪处罚。”有人提出这样规定的理论根据在于其属于刑法理论上的想象竞合犯，即一方面，国家工作人员利用了非国家工作人员的职务便利，非法占有单位财物，成为职务侵占罪的共犯；另一方面，非国家工作人员利用了国家工作人员的职务便利，成为贪污罪的共犯。根据想象竞合犯“择一重罪”的处理原则，应选择处罚较重的犯罪即贪污罪定罪处罚。而且，在各共同犯罪人地位作用相当的情况下，其犯罪实际上利用了国家

---

① 周道鸾、张军主编：《刑法罪名精释》，人民法院出版社2003年版，第452～453页。

工作人员的职务便利，以贪污罪的共犯论处，更符合《刑法》第382条第3款规定的立法本意。[①] 笔者认为，这样解释值得商榷。法条竞合犯与想象竞合犯最大的区别在于前者是静态的，后者是动态的。即：当一个犯罪行为同时触犯的数个法条之间存在重合或交叉关系时，是法规竞合而非想象竞合犯；当一个犯罪行为同时触犯的数个法条之间不存在重合或交叉关系时，是想象竞合犯而非法规竞合。[②] 笔者认为，贪污罪与职务侵占罪分别所在的法条存在之交叉关系是静态的，二者的竞合是法条竞合而非想象竞合，其理由前面已有详论。

当然，就上述案例而言，采用从旧兼从轻原则应当适用《贪污贿赂犯罪补充规定》统一定贪污罪。

另外，在处理这类案件时，还应当注意以下两种情况：一是各行为人没有各自利用职务便利，只是利用了其中的一个人的职务便利，要么是贪污罪的主体职务，要么是职务侵占罪的主体职务。在这种情况下，如利用了前者，统一定贪污罪，因其完全符合贪污罪的犯罪构成；如利用了后者，统一定职务侵占罪，因其完全符合职务侵占罪的犯罪构成。二是各行为人没有利用任何种类的职务便利。在这种情况下，对各行为人都不能定身份犯，只能定非身份犯，如定一般侵占罪（1997年《刑法》第270条）或定（普通）诈骗罪（1997年《刑法》第266条）等等。因为，这种情况下，既不完全符合贪污罪的犯罪构成，又不完全符合职务侵占罪的犯罪构成。总之，要看国家工作人员与公司、企业董事、经理和会计共同侵占单位财物的行为中，是完全符合哪个罪的犯罪构成，最后再依共同犯罪构成符合说的原则来处理。

上述案例中的某二审法院认为，林某春、潘某构成共同犯罪，并采用从旧兼从轻原则，适用1996年12月31日当时的《刑

---

① 参见万鄂湘、张军主编：《最新刑事法律文件解读》2005年第6辑，人民法院出版社2005年版，第46页。

② 赵秉志主编：《刑法新教程》，中国人民大学出版社2001年版，第269页。

法》进行定罪量刑是正确的，但是分别定罪不甚妥当。二审法院认为林某春是依法受委托从事公务的国家工作人员，利用的是国家工作人员的职务便利，应定贪污罪；潘某是公司的会计，利用了其公司会计非国家工作人员的职务便利，应定侵占罪（1997年10月1日起罪名改为职务侵占罪）。这种做法，实际上是破坏了共同犯罪的整体性特征，是将林某春、潘某各自的行为分别来考察的结果。笔者主张，应当将林某春、潘某的共同行为看成统一整体，按照法条竞合犯的择一重法条处断的原则处理，依处刑较重的贪污罪的规定对林某春、潘某统一定贪污罪。

3. 自然人与特殊单位共同犯纯正单位身份犯的定罪问题研究

自然人主体与单位主体能否构成共同犯罪，曾在论理上有过肯定与否定之争。目前基本上是肯定说占主流，相关司法解释对肯定说也予以确认。如最高人民法院、最高人民检察院、海关总署《办理走私刑事案件适用法律若干问题的意见》（2002年7月8日公布）第20条第1款规定："单位和个人（不包括单位直接负责的主管人员和其他直接责任人员）共同走私的，单位和个人均应对共同走私所偷逃应缴税额负责。"这就明确了自然人主体与单位主体能够构成共同犯罪。其法律依据是刑法总则第25条第1款关于共同犯罪的规定，即："共同犯罪是指二人以上共同故意犯罪。"这里规定中的"人"既包括自然人，也包括单位。有单位参与的共同故意犯罪应当认定为共同犯罪。[①] 在自然人主体与单位主体共同犯罪的类型中，与身份犯有关的问题有二，一是常人与特殊单位主体共同犯罪，二是有身份的人与特殊单位主体共同犯罪。

（1）常人与特殊单位主体共同犯纯正单位身份犯的定罪问题研究

司法实践中，常人因其没有刑法身份而不可能单独构成身份

① 张明楷：《刑法学》（上），法律出版社1997年版，第311页。

犯，更不可能单独构成纯正单位身份犯。只有常人与特殊单位主体共同实施纯正单位身份犯的行为，才有可能构成纯正单位身份犯。因此，按照无身份者与有身份者共同犯纯正自然人身份犯的理论，依笔者主张的共同犯罪构成符合说，常人与特殊单位主体共同实施纯正单位身份犯的共同犯罪行为，完全符合纯正单位身份犯的犯罪构成，对常人与特殊单位主体都应当以纯正单位身份犯论。对此有的主张分别定罪。笔者认为，这种观点的缺陷是显而易见的。如分别定罪，有时对常人无法定罪，无疑放纵犯罪。例如，常人伙同国家机关、国有公司、企业、事业单位、人民团体，索取、非法收受他人财物，为他人谋取利益，情节严重的，依分别定罪说，对该国有单位可定单位受贿罪，而对常人则无法定罪，因其无刑法身份可利用。显然，分别定罪说在实践中是行不通的。

（2）有身份的人与特殊单位主体共同犯纯正单位身份犯的定罪问题研究

有身份的人与特殊单位主体共同犯纯正单位身份犯的定罪问题，论者主要集中于有身份的人与国家机关、国有公司、企业、事业单位、人民团体共同受贿的场合，有统一定罪说、分别定罪说和折衷说。

①统一定罪说

统一定罪说又可分为“有身份者行为标准说”和“主要作用说”两种主张：

第一，“有身份者行为标准说”，认为可以把单位犯罪看作身份犯，按照身份与共犯的原理加以解决。在身份犯与非身份犯构成共同犯罪的场合，应当以身份犯所成立的犯罪追究非身份犯的刑事责任，因此，在单位和个人构成单位受贿犯罪共犯的场合，对个人行为的定性，应当依单位所实施的行为性质处罚，即对个人不再另定受贿罪。[①]

---

① 参见于志刚主编：《惩治职务犯罪疑难问题司法对策》（上册），吉林人民出版社 2001 年版，第 451 页。

第二，“主要作用说”，认为主要考察究竟是单位还是个人利用职务便利对受贿行为起关键作用。如果单位起主要作用，则全案以单位受贿罪论；如果自然人起主要作用，全案以受贿罪论；如果彼此作用大小难以区分，则应以单位受贿罪定罪量刑。①

②分别定罪说

“分别定罪说”，认为单位受贿罪与受贿罪的关系主要在于犯罪的客观特征相同。同一种受贿行为，自然人与单位分别构成受贿罪和单位受贿罪，这就正如同一种盗窃军用物资的行为，普通人与军人分别构成盗窃罪与盗窃军用物资罪，因此，对自然人和单位共同受贿的情况的处理，也可以依照后者的方法，即单位与自然人分别构成不同的犯罪，不成立共同犯罪。②

③折衷说

“折衷说”大体上是上述第二种和第三种观点的折衷，认为在单位与个人共同受贿案件中，如果单位或个人一方没有利用本单位或个人职务上的便利，而整个案件只利用了一方的职务便利，则对此依照实行犯行为的性质定性，要么是以单位受贿罪定性，要么是以受贿罪定性，对没有利用自己职务便利的一方则作为该罪的共犯论处。如果作为共同犯罪一方的自然人主体没有利用单位的身份或者职务便利，同样单位也没有利用自然人的职务便利，而是分别利用各自的职务便利进行索取或收受贿赂行为，则对单位和自然人分别定罪为宜，即对单位以单位受贿罪论处，对自然人以受贿罪论处。③

关于“分别定罪说”。该说论述的是有身份的个人与特殊单

① 参见于志刚主编：《惩治职务犯罪疑难问题司法对策》（上册），吉林人民出版社2001年版，第421～422页。

② 阴建峰、周加海主编：《共同犯罪适用中疑难问题研究》，吉林人民出版社2001年版，第96～97页。

③ 赵秉志、许成磊：《贿赂罪共同犯罪问题研究》，载《国家检察官学院学报》2002年第1期。参见孟庆华：《贪污贿赂罪重点疑点难点问题判解研究》，人民法院出版社2005年版，第384～385页。

位主体共同犯罪的场合。对其不认为有身份的个人与特殊单位主体不构成共同犯罪的论据而言，不符合共同犯罪的基本理论显然失当。

关于“有身份者行为标准说”。如果说这种观点论述的情景仅仅是就无身份的个人与特殊单位共同犯纯正单位身份犯的话，无疑是正确的。这是该说的合理之处。问题在于该说论述中的个人，既包括了无身份的个人，也包括了有身份的个人。因为后者也有可能成为身份犯（一类犯罪人）。当后者作为一个有身份的个人与特殊单位共同实施纯正身份犯的话，还能按照身份犯与非身份犯的共同犯罪的情况来处理吗？显然不能。此说不能以一贯之。此其一。再者，此说认为将所有的单位犯罪都当成身份犯也不甚妥当，因为只有特殊单位才可能构成身份犯，一般单位不能构成身份犯。

关于“主要作用说”。其缺陷如同在论述有身份者与无身份者共同犯纯正自然人身份犯中所提到的“主犯决定说”一样，将作为起量刑作用的由“作用分类法”分类结果的共犯（主犯、从犯……）来代替起定罪作用的由“分工分类法”分类结果的共犯（实行犯、帮助犯……），显然不符合共同犯罪理论。同时，该说对在难以区分作用大小时坚持以单位受贿罪定罪量刑的观点，也没有讲明根据何在。

关于“折衷说”。折衷说符合犯罪构成理论，即在只利用了一方的职务便利时要么定受贿罪，要么定单位受贿罪；在各自分别利用职务上的便利索贿或收受贿赂的，分别定受贿罪和单位受贿罪。此说前项无疑是正确的，后项论述似乎并非是共同犯罪的问题。因为，有身份的个人与特殊单位主体分别利用各自的职务便利索贿或收受贿赂的，根本没有发生共同犯罪，自然应当分别定罪。折衷说论证的内容没有错误，与前述笔者主张的共同犯罪构成符合说在处理类似问题的观点（详见“有不同种身份者共同犯纯正自然人身份犯的定罪问题研究”部分）是一致的。但是，有身份的个人与特殊单位主体分别利用各自的职务便利共同索贿或收受贿赂的，如何处理呢？该说没有论及，不够全面，或者说没有命中我们要讨论的命题。

笔者认为，仍然可以用前述“共同犯罪构成符合说”和“法条竞合”的理论来解决有身份的人与特殊单位主体共同犯纯正单位身份犯的定罪问题。共同犯罪构成符合说在处理只有利用一方的职务便利时要么定纯正自然人身份犯，要么定纯正单位身份犯的做法，以及分别利用各自的职务便利实施纯正自然人身份犯或纯正单位身份犯的做法是一致的。有身份的人与特殊单位主体分别利用各自的职务便利或者各自利用职务便利并相互利用对方的职务便利共同实施纯正单位身份犯或纯正自然人身份犯的定罪问题，实践中多数是分别定罪，即自然人定纯正自然人身份犯，特殊单位定纯正单位身份犯。笔者认为，在刑法没有修改以前坚持用法条竞合的理论来解决，即采用特别法优于普通法的适用原则，皆以纯正单位身份犯论。其理由如下：

第一，将此场合的共同犯罪看成一个整体，其犯罪构成既符合纯正自然人身份犯的犯罪构成，又符合纯正单位身份犯的犯罪构成。此两种犯罪构成所在的法条是特殊法与普通法的关系，因为，无论刑法总则也好，分则也好，单位犯罪总是特别规定。按照法条竞合中特殊法优于普通法的处断原则，在定罪上以纯正单位身份犯论处。如有身份的国家工作人员与国家机关、国有公司、企业、事业单位、人民团体共同索取、非法收受他人财物，为他人谋取利益，情节严重的，皆以单位受贿罪论处。因为《刑法》第387条单位受贿罪相对于第385条受贿罪而言，是特殊法。

第二，不悖于刑罚的目的，反而有利于限制死刑。对于贪利性犯罪，主要是从经济上打垮犯罪分子，用刑轻缓化，废除死刑、限制死刑，是当代国际刑法的先进理念。《刑法》第385条受贿罪的量刑，根据《刑法》第383条的规定，最高可处死刑。

而第387条的单位受贿罪没有死刑，自由刑是五年以下有期徒刑或者拘役（这样设置是否合理固然有待研究）。相比之下，统一定单位受贿罪要比统一定受贿罪或分别定受贿罪和单位受贿罪好得多。这样做，有利于刑罚目的的实现，符合当代刑法理念。

（二）混合主体共同犯纯正身份犯的量刑问题研究

根据前述混合主体共同犯罪的概念，混合主体共同犯纯正身份犯的量刑问题包括以下三种情况：（1）有身份者与无身份者共同犯纯正自然人身份犯的量刑问题；（2）有不同种身份者共同犯纯正自然人身份犯的量刑问题；（3）自然人与特殊单位共同犯纯正单位身份犯的量刑问题。无论哪一种情况，对于混合主体共同犯纯正身份犯的量刑问题都是随着其定罪问题的解决而解决的。具体而言，有身份者与无身份者共同犯纯正自然人身份犯，皆以纯正自然人身份犯定罪后，依据刑法相关规定，根据有身份者与无身份者在共同犯罪中的作用和其他量刑情节，认定其是主犯、从犯、胁从犯或教唆犯，或认定其有坦白、自首、立功等情节，裁量其刑罚的程度及执行方法。有不同种身份者共同犯纯正自然人身份犯和自然人与特殊单位共同犯纯正单位身份犯的量刑问题也是一样，对前者与后者在分别以处刑较重的纯正自然人身份犯和纯正单位身份犯定罪以后，其量刑问题是根据有不同种身份者、自然人与特殊单位主体在共同犯罪中的作用和其他量刑情节确定执行的刑罚来解决的。有学者提出根据我国刑法总则与分则中关于对有身份者从严或从宽处理的规定，对有无身份者共同犯不纯正身份犯的，采用“同罪异罚”原则，那么对纯正身份犯是否适用呢？笔者认为不可以，因为我国刑法裁量刑罚是以《刑法》第61条的规定为根据的。该条规定：“对于犯罪分子决定刑罚的时候，应当根据犯罪的事实、犯罪的性质、情节和对于社会的危害程度，依照本法的有关规定判处。”可见，对有身份者与无身份者“同罪异罚”没有法律依据。实际上，司法实践中对于混合主体共同犯纯正身份犯的量刑问题争议不大，只要定罪解决了，量刑问题根据所确定罪名所在条款的量刑幅度依法裁量即可。

二、混合主体共同犯不纯正身份犯之共同犯罪形态的定罪与量刑

（一）混合主体共同犯不纯正身份犯之共同犯罪形态的定罪

混合主体共同犯不纯正身份犯与共同犯纯正身份犯的定罪问题不同的只有两种情况，即："有身份者与无身份者共同犯不纯正自然人身份犯的定罪问题；有不同种身份者共同犯不纯正自然人身份犯的定罪问题。"这是因为，"自然人与特殊单位共同犯不纯正单位身份犯的定罪问题"因我国刑法没有规定不纯正单位身份犯而不存在。

1. 有身份者与无身份者共同犯不纯正自然人身份犯的定罪问题研究

我国刑法中，无论是仅具备身份型不纯正自然人身份犯还是具备并利用身份型不纯正自然人身份犯的场合，根据刑法的规定，对有无身份者都定同一罪名，即该不纯正身份犯的罪名。仅具备身份型不纯正自然人身份犯如《刑法》第349条规定："缉毒人员或者其他国家机关工作人员掩护、包庇走私、贩卖、运输、制造毒品的犯罪分子的，以包庇走私、贩卖、运输、制造毒品的犯罪分子罪从重处罚；……"该条涉及的定罪关系即是。常人与缉毒人员或者其他国家机关工作人员共同掩护、包庇走私、贩卖、运输、制造毒品的犯罪分子的，对常人与缉毒人员或者其他国家机关工作人员皆以包庇走私、贩卖、运输、制造毒品的犯罪分子罪定罪，只不过对缉毒人员或者其他国家机关工作人员要从重处罚。具备并利用身份型不纯正自然人身份犯的场合如常人与司法工作人员（滥用职权）共同犯《刑法》第245条非法搜查罪、非法侵入住宅罪的，对他们也同样统一定罪，即都定非法搜查罪、非法侵入住宅罪，但是对司法工作人员要从重处罚。

对于混合主体共同犯不纯正身份犯的定罪问题，日本、台湾

地区学者的主流认识是：无特定身份者也能实施构成要件的行为，若有身份者实施该行为，也只影响刑罚之轻重而不影响行为之性质。[①] 我国内地亦有学者对此持赞成态度，并认为对有身份者应以教唆犯或从犯论。[②] 笔者认为，上述见解对于解决日本和中国台湾地区实务中的相关问题是极富价值的。但与内地刑事立法不同之处在于，由于理论上长期没有关于不纯正身份犯的认识，以致刑事立法上的规定殊异于日本刑法和台湾地区“刑法”。具体来说，我国内地刑法对不纯正身份犯没有规定不同罪名，比如，故意杀人，日本和中国台湾地区“刑法”分为普通杀人罪与杀害亲属罪，我国内地刑法中则一概规定为故意杀人罪。因此，对于解决这种情形的定罪问题而言，有身份者单独实施不纯正身份犯（或称不纯正非身份犯、不纯正常人犯），罪名同一；有身份者加功（协力）于非身份者共同包庇特定毒品犯罪人，亦不改变罪名，但量刑不可能以从犯处理，相反，却应当从重，无论有身份者在共犯中的行为形式和作用如何，概莫能外。以上情形之共同点，是刑法分则均对定罪关系有基本的规定，量刑亦不发生刑度或刑种之改变。[③] 经以上分析，内地刑法对混合主体共同犯不纯正身份犯的定罪原则是“同罪”，而在日本和台湾地区则有学者主张是“异罪”。

2．有不同种身份者共同犯不纯正自然人身份犯的定罪问题

有不同种身份者共同犯不纯正自然人身份犯的定罪问题，表面来看较为复杂，实际分析起来相当简单。依照犯罪构成理论，不可能每一种刑法身份都符合某一罪的犯罪构成，除非此不同种刑法身份存在从属关系，如司法工作人员是当然的国家机关工作

---

① 参见褚剑鸿：《刑法总则论》，台湾地区三民书局 1995 年版，第 312 页；［日］野村稔：《刑法总论》，全理其、何力译，邓又天审校，法律出版社 2001 年版，第 433 页。

② 参见马克昌主编：《犯罪通论》，武汉大学出版社 1999 年版，第 590 页。

③ 参见赵秉志：《共犯与身份问题研究——以职务犯罪为视角》，载《中国法学》2004 年第 1 期。

人员，国家机关工作人员的外延包括司法工作人员。以刑法身份是否符合该不纯正身份犯的主体要件为标准来解决不同种身份者共同犯不纯正自然人身份犯的定罪问题，即符合哪一种不纯正身份犯就定哪个罪名。例如并非司法工作人员的国家机关工作人员与司法工作人员共同犯《刑法》第245条非法搜查罪、非法侵入住宅罪（当然利用了职权），二者皆定非法搜查罪、非法侵入住宅罪。

（二）混合主体共同犯不纯正身份犯之共同犯罪形态的量刑

在中国，身份对于量刑轻重影响之规定，古已有之。汉魏以来，“八议”制度即为集中表现。[①] 在现代刑法中，基于刑罚个别化的考虑，对实施同一犯罪的不同身份的行为人给予不同轻重的刑罚，是大陆法系各国通行的做法。如《日本刑法》第65条第2款规定：“因身份而特别加重或者减轻刑罚时，对于没有这种身份的人，判处通常的刑罚。”[②]台湾地区“刑法”第31条第2项规定：“因身份或其他特定关系致刑有重轻或免除者，其无特定关系之人，科处通常之刑。”[③] 此处的“通常的刑罚”或“通常之刑”，既指定罪又指量刑，即可谓“异罪异罚”原则。[④]

我国内地现行刑法典没有特别明确地规定不纯正身份犯与量刑的关系，但在总则和分则中却有一些分散的规定。总则中的规定如：已满14周岁不满18周岁的人犯罪，应当从轻或者减轻处罚（第17条第3款）；精神病人在不能辨认或者控制自己行为的时候造成危害结果，经法定程序鉴定确认的，不负刑事责任（第18条第1款）；尚未完全丧失辨认或者控制自己行为能力的精神

---

① 参见高绍先：《中国刑法史精要》，法律出版社2001年版，第138页。

② 《日本刑法典》，张明楷译，法律出版社2006年版，第28页。

③ 林山田：《刑法通论（下册）增订八版》，台湾大学法学院图书部2002年版，第145页、第150页。

④ 参见褚剑鸿：《刑法总则论》，台湾地区三民书局1995年版，第312页以下；刘清景：《刑法总则》，台湾地区学知出版社1996年版，第274页。[日] 野村稔：《刑法总论》，全理其、何力译，邓又天审校，法律出版社2001年版，第434页。

病人犯罪的，应当负刑事责任，但是可以从轻或者减轻处罚（第18条第3款）；又聋又哑的人或者盲人犯罪，可以从轻、减轻或者免除处罚（第19条）。这些规定，体现了我国内地刑法对未成年人和辨认能力、控制能力减弱乃至丧失的残疾人的宽宥和保护。分则的规定较多，集中起来，体现的精神是“国家工作人员犯罪从重”。如：国家工作人员利用职权犯非法拘禁罪、故意伤害罪、故意杀人罪的，从重处罚（第238条第4款）；国家工作人员犯诬告陷害罪的，从重处罚（第243条第2款）。这两条的内容，当然包括身份者加功（协力）或被加功（协力）于非身份者的情形，即：混合主体共同犯不纯正身份犯之共同犯罪形态的量刑情形。再如：监管人员指使被监管人员殴打或者体罚虐待其他被监管人的，从重处罚（第248条第2款）；司法工作人员犯妨害作证罪、帮助毁灭、伪造证据罪的，从重处罚（第307条第3款）；缉毒人员或者其他国家机关工作人员犯包庇走私、贩卖、运输、制造毒品的犯罪分子罪的，从重处罚（第349条第2款）；旅馆业、饮食服务业、文化娱乐业、出租汽车业等单位的主要负责人犯组织卖淫罪，强迫卖淫罪，协助组织卖淫罪，引诱、容留、介绍卖淫罪，引诱幼女卖淫罪的，从重处罚（第361条第2款）。概括以上规定可见，我国内地刑法对混合主体共同犯不纯正身份犯之共同犯罪形态的量刑的解决原则与中国台湾地区刑法和日本刑法体现的“异罪异罚”原则完全不同。①

① 参见赵秉志：《共犯与身份问题研究——以职务犯罪为视角》，载《中国法学》2004年第1期。

第四章　完善中国刑法中身份犯立法构想

第一节　完善纯正身份犯立法构想

一、将“国家工作人员”修改成“公务员”并完善渎职罪主体立法

（一）将“国家工作人员”刑法身份修改成“公务员”

《中华人民共和国公务员法》（2005年4月27日通过）已于2006年1月1日施行，该法第2条规定：“本法所称公务员，是指依法履行公职、纳入国家行政编制、由国家财政负担工资福利的工作人员。”这样，就将“其他党政机关、社会组织”等机构符合这三个条件的工作人员都纳入到了公务员范围中。具体来说，就是除了国家机关外，人大、政协、民主党派以及其他一些社会团体的工作人员都纳入到了公务员范围。① “公务员”是《公务员法》中的概念，不是刑法中的概念，与“公务员”概念相关并具有刑法意义的是“国家工作人员”、“国家机关工作人员”和“司法工作人员”三个概念。根据《刑法》第93条第1款、第2款的规定，国家工作人员的外延由国家机关工作人员和“以国家工作人员论”的准国家工作人员两部分组成，此两部分都应当属于《公务员法》第2条规定的公务员。《刑法》第94条规定：“本法所称司法工作人员，是指有侦查、检察、审判、监管职责的工作人员”，依据《公务员法》第2条的规定，司法工作人员也应当属于公务员。同时，我们还认为司法工作人员也是

① 晓华：《新〈公务员法〉五大亮点解读》，载《先锋队》2005年第9期。

《刑法》第93条第1款规定的国家机关工作人员，当然也是国家工作人员。在“国家工作人员”、“国家机关工作人员”和“司法工作人员”三个概念中，“国家工作人员”包含“国家机关工作人员”，“国家机关工作人员”包含“司法工作人员”。可见，“国家工作人员”完全符合《公务员法》第2条规定成立公务员的三个条件，即：(1) 依法履行公职；(2) 纳入国家行政编制；(3) 由国家财政负担工资福利。据此可以说，“国家工作人员”的概念和外延等同于“公务员”的概念和外延。据此建议，修改刑法时以“公务员”的概念代替“国家工作人员”的概念，以便使《刑法》与《公务员法》的规定协调一致。

（二）渎职罪主体的立法修改建议

1. 修改的原因

1997年《刑法》将渎职罪的主体从国家工作人员修改为国家机关工作人员，尽管全国人大常委会于2002年12月28日通过了《关于〈中华人民共和国刑法〉第九章渎职罪主体适用问题的解释》，对“国家机关工作人员”扩大解释为：“在依照法律、法规规定行使国家行政管理职权的组织中从事公务的人员，或者在受国家机关委托代表国家机关行使职权的组织中从事公务的人员，或者虽未列入国家机关人员编制但在国家机关中从事公务的人员，在代表国家机关行使职权时，有渎职行为，构成犯罪的，依照《刑法》关于渎职罪的规定追究刑事责任。”即解释为准国家机关工作人员。但是，由于渎职罪主体范围过窄，致使司法实践中对某些国家工作人员的渎职行为缺乏追究刑事责任的依据，这也是有权解释频频出台的主要原因。与此同时，刑法规定的某些渎职罪的法定主体与发案主体错位，立法规定与司法实践脱节，刑法条文无形中被架空，难以发挥应有的作用。例如，《刑法》第405条第2款规定的违法提供出口退税凭证罪，第409条规定的传染病防治失职罪，第419条规定的失职造成珍贵文物毁损、流失罪，在实践中，其主体往往分别是银行等金融机构工作人员、卫生防疫站、所等事业单位中从事传染病防治工作的人员和博物馆、纪念馆、展览馆等事业单位的工作人员，而不是国家机关工作人员。此外，《刑法》第403条规定的滥用管理公司、证券职权罪，第408条规定的环境监管失职罪、第413条规定的动植物检疫徇私舞弊罪、动植物检疫失职罪，第418条规定的招收公务员、学生徇私舞弊罪等，也存在上述类似问题。这不能不说是刑法立法的重大缺陷。要解决实践中的问题，克服立法的缺陷，单凭刑法解释恐怕难以实现，还是应该适时对刑法作出修改。

2. 建议将渎职罪主体改为公务员

正是由于渎职罪主体的现行规定存在重大立法缺陷，刑法理论界和实务界要求修改渎职罪主体规定的呼声越来越高，对此目前主要有两种观点：一种观点主张将渎职罪主体改为国家工作人员，理由是在1998年3月召开的九届人大二次会议上，许多代表纷纷提出修改刑法关于渎职罪规定的议案，建议将渎职罪的主体范围规定为同贪污、贿赂罪一样。其方案有二，一是将渎职罪的主体由“国家机关工作人员”改为“国家工作人员”；二是可在《刑法》第397条的规定中增加第3款，即“国家工作人员犯前两款罪的，依照前两款的规定酌情处罚。”这样，既严密了国家工作人员渎职犯罪的法网，也不影响刑法渎职罪一章对国家机关工作人员所体现的从严精神。同时还建议对那些实际上多为事业单位工作人员所实施的渎职行为（如失职造成珍贵文物损毁、流失罪），也要实事求是地确定主体范围。① 另一种观点主张改为国家公务人员。此种观点认为，渎职罪主体应当具备三个特征：(1) 行为人应当具有一定的公职。所谓“公职”，在狭义上是指依法赋予公民在国家机构中从事国家公务活动的特定职务；在广义上则是指依法赋予公民在一定的组织机构中从事公共事务活动

① 敬大力主编：《渎职罪》，中国人民公安大学出版社2003年版，第25～26页。

的特定职务。无论在狭义上还是在广义上，“公职”的核心内涵都是“从事公务”。所谓“公务”是指基于履行国家管理社会的职能而进行的各种职务活动，包括对国家政治、经济、立法、司法、行政、军事、文化、教育、卫生、科技等各种国家公共事务的组织、领导、监督、检查、执行等管理性活动。(2) 行为人依法从事公务。即从事公务、行使管理职权这一身份是依法而具有的，即为法律所规定或要求的。(3) 行为人必须实施了与本人职务行为有密切关联的犯罪行为。这里的“密切关联”是指行为人的犯罪行为与其本人担任的公职所要求履行的职权行为和职责行为有密切联系。所以，符合上述三个条件的国家公务人员包括：(1) 经过选举、聘任或任命的执行公务的人员；(2) 其他依法执行一定公务的人员。[①]

笔者认为，如将渎职罪主体改为国家公务人员，由于主体范围过宽，会造成打击过严，不利于保障人权和构建和谐社会，阻碍经济建设的顺利进展。持国家公务人员主体说的学者认为“公务应当包括集体公务，根据村、居委会人员的产生程序和法定职权，将其排除在渎职罪主体范围之外是不合适的”。[②] 这样，从事集体公务的人员也被纳入“国家公务人员”的范围，诸如村委会、居委会的工作人员都被纳入渎职罪的主体之中，与现行《中华人民共和国公务员法》规定的公务员的内涵和外延都不相符。实际上，从事集体公务的人员行使的不是国家公权力，其从事的“公务”只是一种集体性事务，也就是说，集体公务人员本无“职”可渎。[③] 并且这种“公务”的不正当行使所造成的后果只会局限在一定的范围内，其社会危害性较之行使国家公权力的人

① 蒋小燕、王安异：《渎职罪比较研究》，中国人民公安大学出版社 2004 年版，第 80 ~ 81 页。

② 蒋小燕、王安异：《渎职罪比较研究》，中国人民公安大学出版社 2004 年版，第 86 页。

③ 1997 年《刑法》修改时将 1979 年《刑法》中某些国家工作人员的渎职犯罪调整到其他章节，很大程度上也是出于这种考虑。

员玩忽职守或者滥用职权所带来的危害要小得多。因此，将集体公务人员纳入渎职罪主体的范围，不适当地扩大了渎职罪的主体的外延，造成刑法打击面过宽的后果。

基于上述分析，结合我国的实际情况，笔者认为应当将渎职罪主体改为公务员，即赞同改为国家工作人员的观点。正如前面所讲，因为笔者主张将国家工作人员改为公务员，在此亦应将渎职罪主体改为公务员。同时，要在刑法中明确国家工作人员的本质特征——依法从事国家公务。根据《中华人民共和国宪法》和《中华人民共和国公务员法》的规定，在我国《刑法》总则第93条中对国家机关工作人员作出明确规定：国家机关工作人员是指在国家权力机关、行政机关、审判机关、检察机关、军事机关中从事公务的人员。在此，还要考虑到中国共产党和人民政协在中国政治生活中的地位，进一步规定：在乡（镇）以上中国共产党机关、人民政协机关中从事公务的人员，视为国家机关工作人员。之所以这样界定，是因为从国外的立法例来看，渎职罪的主体大都规定为“公务员”，而各国对“公务员”概念的界定则不尽一致。《德国刑法》第11条规定：“公务员谓依德国法，a担任公务人员或法官者，b担任其他公法上之勤务关系者，c其他经指定在官署或其他机关或受委托从事公共行政之工作者。”《日本刑法》第7条规定：“本法所说的公务员，是指国家或者地方公共团体中的职员，以及其他依照法令从事公务的议员、委员及其他职员。”① 如将渎职罪主体改为公务员（等同于现行刑法国家工作人员的内涵和外延），不仅解决了司法实践中对某些国家工作人员的渎职行为追究渎职罪刑事责任缺乏法律根据的难题，而且与刑法其他章节关于职务犯罪的规定相呼应，保证了刑事立法的协调一致。当然，将渎职罪的主体修改为公务员后，必须解决1997年《刑法》修改过程中调整到其他章节的公务员的渎职犯罪

① 张明楷：《外国刑法纲要》，清华大学出版社1999年版，第748～749页。

是否回复原位的问题。即诸如：破坏社会主义市场经济秩序罪一章中非法经营同类营业罪等是否应当调整到渎职罪一章？对此，笔者认为应当区分不同情况予以处理。国有公司、企业的工作人员利用职务便利实施的犯罪如非法经营同类营业罪、为亲友非法牟利罪，主要妨害了对公司、企业的管理秩序，[①] 应当保留在破坏社会主义市场经济秩序罪一章中；而国有公司、企业、事业单位人员玩忽职守、滥用职权，主要妨害了公共权力正当行使的犯罪，如签订、履行合同失职被骗罪、国有公司、企业、事业单位人员失职罪、国有公司、企业、事业单位人员滥用职权罪和徇私舞弊低价折股、低价出售国有资产罪等，则应当调整到渎职罪一章。[②]

二、完善部分纯正身份犯立法

（一）完善贪污贿赂犯罪立法

1. 建议改贿赂犯罪中的“财物”为“不正当利益”或“不正当好处”

根据《联合国反腐败公约》规定，贿赂是公职人员索取或收受的“不正当好处”，而根据我国《刑法》的规定，贿赂则是指国家工作人员索取或收受的“财物”。很显然，“不正当好处”的外延不但包括了“财物”，而且还涵盖了除财物以外的其他不正当好处。从贯彻《联合国反腐败公约》的角度看，如果将该《公约》规定的贿赂解释为财物，则明显缩小了《公约》所规定的贿赂犯罪成立的范围。在我国刑法理论上，关于贿赂的性质和范围也是存在争议的。[③] 多数观点认为，从贿赂的本质及危害作用上

① 事业单位的国家工作人员实施为亲友非法牟利行为的，作为渎职罪处理似乎更为妥当。

② 参见王志祥：《关于渎职罪主体有权解释的思考及立法建议》，载《法商研究》2005 年第 6 期。

③ 高铭暄主编：《刑法专论》（下编），高等教育出版社 2002 年版，第 812 ~ 816 页。

看，把贿赂仅限制为财物是不适当的。用财物以外的非法利益实施拉拢、腐化行为的，同样是对公务人员职务行为的廉洁性与不可收买性的严重侵害。所以扩大贿赂的范围是必要的。建议将我国刑法中“贿赂”的“财物”明确修订为“不正当利益”或“不正当好处”。①

2. 建议对贪污贿赂不满5万元的犯罪分子并处罚金

罚金是人民法院判处犯罪分子向国家缴纳一定数额金钱的刑罚方法。罚金属于财产刑，也是严厉性较轻的一种附加刑之一。正确、适当地适用罚金刑可以使犯罪分子在人身权受到处罚的同时，受到必要的经济处罚，从而更有效地体现刑罚的威慑作用。在1997年《刑法》第八章贪污贿赂罪中，从第382条至第396条适用罚金刑的仅有第391条第2款、第393条，且均是针对单位犯罪而规定的，对于个人犯贪污受贿罪的，只有犯罪数额在5万元以上的才“并处没收财产”。笔者认为这种处罚模式，不利于打击贪污贿赂犯罪，原因如下：一是，从贪污贿赂犯罪的主观方面来看，无疑属于故意犯罪。贪利是其犯罪动机和目的。因此，对此类犯罪分子的惩处不仅仅要体现在人身处罚上，经济处罚也是十分必要的。二是，从贪污贿赂犯罪的量刑情节上来看，“积极退赃”是一个法定的从轻情节，但其不能代替罚金刑的刑罚功能。三是，应当体现公平的原则。在刑法分则第五章侵犯财产罪从第263条至第276条所列的诸多罪名的处罚中，几乎无一例外地②规定了对实施犯罪者单处或并处罚金，其目的是很明确的，是为了让犯罪者体会到“发不义之财”带来的不仅是人身自

① 参见范红旗、邵沙平：《〈联合国反腐败公约〉的实施与中国反贿赂犯罪法的完善》，载《法学杂志》2004年9月第25卷，第68页。

② 1997年《刑法》第274条对敲诈勒索罪没有规定财产附加刑，而在《刑法修正案（八）》第40条后增加了这部分内容，即将修正前《刑法》第274条修改为：“敲诈勒索公私财物，数额较大或者多次敲诈勒索的，处三年以下有期徒刑、拘役或者管制，并处或者单处罚金；数额巨大或者有其他严重情节的，处三年以上十年以下有期徒刑，并处罚金；数额特别巨大或者有其他特别严重情节的，处十年以上有期徒刑，并处罚金。”

由将被剥夺，而且还要在经济上付出代价。相比之下，刑法分则第八章贪污贿赂罪很少规定罚金刑。同样是贪利型犯罪，为何在适用罚金的规定上大相径庭呢？基于以上分析，笔者建议，将《刑法》第八章第383条第3项“有期徒刑”之后增加“单处或并处罚金”的内容，以达到严惩腐败之目的。①

（二）建议将退赃作为贪利型职务犯罪的法定量刑情节

从现行刑法的规定来看，只有《刑法》第383条第3项的规定②将退赃作为减轻处罚或者免予刑事处罚的法定量刑情节，在其他情况下，均未将赃款退还情况作为法定量刑情节。司法实践中，赃款赃物退还情况往往只是一种酌定量刑情节，由此产生的负面影响也是多方面的：（1）造成国家财产大量流失。由于退赃不是法定的量刑情节，使一些犯罪分子产生误解，认为退赃与定罪量刑没有多大关系，从而拒不退还赃款赃物，大量的赃款收不回来，给国家造成了重大经济损失。（2）不利于打击贪利型职务犯罪。由于退赃不是法定的量刑情节，即使拒不退还赃款也不会受到法定的较重处罚，这样就会使一些犯罪分子产生侥幸心理，想方没法规避法律，不愿退还赃款赃物。同时，他们可以利用这些赃款赃物腐蚀、拉拢党政干部、司法人员、重要证人等，帮他们推脱罪责。（3）造成判决合法但不合情理的情况。由于退赃不是法定的量刑情节，使得赃款赃物是否退还与刑罚轻重没有直接的、法定的关系，在对犯罪分子的处罚上就有可能出现退与不退一个样的现象。（4）造成不良的社会影响。查办贪污贿赂案件，收缴赃款是一项十分重要的工作，由于“退赃”不是法定的量刑情节，以至于赃款赃物收不上来，让犯罪分子在经济上占了便宜，也使社会上其他不稳定分子效而仿之，形成恶性循环。为了

---

① 董亚军：《建议对宣告缓刑的贪污贿赂犯罪分子并处罚金》，载《检察实践》2001年第2期。

② 《刑法》第383条第3项规定：“个人贪污数额在五千元以上不满五万元，犯罪后有悔罪表现、积极退赃的，可以减轻处罚或免予刑事处罚……”

更好地惩治腐败，打击职务犯罪笔者建议，修改刑法时将退赃作为贪利型职务犯罪的法定量刑情节。①

（三）完善挪用公款罪立法

1. 建议将“受委托管理、经营国有财产的人员”规定为挪用公款罪的主体

《刑法》第382条贪污罪和第384条挪用公款罪的主体不同，前者包括国家工作人员和“受国家机关、国有公司、企业、事业单位、人民团体委托管理、经营国有财产的人员”，后者仅是“国家工作人员”。对于受国家机关、国有公司、企业、事业单位、人民团体委托管理、经营国有财产的人员能否成为挪用公款罪的主体的问题，实践中存在很大的分歧。为此，最高人民法院于2000年2月16日发布的《关于对受委托管理、经营国有财产的人员挪用国有资金行为如何定罪问题的批复》（以下简称《批复》）明确指出：“对于受国家机关、国有公司、企业、事业单位、人民团体委托，管理、经营国有财产的非国家工作人员，利用职务上的便利，挪用国有资金归个人使用构成犯罪的，应当依照《刑法》第272条第1款的规定定罪处罚。”即定挪用资金罪。应当说，该批复立足于罪刑法定原则，正确地解决了受国家机关、国有公司、企业、事业单位、人民团体委托管理、经营国有财产的非国家工作人员能否成为挪用公款罪主体的问题。从《刑法》第93条关于国家工作人员范围的规定看，国家工作人员的本质特征是“依法从事公务”，而受委托管理、经营国有财产的人员显然并非“依法从事公务”，而是依“受委托”即合同的约定从事公务。基于此，为了强化对国有财产的保护，1997年《刑法》在第382条第2款对受委托管理、经营国有财产的人员作为贪污罪主体的问题专门作出了规定。而对于挪用公款罪，基于其主体被严格地限定为国家工作人员，当然不可能发生受委托管

① 参见李强、宋晓捷：《退赃可作为贪利型职务犯罪的法定量刑情节》，载《人民检察》2005年第8期。

理、经营国有财产的人员作为其主体的问题。《全国人大常委会关于惩治贪污罪贿赂罪的补充规定》（1988年1月21日通过）[①]对贪污罪和挪用公款罪的主体作出了完全相同的规定，而在1997年《刑法》中，立法者对这两个罪的主体则加以区别对待，是一个明显的立法疏漏。笔者认为，应将“受委托管理、经营国有财产的人员”规定为挪用公款罪的主体。理由有三：一是，就受委托管理、经营国有财产的人员挪用国有财产的社会危害性而言，对国有财产的危害虽然小于该类人员实施的贪污行为，但是毕竟也侵犯了国有财产的所有权，也会造成十分严重的经济损失。从对国有财产进行完整保护的角度看，既然规定受委托管理、经营国有财产的人员可以成为贪污罪的主体是基于有利于对国有资产保护的考虑，那么规定该类人员可以成为挪用公款罪的主体同样会强化对国有资产的保护。相反，对该类人员既贪污公款又挪用资金的行为，根据刑法的规定就应当分别定贪污罪和挪用资金罪。由此可见，与该类人员贪污相比，在其挪用资金的情况下，刑法对国有财产的保护力度是有待提高的。二是，将挪用公款罪的主体参照贪污罪的主体予以扩大，并不意味着也要相应扩大受贿罪的主体。之所以应规定受委托经营、管理国有财产的人员成为挪用公款罪的主体，是出于有利于保护国有财产的考虑，而对受贿罪则不存在此种考虑。其实，《关于惩治贪污罪贿赂罪的补充规定》对贪污罪、挪用公款罪和受贿罪的主体就没有作出完全相同的规定。[②] 三是，对于受委托管理、经营国有财产的人员挪用国有资金的行为不定挪用公款罪而定挪用资金罪，明显弱化了

---

① 根据《最高人民法院、最高人民检察院关于废止1980年1月1日至1997年6月30日期间制发的部分司法解释和司法解释性质文件目录》（法释〔2013〕1号），《刑法》及相关司法解释有新规定。

② 《全国人民代表大会常务委员会关于惩治贪污罪贿赂罪的补充规定》（1988年1月21日通过）将贪污罪、挪用公款罪的主体规定为国家工作人员、集体经济组织工作人员或者其他经手、管理公共财物的人员，将受贿罪的主体规定为国家工作人员、集体经济组织工作人员或者其他从事公务的人员。

对国有资金的保护，因为挪用公款罪的法定刑重于挪用资金罪。[①]

2. 改“挪用时间”为“挪用数额时间积数”

在不用于营利和非法活动的情况下，挪用公款300万元使用两个月与挪用公款3万元使用三个月，[②] 其社会危害性肯定是前者严重。但根据《刑法》第384条和《最高人民法院关于审理挪用公款案件具体应用法律的解释》（1998年5月9日施行，以下简称《解释》）的规定，却是前者无罪，后者有罪。究其原因，就是挪用公款的定罪量刑依据与挪用公款的本质特征相脱离，表现为将侵犯财产使用权类犯罪与侵犯财产所有权类犯罪的定罪量刑依据相混淆，将数额与时间强行分离。并在强行分离的基础上注重数额，轻视时间。所以，笔者建议对挪用公款罪中的挪用未还的时间“三个月”改为挪用公款的“数额时间积数”。

何谓挪用公款的“数额时间积数”？挪用公款罪侵害的客体是公款的使用权，最终不会造成公款本金的损失。即行为人在挪用过程中直接侵犯的是所有人对该公款的使用效益，包括公款的资金成本，公款在营运过程中的资本性增值，以及公款使用的社会效益等直接或间接的效益。这种使用效益与两个因素紧密相连，并与它们成正比例关系，一个是挪用数额，另一个是挪用时间。即一定时间内挪用公款的数额越大，所有人被侵犯的公款使用效益就越大，同样，一定公款被挪用的时间越长，公款的所有人被侵犯的公款使用效益也越大。除社会效益外，其经济性效益是可以直接量化的，它们之间的关系，在会计学上可以用数学方程式表示为：被侵犯的公款使用效益 =（公款挪用数额 × 公款挪用时间）× 效益率。效益率是指单位时间、数额里使用公款的效益，包括可量化的经济性社会效益和直接经济效益。可见，公款

① 参见王志祥：《论挪用公款罪主体的几个问题》，载《法商研究》2004年第2期。

② 根据《最高人民检察院关于人民检察院直接受理立案侦查案件立案标准的规定（试行）》（1999年9月16日起施行）第1条第2款的规定，在广州市地区立案追诉的标准是：挪用公款归个人使用，数额在3万元以上的，超过3个月未还的。

数额、公款使用时间和公款使用效益三者融为一体，密不可分。在该方程式中，时间与数额的乘积就是我们所指的挪用积数。

由于挪用公款的危害后果表现为公款使用效益被侵犯，所以它也与时间和数额两个因素紧密相关，任何一个因素的变化都会引起它的同向变化。可见，挪用公款罪的定罪量刑依据和标准也应当同时考虑挪用时间和挪用数额两个因素，否则就脱离了挪用公款罪危害后果的本质特征。然而现行《刑法》和《解释》却忽视了这一点，只简单地对这两个因素分别制定了标准，尤其是对时间因素只规定了一个起点标准，即（针对进行非法活动或进行营利活动）“3 个月”。这样的规定在司法实践中，屡遇尴尬，如广州市某国企中国家工作人员甲挪用公款人民币 2.9 万元，使用十年。同单位的国家工作人员乙挪用公款人民币 3 万元，使用 3 个月，两人均在一审判决前退清了公款。按照广州市的标准（3 万元为追诉起点），其结果是甲不构成犯罪，乙则构成挪用公款罪。就危害程度而言，直观就可看出甲比乙大。如何来论证甲比乙的行为更符合犯罪本质呢？我们不妨用“数额时间积数”来衡量：甲的危害后果是 2.9 万元 ×120 个月 =348 万元/月，即甲的行为相当于将 348 万元公款使用了一个月。而乙的危害后果则是 3 万元 ×3 个月 =9 万元/月，即乙的行为相当于将 9 万元公款使用了 1 个月。可见甲的危害后果是乙的 38 倍之多，而根据法律规定，乙可追诉，甲却是无法定罪，有失公正。造成这一缺陷的根本原因，就是挪用公款罪的定罪量刑依据和标准偏离了该犯罪所侵犯客体的固有属性。因为挪用行为本身是个过程，而这个过程是物（公款）与时间的统一，没有物就谈不上“挪”。同样，没有时间也就无所谓“用”。因此在挪用公款行为中，公款和时间是统一的，两者不可分离，且均与公款使用权的被损害程度直接成正比例关系。一定时间内挪用公款的数额越大，则危害后果越大，同样，一定数量的公款被挪用的时间越长，危害的后果也越大。因此在刑罚上重视、轻视、偏废任何一个因素都会影响司法的公正与公平。①

经以上分析，应将相关部分的内容修改为："挪用公款归个人使用数额时间积数较大，不退还的，是挪用公款罪。"根据广州市区的标准，可将数额时间积数较大规定为1万元/月（根据挪用3个月3万元的追诉标准推算而来），即1万元挪用1个月。

（四）完善滥用职权罪的立法建议

1. 将滥用职权罪主体改为公务员

滥用职权罪是刑法分则第九章渎职罪中的一种，因为前述中笔者建议将渎职罪主体改为公务员，滥用职权罪主体理所当然地亦应改为公务员。

2. 单列叙明滥用职权罪的罪状

在完善滥用职权罪立法时，应当注意以下几点：一是单列滥用职权罪的罪状，明确界定滥用职权罪的犯罪行为。滥用职权的犯罪行为与行为人职权之间具有必然联系，这是其本质特征。滥用职权罪是指公务员违背其职务要求不行使或不正确行使其职权，致使公共财产、国家或人民利益遭受重大损失的行为。二是明确滥用职权罪的主观罪过。滥用职权罪的主观罪过只能是故意，包括直接故意和间接故意。三是分列滥用职权罪和玩忽职守罪，避免适用相同的法定刑，以做到罪刑相适应，同时提高滥用职权罪的法定刑。在自由刑的设置上，由于滥用职权罪适用范围较广，情况复杂，可以考虑：（1）设立两个档次的量刑幅度，形成基本构成与加重构成两个相对独立的罪刑单位。（2）以情节严重或造成严重危害后果作为构成犯罪的要件，第一档次的法定刑可与玩忽职守罪相当。（3）以情节与危害后果特别严重作为加重构成的要件，其法定刑较徇私枉法罪为低。相应提高渎职罪中其他滥用职权罪的法定刑，并规定资格刑和罚金刑。

3. 对滥用职权罪增设资格刑

---

① 参见金建文、李根福：《"挪用积数"在挪用公款罪认定中的运用》，载《人民检察》2005年第7期。

滥用职权罪是在职务活动中实施的，职务与犯罪之间这种密不可分的特殊关系表明要惩治职务犯罪就必须使行为人与其职务相分离，这是维护职务廉洁性的要求。因此，对此种犯罪，除适用自由刑外，可附加剥夺一定期限甚至终身担任公职的权利。许多国家的刑事立法都有这方面的规定，可予借鉴。对某些国家机关工作人员而言，职务和权力已成为他们实施职务犯罪的工具和条件，如果在犯罪之后不剥夺其参与管理国家和社会事务的权利，就不足以表明法律对职务犯罪进行惩治的严正立场。鉴于我国当前的资格刑立法状况，尚不能对此种犯罪附加剥夺政治权利。因为根据刑法规定，剥夺政治权利包括：选举权和被选举权；言论、出版、集会、结社、游行、示威自由的权利；担任国家机关职务的权利；担任国有公司、企业、事业单位和人民团体领导职务的权利。如果对本罪附加剥夺政治权利，则未免“刑罚过剩”，不符合刑罚的谦抑性原则；如果不附加剥夺一定期限的担任国家机关职务的权利，又不能收到较好的效果。笔者建议，应完善我国资格刑立法，对适用剥夺政治权利的各种情形分别加以规定，使其具有针对性，其中对滥用职权罪的国家机关工作人员就可附加剥夺担任国家机关职务的权利。

综上所述，笔者建议对滥用职权罪的条文设计如下：“公务员故意违背职务要求，不履行或不正确履行职责，情节严重或给公共利益、国家或人民利益造成严重危害后果的，处五年以下有期徒刑或者拘役；情节与危害后果特别严重的，处五年以上十年以下有期徒刑。”“徇私舞弊犯前款罪的，处七年以下有期徒刑；情节严重的，处七年以上有期徒刑。”“对犯前两款罪的应当附加剥夺一定期限或者终身担任国家机关职务的权利，可以并处罚金。”①

（五）完善徇私枉法罪

根据我国《刑法》第 399 条第 1 款的规定，徇私枉法罪是指

① 参见李文霞：《滥用职权罪的立法完善》，载《人民检察》2005 年第 10 期。

司法工作人员为徇私情，对明知是无罪的人而使他受追诉，对明知是有罪的人而故意包庇不使他受追诉，或者在刑事审判活动中故意违背事实和法律作枉法裁判的行为。联系到《刑法》第399条第2款关于民事、行政枉法裁判罪以及2002年12月28日全国人大常委会通过的《刑法修正案（四）》第8条关于执行判决、裁定失职罪和执行判决、裁定滥用职权罪，可以看出，刑法规定的徇私枉法罪，具有特定的内涵，即只包括刑事司法工作人员的枉法追诉、不追诉行为和刑事枉法裁判行为，而不涉及其他诸如故重故轻追诉等枉法行为，并且，构成该罪还必须以司法工作人员“徇私”“徇情”为必要条件。徇私枉法罪的这种罪状设计，既不同于社会通常观念对于徇私枉法行为的理解，也不同于境外有关犯罪的规定。无论从理论上看，还是从实务上看，这一犯罪构成的设计所暴露出的问题，已经成为惩治这类犯罪的“路障”，亟需完善立法。

1.《刑法》第399条第1款规定的立法缺陷

（1）将“徇私”、“徇情”作为犯罪的构成要素加以规定，不但为恶意枉法者开脱了罪责，而且增加了司法实践中认定犯罪的难度

①从汉语词典的解释上来看，“枉”字的本意，是“弯曲”、“不正”的意思。[①] 枉法，就是故意歪曲、破坏法律。在法制社会里，法律是制约、引导人们行为的基本规范，也是调节社会矛盾的基本规则。只有人们都严格依法行事，执法人员都严格依法执法，整个社会才能和谐稳定，健康发展。作为司法人员，理应带头守法，严格依法办案，成为守法、护法、严格执法的典范。任何违法办案的做法，都是对法律的亵渎，都是与司法人员的身份极不相称的。因此，执法人员的任何枉法行为，都应以犯罪论处，而不应以什么“徇私”或“徇情”为前提。②从犯罪的本质

① 王同亿主编：《高级汉语词典》，海南出版社1996年版，第1339页。

特征上来看，严重的社会危害性是犯罪的本质特征，而司法人员的枉法行为本身就具有足够的社会危害性，并不是只有“徇私”、“徇情”的枉法才具有社会危害性。因为，司法人员的工作直接关系着社会的根本利益，他们故意枉法，就会给社会利益造成重大危害。比如，在刑事诉讼中枉法，要么是故意对无罪者追究刑事责任，要么是故意不追究有罪者的刑事责任。前者不可避免地会使无辜者的自由权利甚至生命权利遭受侵犯，从而造成严重的社会危害后果。后者则不可避免地使犯罪人逃脱惩罚，不但起不到预防犯罪的作用，反而起着鼓励、推动犯罪的作用，会使某些不稳定分子更加肆无忌惮地实施犯罪，给社会造成更大的危害。可见，在刑事诉讼中枉法的社会危害性是极其严重的。在行政、民事诉讼中的枉法，其社会危害性同样十分严重。在行政诉讼中枉法，要么是把正当、合法的行政行为认定为非法，判令行政机关对原告进行经济赔偿，要么是把非法的行政行为认定为合法，判决原告败诉。前者必然严重妨害行政行为的正常行使并使国家的经济利益遭受损害，后者则必然纵容行政机关的违法行政，并使普通公民的利益遭受重大损害。无论哪个方面都是对社会的严重危害。在民事诉讼中枉法，无非是故意判决有理者败诉，无理者胜诉。而民事诉讼往往牵涉着巨额的财产利益。在民事诉讼中枉法，就意味着无理者非法获得巨额财产利益，有理者无辜丧失巨额财产利益，其社会危害性决不亚于盗窃和诈骗，甚至比盗窃、诈骗的社会危害性还要严重。因为这样的枉法，不但侵害了有理一方的巨额财产利益，而且严重败坏了国家司法机关的威信，破坏了国家的法制。总之，不论在刑事诉讼、行政诉讼还是民事诉讼中枉法，都会直接给社会造成重大危害。而不是徇私、徇情的枉法才有严重的社会危害性，不徇私、不徇情的枉法就没有社会危害性。换言之，枉法行为的社会危害性，不需要以“徇私”、“徇情”为前提。[①] ③从犯罪构成上来看，“徇私”、“徇情”是行为人的动机而非犯罪目的，不应当成为本罪的犯罪构成要件之一。

（2）“有罪的人”一词使用不当

本罪罪状中“有罪的人”一词明显使用不准确。徇私枉法罪的客体是国家司法机关的正常活动或国家的司法公正。国家司法机关的正常活动，是指司法机关依法办案、严格执法，实现国家刑事法律所体现的公正与公平的具体过程，司法工作人员不管是在侦查阶段、审查起诉阶段，还是在审判阶段，或者刑罚执行阶段，只要是在刑事司法活动中实施了枉法行为，本质上都干扰了司法机关的正常活动和国家的司法公正。因此，在本罪的犯罪构成要件中，司法工作人员所包庇的对象显然包括犯罪嫌疑人、被告人和罪犯，其内涵是经法院判决宣告为有罪的人或虽未经法院判决但有证据证明其涉嫌犯罪的人，而不单纯是“有罪的人”。我国《刑事诉讼法（2012 年修正）》第 12 条明确规定：“未经人民法院依法判决，对任何人都不得确定有罪”，[②] 因此，“有罪的人”应是指经法院判决宣告为有罪的人。综上所述，根据立法本意，建议将本罪的犯罪对象修改为“无罪的人”和“应受追诉的人”。[③]

（3）将故重故轻追诉行为排除于徇私枉法罪之外属重大遗漏

故重故轻追诉行为是故意过重追诉行为与故意过轻追诉行为的简称。所谓故意过重追诉行为，简称故重追诉行为，是指具有侦查权和起诉权的司法工作人员利用职务之便，故意将罪行较轻的犯罪嫌疑人或被告人以重罪进行追诉的行为。它通常包括三种情况：一是在同一罪名之下故意以重罪行进行追诉。如捏造重幅

---

① 参见侯国云：《论枉法犯罪的修改与完善》，载《人民检察》2005 年第 9 期。

② 2012 年《刑事诉讼法》修正前后的第 12 条没有变化。

③ 参见陈玉华：《徇私枉法罪中“有罪的人”一词使用不当》，载《人民检察》2005 年第 6 期。

度的量刑情节，使被追诉者可能受到畸重的刑罚处罚；二是对同一行为故意以重罪名进行追诉。如故意违背事实，将抢夺变成抢劫，使被追诉者可能被以重罪名定罪量刑；三是故意隐匿、销毁能够使被追诉者受到减轻处罚的情节，使被追诉者没有受到公正的处罚。所谓故意过轻追诉行为，简称故轻追诉行为，是指具有侦查权和起诉权的司法工作人员利用职务之便，故意将罪行较重的犯罪嫌疑人或被告人以轻罪进行追诉的行为。它通常也包括三种情况：一是在同一罪名之下故意以轻罪行进行追诉。如伪造自首、立功情节，或者将已满 18 周岁的犯罪人的年龄改为犯罪时不满 18 周岁等；二是对同一犯罪行为故意以轻罪名进行追诉。如故意将绑架犯罪变成非法拘禁犯罪；三是故意隐匿、销毁能够使被追诉者受到重幅度处罚的情节，使之逃避法律应有的处罚。

应当说，故重故轻追诉行为的社会危害性和行为人的主观恶性丝毫不亚于徇私枉法罪中的枉法追诉和枉法不追诉行为。由于刑事诉讼的监督制约机制比较健全，环节较多。因此，要想把无罪的人变成有罪的人进行追诉，或者反之，把有罪的人变成无罪的人进行不追诉，都不易得逞，行为人也不愿冒此风险。实践中枉法追诉或不追诉这类的徇私枉法犯罪案件并不多见即是明证。而故重故轻追诉行为，因其是以追诉的面目出现，故而不易被察觉，容易得逞，而且现行刑法又找不到相应的罪名论之以罪，因而这种行为的发生率较高。可见，现行刑法不将故重故轻追诉行为作为徇私枉法罪的行为方式之一，是一个重大疏漏。

（4）将枉法追诉、枉法不追诉与枉法裁判行为置于同一犯罪构成中并不科学

枉法追诉、枉法不追诉行为与枉法裁判行为并不属于同一类别，因为追诉是刑事诉讼的专有概念，其主体只限于具有刑事侦查权和刑事起诉权的司法工作人员。而裁判并非刑事诉讼的专有概念，其外延包括刑事、民事和行政诉讼，甚至还包括仲裁。而枉法裁判只能发生在审判阶段，其主体只能是享有审判权的司法

工作人员。因此，将不属于同一类别的行为置于同一罪名之中，并不十分科学。但是，当刑法并没有将民事、行政诉讼中的枉法裁判行为规定为犯罪的情况下，将枉法追诉、枉法不追诉的行为与枉法裁判行为置于同一罪名之中，无可厚非，学界对1979刑法关于徇私枉法罪的规定异议较少，就源于此。但是，1997年《刑法》在基本承继1979《刑法》关于徇私枉法罪内容的情况下，又规定了民事、行政枉法裁判罪。这样一来，便出现了以下两个问题：其一，既然刑事枉法裁判是徇私枉法罪，而民事、行政枉法裁判为什么异其罪名呢？这与社会通常观念和通常语义对枉法一词的理解是否相违背？其二，在刑事附带民事诉讼中，若行为人只对民事部分枉法，或者既对刑事部分枉法也对民事部分枉法，该如何处理呢？这两个问题的产生，与刑法对徇私枉法这类司法渎职型犯罪规定的不周延和不完善有关。

就第一个问题而言，如前所述，枉法追诉和枉法不追诉与枉法裁判，因主体的差异性和诉讼阶段的不同性，不应在同一层次上将这两个概念加以混同。若将这两个概念统一于枉法这一上位概念，然后以枉法这一上位概念确立一个罪名，不是不可以，但一定要将民事、行政等枉法裁判行为纳入其中。这样，便不会与社会通常观念对于枉法行为的认知相违背，也不会在语义上产生歧义。但刑法却没有这样做，而是人为地将刑事枉法裁判行为与其他枉法裁判行为割裂开来，使两者分属于不同的罪名。这样，便损害了枉法裁判行为应当具有的整体性和统一性，也有违社会通常观念对枉法裁判行为的认同感和语言学意义上的同一性，在逻辑上也有些不伦不类。我国台湾地区“刑法”就将枉法裁判行为独立成罪，这种立法模式值得借鉴。

就第二个问题而言，由于《刑事诉讼法》明确规定，刑事诉讼可以附带民事诉讼，而且由同一审判组织进行审理。这样，就可能出现个别负有刑事审判职权的审判员在审理附带民事诉讼中实施情节严重的枉法裁判行为，或者既在刑事审判中实施枉法裁判行为，又在附带民事诉讼中实施枉法裁判行为的情况。对此应如何处理，不无问题。如果行为人只在附带民事诉讼中实施情节严重的枉法裁判行为，似乎应定民事、行政枉法裁判罪。但是，刑法学界的通说认为，民事、行政枉法裁判罪的主体只能是司法机关中的民事、行政审判人员及其主管人员。[①] 言外之意，本罪的主体不包括刑事审判人员。而附带民事诉讼中的枉法裁判行为恰恰是刑事审判人员所为，若论之以民事、行政枉法裁判罪，则在主体上有些不适格；如果同一个刑事审判人员既实施刑事枉法裁判行为，又在附带民事诉讼中实施情节严重的枉法裁判行为，其罪数形态如何，不无异议。对于这种情况，目前有两种观点和做法：一种是一律数罪并罚，主要理由是，不论附带民事诉讼是与刑事诉讼一并审理还是分开审理，审判人员实际上是进行了两次审判活动，实施了两个相对独立的枉法裁判行为，因此应实行数罪并罚。[②] 另一种是应根据案件的具体情况，作出不同的处理，或按民事、行政枉法裁判罪一罪处理，或按牵连犯从一重处断，或按数罪并罚处理。[③] 引起诸多纷争的原因在于立法本身欠缺科学性。

（5）应当将情节严重的枉法仲裁行为纳入枉法裁判犯罪中

由于现行刑法中枉法裁判行为规定在徇私枉法罪的犯罪构成中，与枉法裁判行为相关的是枉法仲裁行为，因此有必要论及这个问题。现行刑法将情节严重的枉法仲裁行为游离于刑法调控之外，这不能不说是一个缺憾。

在我国，仲裁权虽然不是司法权，但在解决民事纠纷这一点上，负有与司法权等同的职能，被视为准司法权。其所作出的裁决是否公正，直接关乎仲裁当事人的财产权利。如果说枉法裁判

① 高铭暄、马克昌主编：《刑法学》，北京大学出版社 2000 年版，第 657 页。

② 刘芳等：《刑法适用疑难问题及定罪量刑标准通解》，法律出版社 2004 年版，第 943 页。

③ 陈明华、万兰茹：《论徇私枉法罪的几个问题》，载《检察实践》2000 年第 3 期。

行为损害了司法权的公正性，那么，枉法仲裁行为则损害了仲裁权的公正性。两者在法益侵害性上毫无二致。既然情节严重的枉法裁判行为被视为犯罪行为，那么没有理由不将情节严重的枉法仲裁行为规定为犯罪。中国台湾地区“刑法”就将枉法仲裁行为作为“枉法裁判或仲裁罪”的客观表现之一，这值得借鉴。

（6）“收受贿赂”从一重处断的规定缺失“索贿”且造成法条秩序的混乱

《刑法》第 399 条最后一款规定，司法工作人员收受贿赂，有前三款行为的（根据《刑法修正案（四）》第 8 条的规定），同时又构成受贿罪的，依照处罚较重的规定定罪处罚。俗称此行为是贪赃枉法。如何理解这一款规定的罪数形态，学界见仁见智，争论不休。有认为是想象竞合犯的，有认为是法规竞合犯的，也有认为是牵连犯的，还有认为是实质数罪的，等等，可谓莫衷一是，至今尚未了断。笔者认为，问题的关键不在于其罪数形态是什么，不管其罪数形态如何，司法机关只要坚持从一重处断的原则进行适用，便不会出现什么太大的麻烦。问题的关键在于，该款的规定是只限于第 399 条特定的四种犯罪（即徇私枉法罪，民事、行政枉法裁判罪，执行判决、裁定失职罪，执行判决、裁定滥用职权罪），还是包括所有司法渎职型犯罪，甚至包括所有徇私舞弊型的渎职犯罪。从这一规定所处的位置以及语义所指来看，将其解释为只对第 399 条所指的四种犯罪而不及于其他犯罪是妥当的。但问题是，所有渎职犯罪都可能伴有索取、非法收受他人贿赂的行为，为什么《刑法》仅对第 399 条规定的四种犯罪作如此特殊的规定，而对其他渎职型犯罪却置之不理呢？它们之间在贪赃枉法方面有什么不同吗？这一规定不能不说是匪夷所思。难怪实务部门在处理类似案件时无所适从，不知是从一重处断对，还是数罪并罚好。笔者认为，这一规定是导致理论界争论不休和实务界无所适从的根源所在。但并不认为这一规定本身是错误的，为了解决包括贪赃枉法在内的贪赃渎职型犯罪的罪数形态之争，以便统一司法适用，规定从一重处断是必要的。问题是现行刑法的这一规定放错了地方。如果将之放在《刑法》第九章渎职罪一章的尾部，以便统领本章内容，那就妥当了。同时，只规定收受贿赂行为，遗漏“索取贿赂”亦不甚妥当。因为受贿罪的行为方式有“索取”和“非法收受”他人财物两种，因此应当增加“索取”的内容。

2. 整合徇私枉法罪的立法构想

通过上述对徇私枉法罪立法缺陷的分析，笔者建议：

（1）取消徇私枉法罪的罪名，设立滥用追诉职权罪，将故重故轻追诉行为纳入该罪之中。该罪的罪状可以表述为：司法工作人员滥用追诉职权，对明知是无罪的人而使他受追诉、对明知是应受追诉或受适当追诉的人而故意包庇不使他受追诉，或者实施不适当追诉行为，意图使被追诉人受到畸轻畸重处罚的，处……其法定刑可以沿用徇私枉法罪的法定刑。

（2）取消民事、行政枉法裁判罪，设立枉法裁判或仲裁罪，将情节严重的枉法仲裁行为纳入该罪中。鉴于刑事枉法裁判行为在社会通常观念上重于其他枉法裁判行为，该罪的罪状和法定刑可以设计为：司法工作人员在刑事审判活动中故意枉法裁判的，在民事、行政审判活动中故意枉法裁判、情节严重的、或者仲裁人员在仲裁活动中故意枉法仲裁、情节严重的，处5年以下有期徒刑或者拘役；致使当事人或者其他人的利益遭受重大损失的，处5年以上有期徒刑。[①]

（3）将第399条最后一款改为：“司法工作人员或仲裁人员索取、非法收受他人不正当利益或不正当好处，构成本法第三百八十五条规定之罪，同时又构成本章之罪的，依照处罚较重的规定处罚。”并将此款置于渎职罪这一章中的最后一条，以统领全章。

---

① 参见赵丙贵：《徇私枉法罪的立法缺陷和重新整合》，载《中国刑法学年会文集（2005年度）》（下册），中国人民公安大学出版社2005年版，第335~340页。

三、增设部分纯正身份犯

（一）增设纯正身份犯“外国公职人员、国际公共组织官员受贿罪”

自20世纪70年代中叶联合国通过了第3514（×××）号决议谴责跨国公司及其中间人违反所在国法律而贪污贿赂的行径以来，打击贿赂外国公职人员或者国际公共组织官员犯罪渐成时代潮流。联合国、世界银行、国际货币基金组织、世界贸易组织、美洲国家组织、欧洲理事会、欧洲联盟乃至英联邦对此作出了很大的努力，透明国际、国际商会、国际律师协会等非政府组织也发挥了积极的作用。综观中国刑法，反贿赂犯罪的立法基本上比较完善，将贿赂犯罪的规定主要集中在刑法分则第八章贪污贿赂罪中，包括了受贿罪、单位受贿罪、行贿罪、对单位行贿罪、介绍贿赂罪、单位行贿罪、利用影响力受贿罪等一系列罪名；至于公司、企业当中发生的行贿受贿行为，由于破坏了社会主义市场经济秩序，刑法分则第三章确立了非国家工作人员受贿罪和对非国家工作人员行贿罪的罪名；此外，中国刑法还规定了准贿赂犯罪行为，如在经济往来中，违反国家规定，给予各种名义的回扣、手续费的行为。[①] 但是，《刑法修正案（八）》以前的中国刑法中却没有关于贿赂外国公职人员或者国际公共组织官员构成犯罪的规定，这不符合国际商务反腐的潮流。伴随着2003年《联合国反腐败公约》的签署及其在国际上的广为接受，中国立法机关考虑到该《公约》与国内法的协调，在《刑法修正案（八）》第29条中对修正前《刑法》第164条做了修改，将“为谋取不正当利益，给予外国公职人员或者国际公共组织官员以财物的”行为，规定为对外国公职人员或者国际公共组织官员行贿罪，依照对非国家工作人员行贿罪的规定处罚。但是，目前尚无规定

---

① 详见《刑法》第385条第2款、第389条第2款和第391条第1款。

"外国公职人员、国际公共组织官员受贿罪"这个罪名。只规定"向外国公职人员、国际公共组织官员行贿罪"，而不将其对合犯"外国公职人员、国际公共组织官员受贿罪"刑法化，确实不够完整。不仅在立法上有失公平，而且也不利于有效打击对外国公职人员或者国际公共组织官员行贿的犯罪活动。为了确立和完善打击涉及"外国公职人员、国际公共组织官员"贿赂犯罪的国内法体系，建议增设"外国公职人员、国际公共组织官员受贿罪"。当然，此罪涉及的管辖权和外交豁免问题，另当别论。

自20世纪70年代中叶联合国通过了第3514（×××）号决议谴责跨国公司及其中间人违反所在国法律而贪污贿赂的行径以来，打击贿赂外国公职人员或者国际公共组织官员犯罪渐成时代潮流。联合国、世界银行、国际货币基金组织、世界贸易组织、美洲国家组织、欧洲理事会、欧洲联盟乃至英联邦对此作出了很大的努力，透明国际、国际商会、国际律师协会等非政府组织也发挥了积极的作用。综观中国刑法，反贿赂犯罪的立法基本上比较完善，将贿赂犯罪的规定主要集中在刑法分则第八章贪污贿赂罪中，包括了受贿罪、单位受贿罪、行贿罪、对单位行贿罪、介绍贿赂罪、单位行贿罪等一系列罪名；至于公司、企业当中发生的行贿受贿行为，由于破坏了社会主义市场经济秩序，刑法分则第三章确立了非国家工作人员受贿罪和对非国家工作人员行贿罪的罪名；[①] 此外，中国刑法还规定了准贿赂犯罪行为，如在经济往来中，违反国家规定，给予各种名义的回扣、手续费的行为。[②]但是，中国现行刑法中却没有关于贿赂外国公职人员或者国际公共组织官员构成犯罪的规定，这不符合国际商务反腐的潮流。伴随着2003年《联合国反腐败公约》的签署及其在国际上的广为

---

① 在最高人民法院、最高人民检察院公布《关于执行〈中华人民共和国刑法〉确定罪名的补充规定（三）》以前分别称作"公司、企业人员受贿罪"、"对公司、企业人员行贿罪"。

② 详见《刑法》第385条第2款、第389条第2款和第391条第1款。

接受，我们应当思考该公约与国内法的协调。建议中国刑法增设“对外国公职人员、国际公共组织官员行贿罪”与“外国公职人员、国际公共组织官员受贿罪”两个罪名，从而确立打击涉及“外国公职人员、国际公共组织官员”贿赂犯罪的国内法依据。

（二）增设“国家机关工作人员见危不救罪”

1. 见危不救犯罪化理论之争

学界关于见危不救犯罪化理论存在肯定与否定两种观点：一种是道德调整说，即否定说。这种学说认为见危不救属于道德范畴，不应该纳入法律调整的范畴。① 另一种是法律调整说，即肯定说。该说认为应该指定一个具有普遍约束力的惩罚见危不救的法律性规定，将见危不救纳入法律主要是刑法的调整范围。② 将见危不救行为犯罪化与非犯罪化理论之争的具体内容：

（1）非犯罪化的道德调整说认为，见危不救犯罪化，会混淆犯罪和违背道德的界限。这种观点认为，道德不同于法律，对于违反道德的行为并不一定必须以法律制裁的方式来追究。道德注重从人的心灵和思想上进行约束，而法律则只能对人的行为进行规制，两者的这一重要区别决定了道德和法律在社会中发挥着不同的社会功能，绝不能把属于道德范畴的东西盲目地归于法律的调整对象；③ 但是，坚持犯罪化的法律调整说则认为，法律规范大都是起源于道德规范，它们原是道德规范中最重要、最基本的内容，④ 二者之间的界限不是固定不变的，法律对道德领域的干预应依时而定，当道德的力量已经不足以使道德规范得到实施，而该规范对于社会而言又是至关重要的，就有必要采取法律干预

① 参见陈杰人：《论“见死不救罪”不可行性》，载中青在线网，2001 年 3 月 23 日访问。

② 参见刘仁文：《见危不救：道德还是法律?》，载浙大知行网。

③ 参见陈杰人：《论“见死不救罪”不可行性》，载中青在线网，2001 年 3 月 23 日。

④ 参见郝铁川：《道德的法律化》，载《法治随想录》，中国法制出版社 2000 年版，第 121 ~ 124 页。

的手段，以强化和巩固该规范。[①] 其实，法律和道德的界限本身就是存在着模糊性的，不可能明确划分。在上面的争论中道德调整说将法律与道德、犯罪与违背道德的界限固定化，而法律调整说则考虑了时间的因素，指出法律和道德调整范围应该依道德规范实施的效果而定，是非常有启发性的，结合当前我国社会生活中大量出现的见危不救的案例，足以说明道德在这个领域的调整已经是力不从心了。因此，道德调整说所持的主要论据的论证力在这里已经大打折扣了。

（2）非犯罪化的道德调整说认为，见危不救犯罪化会增加公民的义务，给公民带来额外危险。该种观点认为，现代法治理念要求公民的行为只要不侵害他人的合法权益、国家利益和公共秩序，就有其天然的存在合理性，只要不妨碍他人自由，就不应该受到限制。见危不救犯罪化违背了这一法治理念，会给公民增加义务并可能把他人造成的危险转嫁给救助人或第三人。[②] 在这一点上，法律调整说认为可以通过对见危不救内涵和外延的严格界定来降低对公民的义务要求和危险避免。他们认为，救助义务仅仅限于在允许的情况下，对于国家公共利益与他人合法利益正在遭受必须接受帮助才能避免的危险负有帮助的义务，而且，不包括那种可能给本人或第三人带来危险的情况。有些学者从见危不救行为的危害性的角度出发进行反驳，认为见危不救行为已经对他人的合法权益和国家利益以及公共秩序造成了损害，只不过这种损害是以不作为的方式来实施的，“损害结果并不违背其内心意图，这与加害人或造成他人危险的人的心理状态没有什么本质区别”，而且，“这种行为往往成为实际危害结果发生的重要条件之一”。[③] 除此之外，见危不救犯罪化本质上就不是无端地增加公

① 参见刘仁文：《见危不救：道德还是法律?》，载浙大知行网。

② 参见陈杰人：《论“见死不救罪”不可行性》，中青在线网，2001 年 3 月 23 日访问。

③ 参见范忠信：《见危不救：外国法及中国旧法的启示》，载《信法为真》，中国法制出版社 2000 年版，第 171 ~176 页。

民的义务，而是对公民违背对社会应该担负的成员责任、对他人应该担负的人道责任的否定评价和惩罚。

（3）非犯罪化的道德调整说认为，见危不救犯罪化在具体操作上存在困难。该说认为，见危不救在犯罪主体、救助人对危险的判断、对救助的确认、救助人实施救助的能力、救助人的社会保障等方面存在着操作困难。坚持犯罪化者认为，的确上述理由在客观上是存在的，但是作为反对见危不救犯罪化的理由是难以令人信服的。恰恰相反，因为当前没有关于见危不救的法律规定，使得一些执法者对某些社会影响恶劣而又能够与刑法有关条款沾上边的见危不救案件，纷纷套用刑法的这些条款来量刑，从而破坏了“罪行法定”的原则。在法制建设的过程中，不能因手段的不足而否定目的的价值，担心具体操作的困难是可以理解的，但是，如果以此为论据来说明见危不救犯罪化的不成立，无异本末倒置、因噎废食。①

主张见危不救犯罪化者还以境外有立法例为根据，来论证将见危不救行为犯罪化的正确性。如法国新刑法典第 223－6 条规定：“任何人能立即采取行动阻止侵犯他人人身之重罪或轻罪发生，这样做对其本人或第三人并无危险，而故意放弃采取此种行动的，处 5 年监禁并科 10 万欧元罚金。”“任何人对处于危险中的他人能够个人采取行动，或者能唤起救助行动，且对其本人或第三人均无危险，而故意放弃给予救助的，处前款同样之刑罚。”该法第 223－7 条规定：“任何人故意不采取或故意不唤起能够抗击危及人们安全之灾难的措施，且该措施对其本人或第三人均无危险而仍不行为者，处 2 年监禁并科 3 万欧元罚金。”②《德国刑法典》第 323 条 C 项规定：“不予救助。行为人在发生不幸事故或者公共的危险或者紧急危难时，尽管要求和根据状况能够期待他进行救助，特别是不存在显著的自己的危险和不侵害其他重要

① 参见王怀章：《试论见危不救犯罪化》，载《青海社会科学》2003 年第 5 期。
② 罗结珍：《法国新刑法典》，中国法制出版社 2003 年版，第 73 页。

的义务，却不予救助的，处1年以下自由刑或者金钱刑。”[①]《奥地利刑法典》第95条规定：“怠于救助（1）在事故或故意危害公共安全（第176条）情况下，怠于给予必要的救助，以使他人脱离死亡危险、严重的身体伤害危险或健康损害危险的，处6个月以下自由刑，或360单位以下日额金的罚金刑；怠于救助行为造成他人死亡的，处1年以下自由刑，或360单位以下日额金的罚金刑；要求行为人给予救助过于苛刻的，不在此限。（2）救助只是在有身体或生命危险，或在侵害其他重大利益情况下才有可能的，不得要求行为人给予救助。”[②] 等等。

2. 为未来将见危不救逐步犯罪化可首先增设国家机关工作人员见危不救罪

笔者认为，当道德的力量本身足以保证道德规范得以实施时，自然就不需要法律的介入。但是，当道德的力量不足以保证道德规范得以实施时，就需要法律规制。被媒体频频曝光的见危不救的事实一再表明，见危不救这一严重的社会问题仅仅靠道德的约束和有限的责任是远远不够的，惟有施以全面的法律手段，方能惩治这种具有极大社会危害性的冷漠和怠责行为，因此在我国刑法中增加见危不救罪具有重要的现实意义。但是，见危不救罪的主体范围不应界定过于宽泛，没有必要认为人人都有见危不救的义务，否则法律将会过分干预人们的正常社会生活，过多的限制人们的自由。如果在我们的生活中每一个人的见危不救仅仅是为了“法定责任”，当一切社会和道德问题都只能通过法律的介入才可以解决，人类失去的可能比得到的更多……人类如果被手铐铐住，就算能保证秩序与安全，却难以保证自由、信任与友爱。同时，应该明白，“见危不救”的发生有着深厚的社会因素。无论是用道德水准的下降来谴责，还是通过法律的规定来约束，

① 冯军译：《德国刑法典》，中国政法大学出版社2000年版，第195页。

② 徐久生译：《奥地利联邦共和国刑法典（2002年修订）》，中国方正出版社2004年版，第40页。

并不一定是法律规定了的义务，社会公众就去实施救助。实施特定的救助行为是要承担一定的风险的，而风险往往是不可预知的。这是因为，现实生活中存在着不利于救助者积极进行施救的种种障碍。许多情况下救助者最终遭到意想不到的伤害甚至付出生命的代价，英雄流血又流泪的事情屡见不鲜。对于救助者伤害或损害补偿的社会保障制度的不到位和精神激励机制的不健全，使得许多人在他人存在生命危险的情况下，不愿意进行救助。在这种情况下如果我们一味的谴责行为人的道德水平低下，甚至认为他们应该受到刑法处罚，这对行为人来说也是不公平的。法律不应该强人所难。即法律不强求不可能的事项或法律不强求任何人履行不可能履行的事项。①从我国目前的社会治安情况和道德状况来看，对于普通公民"见危不救"的纠正方式还是应该停留在从道德上鼓励其见义勇为层面上，并给予见危救助者以精神鼓励和物质鼓励的做法，而把这种道德义务上升到法律责任则是操之过急。面对普通公民的见危不救可以通过行政处罚、经济处罚、社会舆论，尤其是大众媒体的道德谴责，一方面提高人们道德水平上的自律，另一方面加大道德以外的处罚力度，尽量减少这些现象的发生。因此，笔者建议把见危不救罪的主体限定为国家机关工作人员，即在刑法中增加国家机关工作人员见危不救罪，为未来将见危不救逐步犯罪化作准备。其理由如下：

一是，国家机关工作人员见危不救的社会危害性相对严重。作为代表国家对社会公共事务进行管理，领导和监督的国家机关工作人员，他们是由纳税人供养着的社会公仆，在树立和倡导社会公德和善良风俗上应起模范带头作用，这种"应当"完全可以提升到法律义务的层面。同时，国家机关工作人员的见危不救行为给社会带来的负面影响往往大于普通公民的见危不救造成的负面影响。例如，2002 年 8 月，甘肃省渭源县蒲川乡刘营小学女教

① 参见张明楷：《刑法格言的展开》，法律出版社 1999 年版，第 227 页。

师孙某某被丈夫姜某某连砍 78 斧死亡。在姜某某两个小时的行凶过程中，当地派出所警察杨某某没有及时、有效地进行制止，途经案发现场的当地司法局长单某某等领导干部不仅自己没有上前救人，反而因怕承担责任而袖手旁观导致女教师在近两个小时的不法侵害中死亡。本案中，作为警察的杨某某具有制止违法犯罪的职责。人民警察法规定：人民警察的任务是维护国家安全，维护社会秩序，保护公民的人身安全、人身自由和合法财产，保护公共财产；预防、制止和惩治违法犯罪活动。凶手姜某某用斧头砍杀他的妻子，是一种严重的犯罪行为，面对这种严重的犯罪活动，作为人民警察的杨某某必须及时加以制止，以履行其职责，而他却没有做到这一点，导致孙某某被丈夫姜某某杀死的严重后果，杨某某的行为无疑构成了玩忽职守罪。至于司法局长单某某，他只是普通的司法行政人员，我国的法律法规没有规定司法局的工作人员具有制止违法犯罪的职责。所以，尽管单某某作为一个国家机关的工作人员，在公民的生命受到紧急威胁的情况下，既没有挺身而出，也没有采取任何有效的措施，但对其并不能以玩忽职守罪论处，否则将会违背罪刑法定原则。在目前法律没有明文规定的情况下，对单某某的行为只能予以强烈的道德谴责和严厉的党纪政纪处分，但是决不能将道德谴责和党纪政纪处分的行为与刑法制裁的行为混为一谈。单某某冷漠和无情的见危不救助的行为不能受到法律的制裁，是一件非常令人遗憾的事情，也是广大人民群众难以接受的。其严重的社会危害性，也是显而易见的。因此，增设“国家机关工作人员见危不救罪”势在必行。

二是，不仅境外有立法例，中国自古都有将见危不救行为犯罪化的法律文化，可资借鉴。在中国，对见危不救犯罪化的法律法规可以上溯到秦朝。1990 年 9 月文物出版社出版的《睡虎地秦墓竹简》一书中法律问答部分就规定：“有贼杀伤人冲术，偕旁人不援，百步中比（野），当赀二甲。”从这段秦简的内容看，秦代对见危不救的处罚十分严格，凡有盗贼在大道上杀伤人，路旁之人在百步以内未出手援助，罚战甲二件。至此之后，对见危不救、见义不为的法律规定更加详细了。唐律《捕亡》中规定“诸邻里被强盗及杀人，告而不救助者，杖一百；闻而不救助者，减一等；力势不能赴救者速告随近官司，若不告者，亦以不救助论”。明清时期也有类似的规定，如《大清律例》卷24中规定：“强盗行窃，邻佑之而不协拿者，杖八十。”

笔者建议，国家机关工作人员见危不救罪的条文内容设计为：“对于处于有生命危险状态急需救助的人，有能力救助，且给予救助并不影响自身和他人安全而不予救助的国家机关工作人员，处三年以下有期徒刑或者拘役。”

第二节　完善未成年人犯罪立法构想

目前，在世界范围内普遍重视对未成年人的保护，各国纷纷通过各种立法的形式确立专门保护未成年人的法律法规。甚至在国际刑法中有将未成年人的适用的条款扩大适用于25周岁以下者的规定：“针对18周岁以上的人所实施的犯罪，对未成年人适用的特殊条款可以扩大适用于25周岁以下的人。”① 原因是：“人的青年状态可以延续到年轻的成年时期（25周岁），因此，立法也可以以适用于未成年人的某种类似方式适用于年轻的成人。”② 中国对未成年人的保护也不例外，早在1991年9月4日已经通过、1992年1月1日实施了《中华人民共和国未成年人保护法》。中国刑事法律虽然在立法时，也注意对未成年人的教育和挽救，

① 《第十七届国际刑法大会关于“国内法与国际法下的未成年人刑事责任”的决议》（2004年9月12日至9月19日于北京）第1条第6款。参见姚建龙：《少年刑法与刑法变革》，中国人民公安大学出版社2005年版，第300页。

② 《第十七届国际刑法大会关于“国内法与国际法下的未成年人刑事责任”的决议》（2004年9月12日至9月19日于北京）序言部分。参见姚建龙：《少年刑法与刑法变革》，中国人民公安大学出版社2005年版，第299页。

但有些问题单靠普通刑事立法是无法妥善解决的。因此，建立和发展有别于普通刑事立法的少年犯刑事法律，进而逐步建立和完善中国关于未成年人犯罪的司法制度是完全必要的。故此，我们对完善未成年人犯罪的处罚制度提出如下两点建议：

一、完善对犯罪的未成年人从宽处理的具体规定

我国现行《刑法》对未成年人犯罪从宽处理的规定，除第49条第1款对犯罪时不满18周岁的人不得适用死刑以外，就只有第17条笼统的规定："已满14周岁未满18周岁的人犯罪，应当从轻或者减轻处罚。"因而有必要增补一些具体规定。例如在刑种上，应当严格限制对未成年人适用无期徒刑。根据刑法的规定，对犯罪的未成年人一律不适用死刑，同时应当从轻或减轻处罚。基于此，对其也不适用无期徒刑。如果对其适用无期徒刑，是顶格判刑，等于没有体现从轻处罚的精神。在刑法总则规定未成年人适用有期徒刑的最高期限，可以考虑限制在10年以下，数罪并罚不超过15年。原则上禁止对未成年人犯适用罚金刑和没收财产刑。禁止对未成年人犯单独适用剥夺政治权利，附加适用时，仅严格限制在被判处10年以上有期徒刑的特殊情况。在刑罚适用的制度上，对未成年人犯应规定较成年人犯罪更宽的缓刑、减刑、假释的适用条件。

二、增设必要的非刑罚处罚方法

我国《刑法》第37条规定："对于犯罪情节轻微不需要判处刑罚的，可以免予刑事处罚，但是可以根据案件的不同情况，予以训诫或责令具结悔过、赔礼道歉、赔偿损失，或者由主管部门予以行政处罚或者行政处分。"以及第38条第3款（《刑法修正案（八）》第2条第2款）规定："对判处管制的犯罪分子，依法实行社区矫正。"第72条第1款（《刑法修正案（八）》第11条第1款）关于对符合缓刑条件的不满18周岁的人应当宣告缓刑

的规定（暗含式的自然人身份犯：推断出行为人在犯罪时未满18周岁）等，共3个条款涉及非刑罚处罚方法。在实践中，尽管司法机关也十分注意运用这些方法，正确处理未成年人违法犯罪的案件，但就对未成年人犯的教育和改造而言（尤其是社区矫正制度并非是专门针对未成年人犯而设立的），显得十分不够。对未成年人违法犯罪处理的多样化和社会化已为世界各国所关注，诸如在许多国家中，“委托人制度”、“累进处遇”、“不计前科”、“寄养家庭”、“教养学院和训练学校”、“定罪不判刑的考验期”等等，都已成为现代未成年人犯罪司法制度的重要内容。建议修改刑法时，增设如下非刑罚处罚方法：（1）定期改进制度，即：规定在一定期限内，由未成年人犯本人制定改过自新的计划，由家庭、学校等有关单位负责监督实施，不能如期改进者，由司法机关予以训诫或责令具结悔过。（2）取保管教制度，即：由未成年人犯本人和家长共同具结保证书，家长提出具体管教措施，将未成年人犯回家中管教，并定期向司法机关汇报情况，必要时可以请求司法机关予以帮助，直至司法机关认为管教好为止。（3）“暂缓起诉”和“暂缓宣判”考验制度，即：对有轻微犯罪行为不需要立即判处刑罚的未成年人犯，由司法机关暂予登记入册，暂缓起诉或者暂缓判处刑罚，规定在一定期限内改变好的，不咎既往，不予起诉或者不予宣判。如有新的故意犯罪行为，则前后罪一并处理。另外，未成年人心理、生理都不成熟，可塑性极强，在社区内对其进行教育、改造，不仅更有利于其悔过，还更易于其融入社会，真正起到预防再犯的效果。因此，建议：对判处三年以下有期徒刑、拘役的未成年人，可以实行社区矫正。

第三节　完善身份犯之共同犯罪形态立法构想

从近几年司法实践来看，混合主体共同犯罪的案件，屡有发生，而且日益增多。这类案件中包括有身份者与无身份者共同犯罪、有不同种身份者共同犯罪及自然人与单位或单位之间共同犯罪。[1] 对于此类案件，如何定罪和量刑，在现行刑法中没有作出统一规定，[2] 结果导致有些案件无法可依，给司法实践带来了困惑，不能说不是一种缺憾。因此，应当加强这方面的刑事立法。

一、完善有刑法身份者与无刑法身份者共同犯纯正身份犯立法构想

无特定身份者与有特定身份者共同犯具有特定身份才构成的犯罪即纯正身份犯，无特定身份者能否构成纯正身份犯的共犯，在境外刑事立法上都有明确规定，日本现行《刑法》第 65 条（身份犯的共犯）第 1 款规定："对于因犯罪人身份而构成的犯罪行为进行加功的人，虽不具有这种身份的，也是共犯。"[3] 台湾地区现行"刑法"第 31 条第 1 项规定："因身份或其他特定关系成立之罪，其共同实施或教唆帮助者，虽无特定关系，仍以共犯论。"[4] 尽管台湾地区和日本刑法学者对身份犯之共同犯罪形态的立法有不同的理解，但总为有特定身份者与无特定身份者共同犯罪的定罪确立了法律依据，因而是可取的。鉴于理论界和司法实务部门对有身份者与无身份者共同犯罪的定罪问题争议较大，建

① 其中，常人与特殊单位主体共同犯罪、有身份者与特殊单位主体共同犯罪和普通单位主体与特殊单位主体共同犯罪和特殊单位主体之间共同犯罪问题为身份犯问题。

② 纵然，伙同贪污者可依《刑法》第 382 条第 3 款规定："与前款所列人员勾结，伙同贪污的，以共犯论处。"使用人与挪用人共谋者可依《最高人民法院关于审理挪用公款案件具体应用法律若干问题的解释》（1998 年 4 月 6 日通过、1998 年 5 月 9 日施行）第 8 条规定："挪用公款给他人使用，使用人与挪用人共谋，指使或者参与策划取得挪用款的，以挪用公款罪的共犯定罪处罚。"伙同受贿者可依《最高人民法院全国法院审理经济犯罪案件工作座谈会纪要》（2003 年 11 月 13 日公布）第 3 条第 5 款规定："根据刑法关于共同犯罪的规定，非国家工作人员与国家工作人员勾结，伙同受贿的，应当以受贿罪的共犯追究刑事责任。……"但是，刑法没有作出统一规定。

③ 《日本刑法典》，张明楷译，法律出版社 2006 年版，第 28 页。

④ 林山田：《刑法通论（下册）增订八版》，台湾大学法学院图书部 2002 年版，第 145 页、第 150 页。

议修改刑法时，在共同犯罪一节中增加："有身份者与无身份者共同犯纯正身份犯的，均以纯正身份犯定罪，但是对其量刑应当依照本法关于共同犯罪的规定，根据作用大小、情节轻重予以处罚。"从而为无身份者以纯正身份犯论处确立了法律根据，解决了有身份者与无身份者共同犯罪的定罪问题。

二、完善有不同种刑法身份者共同犯纯正身份犯立法构想

《最高人民法院关于审理贪污、职务侵占案件如何认定共同犯罪几个问题的解释》（2000 年 6 月 27 日　高法审委会第 1120 次会议通过）第 3 条规定："公司、企业或者其他单位中，不具有国家工作人员身份的人与国家工作人员勾结，分别利用各自的职务便利，共同将本单位财物非法占为己有的，按照主犯的犯罪性质定罪。"该解释第 3 条对有不同种身份者共同犯纯正身份犯的定罪方法实际上是主犯决定说的主张。该学说遭到学者们的普遍质疑，其缺陷是显而易见的，至少有以下几种情况无法解决定罪问题：第一，归案的共同犯罪人都是从犯，真正的主犯是国家工作人员或非国家工作人员，因其未归案难以查清的。第二，国家工作人员与公司、企业或者其他单位中不具有国家工作人员身份的人都是主犯。是都定职务侵占罪，还是都定贪污罪，难以取舍。第三，难以区分主从犯时。鉴于理论界和司法实务部门对有不同身份者之间共同犯纯正身份犯的定罪问题争议较大，建议修改刑法时，依照法条竞合的"择一重处断"原则，在共同犯罪一节中增加："有不同种刑法身份者之间共同犯纯正身份犯的，以处刑较重的纯正身份犯定罪。但是对其量刑应当依照本法关于共同犯罪的规定，根据作用大小、情节轻重予以处罚。"

三、完善有刑法身份者与无刑法身份者及有不同种刑法身份者共同犯不纯正身份犯立法构想

不纯正身份犯的主体身份，虽不决定犯罪性质，但却影响行为人刑罚之轻重。因此，有身份者与无身份者及有不同种身份者

共同犯不纯正身份犯时，对于无身份者或者虽有身份但此身份并非是该不纯正身份犯之构成要件（或没有利用此身份的便利）应当处以通常之刑，而对于有身份者应当予以从重或者从轻、减轻甚至免除处罚。对此，中国现行刑法没有明确规定，而境外有些刑法却规定得比较具体，如《日本刑法》第65条（身份犯的共犯）第2款规定："因身份而特别加重或者减轻刑罚时，对于没有这种身份的人，判处通常的刑罚。"台湾地区现行"刑法"第31条第2项规定："因身份或其他特定关系致刑有重轻或免除者，其无特定关系之人，科处通常之刑。"结合日本刑法分则及台湾地区"刑法"分则关于普通杀人罪及杀尊亲属罪等个罪的规定，这里规定的"判处通常的刑罚"或"科处通常之刑"旨意是"异罪异罚"，即在有些情况下对于无身份者定非身份犯"普通杀人罪"等，相应地处以通常之刑罚——依据该非身份犯的法定刑处罚。尽管其不同于中国刑法分则中关于不纯正身份犯量刑之规定，但就此在总则中作原则性规定的立法例，可资借鉴。因此，中国刑事法律也有必要将这一原则精神规定在刑法总则的共同犯罪一节中，建议修改刑法时，增设法条："有身份者与无身份者或者有不同种身份者共同犯不纯正身份犯，无身份者或者虽有身份但此身份并非是该不纯正身份犯之构成要件（或没有利用此身份的便利）应当处以通常之刑，有身份者的处罚应当依照本法的其他规定区别对待。"

四、完善单位身份犯之共同犯罪形态立法构想

单位共同犯罪的情形包括自然人与单位共同犯罪、单位之间共同犯罪。其中与身份犯有关的是：常人与特殊单位主体共同犯罪、有身份者与特殊单位主体共同犯罪、普通单位主体与特殊单位主体共同犯罪和特殊单位主体之间共同犯罪四种情况。应当指出的是，这里的共同犯罪均指共同犯纯正单位身份犯，因为中国刑法没有规定不纯正单位身份犯。无论上述四种情况的共同犯罪

中的哪一种，在司法实践中都有可能发生。是否存在单位共同犯罪问题，在刑法理论界和司法实务界有肯定说与否定说之争。尽管肯定说趋于主流，但在定罪问题上亦是众说纷纭，莫衷一是。为了解决单位共同犯罪的纷争，笔者建议，依照法条竞合“特别法优于普通法”、“重法优于轻法”的“择一重处断”原则①和《刑法》第25条关于共同犯罪的规定及其相关理论在中国刑法总则“单位犯罪”一节中增设单位共同犯罪的内容。单位共同犯罪的问题解决了，与之相关的身份犯问题也就迎刃而解了。具体法条拟设计如下：

“单位共同犯罪是指自然人与单位或者单位与单位二者以上共同故意犯罪。”“自然人与单位共同故意犯罪的，均依照本法有关单位犯罪的规定定罪处罚；单位与单位共同故意犯罪的，均依照本法处刑较重的单位犯罪的规定定罪处罚。”

① 一般适用特别法优于普通法的原则，但当适用这一原则的结果有背罪责刑相适应原则时，要适用重法优于轻法的原则。

参考文献

一、参考书目

1．高铭暄主编：《刑法学原理》（三卷本），中国人民大学出版社 1994 年版。

2．高铭暄、王作富主编：《新中国刑法的理论与实践》，河北人民出版社 1988 年版。

3．高铭暄、马克昌主编：《刑法学》（上、下），中国法制出版社 1999 年版。

4．马克昌主编：《犯罪通论》，武汉大学出版社 2005 年版。

5．马克昌：《刑法理论探索》，法律出版社 1995 年版。

6．马克昌、杨春洗、吕继贵主编：《刑法学全书》，上海科学技术文献出版社 1996 年版。

7．马克昌主编：《中国刑事政策学》，武汉大学出版社 1992 年版。

8．李光灿、马克昌、罗平：《论共同犯罪》，中国政法大学出版社 1987 年版。

9．王作富：《中国刑法研究》，中国公安大学出版社 1988 年版。

10．王作富主编：《中国刑法适用》，中国人民公安大学出版社 1987 年版。

11．赵廷光主编：《中国刑法原理》（总论卷），武汉大学出版社 1992 年版。

12．赵秉志主编：《刑法争议问题研究》（上、下），河南人民出版社 1997 年版。

13. 赵秉志：《犯罪主体论》，中国人民大学出版社 1989 年版。

14. 赵秉志主编：《海峡两岸刑法总论比较研究》，中国人民大学出版社 1998 年版。

15. 陈兴良：《当代中国刑法新理念》，中国政法大学出版社 1996 年版。

16. 陈兴良：《刑法哲学》（修订三版），中国政法大学出版社 2004 年版。

17. 陈兴良：《刑法的人性基础》，中国方正出版社 1996 年版。

18. 陈兴良：《刑法适用总论》（上卷），法律出版社 1999 年版。

19. 陈兴良：《共同犯罪论》，中国社会科学出版社 1992 年版。

20. 李希慧：《刑法解释论》，中国人民公安大学出版社 1995 年版。

21. 刘明祥：《刑法中错误论》，中国检察出版社 1996 年版。

22. 朱华荣、莫洪宪：《各国刑法比较研究》，武汉出版社 1995 年版。

23. 林亚刚：《危害公共安全罪新论》，武汉大学出版社 2001 年版。

24. 张明楷：《刑法的基本立场》，中国法制出版社 2002 年版。

25. 张明楷：《外国刑法纲要》，清华大学出版社 1999 年版。

26. 叶高峰主编：《共同犯罪理论及其应用》，河南人民出版社 1990 年版。

27. 甘雨沛、何鹏：《外国刑法学》（上），北京大学出版社 1984 年版。

28. 何鹏：《现代日本刑法专题研究》，吉林大学出版社 1994

年版。

29. 李海东:《刑法原理入门（犯罪论基础)》，法律出版社 1998 年版。

30. 樊凤林主编:《犯罪构成论》，法律出版社 1987 年版。

31. 曾宪信、江任天、朱继良:《犯罪构成论》，武汉大学出版社 1988 年版。

32. 肖中华:《犯罪构成及其关系论》，中国人民大学出版社 2000 年版。

33. 刘生荣:《犯罪构成原理》，法律出版社 1997 年版。

34. 何秉松: 《犯罪构成系统论》，中国法制出版社 1995 年版。

35. 何秉松:《刑法教科书》，中国法制出版社 1995 年版。

36. 冯英菊:《共同犯罪的定罪与量刑》，人民法院出版社 2002 年版。

37. 阴建峰、周加海主编: 《共同犯罪适用中疑难问题研究》，吉林人民出版社 2001 年版。

38. 高格编:《比较刑法》，河南人民出版社 1985 年版。

39. 储槐植:《美国刑法》（第三版），北京大学出版社 2005 年版。

40. 陈忠林:《意大利刑法纲要》，中国人民大学出版社 1999 年版。

41. 毕志强、肖介清:《职务侵占罪研究》，人民法院出版社 2001 年版。

42. 林维: 《间接正犯研究》，中国政法大学出版社 1998 年版。

43. 吴振兴:《论教唆犯》，吉林大学出版社 1986 年版。

44. 张晋藩等: 《中国刑法史新论》，人民法院出版社 1992 年版。

45. 王觐:《中华刑法论》，中华书局 1952 年版。

46. 赵秉志主编：《英美刑法学》，中国人民大学出版社 2004 年版。

47. 谢望原：《世纪之交的中国刑法学研究》，中国方正出版社 2000 年版。

48. 林欣主编：《国际刑法问题研究》，中国人民大学出版社 2000 年版。

49. 赵秉志：《比较刑法暨国际刑法专论》，法律出版社 2004 年版。

50. 谢望原主编：《台、港、澳刑法与内地刑法比较研究》，中国人民公安出版社 1998 年版。

51. 何承斌：《贪污犯罪比较研究——兼从〈联合国反腐败公约〉看中国廉政法制》，法律出版社 2004 年版。

52. 杜国强：《身份犯研究》，武汉大学出版社 2005 年版。

53. 狄世深：《刑法中身份论》，北京大学出版社 2005 年版。

54. 马克昌：《比较刑法原理·外国刑法学总论》，武汉大学出版社 2002 年版。

55. 郑健才：《刑法总则》，台湾地区三民书局 1985 年增订版。

56. 韩忠谟：《刑法原理》，台湾地区雨利美术印刷有限公司 1981 年增订版。

57. 张灏：《中国刑法理论及实用》，台湾地区三民书局 1980 年版。

58. 林山田：《刑法通论》，台湾地区三民书局 1985 年版。

59. 洪福增：《刑事责任之理论》，台湾地区刑事法杂志社 1988 年版。

60. 洪福增译：《日本刑法判例评释选集》，台湾地区汉林出版社 1977 年版。

61. 蔡墩铭：《中国刑法精义》，台湾地区东亚法律丛书 1977 年版。

62. 蔡墩铭主编:《刑法裁判百选》,台湾地区月旦出版社1982年版。

63. 蔡墩铭主编:《刑法总则争议问题研究》,台湾地区五南图书出版公司1988年版。

64. 蔡墩铭主编:《刑法总则论文选辑》,台湾地区五南图书出版公司1984年版。

65. 柯庆贤:《刑法专题研究》,台湾地区三民书局1987年版。

66. 陈朴生、洪福增:《刑法总则》,台湾地区五南图书出版公司1982年版。

67. 梁恒昌主编:《刑法案例研究》,台湾地区五南图书出版公司1983年版。

68. 褚剑鸿:《刑法总则论》,台湾地区有盈印刷有限公司1984年版。

69. 黄村力:《刑法总则比较研究》,台湾地区三民书局1984年版。

70. [日] 木村龟二主编:《刑法学词典》,顾肖荣等译,上海翻译出版公司1991年版。

71. [日] 福田平、大冢仁主编:《日本刑法总论讲义》,李乔等译,何鹏校订,辽宁人民出版社1986年版。

72. [日] 小野清一郎:《犯罪构成要件理论》,王泰译,中国公安大学出版社1991年版。

73. [日] 西原春夫主编:《日本刑事法的形成与特色》,李海东等译,法律出版社、日本成文堂1997年联合出版。

74. [日] 龙川幸辰:《犯罪论序说》(上),王泰译,载高铭暄、赵秉志主编:《刑法论丛》(第三卷),法律出版社1999年版。

75. [日] 西原春夫:《刑法的根基与哲学》,顾肖荣等译,三联书店上海书店1991年版。

76. ［日］大冢仁：《犯罪论的基本问题》，冯军译，中国政法大学出版社 1993 年版。

77. ［日］野村稔：《刑法总论》，全理其等译，法律出版社 2001 年版。

78. ［德］弗兰茨·冯·李斯特，埃贝哈德·施密特修订：《德国刑法教科书》，徐久生译，何秉松校订，法律出版社 2000 年版。

79. ［德］汉斯·海因里希·耶赛克等：《德国刑法教科书》（总论），徐久生译，中国法制出版社 2001 年版。

80. ［意］杜里奥·帕多瓦尼：《意大利刑法学原理》（注评版），陈忠林译，中国人民大学出版社 2004 年版。

81. ［法］卡斯东·斯特法尼：《法国刑法总论精义》，罗结珍译，中国政法大学出版社 1998 年版。

82. ［苏］A. H. 特拉伊宁：《犯罪构成的一般学说》（中译本），中国人民大学出版社 1958 年版。

83. ［英］J. C. 史密斯、B. 霍根：《英国刑法》，李贵方等译，法律出版社 2000 年版。

84. ［日］前田雅英：《刑法总论讲义》，东京大学出版会 1988 年版。

85. ［日］宫本英修，铃木茂嗣编：《宫本英修著作集》（第一卷），成文堂 1988 年版。

86. ［日］青柳文雄：《日本刑法论》（下），成文堂 1973 年版。

87. ［日］大冢仁：《刑法的焦点》（共犯），有斐阁 1985 年版。

88. ［日］藤木英雄、板仓宏编：《刑法的争点》（新版），有斐阁 1987 年版。

89. ［日］中山研一：《刑法总论》，成文堂 1990 年版。

90. ［日］曾根威彦：《刑法的重要问题》（总论）修订版，

成文堂 1996 年版。

91. [日] 西田典之:《共犯与身份》，成文堂 1982 年版。

92. [日] 佐伯千仞:《共犯理论的源流》，成文堂 1987 年版。

93. [日] 草野豹一郎:《刑法要论》，有斐阁 1956 年版。

94. [日] 大越义久:《共犯论再考》，成文堂 1989 年版。

95. [日] 松尾浩也、芝原邦尔、西田典之主编:《刑法判例百选》(总论)，有斐阁 1997 年版。

96. [美] 道格拉斯·N. 胡萨克:《刑法哲学》，谢望原等译，中国人民大学出版社 2004 年版。

97. [日] 大冢仁:《刑法概说(总论)》(第三版)，冯军译，中国人民大学出版社 2003 年版。

98. [日] 大冢仁:《刑法概说(各论)》(第三版)，冯军译，中国人民大学出版社 2003 年版。

99. [台] 林山田:《刑法通论》(上册)，台湾大学法学院图书部 2002 年版。

100. [台] 林山田:《刑法通论》(下册)，台湾大学法学院图书部 2002 年版。

101. [英] Michael Jefferson: *Criminal Law* (5th *Edition*)，法律出版社 2003 年版。

102. [英] Amanda Pinto Martin Evans: *Corporate Criminal Liability*，London Sweet & Maxwell，2003.

二、论文类资料

1. 万翻:《职务犯罪的几个问题初探》，载《江西社会科学》1995 年第 2 期。

2. 刘秀梅、柴靖静、董向华:《职务犯罪主体中国家工作人员的界定范围》，载《石家庄职业技术学报》2003 年第 5 期。

3. 王玉武:《职务经济犯罪的概念和基本特征》，载《西南民族学院学报·哲学社会科学版》1999 年 8 月总 20 卷增刊。

4．黄祥青：《职务侵占罪的立法分析与司法认定》，载《法学评论》2005 年第 1 期。

5．田友方、朱雁新、袁春红：《中俄军事刑罚比较研究》，载《西安政治学院学报》2001 年第 1 期。

6．中法刑法合作研究项目中方课题组：《中法刑法合作研究项目的概况和影响》，载《中国刑事法杂志》总第 37 期。

7．张玉珍：《中国内地与香港刑法中受贿罪比较》，载《山西省政法管理干部学院学报》2003 年第 4 期。

8．李虎子、张国党、齐聚峰：《中国共产党机关在刑法中应以国家机关论》，载《衡水师专学报》2004 年第 3 期。

9．徐晓光、路保均：《中国古代反腐惩贪法律制度述要》，载《现代法学》1998 年第 4 期。

10．史永丽、易菲：《中国古代刑罚制度的演变及其成因分析》，载《运城学院学报》2004 年第 3 期。

11．赵国强：《中国内地与澳门刑罚制度比较研究》，载《刑事法杂志》2005 年第 1 期。

12．赵秉志、魏东：《中国刑法学基本问题检讨——首届中韩刑法学术研讨会综述》，载《河南省政法管理干部学院学报》2004 年第 4 期。

13．刘洲、徐西振：《足球犯罪问题初探》，载《广西政法管理干部学院学报》2002 年第 4 期。

14．熊伟：《“78 斧砍妻案”中“冷血局长”该判何罪？——关于在刑法中增设“国家机关工作人员见危不救罪”的建议》，载《广西政法管理干部学院学报》2003 年第 5 期。

15．阮方民：《“国家工作人员”若干问题辨析》，载《浙江大学学报（人文社会科学版）》2000 年第 2 期。

16．蔡雪冰：《“国家工作人员”立法解释质疑——兼谈腐败犯罪构成的特征及分类》，载《湖南省政法干部管理学院学报》

2000 年第 2 期。

17. 魏昌东:《"家庭型"共同受贿犯罪类型化研究》，载《江海学报》2005 年第 1 期。

18. 张兆凯:《"刑不上大夫，礼不下庶人"释意》，载《湘潭大学社会科学学报》2000 年第 6 期。

19. 范忠信:《"阳光法案"与台湾"廉正"问题——台湾〈公职人员财产申报法的特点、局限及其立法史〉》，载《台湾研究·法律》1994 年第 1 期。

20. 范红旗、邵沙平:《〈联合国反腐败公约〉的实施与我国反贿赂法的完善》，载《法学杂志》2004 年第 25 卷。

21. 万金冬、郎俊义:《〈联合国反腐败公约〉关于私营部门内腐败犯罪的规定及启示》，载《中国人民公安大学学报》2005 年第 1 期。

22. 陈学权:《〈联合国反腐败公约〉与中国刑事法之完善》，载《法学》2004 年第 4 期。

23. 朱立恒:《〈联合国反腐败公约〉中有关私营部门内的贿赂犯罪及与我国相关规定之对比》，载《前沿》2005 年第 2 期。

24. 李雪平:《〈罗马规约〉与国际刑事法院面临的法律问题》，载《法学评论》2002 年第 6 期。

25. 陈鸿彝:《〈尚书〉:为中华法系提供原型构架》，载《江苏警官学院学报》2004 年第 2 期。

26. 杨开湘:《奥地利刑法新变革评介》，载《中南工业大学学报(社会科学版)》2001 年第 2 期。

27. 冯心明:《澳门现行法律制度的基本特点及其存在的问题》，载《华南师范大学学报(社会科学版)》1999 年第 3 期。

28. 陈立虎、易波:《从〈联合国反腐败公约〉看我国遏制贪官携款外逃制度创新》，载《江苏警官学院学报》2004 年第 3 期。

29. 李天石:《从唐律与罗马法的比较看唐代奴婢的身份》，

载《比较法研究》2002 年第 1 期。

30. 马志冰：《从魏晋之际官僚贵族世袭特权的法律化制度化看士族门阀制度的确立与发展》，载《中国文化研究 2000 年春之卷》总第 27 期。

31. 邹兵、汪力：《从刑事立法对“见危不救罪”的再思考》，载《西南师范大学学报（人文社会科学版）》2004 年第 6 期。

32. 石经海：《村党组织成员为“其他依法从事公务的人员”质疑——兼论村党组织成员为“准国家工作人员”之立法完善》，载《阜阳师范学院学报（社会科学版）》2004 年第 6 期。

33. 贾凌：《内地法系共犯与刑事责任之比较》，载《学术探索》2003 年第 9 期。

34. 田宏杰、许成磊：《单位共同犯罪具体认定中若干问题探讨》，载《湖南省政法管理干部学院学报》2001 年第 5 期。

35. 黎宏、单民：《德国的法人刑事责任论述评》，载《国家检察官学院学报》2000 年第 2 期。

36. 河南省人民检察院课题组：《渎职犯罪主体研究》，载《国家检察官学院学报》2002 年第 5 期。

37. 李希慧、贾济东、廖焱清：《渎职罪主体解释回顾及立法建言》，载《国家检察官学院学报》2003 年第 4 期。

38. 翟中东：《对“其他依照法律从事公务的人员”若干问题的认识》，载《四川警官高等专科学校学报》2000 年第 2 期。

39. 王楠高：《对国家工作人员的再认识》，载《天津政法管理干部学院学报》1999 年第 2 期。

40. 赵豫：《对司法介入“黑哨”问题的思考》，载《体育学刊》2002 年第 5 期。

41. 梅胜、蒙俊：《对我国刑法中“国家工作人员”涵义的理解》，载《贵州教育学院学报（社会科学版）》2001 年第 5 期。

42. 薛峥嵘：《非法经营同类营业罪》，载《中国刑事法杂志》总第37期。

43. 邓祥瑞：《非国家工作人员不构成受贿罪共犯——兼谈新刑法废除受贿罪共犯条款的立法理由》，载《湖南师范大学社会科学学报》2000年第3期。

44. ［日］大谷实：《共犯与身份》，王昭武译，载《法学评论》2005年第4期。

45. 马荣春、姜敏：《共犯与身份问题探析》，载《广西政法管理干部学院学报》2004年第6期。

46. 赵秉志：《共犯与身份问题研究——以职务犯罪为视角》，载《中国法学》2004年第1期。

47. 初连文：《共同渎职犯罪主体身份与职务不同的定罪问题研究》，载《国家检察官学院学报》2002年第4期。

48. 邓宇琼：《共同犯罪与身份若干问题研究》，载《中国刑事法杂志》2003年第2期。

49. 刘红、周冬英：《股份制公司中挪用型犯罪的定性问题》，载《律师世界》2002年第5期。

50. 龚培华：《关于"国家工作人员"的司法解释简介与评说》，载《上海市政法管理干部学院学报》2002年第3期。

51. 李希慧、贾济东：《关于"国家机关工作人员"的本质论》，载《中南大学学报（社会科学版）》2003年第3期。

52. 孟继超：《关于整治权利腐败的思考》，载《理论与现代化·研究生文苑》2000年第2期。

53. 姚澜：《关于非法行医及其刑事责任的探讨》，载《行政与法》2001年第2期。

54. 孙林平：《关于共同贪污犯罪及个人犯罪数额的计算问题》，载《检察实践》2000年第6期。

55. 李光辉、董玉光：《关于见危不救的刑法学思考》，载《西南师范大学学报（人文社会科学版）》2004年第6期。

56. 冯哲：《关于职务侵占罪两个问题的探讨》，载《北京人民警察学院学报》2003 年第 4 期。

57. 赵永琛：《国际反恐怖主义法的若干问题》，载《公安大学学报》2002 年第 3 期。

58. 包雯：《国际合作——打击跨国有组织犯罪的基石》，载《法学论坛》2004 年第 5 期。

59. 董科亮、叶良芳：《国家工作人员再诠释》，载《宁波大学学报（人文科学版）》2001 年第 4 期。

60. 闫海：《国家工作人员之刑法研究》，载《江西行政学院学报》2001 年第 3 期。

61. 李铁根：《国家工作人员职务犯罪主体探析》，载《河南机电高等专科学校学报》2002 年第 3 期。

62. 杨景镇：《海峡两岸贿赂罪的立法比较研究——兼谈内地贿赂罪的立法完善》，载《检察理论研究》总第 13 期。

63. 张宝华、冯兆蕙：《海峡两岸受贿罪立法比较及启示》，载《河北法学》1994 年第 1 期。

64. 严轼：《弘法守志大器早成——著名刑法学家赵秉志教授的心路历程》，载《河南政法管理干部学院学报》2003 年第 6 期。

65. 时延安：《接轨：挑战与机遇的来临——论加入〈联合国反腐败公约〉后中国刑事法制的自我调整》，载《当代法学》2004 年第 6 期。

66. 苏新建：《巨额财产来源不明罪法定刑之缺陷与完善》，载《河北法学》2002 年第 4 期。

67. 蔺春来：《军人违反职责罪犯罪主体立法的不足》，载《西安政治学院学报》2005 年第 1 期。

68. 田友方：《军事刑法若干问题的理论探讨》，载《当代法学》2004 年第 5 期。

69. 陈小杉：《滥用职权罪犯罪构成要件之界定》，载《邵阳学院学报（社会科学）》2002 第 1 期。

70. 杨黛：《辽代刑法与〈唐律〉比较研究》，载《杭州大学学报》1998 年第 2 期。

71. 聂早早：《略谈惩治公务人员贪污贿赂犯罪的刑事立法》，载《安庆师院社会科学学报》1996 年第 3 期。

72. 钊作俊：《论背叛国家罪及其认定》，载《广西政法管理干部学院学报》2002 年第 4 期。

73. 陈欢水：《论单位从犯》，载《广西社会科学》2005 年第 2 期。

74. 石磊：《论非法行医罪在刑法理论上的定位》，载《刑事法杂志》2002 年第 5 期。

75. 肖中华：《论共同犯罪成立是否以符合同一犯罪构成为前提》，载《中国刑事法杂志》总第 42 期。

76. 胡谦、张文华：《论古代的亲属容隐制度》，载《广西社会科学》2002 年第 5 期。

77. 杜强：《论国际刑法中的贿赂外国官员罪》，载《国家检察官学院学报》2003 年第 6 期。

78. 张丽娟：《论国际刑事审判实践的新发展及影响》，载《甘肃政法学院学报》2004 年第 12 期。

79. 魏昌东、周亦杨：《论交易性本质对贿赂罪构成的影响》，载《南京大学学报（哲学·人文科学·社会科学）》2002 年第 6 期。

80. 胡祥福、何学忠：《论介绍贿赂罪》，载《南昌大学学报（人社版）》2002 年第 4 期。

81. 潘星丞：《论内外勾结骗取保险金的共同犯罪的性质》，载《广东工业大学学报（社会科学版）》2005 年第 1 期。

82. 王志祥：《论挪用公款罪主体的几个问题》，载《法商研究》2004 年第 2 期。

83. 甘正培：《论司法职务犯罪中的共同犯罪》，载《人民司法》1995 年第 5 期。

84. 陈成雄：《论我国刑法中的职务犯罪概念》，载《国家检察官学院学报》2003 年第 5 期。

85. 邹志宏：《论斡旋受贿——兼谈胡长清收受符某 1.3 万元构成犯罪》，载《天津市政法管理干部学院学报》2000 年第 3 期。

86. 安永勇、张保平：《论刑法的一般原则在军事刑法中的实现》，载《武警学院学报》2002 年第 6 期。

87. 贾宇、舒洪水：《论刑法中“国有公司”及“受委派从事公务的人员”之认定》，载《法学评论》2002 年第 3 期。

88. 江启疆、申勋潮：《论刑法中的国家工作人员》，载《广东社会科学》1999 年第 3 期。

89. 朴宗根、林建：《论刑法中国家工作人员》，载《东疆学刊》2000 年第 4 期。

90. 陈闻高：《论刑讯逼供及其遏制》，载《山西警官高等专科学校学报》2003 年第 1 期。

91. 潘少平：《论元朝俸禄制度》，载《南都学坛（人文社会科学学刊）》2002 年第 1 期。

92. 鲜铁可、肖铁：《论职务犯罪与共同犯罪》，载《武汉大学学报（哲学社会科学版）》1995 年第 1 期。

93. 吴开清译：《美国防止诈骗及反黑法（RICO）》，载《公安研究》2002 年第 2 期。

94. 邱玉梅、陈如春：《美国刑法强奸罪之研究》，载《河南省政法管理干部学院学报》2004 年第 6 期。

95. 赵秉志、王秀梅：《美军虐囚事件中的国际刑法问题》，载《法学》2005 年第 5 期。

96. 左坚卫、刘志伟：《虐待被监管人罪构成要件中疑难问题研讨》，载《法商研究》2003 年第 6 期。

97. 王世洲：《欧洲共同体对刑法的影响》，载《欧洲》2000 年第 1 期。

98. 周文:《欧洲委员会控制网络犯罪公约与国际刑法的新发展》, 载《法学评论》2002 年第 3 期。

99. 邵维国:《浅谈先秦时期身份犯问题》, 载《北华大学学报 (社会科学版)》2000 年第 2 期。

100. 郭泽强、余华:《浅析国际刑法中的海盗罪》, 载《嘉应学院学报 (哲学社会科学)》2004 年第 5 期。

101. 陈兵:《浅析贪污罪主体之界定》, 载《广西政法管理干部学院学报》2001 年第 1 期。

102. 王大东:《浅析洗钱犯罪及我国反洗钱对策》, 载《政法论坛 (中国政法大学学报)》1998 年第 5 期。

103. 付莹:《浅议商业贿赂的特征》, 载《甘肃社会科学》2000 年第 5 期。

104. 王玉杰:《亲属犯罪刑罚处置研究》, 载《河南省政法管理干部学院学报》1999 年第 2 期。

105. 马斌:《亲属立法的比较研究》, 载《呼仑贝尔学院学报》1999 年第 1 期。

106. 冯江峰:《秦简中的军事法律制度》, 载《武警学院学报》2004 年第 6 期。

107. 张宗亮:《全球化与跨国有组织犯罪及法律对策》, 载《法学论坛》2005 年第 5 期。

108. 满达人:《日本公务员制度和我国公务员法》, 载《日本问题研究》1994 年第 3 期。

109. 欧阳竹筠:《日本刑法中的共同犯罪与身份问题探讨》, 载《湘潭师范学院学报 (社会科学版)》2005 年第 3 期。

110. 钱大军、马国强:《身份与法律义务的关联研究》, 载《大庆高等专科学校学报》2004 年第 2 期。

111. 李希慧、杜国强:《身份犯及其相关概念辨析》, 载《现代法学》2005 年第 2 期。

112. 杨辉忠:《身份犯类型的学理探讨》, 载《法制与社会发展》2003 年第 3 期。

113. 王延君：《身份犯若干问题研究》，载《学术交流》2005 年第 3 期。

114. 谢治东：《身份与共同犯罪的若干问题及立法思考》，载《广西社会科学》2002 年第 5 期。

115. 刘群芳：《深入学习邓小平反腐败理论》，载《毛泽东思想研究》1999 年增刊。

116. 赵运锋、肖志珂：《市民社会与刑法机能的中西差异》，载《河南科技大学学报（社会科学版）》2004 年第 3 期。

117. 施政：《试论共同受贿行为的认定》，载《经济与社会发展》2003 年第 12 期。

118. 程宗璋：《试论国家机关工作人员》，载《甘肃行政学院学报》2000 年第 1 期。

119. 胡兵：《试论身份犯》，载《人民检察》1999 年第 2 期。

120. 杜国强：《试论身份犯的本质》，载《中南大学学报（社会科学版）》2004 年第 2 期。

121. 周军：《试论刑法中受委派与受委托从事公务的区别》，载《天津市政法管理干部学院学报》1999 年第 3 期。

122. 刘志安、刘畅：《试谈公务人员贪污贿赂犯罪惩治的刑事立法》，载《佳木斯大学社会科学学报》2001 年第 2 期。

123. 陈承帼：《试析基层党务工作者的刑事法律主体资格》，载《广西政法管理干部学院学报》2000 年第 3 期。

124. 彭真明：《试析挪用期货保证金行为的刑事责任》，载《华中师范大学学报（人文社会科学版）》1999 年第 2 期。

125. 刘杰：《试析刑法修正案（五）对信用卡犯罪之完善》，载《湖南公安高等专科学校学报》2005 年第 3 期。

126. 朱国雄：《受贿犯罪主体区别原则及其适用》，载《人民司法》1998 年第 3 期。

127. 童伟华：《受贿罪立法比较研究》，载《湖北警官学院学报》2003 年第 3 期。

128. 吕哲：《受贿罪问题探讨》，载《河北法学》2004 年第 8 期。

129. 陈全：《司法惩治“黑哨”困难重重》，载《足球世界》2002 年第 3 期。

130. 孟庆华：《私分国有资产罪主体构成若干问题的探讨》，载《中南大学学报（社会科学版）》2004 年第 5 期。

131. 赵秉志、于志刚：《台湾地区刑法典分则的特点及其完善趋势》，载《河南省政法管理干部学院学报》2001 年第 2 期。

132. 王作富、唐世月：《贪污罪定义辨析》，载《国家检察官学院学报》2002 年第 3 期。

133. 刘选：《贪污罪法律规定中几个亟待解决的问题》，载《法学评论》1997 年第 1 期。

134. 周其华：《贪污罪几个问题的研究》，载《国家检察官学院学报》2002 年第 2 期。

135. 于跃江：《贪污罪主客体的界定》，载《南方经济》2002 年第 4 期。

136. 阮丹生、杨正彤：《贪污罪主体认定中的几个疑难问题》，载《国家检察官学院学报》2000 年第 1 期。

137. 张淑平：《贪污罪主体特征析》，载《福建政法管理干部学院学报》1999 年第 1 期。

138. 陈平其：《谈我国反腐败法制机制建设的成就与不足》，载《学习论坛》1999 年第 2 期。

139. 翁俊雄：《唐代肃贪法律及其运用》，载《商丘师专学报》1999 年第 1 期。

140. 孙晋森：《铁路企业中国家工作人员主体身份的界定》，载《上海市政法管理干部学院学报》1999 年第 2 期。

141. 山丰：《外国关于受贿罪主体的认定》，载《人民检察》

1994 年第 2 期。

142. 吴平：《外国历史上的资格刑述略》，载《江苏警官学院学报》2004 年第 4 期。

143. 李祖华、陈庭会：《玩忽职守罪犯罪构成的立法研究》，载《长沙职业技术学院学报》2003 年第 2 期。

144. 王仁礼：《违反公司法犯罪〈决定〉中的受贿罪》，载《法学》1995 年第 8 期。

145. 刘伟、魏昌东：《伪证罪比较分析》，载《当代法学》2003 年第 8 期。

146. 赵秉志：《未成年人犯罪的刑事责任问题研究（二)》，载《山东公安专科学校学报》2001 年第 3 期。

147. 黄锡生：《我国〈刑法〉关于国家工作人员的范畴》，载《重庆大学学报（社会科学版)》1999 年第 2 期。

148. 狄世深：《我国古代刑法中的身份探究》，载《贵州文史丛刊》2005 年第 3 期。

149. 高一飞：《我国贪污贿赂犯罪初探》，载《中央政法管理干部学院学报》1998 年第 2 期。

150. 杜国强：《无身份者与有身份者共同犯罪定性问题研究》，载《国家检察官学院学报》2004 年第 3 期。

151. 莫洪宪、李成：《无身份者与有身份者共同犯罪定性问题再探——以职务犯罪为视角》，载《人民检察》2005 年 5 月(上)。

152. 刘俊祥：《西方国家公务员法特点述论》，载《现代法学》1996 年第 6 期。

153. 罗岩：《洗钱与我国反洗钱问题研究》，载《辽宁税务高等专科学校学报》2004 年第 1 期。

154. 郑彦操、朱劲雄：《刑法上身份概念的辨析》，载《广西政法管理干部学院学报》2003 年第 2 期。

155. 付立忠：《刑法修正案（五）的相关问题与解决途径》，

载《中国人民公安大学学报》2005 年第 3 期。

156. 力心：《刑法应增设侵占罪和挪用罪——兼谈贪污罪和挪用公款罪的取消》，载《法学》1994 年第 8 期。

157. 吴平：《刑法中的“国家机关职务”辨析》，载《新疆公安司法管理干部学院学报》2001 年第 1 期。

158. 李江波、马洪涛：《刑法中的“自然身份犯”概念质疑》，载《武汉科技大学学报（社会科学版）》2003 年第 2 期。

159. 狄世深：《刑法中的身份犯散论》，载《甘肃政法学院学报》2005 年第 3 期。

160. 常宇：《刑法中公务犯罪主体概念的演变》，载《北京科技大学学报（社会科学版）》2000 年第 2 期。

161. 狄世深：《刑法中身份的作用探析》，载《西南民族大学学报·人文社科版》2005 年第 2 期。

162. 狄世深：《刑法中身份犯散论》，载《法治论丛》2005 年第 2 期。

163. 康均心：《刑法中身份犯散论》，载《现代法学》1995 年第 4 期。

164. 赵秉志、赫兴旺：《刑讯逼供罪比较研究（上）》，载《法制与社会发展》1995 年第 1 期。

165. 狄世深：《行为人身分对共同犯罪定罪的影响评析》，载《法商研究》2004 年第 6 期。

166. 蔡雪冰：《以“国家公职人员”取代“国家工作人员”——“国家工作人员”立法解释辨析》，载《国家检察官学院学报》2001 年第 3 期。

167. 高继德：《邮政工作人员私拆邮件窃取财物如何定罪》，载《中国邮政》2001 年第 2 期。

168. 沈仁国：《元代反贪贿法述论》，载《江苏教育学院学报（社会科学版）》2002 年第 1 期。

169. 沈仁国：《元代反贪贿法述论（续）》，载《江苏教育学院学报（社会科学版）》2003 年第 1 期。

170. 杨兴培：《再论身份犯与非身份犯的共同受贿问题》，载《华东政法学院学报》2005 年第 5 期。

171. 任进强：《再谈受委派从事公务的人员》，载《人民检察》2002 年第 2 期。

172. 唐丹、唐青利：《在我国设立对外国公职人员贿赂罪的立法建议》，载《四川师范大学学报（社会科学版）》2003 年第 4 期。

173. 杨忠民：《执行特别职务的国家工作人员的正当防卫探讨》，载《法学研究》1994 年第 3 期。

174. 何承斌：《职务犯罪的共同形态论》，载《重庆大学学报（社会科学版）》2003 年第 5 期。

175. 励进：《2000 年中国刑法学研究会年会综述》，载《法学》2001 年第 2 期。

176. 刘宪权、励进：《2001 年中国刑法学研究会年会综述》，载《法学》2001 年第 1 期。

177. 邓万飞：《〈刑法〉第 406 条中的有关问题探讨》，载《贵州警官职业学院学报》2003 年第 2 期。

178. 王祥修：《单位犯罪的概念与特征》，载《齐齐哈尔大学学报（哲学社会科学版）》2000 年第 5 期。

179. 张孟民：《对刑法中国家工作人员从事公务行为的理解》，载《甘肃政法成人教育学院学报》2003 年第 4 期。

180. 人民检察学习问答组：《非司法工作人员能否成为徇私枉法罪的共犯?》，载《人民检察》2004 年第 2 期。

181. 王士伟、王鸿麟：《关于实行领导干部家庭财产报告制度和公务员依法申报个人财产的理论思考》，载《理论导刊》2002 年第 4 期。

182. 赵秉志：《关于我国刑事法治与〈联合国反腐败公约〉协调的几点初步探讨》，载《法学杂志》2005 年第 1 期。

183. 彭浩：《关于刑法中“国家工作人员”的法律辨析》，载《江西公安专科学校学报》2001 年第 2 期。

184. 于改之：《国际反洗钱立法与我国对洗钱犯罪的惩治》，载《人民检察》2001 年第 3 期。

185. 盛茵：《国家机关不能成为单位犯罪的主体》，载《政治与法律》2004 年第 2 期。

186. 黄俊平：《论“受委托”型贪污罪主体》，载《江西公安专科学校学报》2003 年第 4 期。

187. 张兆松：《论受委托从事公务人员的刑法地位》，载《人民检察》2001 年第 7 期。

188. 黄长旺：《论刑法中的“国家工作人员”》，载《甘肃政法成人教育学院学报》2001 年第 2 期。

189. 于改之、赵慧：《马克昌：毕生致力于法学教学与研究的刑法学家》，载《高校理论战线》2005 年第 2 期。

190. 郭晓晓：《人大审议〈反分裂国家法〉统一祖国意义重大 海内外媒体报道人大审议〈反分裂国家法〉综述》，载《台声》2005 年第 1 期。

191. 刘宪权、张宏虹：《涉信用卡犯罪刑法修正案及立法解释解析》，载《犯罪研究》2005 年第 3 期。

192. 许发民：《身份犯理论研究的新开拓——评杜国强博士〈身份犯研究〉》，载《检察实践》2005 年第 4 期。

193. 郑侠：《受贿罪主体若干问题的探讨——兼论刑法第 93 条》，载《法学杂志》。

194. 魏从平、张友刚：《析村级基层组织人员的职务犯罪》，载《人民检察》2003 年第 5 期。

195. 孟庆华：《刑法第 93 条国家工作人员的认定问题探讨》，载《北京化工大学学报》（社会科学版）2003 年第 1 期。

196. 金泽刚：《刑法中“委派从事公务”的学理分析与司法认定》，载《法学》2002 年第 9 期。

197. 沈维嘉、龚浩南:《张某挪用公款和非法经营同类营业案评析》，载《法学》2001 年第 5 期。

198. 肖中华:《真正身分犯之共犯问题探讨》，载《云南大学学报法学版》2003 年第 1 期。

三、硕士、博士论文

1. 王龙:《职务犯罪研究》，武汉大学法学院 1991 届刑法学硕士论文。

2. 徐振华:《论我国刑法中的身份犯》，中国人民大学 1992 届硕士论文。

3. 康均心:《刑法中身份研究》，武汉大学法学院 1993 届刑法学硕士论文。

4 朱旭光:《身份犯之身份与共同犯罪》，西北政法学院 2001 届硕士论文。

5. 陈继军:《论刑法中的身份》，安徽大学 2004 届法律硕士论文。

6. 胡爱玲:《略论贪污罪的主体》，安徽大学 2004 届法律硕士论文。

7. 陈伟:《受贿罪中的三个问题研究》，华东政法学院 2002 届法律硕士论文。

8. 殷敏:《共同受贿若干问题研究》，华东政法学院 2003 届法律硕士论文。

9. 丁炯炯:《论贪污罪主体问题》，华东政法学院 2003 届法律硕士论文。

10. 李欣磊:《身份犯的共同犯罪问题研究》，西南政法学院 2004 届刑法学硕士论文。

11. 姜兰双:《身份犯问题研究》，西南政法学院 2003 届法律硕士论文。

12. 冷静:《混合主体共同受贿犯罪问题研究》，四川大学

2003 届法律硕士论文。

13. 钱丽华：《我国刑法规定的滥用职权罪》，苏州大学 2003 届法律硕士论文。

14. 张华松：《企业职务犯罪研究》，苏州大学 2003 届法律硕士论文。

15. 唐国良：《论贪污罪主体》，对外经济贸易大学 2002 届法律硕士论文。

16. 白锐：《挪用公款罪中的共同犯罪基本问题探究》，郑州大学 2004 届法律硕士论文。

17. 党海燕：《挪用公款犯罪数额问题研究》，郑州大学 2004 届法律硕士论文。

18. 杜永召：《刑讯逼供罪若干问题研究》，郑州大学 2003 届法律硕士论文。

19. 曹永：《共同受贿罪若干问题研究》，郑州大学 2003 届法律硕士论文。

20. 曹高升：《论犯罪的特殊主体》，郑州大学 2002 届法律硕士论文。

21. 李新领：《受贿罪若干问题研究》，郑州大学 2002 届刑法学硕士论文。

22. 潘爱辉：《身份犯问题研究》，中国政法大学 2005 届刑法学硕士论文。

23. 李智良：《身份犯研究》，湘潭大学 2004 届刑法学硕士论文。

四、境外刑法典

1. 《西班牙刑法典》，潘灯译，中国政法大学出版社 2004 年版。

2. 《奥地利联邦共和国刑法典》，徐久生译，中国方正出版社 2004 年版。

3. 《泰国刑法典》，吴光侠译，中国人民公安大学出版社2004年版。

4.《越南刑法典》，米良译，中国人民公安大学出版社2005年版。

5. 《德国刑法典》，徐久生、庄敬华译，中国法制出版社2000年版。

6.《日本刑法典》，张明楷译，法律出版社2006年版。

7. 《意大利刑法典》，黄风译，中国政法大学出版社1998年版。

8.《俄罗斯联邦刑法典》，黄道秀等译，中国法制出版社1996年版。

9.《法国刑法典》，罗结珍译，中国法制出版社2003年版。

10. 《保加利亚人民共和国刑法典》，中国科学院法学研究所译，法律出版社1963年版。

11.《罗马尼亚刑法典》，西南政法学院1980年翻译印行。

12. 萧榕主编：《巴西联邦共和国刑法典》，中国民主法制出版社1998年版。

13. 《印度刑法典》，赵炳寿等译，四川大学出版社1988年版。

14.《丹麦刑法典》，谢望原译，北京大学出版社2005年版。

15.《韩国刑法典及单行刑法》，［韩］金永哲译，中国人民大学出版社1996年版。

16.《朝鲜民主主义人民共和国刑法典》，金峰玉等译，法律出版社1956年版。

17. 《挪威一般公民刑法典》，马松建译，北京大学出版社2005年版。

18. 《加拿大刑法典》，卡建林等译，中国政法大学出版社1999年版。

附表一

新旧刑法规范中自然人身份犯对比一览表

新刑法规范中									← →	旧刑法规范中								
新刑法规范出处	罪名	自然人主体身份	纯正身份犯	不纯正身份犯	具备并利用身份型身份犯	仅具备身份型身份犯	明文规定式身份犯	暗含式身份犯	变化内容	暗含式身份犯	明文规定式身份犯	仅具备身份型身份犯	具备并利用身份型身份犯	不纯正身份犯	纯正身份犯	自然人主体身份	罪名	旧刑法规范出处
第17条第3款①	视具体犯罪定	已满14周岁未满18周岁的人		√②		√	√		新旧法规定基本相同，只是旧法“岁”前加“周”字。新法：“已满14周岁未满18周岁的人犯罪，应当从重处罚。”		√	√		√		已满14岁未满18岁的人	视具体犯罪定	第14条第3款③

① 表明系1997年《刑法》（1979年7月1日通过、1997年3月14日修订）第17条第3款，以下类同。

② √表示系不纯正身份犯或相对应的项目，以下类同。

③ 表明系1979年《刑法》（1979年7月1日通过、1980年1月日施行）第14条第3款，以下类同。

续表

新刑法规范中									←　→	旧刑法规范中								
新刑法规范出处	罪名	自然人主体身份	纯正身份犯	不纯正身份犯	具备并利用身份型身份犯	仅具备身份型身份犯	明文规定式身份犯	暗含式身份犯	变化内容	暗含式身份犯	明文规定式身份犯	仅具备身份型身份犯	具备并利用身份型身份犯	不纯正身份犯	纯正身份犯	自然人主体身份	罪名	旧刑法规范出处
第17条之一①	视具体犯罪定	已满75周岁的人		√		√	√		旧法无规定。									
第18条第3款	视具体犯罪定	尚未完全丧失辨认或者控制自己行为能力的精神病人		√		√	√		旧法没有，新法增加："尚未完全丧失辨认或者控制自己行为能力的精神病人犯罪的，应当负刑事责任，但是可以从轻或者减轻处罚。"									

① 《刑法修正案（八）》第1条。

续表

新刑法规范中									←→	旧刑法规范中								
新刑法规范出处	罪名	自然人主体身份	纯正身份犯	不纯正身份犯	具备并利用身份型身份犯	仅具备身份型身份犯	明文规定式身份犯	暗含式身份犯	变化内容	暗含式身份犯	明文规定式身份犯	仅具备身份型身份犯	具备并利用身份型身份犯	不纯正身份犯	纯正身份犯	自然人主体身份	罪名	旧刑法规范出处
第19条	视具体犯罪定	又聋又哑的人或者盲人		√		√	√		新旧法规定内容相同。		√	√		√		又聋又哑的人或者盲人	视具体犯罪定	第16条
第65条第1款①	视具体犯罪定	不满18周岁的人		√		√	√		旧法无规定。									

① 《刑法修正案（八）》第6条。

续表

新刑法规范中									←　→	旧刑法规范中								
新刑法规范出处	罪名	自然人主体身份	纯正身份犯	不纯正身份犯	具备并利用身份型身份犯	仅具备身份型身份犯	明文规定式身份犯	暗含式身份犯	变化内容	暗含式身份犯	明文规定式身份犯	仅具备身份型身份犯	具备并利用身份型身份犯	不纯正身份犯	纯正身份犯	自然人主体身份	罪名	旧刑法规范出处
第72条第1款①	视具体犯罪定	不满18周岁的人		√		√		√②	旧法无规定。									

① 《刑法修正案（八）》第11条第1款规定：将《刑法》第72条修改为："对于被判处拘役、三年以下有期徒刑的犯罪分子，同时符合下列条件的，可以宣告缓刑，对其中不满十八周岁的人、怀孕的妇女和已满七十五周岁的人，应当宣告缓刑：（一）犯罪情节较轻；（二）有悔罪表现；（三）没有再犯罪的危险；（四）宣告缓刑对所居社区没有重大不良影响。"

② 从《刑法》第72条第1款（《刑法修正案（八）》第11条第1款）规定的内容来看，可以推断了犯罪分子在犯罪时未满18周岁，符合身份犯（或不纯正自然人身份犯）的条件。

续表

新刑法规范中									← →	旧刑法规范中								
新刑法规范出处	罪名	自然人主体身份	纯正身份犯	不纯正身份犯	具备并利用身份型身份犯	仅具备身份型身份犯	明文规定式身份犯	暗含式身份犯	变化内容	暗含式身份犯	明文规定式身份犯	仅具备身份型身份犯	具备并利用身份型身份犯	不纯正身份犯	纯正身份犯	自然人主体身份	罪名	旧刑法规范出处
第102条第1款	背叛国家罪	中华人民共和国公民	√			√		√	新旧法都没有明文规定，但主体身份相同、罪名相同。	√		√			√	中华人民共和国公民	背叛国家罪	第91条
第107条	资助危害国家安全犯罪活动罪	境内外机构、组织的个人	√			√	√		新旧法主体身份相同、罪名相同。		√	√			√	境内外机构、组织的个人	资助危害国家安全犯罪活动罪	国家安全法①第4条、第23条
第108条	投敌叛变罪	中华人民共和国公民	√			√		√	新旧法主体身份相同、罪名相同。	√		√			√	中华人民共和国公民	投敌叛变罪	第94条

① 即《国家安全法》（1993 年 2 月 22 日通过），下同。已被全国人民代表大会常务委员会《关于修改部分法律的决定》（2009 年 8 月 27 日公布）修改。

续表

新刑法规范中									← →	旧刑法规范中								
新刑法规范出处	罪名	自然人主体身份	纯正身份犯	不纯正身份犯	具备并利用身份型身份犯	仅具备身份型身份犯	明文规定式身份犯	暗含式身份犯	变化内容	暗含式身份犯	明文规定式身份犯	仅具备身份型身份犯	具备并利用身份型身份犯	不纯正身份犯	纯正身份犯	自然人主体身份	罪名	旧刑法规范出处
第109条第1款①	叛逃罪	国家机关工作人员	√			√	√		新旧主体身份不同：旧法主体是军人，新法主体是国家机关工作人员。							军人	偷越国（边）外逃罪	军职罪条例②第7条
第109条第2款③	叛逃罪	掌握国家秘密的国家工作人员		√		√	√		旧法无规定。									

① 《刑法修正案（八）》第21条第1款。

② 即《惩治军人违反职责罪暂行条例》（1981年6月10日通过），下同。

③ 《刑法修正案（八）》第21条第2款。

续表

新刑法规范中									← →	旧刑法规范中								
新刑法规范出处	罪名	自然人主体身份	纯正身份犯	不纯正身份犯	具备并利用身份型身份犯	仅具备身份型身份犯	明文规定式身份犯	暗含式身份犯	变化内容	暗含式身份犯	明文规定式身份犯	仅具备身份型身份犯	具备并利用身份型身份犯	不纯正身份犯	纯正身份犯	自然人主体身份	罪名	旧刑法规范出处
第128条第2款、第3款	非法出租、出借枪支罪	依法配备公务用枪的人员、依法配置枪支的人员	√			√	√		新法规定：依法配备公务用枪的人员、依法配置枪支的人员（要求此类人员造成严重后果），非法出租、出借枪支的，依照第128.1非法持有、私藏枪支、弹药罪的法定刑处罚。旧法规定：配置民用枪支的个人，违反枪支管理规定，出租、出借枪支，造成严重后果的，比照79年刑法的玩忽职守罪处罚。		√	√			√	配置民用枪支的个人	玩忽职守罪	枪支管理法①第43条

① 即《枪支管理法》（1996年7月5日通过），下同。已被全国人民代表大会常务委员会《关于修改部分法律的决定》（2009年8月27日公布）修改。

续表

新刑法规范中									← 变化内容 →	旧刑法规范中								
新刑法规范出处	罪名	自然人主体身份	纯正身份犯	不纯正身份犯	具备并利用身份型身份犯	仅具备身份型身份犯	明文规定式身份犯	暗含式身份犯		暗含式身份犯	明文规定式身份犯	仅具备身份型身份犯	具备并利用身份型身份犯	不纯正身份犯	纯正身份犯	自然人主体身份	罪名	旧刑法规范出处
第129条	丢失枪支不报罪	依法配备公务用枪的人员	√			√	√		新法规定：“依法配备公务用枪的人员，丢失枪支不及时报告，造成严重后果的，处三年以下有期徒刑或者拘役。”旧法没有明确这种行为是身份犯，只规定：“构成犯罪的，依法追究刑事责任。”							一般主体	没有明确	枪支管理法第44条

续表

新刑法规范中									← →	旧刑法规范中								
新刑法规范出处	罪名	自然人主体身份	纯正身份犯	不纯正身份犯	具备并利用身份型身份犯	仅具备身份型身份犯	明文规定式身份犯	暗含式身份犯	变化内容	暗含式身份犯	明文规定式身份犯	仅具备身份型身份犯	具备并利用身份型身份犯	不纯正身份犯	纯正身份犯	自然人主体身份	罪名	旧刑法规范出处
第131条	重大飞行事故罪	航空人员	√			√	√		新法规定：航空人员违反规章制度，致使发生重大飞行事故，造成严重后果的，处……；旧法规定：航空人员玩忽职守，或者违反规章制度，导致发生重大飞行事故，造成严重后果的，分别依照、比照79刑法第187条或者第114条的规定追究刑事责任。		√	√			√	航空人员	玩忽职守罪或重大责任事故罪	民用航空法①第199条

① 即《民用航空法》(1995年10月30日通过)，下同。已被全国人民代表大会常务委员会《关于修改部分法律的决定》修改。

续表

新刑法规范中									←→	旧刑法规范中								
新刑法规范出处	罪名	自然人主体身份	纯正身份犯	不纯正身份犯	具备并利用身份型身份犯	仅具备身份型身份犯	明文规定式身份犯	暗含式身份犯	变化内容	暗含式身份犯	明文规定式身份犯	仅具备身份型身份犯	具备并利用身份型身份犯	不纯正身份犯	纯正身份犯	自然人主体身份	罪名	旧刑法规范出处
第132条	铁路运营安全事故罪	铁路职工	√			√	√		新法规定："铁路职工违反规章制度，致使发生铁路运营安全事故，造成严重后果的，处……"；旧法规定："铁路职工玩忽职守、违反规章制度造成铁路运营事故的，滥用职权、利用办理运输业务之便谋取私利，情节严重、构成犯罪的，依照刑法有关规定追究刑事责任。"		√	√			√	铁路职工	没有明确	铁路法①第71条

① 即《铁路法》（1990年9月7日通过），下同。已被全国人民代表大会常务委员会《关于修改部分法律的决定》修改。

续表

新刑法规范中									← →	旧刑法规范中								
新刑法规范出处	罪名	自然人主体身份	纯正身份犯	不纯正身份犯	具备并利用身份型身份犯	仅具备身份型身份犯	明文规定式身份犯	暗含式身份犯	变化内容	暗含式身份犯	明文规定式身份犯	仅具备身份型身份犯	具备并利用身份型身份犯	不纯正身份犯	纯正身份犯	自然人主体身份	罪名	旧刑法规范出处
第133条	交通肇事罪	一般主体							旧法规定的是身份犯，新法将该罪规定为一般主体，没有将其规定为身份犯，但新旧法的罪名相同。		√	√			√	从事交通运输的人员	交通肇事罪	第113条
第133条之一①	危险驾驶罪	醉酒驾驶机动车的人	√			√	√		旧法无规定。									

① 《刑法修正案（八）》第22条。

续表

新刑法规范中									←　→	旧刑法规范中								
新刑法规范出处	罪名	自然人主体身份	纯正身份犯	不纯正身份犯	具备并利用身份型身份犯	仅具备身份型身份犯	明文规定式身份犯	暗含式身份犯	变化内容	暗含式身份犯	明文规定式身份犯	仅具备身份型身份犯	具备并利用身份型身份犯	不纯正身份犯	纯正身份犯	自然人主体身份	罪名	旧刑法规范出处
第134条①②	重大责任事故罪	一般主体							旧法规定的是身份犯，刑法修正案（六）将该罪规定为一般主体，没有将其规定为身份犯，但新旧法的罪名相同。		√	√			√	工厂、矿山、林场、建筑企业或者其他企业、事业单位的职工	重大事故罪	第134条
第153条	走私普通货物、物品罪	一般主体							新法是常人犯，罪名是走私普通货物、物品罪；旧法为不纯正自然人身份犯。		√		√	√		国家工作人员	走私罪	第119条

① 《刑法修正案（六）》第1条。

② 《刑法修正案（六）》第4条、《刑法》第139条之一：罪名是“不报、谎报安全事故罪”，主体是负有报告职责的人员。旧法未规定。

续表

新刑法规范中									← →	旧刑法规范中								
新刑法规范出处	罪名	自然人主体身份	纯正身份犯	不纯正身份犯	具备并利用身份型身份犯	仅具备身份型身份犯	明文规定式身份犯	暗含式身份犯	变化内容	暗含式身份犯	明文规定式身份犯	仅具备身份型身份犯	具备并利用身份型身份犯	不纯正身份犯	纯正身份犯	自然人主体身份	罪名	旧刑法规范出处
第158条	虚报注册资本罪①	申请公司登记的个人	√			√		√	旧法明文规定自然人身份犯；新法暗含式规定本罪既是自然人身份犯，又是单位身份犯。		√	√			√	申请公司登记的人	虚报注册资本罪	违反公司法犯罪决定②第1条
第159条	虚假出资、抽逃出资罪	公司发起人、股东	√			√	√		新旧法规定主体身份相同、罪名相同。		√	√			√	公司发起人、股东	虚假出资、抽逃出资罪	违反公司法犯罪决定第2条

① 本罪既是自然人身份犯，又是单位身份犯。

② 即全国人民代表大会常务委员会《关于惩治违反公司法的犯罪的决定》（1995年2月28日通过），下同。已被《刑法》（1997年3月14日公布）废止。

续表

新刑法规范中									← →	旧刑法规范中								
新刑法规范出处	罪名	自然人主体身份	纯正身份犯	不纯正身份犯	具备并利用身份型身份犯	仅具备身份型身份犯	明文规定式身份犯	暗含式身份犯	变化内容	暗含式身份犯	明文规定式身份犯	仅具备身份型身份犯	具备并利用身份型身份犯	不纯正身份犯	纯正身份犯	自然人主体身份	罪名	旧刑法规范出处
第160条	欺诈发行股票、债券罪①	法律允许发行股票或者公司、企业债券的个人	√			√		√	新旧法暗含式规定本罪既是自然人身份犯，又是单位身份犯。新旧法中主体身份及罪名相同。	√		√			√	法律允许发行股票或者公司、企业债券的个人	欺诈发行股票、债券罪	违反公司法犯罪决定第3条

① 本罪既是自然人身份犯，又是单位身份犯。

续表

新刑法规范中									←　→	旧刑法规范中								
新刑法规范出处	罪名	自然人主体身份	纯正身份犯	不纯正身份犯	具备并利用身份型身份犯	仅具备身份型身份犯	明文规定式身份犯	暗含式身份犯	变化内容	暗含式身份犯	明文规定式身份犯	仅具备身份型身份犯	具备并利用身份型身份犯	不纯正身份犯	纯正身份犯	自然人主体身份	罪名	旧刑法规范出处
第163条第1款①	非国家工作人员受贿罪	公司、企业或者其他单位的工作人员	√		√		√		本罪主体身份由旧法“公司董事、监事或者职工”变成新法“公司、企业或者其他单位的工作人员”。本罪罪名由旧法学理罪名“商业受贿罪”变成新法法定罪名“公司、企业或者其他单位人员受贿罪”。		√		√		√	公司董事、监事或者职工	商业受贿罪	违反公司法犯罪决定第9条

① 《刑法修正案（六）》第7条第1款。

续表

新刑法规范中									←　→	旧刑法规范中								
新刑法规范出处	罪名	自然人主体身份	纯正身份犯	不纯正身份犯	具备并利用身份型身份犯	仅具备身份型身份犯	明文规定式身份犯	暗含式身份犯	变化内容	暗含式身份犯	明文规定式身份犯	仅具备身份型身份犯	具备并利用身份型身份犯	不纯正身份犯	纯正身份犯	自然人主体身份	罪名	旧刑法规范出处
第163条第3款①	受贿罪	国有公司、企业或者其他国有单位中从事公务的人员和国有公司、企业或者其他国有单位委派到非国有公司、企业或者其他单位从事公务人员	√		√		√		新旧法规定的主体身份不同。		√		√		√	国家工作人员、集体经济组织工作人员或者其他从事公务的人员	受贿罪	第185条、贪污罪贿赂罪补充规定②第4条

① 《刑法修正案（六）》第7条第3款。

② 即全国人民代表大会常务委员会《关于惩治贪污罪贿赂罪的补充规定》（1988年1月21日通过），下同。已被《刑法》（1997年3月14日公布）废止。

续表

新刑法规范中									←　→	旧刑法规范中								
新刑法规范出处	罪名	自然人主体身份	纯正身份犯	不纯正身份犯	具备并利用身份型身份犯	仅具备身份型身份犯	明文规定式身份犯	暗含式身份犯	变化内容	暗含式身份犯	明文规定式身份犯	仅具备身份型身份犯	具备并利用身份型身份犯	不纯正身份犯	纯正身份犯	自然人主体身份	罪名	旧刑法规范出处
第165条	非法经营同类营业罪	国有公司、企业的董事、经理	√		√		√		新法规定为自然人纯正身份犯；公司法未犯罪化。									公司法①第215条
第166条	为亲友非法牟利罪	国有公司、企业、事业单位的工作人员	√		√		√		新法新增加，旧法未规定。									

① 即《公司法》，下同。已由第十届全国人民代表大会常务委员会第十八次会议于2005年10月27日修订通过，自2006年1月1日起施行。

续表

新刑法规范中									←　→	旧刑法规范中								
新刑法规范出处	罪名	自然人主体身份	纯正身份犯	不纯正身份犯	具备并利用身份型身份犯	仅具备身份型身份犯	明文规定式身份犯	暗含式身份犯	变化内容	暗含式身份犯	明文规定式身份犯	仅具备身份型身份犯	具备并利用身份型身份犯	不纯正身份犯	纯正身份犯	自然人主体身份	罪名	旧刑法规范出处
第167条①	签订、履行合同失职被骗罪	国有公司、企业、事业单位直接负责主管人员	√		√		√		新法新增加，旧法未规定。									

① 1998年12月29日全国人民代表大会常务委员会《关于惩治骗购外汇、逃汇和非法买卖外汇犯罪的决定》（以下简称《骗汇、逃汇罪决定》）第七条规定：“金融机构、从事对外贸易经营活动的公司、企业的工作人员严重不负责任，造成大量外汇被骗购或者逃汇，致使国家利益遭受重大损失的，依照刑法第一百六十七条的规定定罪处罚。”

续表

新刑法规范中									← →	旧刑法规范中								
新刑法规范出处	罪名	自然人主体身份	纯正身份犯	不纯正身份犯	具备并利用身份型身份犯	仅具备身份型身份犯	明文规定式身份犯	暗含式身份犯	变化内容	暗含式身份犯	明文规定式身份犯	仅具备身份型身份犯	具备并利用身份型身份犯	不纯正身份犯	纯正身份犯	自然人主体身份	罪名	旧刑法规范出处
第168条第1款、刑法修正案第2条①第1款	国有公司、企业单位人员失职罪；国有公司、企业人员滥用职权罪	国有公司、企业的工作人员	√		√		√		新旧法规定的主体身份不同，罪名不同。		√	√			√	破产企业的法定代表人和破产企业的上级主管部门的领导人②	企业破产法：玩忽职守罪③	第168条；企业破产法（试行）④第42条

① 即《刑法修正案》（1999年12月25日通过），下同。

② 1997年《刑法》原第168条的主体是国有公司、企业直接负责的主管人员。

③ 《刑法修正案》第2条第1款及1997年《刑法》原第168条罪名相同。

④ 即《中华人民共和国企业破产法（试行）》（1986年12月2日通过，已废止），下同。《企业破产法》已由第十届全国人民代表大会常务委员会第二十三次会议于2006年8月27日通过，自2007年6月1日起施行。

续表

新刑法规范中									← →	旧刑法规范中								
新刑法规范出处	罪名	自然人主体身份	纯正身份犯	不纯正身份犯	具备并利用身份型身份犯	仅具备身份型身份犯	明文规定式身份犯	暗含式身份犯	变化内容	暗含式身份犯	明文规定式身份犯	仅具备身份型身份犯	具备并利用身份型身份犯	不纯正身份犯	纯正身份犯	自然人主体身份	罪名	旧刑法规范出处
第168条第2、刑法修正案第2条第2款	国有事业单位人员失职罪；国有事业单位人员滥用职权罪	国有事业单位的工作人员	√		√		√		新旧法规定的主体身份不同，罪名不同。		√	√			√	破产企业的法定代表人和破产企业的上级主管部门的领导人	玩忽职守罪	企业破产法（试行）第42条

续表

新刑法规范中									← →	旧刑法规范中								
新刑法规范出处	罪名	自然人主体身份	纯正身份犯	不纯正身份犯	具备并利用身份型身份犯	仅具备身份型身份犯	明文规定式身份犯	暗含式身份犯	变化内容	暗含式身份犯	明文规定式身份犯	仅具备身份型身份犯	具备并利用身份型身份犯	不纯正身份犯	纯正身份犯	自然人主体身份	罪名	旧刑法规范出处
第168条第3款、刑法修正案第2条第3款	国有公司、企业、事业单位人员失职罪；国有公司、企业、事业单位人员滥用职权罪	国有公司、企业、事业单位的工作人员	√		√		√		新旧法规定的主体身份不同，罪名不同。		√	√			√	破产企业的法定代表人和破产企业的上级主管部门的领导人	玩忽职守罪	企业破产法（试行）第42条

续表

新刑法规范中									← →	旧刑法规范中								
新刑法规范出处	罪名	自然人主体身份	纯正身份犯	不纯正身份犯	具备并利用身份型身份犯	仅具备身份型身份犯	明文规定式身份犯	暗含式身份犯	变化内容	暗含式身份犯	明文规定式身份犯	仅具备身份型身份犯	具备并利用身份型身份犯	不纯正身份犯	纯正身份犯	自然人主体身份	罪名	旧刑法规范出处
第169条①	徇私舞弊低价折股、出售国有资产罪	国有公司、企业或者其上级主管部门直接负责的主管人员	√			√	√		新法规定为纯正自然人身份犯；公司法规定：违反本法规定，将国有资产低价折股、低价出售或者无偿分给个人的，对直接负责的主管人员和其他直接责任人员依法给予行政处分。构成犯罪的，依法追究刑事责任。								未明确	公司法第213条

① 《刑法修正案（六）》第9条、《刑法》第169条之一：罪名是“背信损害上市公司利益罪”，犯罪主体是上市公司的董事、监事、高级管理人员。

续表

新刑法规范中									← →	旧刑法规范中								
新刑法规范出处	罪名	自然人主体身份	纯正身份犯	不纯正身份犯	具备并利用身份型身份犯	仅具备身份型身份犯	明文规定式身份犯	暗含式身份犯	变化内容	暗含式身份犯	明文规定式身份犯	仅具备身份型身份犯	具备并利用身份型身份犯	不纯正身份犯	纯正身份犯	自然人主体身份	罪名	旧刑法规范出处
第171条第2款	金融工作人员购买假币、以假币换取货币罪	银行或者其他金融机构的工作人员	√		√		√		新旧法规定主体身份相同、罪名相同。		√		√		√	同新法	同新法	金融犯罪决定①第2条

① 即全国人民代表大会常务委员会《关于惩治破坏金融秩序犯罪的决定》（1995年6月30日通过），下同。

续表

新刑法规范中									←　→	旧刑法规范中								
新刑法规范出处	罪名	自然人主体身份	纯正身份犯	不纯正身份犯	具备并利用身份型身份犯	仅具备身份型身份犯	明文规定式身份犯	暗含式身份犯	变化内容	暗含式身份犯	明文规定式身份犯	仅具备身份型身份犯	具备并利用身份型身份犯	不纯正身份犯	纯正身份犯	自然人主体身份	罪名	旧刑法规范出处
第177条之一①	窃取、收买非法提供信用卡信息罪	银行或者其他金融机构的工作人员		√	√		√		刑法修正案（五）第一条规定的新内容，旧法未规定。									

① 根据《刑法修正案（五）》（2005年2月28日通过），第1条规定而增加。

续表

新刑法规范中									← →	旧刑法规范中								
新刑法规范出处	罪名	自然人主体身份	纯正身份犯	不纯正身份犯	具备并利用身份型身份犯	仅具备身份型身份犯	明文规定式身份犯	暗含式身份犯	变化内容	暗含式身份犯	明文规定式身份犯	仅具备身份型身份犯	具备并利用身份型身份犯	不纯正身份犯	纯正身份犯	自然人主体身份	罪名	旧刑法规范出处
第180条第1款①	内幕交易、泄露内幕信息罪	证券、期货交易内幕信息的知情人员或者非法获取证券、期货交易内幕信息的人员	√			√	√		旧法没有规定，97年刑法新增加，并经《修正案》第4条和刑法修正案（七）第2条第1款修正。97年刑法原第180条第1款没有规定有关期货部分。									

① 《刑法修正案》第4条、《刑法修正案（七）》第2条第1款。

续表

新刑法规范中									←　→	旧刑法规范中								
新刑法规范出处	罪名	自然人主体身份	纯正身份犯	不纯正身份犯	具备并利用身份型身份犯	仅具备身份型身份犯	明文规定式身份犯	暗含式身份犯	变化内容	暗含式身份犯	明文规定式身份犯	仅具备身份型身份犯	具备并利用身份型身份犯	不纯正身份犯	纯正身份犯	自然人主体身份	罪名	旧刑法规范出处
第180条第4款①	利用未公开信息交易罪②	证券交易所、期货交易所、证券公司、期货经纪公司、基金管理公司、商业银行、保险公司等金融机构的从业人员以及有关监管部门或者行业协会的工作人员	√		√		√		旧法和新法都未规定。该罪系刑法修正案（七）第2条第2款新增加的规定。									

① 《刑法修正案（七）》第2条第2款。

② 根据最高人民法院、最高人民检察院公布的《关于执行中华人民共和国刑法确定罪名的补充规定（四）》确定的法定罪名。

续表

新刑法规范中									←　→	旧刑法规范中								
新刑法规范出处	罪名	自然人主体身份	纯正身份犯	不纯正身份犯	具备并利用身份型身份犯	仅具备身份型身份犯	明文规定式身份犯	暗含式身份犯	变化内容	暗含式身份犯	明文规定式身份犯	仅具备身份型身份犯	具备并利用身份型身份犯	不纯正身份犯	纯正身份犯	自然人主体身份	罪名	旧刑法规范出处
第181条第2款①	诱骗投资者买卖证券、期货合约罪	证券交易所、期货交易所、证券公司、期货经纪公司的从业人员，证券业协会期货业协会或者证券、期货监督管理部门的工作人员	√			√	√		旧法没有规定，新法增加，并经《修正案》第5条修正。新法原第180条第2款没有规定有关期货部分。									

① 《刑法修正案》第5条。

续表

新刑法规范中									← →	旧刑法规范中								
新刑法规范出处	罪名	自然人主体身份	纯正身份犯	不纯正身份犯	具备并利用身份型身份犯	仅具备身份型身份犯	明文规定式身份犯	暗含式身份犯	变化内容	暗含式身份犯	明文规定式身份犯	仅具备身份型身份犯	具备并利用身份型身份犯	不纯正身份犯	纯正身份犯	自然人主体身份	罪名	旧刑法规范出处
第183条第1款	职务侵占罪	保险公司的工作人员	√		√		√		新旧法相同。		√		√		√	保险公司的工作人员	职务侵占罪	金融犯罪决定第17条
第183条第2款	贪污罪	国有保险公司工作人员和国有保险公司委派到非国有保险公司从事公务的人员	√		√		√		新旧法主体身份不同，但罪名相同。		√		√		√	保险公司的工作人员	贪污罪	金融犯罪决定第17条

续表

新刑法规范中									← →	旧刑法规范中								
新刑法规范出处	罪名	自然人主体身份	纯正身份犯	不纯正身份犯	具备并利用身份型身份犯	仅具备身份型身份犯	明文规定式身份犯	暗含式身份犯	变化内容	暗含式身份犯	明文规定式身份犯	仅具备身份型身份犯	具备并利用身份型身份犯	不纯正身份犯	纯正身份犯	自然人主体身份	罪名	旧刑法规范出处
第184条第1款	非国家工作人员受贿罪	银行或者其他金融机构的工作人员	√			√	√		新旧法主体身份相同，但罪名不同。前者是法定罪名，后者是学理罪名。新法不要求利用职务上的便利，旧法则不全是。		√	√①	√②		√	银行或者其他金融机构的工作人员；公司董事、监事或者职工。	商业受贿罪③	金融犯罪决定第18条、违反公司法犯罪决定第9条

① 不要求银行或者其他金融机构的工作人员利用职务上的便利。

② 要求公司董事、监事或者职工利用职务上的便利。

③ 在最高人民法院、最高人民检察院公布《关于执行〈中华人民共和国刑法〉确定罪名的补充规定（三）》以前称作“公司、企业人员受贿罪”。

续表

新刑法规范中									← →	旧刑法规范中								
新刑法规范出处	罪名	自然人主体身份	纯正身份犯	不纯正身份犯	具备并利用身份型身份犯	仅具备身份型身份犯	明文规定式身份犯	暗含式身份犯	变化内容	暗含式身份犯	明文规定式身份犯	仅具备身份型身份犯	具备并利用身份型身份犯	不纯正身份犯	纯正身份犯	自然人主体身份	罪名	旧刑法规范出处
第184条第2款	受贿罪	国有金融机构工作人员和国有金融机构委派到非国有金融机构从事公务的人员	√			√	√		新法不要求利用职务上的便利，旧法要求。		√		√		√	国家工作人员、集体经济组织工作人员或者其他从事公务的人员	受贿罪	第185条、违反公司法犯罪决定第12条、贪污贿赂犯罪补充决定第4条

续表

新刑法规范中									←　→	旧刑法规范中								
新刑法规范出处	罪名	自然人主体身份	纯正身份犯	不纯正身份犯	具备并利用身份型身份犯	仅具备身份型身份犯	明文规定式身份犯	暗含式身份犯	变化内容	暗含式身份犯	明文规定式身份犯	仅具备身份型身份犯	具备并利用身份型身份犯	不纯正身份犯	纯正身份犯	自然人主体身份	罪名	旧刑法规范出处
第185条第1款①	挪用资金罪	商业银行、证券交易所、期货交易所、证券公司、期货经纪公司、保险公司或者其他金融机构的工作人员	√		√		√		新旧法主体身份不同。		√		√		√	银行或者其他金融机构的工作人员；公司董事、监事或者职工。	挪用资金罪	金融犯罪决定第19条、违反公司法犯罪决定第11条②

① 《刑法修正案》第7条。

② 1997年《刑法》原第185条第1款规定：“银行或者其他金融机构的工作人员利用职务上的便利，挪作本单位或者客户资金的，依照本法第二百七十二条的规定定罪处罚。”

续表

新刑法规范中									←　→	旧刑法规范中								
新刑法规范出处	罪名	自然人主体身份	纯正身份犯	不纯正身份犯	具备并利用身份型身份犯	仅具备身份型身份犯	明文规定式身份犯	暗含式身份犯	变化内容	暗含式身份犯	明文规定式身份犯	仅具备身份型身份犯	具备并利用身份型身份犯	不纯正身份犯	纯正身份犯	自然人主体身份	罪名	旧刑法规范出处
第185条第2款①	挪用公款罪	国有金融机构工作人员和国有金融机构委派到非国有金融机构从事公务的人员	√		√		√		新旧法主体身份不同。		√		√		√	国家工作人员、集体经济组织工作人员或者其他从事公务的人员	挪用公款罪	违反公司法犯罪决定第12条、贪污贿赂犯罪补充决定第3条②

① 《刑法修正案》第7条。

② 1997年《刑法》第185条第2款规定："国有金融机构工作人员和国有金融机构委派到非冒 金融机构从事公务的人员有前款行为的，依照本法第三百八十四条的规定定罪处罚。"

续表

新刑法规范中									←　→	旧刑法规范中								
新刑法规范出处	罪名	自然人主体身份	纯正身份犯	不纯正身份犯	具备并利用身份型身份犯	仅具备身份型身份犯	明文规定式身份犯	暗含式身份犯	变化内容	暗含式身份犯	明文规定式身份犯	仅具备身份型身份犯	具备并利用身份型身份犯	不纯正身份犯	纯正身份犯	自然人主体身份	罪名	旧刑法规范出处
第186条第1款①	违规发放贷款罪	银行或者其他金融机构的工作人员	√			√	√		新旧法主体身份相同、罪名不同。		√	√			√	银行或者其他金融机构的工作人员	违法向关系人发放贷款罪	金融犯罪决定第9条第1款、商业银行法②第40条

① 《刑法修正案（六）》第12条第1款。

② 即《商业银行法》（1995年5月10通过），下同。根据2003年12月27日第十届全国人民代表大会常务委员会第六次会议《关于修改〈中华人民共和国商业银行法〉的决定》修正。

续表

新刑法规范中									← →	旧刑法规范中								
新刑法规范出处	罪名	自然人主体身份	纯正身份犯	不纯正身份犯	具备并利用身份型身份犯	仅具备身份型身份犯	明文规定式身份犯	暗含式身份犯	变化内容	暗含式身份犯	明文规定式身份犯	仅具备身份型身份犯	具备并利用身份型身份犯	不纯正身份犯	纯正身份犯	自然人主体身份	罪名	旧刑法规范出处
第186条第2款①	违法发放贷款罪	银行或者其他金融机构的工作人员	√			√	√		新旧法主体身份相同、罪名不同。		√	√			√	银行或者其他金融机构的工作人员	违法向关系人发放贷款罪	金融犯罪决定第9条第2款
第187条第1款②	吸收客户资金不入账罪	银行或者其他金融机构的工作人员	√			√	√		旧法未规定。									

① 《刑法修正案（六）》第12条第2款。
② 《刑法修正案（六）》第14条第1款。

续表

新刑法规范中									← →	旧刑法规范中								
新刑法规范出处	罪名	自然人主体身份	纯正身份犯	不纯正身份犯	具备并利用身份型身份犯	仅具备身份型身份犯	明文规定式身份犯	暗含式身份犯	变化内容	暗含式身份犯	明文规定式身份犯	仅具备身份型身份犯	具备并利用身份型身份犯	不纯正身份犯	纯正身份犯	自然人主体身份	罪名	旧刑法规范出处
第188条第1款①	违规出具金融票证罪②	银行或者其他金融机构的工作人员	√			√	√		新旧内容基本相同，新法在“票据”后仅多“存单”二字。		√	√			√	银行或者其他金融机构的工作人员	同新法	金融犯罪决定第15条第1款

① 《刑法修正案（六）》第15条第1款。

② 在最高人民法院、最高人民检察院公布《关于执行〈中华人民共和国刑法〉确定罪名的补充规定（三）》以前称作“非法出具金融票证罪”。

续表

新刑法规范中									←→	旧刑法规范中								
新刑法规范出处	罪名	自然人主体身份	纯正身份犯	不纯正身份犯	具备并利用身份型身份犯	仅具备身份型身份犯	明文规定式身份犯	暗含式身份犯	变化内容	暗含式身份犯	明文规定式身份犯	仅具备身份型身份犯	具备并利用身份型身份犯	不纯正身份犯	纯正身份犯	自然人主体身份	罪名	旧刑法规范出处
第189条第1款	对违法票据承兑、付款、保证罪	银行或者其他金融机构的工作人员	√			√	√		新旧法主体身份不同、罪名不同，而且旧法是暗含式的。	√		√			√	金融机构工作人员	玩忽职守	票据法①第105条

① 即《票据法》（1995年5月10日通过），下同。根据2004年8月28日第十届全国人民代表大会常务员会第十一次会议《关于修改〈中华人民共和国票据法〉的决定》修正。

续表

新刑法规范中									← →	旧刑法规范中								
新刑法规范出处	罪名	自然人主体身份	纯正身份犯	不纯正身份犯	具备并利用身份型身份犯	仅具备身份型身份犯	明文规定式身份犯	暗含式身份犯	变化内容	暗含式身份犯	明文规定式身份犯	仅具备身份型身份犯	具备并利用身份型身份犯	不纯正身份犯	纯正身份犯	自然人主体身份	罪名	旧刑法规范出处
骗汇、逃汇罪决定第5条	骗购外汇、逃汇罪	海关、外汇管理部门以及金融机构、从事对外贸易经营活动的公司、企业或者其他单位的工作人员		√		√	√		旧法未规定。									
骗汇、逃汇罪决定第6条	滥用职权罪、玩忽职守罪	海关、外汇管理部门的工作人员	√			√	√		旧法未规定。									

续表

新刑法规范中									←　→	旧刑法规范中								
新刑法规范出处	罪名	自然人主体身份	纯正身份犯	不纯正身份犯	具备并利用身份型身份犯	仅具备身份型身份犯	明文规定式身份犯	暗含式身份犯	变化内容	暗含式身份犯	明文规定式身份犯	仅具备身份型身份犯	具备并利用身份型身份犯	不纯正身份犯	纯正身份犯	自然人主体身份	罪名	旧刑法规范出处
骗汇、逃汇罪决定第7条	签订、履行合同失职被骗罪	金融机构、从事对外贸易经营活动的公司、企业的工作人员	√			√	√		旧法未规定。									
第198条第1款	保险诈骗罪	投保人、被保险人或者受益人	√			√	√		新旧法罪名相同，但主体身份不同。		√	√			√	投保人、被保险人或者受益人；保险事故的鉴定人、证明人、财产评估人	保险诈骗罪	金融犯罪决定第16条第1款、第2款

续表

新刑法规范中									←　→	旧刑法规范中								
新刑法规范出处	罪名	自然人主体身份	纯正身份犯	不纯正身份犯	具备并利用身份型身份犯	仅具备身份型身份犯	明文规定式身份犯	暗含式身份犯	变化内容	暗含式身份犯	明文规定式身份犯	仅具备身份型身份犯	具备并利用身份型身份犯	不纯正身份犯	纯正身份犯	自然人主体身份	罪名	旧刑法规范出处
第201条①	逃税罪②	纳税人、扣缴义务人	√			√	√		新旧法罪名相同，但主体身份不尽相同。		√	√			√	直接责任人员；纳税人、扣缴义务人	偷税罪	第121第；偷税、抗税罪补充规定③第1条

① 已经《刑法修正案（七）》第3条修正。

② 最高人民法院、最高人民检察院《关于执行〈中华人民共和国刑法〉确定罪名的补充规定（四）》将原偷税罪修改为逃税罪。

③ 即全国人民代表大会常务委员会《关于惩治偷税、抗税犯罪的补充规定》（1992年9月4日通过），下同。已被全国人民代表大会常务委员会《关于废止部分法律的决定》（2009年6月27日）废止。

续表

新刑法规范中								←　→	旧刑法规范中								
新刑法规范出处	罪名	自然人主体身份	纯正身份犯	不纯正身份犯	具备并利用身份型身份犯	仅具备身份型身份犯	明文规定式身份犯	暗含式身份犯	变化内容	暗含式身份犯	明文规定式身份犯	仅具备身份型身份犯	具备并利用身份型身份犯	不纯正身份犯	纯正身份犯	自然人主体身份	罪名	旧刑法规范出处
第202条	抗税罪	纳税人、扣缴义务人	√			√		√	新旧法罪名相同，但主体身份不尽相同。	√①	√②	√			√	直接责任人员；纳税人、扣缴义务人	抗税罪	第121第；偷税、抗税罪补充规定第6条
第203条	逃避追缴欠税罪	纳税人	√			√	√		新旧罪名相同，主体身份相同。		√	√			√	纳税人	同新法	偷税、抗税罪补充规定第2条

① 偷税、抗税罪补充规定第6条是暗含式规定自然人身份犯。

② 1979年《刑法》第121条是明文式规定自然人身份犯。

续表

新刑法规范中									←　→	旧刑法规范中								
新刑法规范出处	罪名	自然人主体身份	纯正身份犯	不纯正身份犯	具备并利用身份型身份犯	仅具备身份型身份犯	明文规定式身份犯	暗含式身份犯	变化内容	暗含式身份犯	明文规定式身份犯	仅具备身份型身份犯	具备并利用身份型身份犯	不纯正身份犯	纯正身份犯	自然人主体身份	罪名	旧刑法规范出处
第222条	虚假广告罪	广告主、广告经营者、广告发布者	√			√	√		旧法只规定："构成犯罪的，依法追究刑事责任。"								未明确	反不正当竞争法①第24条；广告法②第37条

① 即《反不正当竞争法》（1993年9月2日通过），下同。
② 即《广告法》（1994年10月27日通过），下同。

续表

新刑法规范中									←　→	旧刑法规范中								
新刑法规范出处	罪名	自然人主体身份	纯正身份犯	不纯正身份犯	具备并利用身份型身份犯	仅具备身份型身份犯	明文规定式身份犯	暗含式身份犯	变化内容	暗含式身份犯	明文规定式身份犯	仅具备身份型身份犯	具备并利用身份型身份犯	不纯正身份犯	纯正身份犯	自然人主体身份	罪名	旧刑法规范出处
第223条	串通投标罪	投标人、招标人	√			√	√		旧法未作犯罪化规定，只作禁止性规定。								未明确	反不正当竞争法第15条
第229条第1、2款	提供虚假证明文件罪	承担资产评估、验资、验证、会计、审计、法律服务等职责的中介组织的人员	√			√	√		新旧法罪名相同，但主体身份不同。		√	√			√	承担资产评估、验资、验证、审计职责的人员	同新法	违反公司法犯罪决定第6条第1款

续表

新刑法规范中									←　→	旧刑法规范中								
新刑法规范出处	罪名	自然人主体身份	纯正身份犯	不纯正身份犯	具备并利用身份型身份犯	仅具备身份型身份犯	明文规定式身份犯	暗含式身份犯	变化内容	暗含式身份犯	明文规定式身份犯	仅具备身份型身份犯	具备并利用身份型身份犯	不纯正身份犯	纯正身份犯	自然人主体身份	罪名	旧刑法规范出处
第229条第3款	出具证明文件重大失实罪	同上	√			√	√		旧法未规定									
第236条	强奸罪	已满14周岁的男子	√			√		√	新旧罪名相同，主体身份相同。	√		√			√	已满14周岁的男子	强奸罪	第139条

续表

新刑法规范中									← →	旧刑法规范中								
新刑法规范出处	罪名	自然人主体身份	纯正身份犯	不纯正身份犯	具备并利用身份型身份犯	仅具备身份型身份犯	明文规定式身份犯	暗含式身份犯	变化内容	暗含式身份犯	明文规定式身份犯	仅具备身份型身份犯	具备并利用身份型身份犯	不纯正身份犯	纯正身份犯	自然人主体身份	罪名	旧刑法规范出处
第238条第4款	非法拘禁罪、故意伤害罪、故意杀人罪	国家机关工作人员		√	√		√		新法规定为具备并利用身份型的不纯正自然人身份犯，旧法是常人犯。							一般主体	非法拘禁罪	第143条
第243条第2款	诬告陷害罪	国家机关工作人员		√		√	√		新旧法罪名相同，但主体身份不同。		√	√		√		国家工作人员	诬告陷害罪	第138条第1款

续表

新刑法规范中									←　→	旧刑法规范中								
新刑法规范出处	罪名	自然人主体身份	纯正身份犯	不纯正身份犯	具备并利用身份型身份犯	仅具备身份型身份犯	明文规定式身份犯	暗含式身份犯	变化内容	暗含式身份犯	明文规定式身份犯	仅具备身份型身份犯	具备并利用身份型身份犯	不纯正身份犯	纯正身份犯	自然人主体身份	罪名	旧刑法规范出处
第245条第2款	非法搜查罪、非法侵入住宅罪	司法工作人员		√	√		√		新法是具备并利用身份型的不纯正自然人身份犯，旧法是常人犯。							一般主体	非法管制罪、非法搜查罪	第144条
第247条前项	刑讯逼供罪、暴力取证罪	司法工作人员	√			√	√		新旧法主体身份不同，罪名部分相同。		√	√			√	国家工作人员	刑讯逼供罪	第136条前项
第247条后项	故意伤害罪、故意杀人罪	司法工作人员		√		√	√		新旧法主体身份不同，罪名部分相同。		√	√		√		国家工作人员	故意伤害罪	第136条后项

续表

新刑法规范中									←　→	旧刑法规范中								
新刑法规范出处	罪名	自然人主体身份	纯正身份犯	不纯正身份犯	具备并利用身份型身份犯	仅具备身份型身份犯	明文规定式身份犯	暗含式身份犯	变化内容	暗含式身份犯	明文规定式身份犯	仅具备身份型身份犯	具备并利用身份型身份犯	不纯正身份犯	纯正身份犯	自然人主体身份	罪名	旧刑法规范出处
第248条前项	虐待被监管人罪	监狱、拘留所、看守所等监管机构的监管人员	√			√	√		新旧法主体身份不同，罪名部分相同。		√	√			√	司法工作人员、监狱的人民警察	体罚、虐待被监管人罪	第189条；监狱法①第14条
第248条后项	故意伤害罪、故意杀人罪	监狱、拘留所、看守所等监管机构的监管人员		√		√	√		旧法未规定									

① 即《监狱法》（1994年12月29日），下同。根据2012年10月26日第十一届全国人民代表大会常务委员会第二十九次会议《关于修改〈中华人民共和国监狱法〉的决定》修正。

续表

新刑法规范中									← →	旧刑法规范中								
新刑法规范出处	罪名	自然人主体身份	纯正身份犯	不纯正身份犯	具备并利用身份型身份犯	仅具备身份型身份犯	明文规定式身份犯	暗含式身份犯	变化内容	暗含式身份犯	明文规定式身份犯	仅具备身份型身份犯	具备并利用身份型身份犯	不纯正身份犯	纯正身份犯	自然人主体身份	罪名	旧刑法规范出处
第251条	非法剥夺公民宗教信仰自由罪、侵犯少数民族风俗习惯罪	国家机关工作人员	√			√	√		新旧法的罪名相同，但主体身份不同。		√	√			√	国家工作人员	非法剥夺公民宗教信仰自由罪、侵犯少数民族风俗习惯罪	第147条

续表

新刑法规范中									←　→	旧刑法规范中								
新刑法规范出处	罪名	自然人主体身份	纯正身份犯	不纯正身份犯	具备并利用身份型身份犯	仅具备身份型身份犯	明文规定式身份犯	暗含式身份犯	变化内容	暗含式身份犯	明文规定式身份犯	仅具备身份型身份犯	具备并利用身份型身份犯	不纯正身份犯	纯正身份犯	自然人主体身份	罪名	旧刑法规范出处
第253条第1款	私自开拆、隐匿、毁弃邮件、电报罪	邮政工作人员	√			√	√		新旧法的罪名相同，但主体身份不同。		√	√			√	邮电工作人员	私自开拆、隐匿、毁弃邮件、电报罪	第191条第1款
第253条第2款	盗窃罪	邮政工作人员		√		√	√		新旧法的罪名不同，主体身份亦不同。		√	√		√		邮电工作人员	贪污罪	第191条第2款

续表

新刑法规范中									← →	旧刑法规范中								
新刑法规范出处	罪名	自然人主体身份	纯正身份犯	不纯正身份犯	具备并利用身份型身份犯	仅具备身份型身份犯	明文规定式身份犯	暗含式身份犯	变化内容	暗含式身份犯	明文规定式身份犯	仅具备身份型身份犯	具备并利用身份型身份犯	不纯正身份犯	纯正身份犯	自然人主体身份	罪名	旧刑法规范出处
第253条之一第1款①	出售、非法提供公民个人信息罪②	国家机关或者金融、电信、交通、教育、医疗等单位的工作人员	√		√		√		旧法和97年刑法都未规定，本罪是刑法修正案（七）第7条第1款所增加。									
第254条第1款	报复陷害罪	国家机关工作人员	√		√		√		新旧法的罪名相同，但主体身份不同。		√		√		√	国家工作人员	报复陷害罪	第146条

① 《刑法修正案（七）》第7条第1款。

② 最高人民法院、最高人民检察院《关于执行〈中华人民共和国刑法〉确定罪名的补充规定（四）》确定的法定罪名。

续表

新刑法规范中									← →	旧刑法规范中								
新刑法规范出处	罪名	自然人主体身份	纯正身份犯	不纯正身份犯	具备并利用身份型身份犯	仅具备身份型身份犯	明文规定式身份犯	暗含式身份犯	变化内容	暗含式身份犯	明文规定式身份犯	仅具备身份型身份犯	具备并利用身份型身份犯	不纯正身份犯	纯正身份犯	自然人主体身份	罪名	旧刑法规范出处
第255条	打击报复会计、统计人员罪	公司、企业、事业单位、机关、团体的领导人	√			√	√		旧法只规定：构成犯罪的，依法追究刑事责任。							地方、部门、单位领导人和其他人员	未明确	会计法①第29条、统计法②第26条
第260条	虐待罪	与被虐待人共同生活并有一定亲属关系或收养关系的成员	√			√		√	新旧法内容相同。	√		√			√	同新法	虐待罪	第182条

① 即《会计法》（1985年1月21日通过），下同。1999年10月3日由第九届全国人民代表大会常务委员会第十二次会议修订通过，自2000年7月1日起施行。

② 即《统计法》（1983年12月8日通过），下同。2009年6月27日由第十一届全国人民代表大会常务委员会第九次会议修订通过，自2010年1月1日起施行。

续表

新刑法规范中									← →	旧刑法规范中								
新刑法规范出处	罪名	自然人主体身份	纯正身份犯	不纯正身份犯	具备并利用身份型身份犯	仅具备身份型身份犯	明文规定式身份犯	暗含式身份犯	变化内容	暗含式身份犯	明文规定式身份犯	仅具备身份型身份犯	具备并利用身份型身份犯	不纯正身份犯	纯正身份犯	自然人主体身份	罪名	旧刑法规范出处
第261条	遗弃罪	对被遗弃人负有法律上的抚养义务并具有抚养能力的人	√			√		√	新旧法内容完全相同	√		√			√	对被遗弃人负有法律上的抚养义务并具有抚养能力的人	遗弃罪	第183条
第270条1款	侵占罪	代为保管他人财物的人	√			√		√	旧法未规定									
第271条第1款	职务侵占罪	公司、企业或者其他单位的人员	√		√		√		新旧法的罪名不同，主体身份不同。新旧法都要求利用职务上的便利，旧法中利用工作便利也可。		√		√或工作便利		√	公司董事、监事或者职工	侵占罪	违反公司法犯罪决定第10条

续表

新刑法规范中									←→	旧刑法规范中								
新刑法规范出处	罪名	自然人主体身份	纯正身份犯	不纯正身份犯	具备并利用身份型身份犯	仅具备身份型身份犯	明文规定式身份犯	暗含式身份犯	变化内容	暗含式身份犯	明文规定式身份犯	仅具备身份型身份犯	具备并利用身份型身份犯	不纯正身份犯	纯正身份犯	自然人主体身份	罪名	旧刑法规范出处
第271条第2款	贪污罪	国有公司、企业或者其他国有单位中从事公务的人员和国有公司、企业或者其他国有单位委派到非国有公司、企业以及其他单位从事公务的人员	√		√		√		新旧法罪名相同，但主体身份不同。		√		√		√	国家工作人员	贪污罪	违反公司法犯罪决定第12条

续表

新刑法规范中									←　→	旧刑法规范中								
新刑法规范出处	罪名	自然人主体身份	纯正身份犯	不纯正身份犯	具备并利用身份型身份犯	仅具备身份型身份犯	明文规定式身份犯	暗含式身份犯	变化内容	暗含式身份犯	明文规定式身份犯	仅具备身份型身份犯	具备并利用身份型身份犯	不纯正身份犯	纯正身份犯	自然人主体身份	罪名	旧刑法规范出处
第272条第1款	挪用资金罪	公司、企业或者其他单位的人员	√		√		√		旧法规定：挪用本单位资金数额较大不退还的，以侵占罪论处。新法未此内容。		√		√		√	公司董事、监事或者职工	同新法	违反公司法犯罪决定第11条

续表

新刑法规范中									←　→	旧刑法规范中								
新刑法规范出处	罪名	自然人主体身份	纯正身份犯	不纯正身份犯	具备并利用身份型身份犯	仅具备身份型身份犯	明文规定式身份犯	暗含式身份犯	变化内容	暗含式身份犯	明文规定式身份犯	仅具备身份型身份犯	具备并利用身份型身份犯	不纯正身份犯	纯正身份犯	自然人主体身份	罪名	旧刑法规范出处
第272条第2款	挪用公款罪	国有公司、企业或者其他国有单位中从事公务的人员和国有公司、企业或者其他国有单位委派到非国有公司、企业以及其他单位从事公务的人员	√		√		√		贪污贿赂犯罪补充决定第3条规定：挪用公款数额较大不退还的，以贪污论处。挪用救灾、抢险、防汛、优扶、救济款物归个人使用的，从重处罚。挪用公款进行非法活动构成其他罪的，数罪并罚。		√		√		√	国家工作人员、集体经济组织工作人员或者其他经手、管理公共财物的人员	挪用公款罪	违反公司法犯罪决定第12条、贪污贿赂犯罪补充决定第3条

续表

新刑法规范中									←　→	旧刑法规范中								
新刑法规范出处	罪名	自然人主体身份	纯正身份犯	不纯正身份犯	具备并利用身份型身份犯	仅具备身份型身份犯	明文规定式身份犯	暗含式身份犯	变化内容	暗含式身份犯	明文规定式身份犯	仅具备身份型身份犯	具备并利用身份型身份犯	不纯正身份犯	纯正身份犯	自然人主体身份	罪名	旧刑法规范出处
第273条	挪用特定款物罪	掌管、经手救灾、抢险、防汛、优抚、扶贫、移民、救济款物的直接责任人员。	√			√		√	新旧法罪名相同，主体身份相同。	√		√			√	同新法	挪用特定款物罪	第126条

续表

新刑法规范中									←　→	旧刑法规范中								
新刑法规范出处	罪名	自然人主体身份	纯正身份犯	不纯正身份犯	具备并利用身份型身份犯	仅具备身份型身份犯	明文规定式身份犯	暗含式身份犯	变化内容	暗含式身份犯	明文规定式身份犯	仅具备身份型身份犯	具备并利用身份型身份犯	不纯正身份犯	纯正身份犯	自然人主体身份	罪名	旧刑法规范出处
第276条之一第1款①	拒不支付劳动报酬罪	对劳动者有支付劳动报酬的人	√			√		√	旧法无规定。									
第294条第2款②	入境发展黑社会组织罪	境外的黑社会组织的人员	√			√	√		旧法未规定。									

① 《刑法修正案（八）》第41条第1款。
② 《刑法修正案（八）》第43条第2款。

续表

新刑法规范中									←　→	旧刑法规范中								
新刑法规范出处	罪名	自然人主体身份	纯正身份犯	不纯正身份犯	具备并利用身份型身份犯	仅具备身份型身份犯	明文规定式身份犯	暗含式身份犯	变化内容	暗含式身份犯	明文规定式身份犯	仅具备身份型身份犯	具备并利用身份型身份犯	不纯正身份犯	纯正身份犯	自然人主体身份	罪名	旧刑法规范出处
第294条第3款①	包庇、纵容黑社会组织性质组织罪	国家机关工作人员	√			√	√		旧法未规定。									
第300条第3款	强奸罪、诈骗罪	强奸罪主体是男子、诈骗罪是一般主体。	√（强奸罪）			√（强奸罪）		√（强奸罪）	新旧完全不同，旧罪名已被取消。		√	√			√	神汉、巫婆	神汉、巫婆造谣、诈骗罪	第165条

① 《刑法修正案（八）》第43条第3款。

续表

新刑法规范中									←——→	旧刑法规范中								
新刑法规范出处	罪名	自然人主体身份	纯正身份犯	不纯正身份犯	具备并利用身份型身份犯	仅具备身份型身份犯	明文规定式身份犯	暗含式身份犯	变化内容	暗含式身份犯	明文规定式身份犯	仅具备身份型身份犯	具备并利用身份型身份犯	不纯正身份犯	纯正身份犯	自然人主体身份	罪名	旧刑法规范出处
第303条①	赌博罪	国家工作人员		√		√	√		旧法是常人犯，新法的司法解释为不纯正自然人身份犯。								赌博罪	第168条
第304条	故意延误投递邮件罪	邮政工作人员	√			√	√		新旧法主体身份相同，但罪名不同。		√	√			√	邮政工作人员	玩忽职守罪	邮政法②第39条

① 最高人民法院、最高人民检察院《关于办理赌博刑事案件适用法律若干问题的解释》（2005年5月11日公布、2005年5月13日施行）第5条规定的具有国家工作人员身份者实施赌博犯罪的从重处罚。

② 即《邮政法》（1986年12月2日通过），下同。2012年10月26日由第十一届全国人民代表大会常务委员会第二十九次会议通过《关于修改〈中华人民共和国邮政法〉的决定》，自公布之日起施行。

续表

新刑法规范中									←　→	旧刑法规范中								
新刑法规范出处	罪名	自然人主体身份	纯正身份犯	不纯正身份犯	具备并利用身份型身份犯	仅具备身份型身份犯	明文规定式身份犯	暗含式身份犯	变化内容	暗含式身份犯	明文规定式身份犯	仅具备身份型身份犯	具备并利用身份型身份犯	不纯正身份犯	纯正身份犯	自然人主体身份	罪名	旧刑法规范出处
第305条	伪证罪	刑事诉讼中证人、鉴定人、记录人、翻译人	√			√	√		新旧罪名相同，主体身份不同。		√	√			√	侦查、审判中证人、鉴定人，记录人、翻译人	伪证罪	第148条
第306条	辩护人、诉讼代理人毁灭证据、伪造证据、妨害作证罪	刑事诉讼中辩护人、诉讼代理人	√			√	√		新法规定为纯正自然人身份犯，旧法只规定：辩护律师和其他辩护人违反规定的，依法追究法律责任。							辩护律师和其他辩护人	未明确	刑诉法①第38条

① 即《刑事诉讼法》（1979 年 7 月 1 日通过），下同。2012 年 3 月 14 日由第十一届全国人民代表大学第五次会议通过《关于修改〈中华人民共和国刑事诉讼法〉的决定》，自 2013 年 1 月 1 日起施行。

续表

新刑法规范中									←　→	旧刑法规范中								
新刑法规范出处	罪名	自然人主体身份	纯正身份犯	不纯正身份犯	具备并利用身份型身份犯	仅具备身份型身份犯	明文规定式身份犯	暗含式身份犯	变化内容	暗含式身份犯	明文规定式身份犯	仅具备身份型身份犯	具备并利用身份型身份犯	不纯正身份犯	纯正身份犯	自然人主体身份	罪名	旧刑法规范出处
第307条3款	妨害作证罪、帮助毁灭、伪造证据罪	司法工作人员		√		√	√		新法规定为不纯正自然人身份犯，旧法只规定：辩护律师和其他辩护人违反规定的，依法追究法律责任。							辩护律师和其他辩护人	未明确	刑诉法第38条
第313条	拒不执行判决、裁定罪	对法院生效判决、裁定有执行义务的人	√			√		√	新旧法主体身份相同，罪名相同。	√		√			√	对法院生效判决、裁定有执行义务的人	拒不执行判决、裁定罪	第157条

续表

新刑法规范中									←　→	旧刑法规范中								
新刑法规范出处	罪名	自然人主体身份	纯正身份犯	不纯正身份犯	具备并利用身份型身份犯	仅具备身份型身份犯	明文规定式身份犯	暗含式身份犯	变化内容	暗含式身份犯	明文规定式身份犯	仅具备身份型身份犯	具备并利用身份型身份犯	不纯正身份犯	纯正身份犯	自然人主体身份	罪名	旧刑法规范出处
第315条	破坏监管秩序罪	依法被关押的罪犯	√			√	√		新法规定为纯正自然人身份犯，旧法只规定：构成犯罪的，追究刑事责任。							罪犯	未明确	监狱法①第58条
第316条第1款	脱逃罪	依法被关押的罪犯、被告人、犯罪嫌疑人	√			√	√		新旧法主体身份不同，但罪名相同。		√	√			√	依法被逮捕、关押的犯罪分子	脱逃罪	第161条、两劳重新犯罪决定②2条

① 即《监狱法》（1994年12月29日通过），下同。根据2012年10月26日第十一届全国人民代表大会常务委员会第二十九次会议《关于修改〈中华人民共和国监狱法〉的决定》修正。

② 即全国人民代表大会常务委员会《关于处理逃跑或者重新犯罪的劳改犯和劳教人员的决定》（1981年6月10日通过），下同。已被《刑法》（1997年3月14日）废止。

续表

新刑法规范中									← →	旧刑法规范中								
新刑法规范出处	罪名	自然人主体身份	纯正身份犯	不纯正身份犯	具备并利用身份型身份犯	仅具备身份型身份犯	明文规定式身份犯	暗含式身份犯	变化内容	暗含式身份犯	明文规定式身份犯	仅具备身份型身份犯	具备并利用身份型身份犯	不纯正身份犯	纯正身份犯	自然人主体身份	罪名	旧刑法规范出处
第317条第1款	组织越狱罪	依法被关押的罪犯、被告人、犯罪嫌疑人	√			√		√	新旧法罪名相同，主体身份相同。旧法的组织越狱罪规定在反革命一章中。	√		√			√	依法被关押的罪犯、被告人、犯罪嫌疑人	组织越狱罪	第96条、第103条
第317条第2款	暴动越狱罪、聚众持械越狱罪	依法被关押的罪犯、被告人、犯罪嫌疑人；狱外人。	√			√		√	新旧法罪名不同，但主体身份相同。旧法的组织越狱罪规定在反革命一章中。	√		√			√	依法被关押的罪犯、被告人、犯罪嫌疑人；狱外人。	组织越狱罪	第96条、第103条

续表

新刑法规范中									←　→	旧刑法规范中								
新刑法规范出处	罪名	自然人主体身份	纯正身份犯	不纯正身份犯	具备并利用身份型身份犯	仅具备身份型身份犯	明文规定式身份犯	暗含式身份犯	变化内容	暗含式身份犯	明文规定式身份犯	仅具备身份型身份犯	具备并利用身份型身份犯	不纯正身份犯	纯正身份犯	自然人主体身份	罪名	旧刑法规范出处
第331条	传染病菌种、毒种扩散罪	从事实验、保藏、携带、运输传染病菌种、毒种的人员	√			√	√		新旧法罪名不同，但主体身份相同。		√	√			√	同新法	违反危险物品管理规定肇事罪	传染病防治法①第38条
第335条	医疗事故罪	医务人员	√			√	√		旧法未规定。									

① 即《传染病防治法》（1989年2月21日通过），下同。已由第十届全国人民代表大会常务委员会第十一次会议于2004年8月28日修订通过，自2004年12月1日起施行。

续表

新刑法规范中									←　→	旧刑法规范中								
新刑法规范出处	罪名	自然人主体身份	纯正身份犯	不纯正身份犯	具备并利用身份型身份犯	仅具备身份型身份犯	明文规定式身份犯	暗含式身份犯	变化内容	暗含式身份犯	明文规定式身份犯	仅具备身份型身份犯	具备并利用身份型身份犯	不纯正身份犯	纯正身份犯	自然人主体身份	罪名	旧刑法规范出处
第336条第1款	非法行医罪	未取得医生执业资格的人	√			√	√		旧法未规定。									
第336条第2款	非法进行节育手术罪	未取得医生执业资格的人	√			√	√		新旧主体身份不同，罪名不同。		√	√			√	未取得国家颁发的有关合格证书者	故意伤害罪、过失致人重伤罪	母婴保健法①第36条

① 即《母婴保健法》（1994年10月27日通过），下同。

续表

新刑法规范中									← →	旧刑法规范中								
新刑法规范出处	罪名	自然人主体身份	纯正身份犯	不纯正身份犯	具备并利用身份型身份犯	仅具备身份型身份犯	明文规定式身份犯	暗含式身份犯	变化内容	暗含式身份犯	明文规定式身份犯	仅具备身份型身份犯	具备并利用身份型身份犯	不纯正身份犯	纯正身份犯	自然人主体身份	罪名	旧刑法规范出处
第347条	走私、贩卖、运输、制造毒品罪	国家工作人员		√		√	√		新旧法都未规定，但司法解释和禁毒决定①第11条第1款规定为不纯正自然人身份犯。②		√	√		√		禁毒决定第11条第1款是国家工作人员	同新法	第171条、禁毒决定第2条、第11条第1款、走私罪补充规定③第1条

① 即全国人民代表大会常务委员会《关于禁毒的决定》（1990年12月28日通过），下同。已被《禁毒法》（2007年12月29日）废止。

② 最高人民法院《关于审理毒品案件定罪量刑标准有关问题的解释》（2000年4月20日通过、2000年6月10日施行）第3条规定：国家工作人员走私、制造、运输、贩卖毒品的，可以认定为《刑法》第347条第4款规定的“情节严重”。可见，这也是关于国家工作人员身份作为量刑情节的解释。《关于禁毒的决定》第11条第2款：“因走私、贩卖、运输、制造、非法持有毒品罪被曾判过刑，又犯本决定规定之罪的，从重处罚。”

③ 即全国人民代表大会常务委员会《关于惩治走私罪的补充规定》（1988年1月21日通过），下同。已被《刑法》（1997年3月14日）废止。

续表

新刑法规范中									←　→	旧刑法规范中								
新刑法规范出处	罪名	自然人主体身份	纯正身份犯	不纯正身份犯	具备并利用身份型身份犯	仅具备身份型身份犯	明文规定式身份犯	暗含式身份犯	变化内容	暗含式身份犯	明文规定式身份犯	仅具备身份型身份犯	具备并利用身份型身份犯	不纯正身份犯	纯正身份犯	自然人主体身份	罪名	旧刑法规范出处
第349条第2款	包庇毒品犯罪分子罪	缉毒人员或者其他国家机关工作人员		√		√	√		旧法未规定为不纯正身份犯。							一般主体	同新法	禁毒决定第4条
第355条第1款	非法提供麻醉药品、精神药品罪（也是单位身份犯）	依法从事生产、运输、管理、使用国家管制的麻醉药品、精神药品的人员	√			√	√		新旧法主体身份相同，罪名相同。		√	√			√	同新法	同新法	禁毒决定第10条第2款

续表

新刑法规范中									←　→	旧刑法规范中								
新刑法规范出处	罪名	自然人主体身份	纯正身份犯	不纯正身份犯	具备并利用身份型身份犯	仅具备身份型身份犯	明文规定式身份犯	暗含式身份犯	变化内容	暗含式身份犯	明文规定式身份犯	仅具备身份型身份犯	具备并利用身份型身份犯	不纯正身份犯	纯正身份犯	自然人主体身份	罪名	旧刑法规范出处
第360条第1款	传播性病罪	患有梅病、淋病等严重性病的人	√			√	√		新旧法主体身份相同，罪名相同。		√	√			√	患有梅病、淋病等严重性病的人	传播性病罪	禁毒决定第5条第1款
第361条第1款	组织卖淫罪、强迫卖淫罪、引诱、容留、介绍卖淫罪、引诱幼女卖淫罪	旅馆业、饮食服务业、文化娱乐业、出租汽车业等单位的人员	√			√	√		新旧法主体身份相同，罪名相同。		√	√			√	旅馆业、饮食服务业、文化娱乐业、出租汽车业等单位的人员	同新法	禁毒决定第6条第1款

续表

新刑法规范中									← →	旧刑法规范中								
新刑法规范出处	罪名	自然人主体身份	纯正身份犯	不纯正身份犯	具备并利用身份型身份犯	仅具备身份型身份犯	明文规定式身份犯	暗含式身份犯	变化内容	暗含式身份犯	明文规定式身份犯	仅具备身份型身份犯	具备并利用身份型身份犯	不纯正身份犯	纯正身份犯	自然人主体身份	罪名	旧刑法规范出处
第361条第2款	同上	旅馆业、饮食服务业、文化娱乐业、出租汽车业等单位的主要负责人		√		√	√		新旧法主体身份相同，罪名相同。		√	√		√		同新法	同新法	禁毒决定第6条第2款
第362条	包庇罪	旅馆业、饮食服务业、文化娱乐业、出租汽车业等单位的人员	√			√	√		新旧法主体身份不同，但罪名相同。		√	√			√	旅馆业、饮食服务业、文化娱乐业、出租汽车业等单位的负责人和职工	包庇罪	禁毒决定第8条

续表

新刑法规范中									← →	旧刑法规范中								
新刑法规范出处	罪名	自然人主体身份	纯正身份犯	不纯正身份犯	具备并利用身份型身份犯	仅具备身份型身份犯	明文规定式身份犯	暗含式身份犯	变化内容	暗含式身份犯	明文规定式身份犯	仅具备身份型身份犯	具备并利用身份型身份犯	不纯正身份犯	纯正身份犯	自然人主体身份	罪名	旧刑法规范出处
第368条第1款	阻碍军人执行职务罪	非军人①	√			√		√	新旧法主体身份不同，罪名不同，但二者都是暗含式的。	√		√			√	妨害公务罪是一般主体；拒不执行判决、裁定罪的主体是对法院生效判决、裁定有执行义务的人		第157条

① 如果是军人以暴力、威胁方法阻碍军人依法执行职务的，则可能构成《刑法》第426条规定的阻碍执行军事职务罪。

续表

新刑法规范中									←　→	旧刑法规范中								
新刑法规范出处	罪名	自然人主体身份	纯正身份犯	不纯正身份犯	具备并利用身份型身份犯	仅具备身份型身份犯	明文规定式身份犯	暗含式身份犯	变化内容	暗含式身份犯	明文规定式身份犯	仅具备身份型身份犯	具备并利用身份型身份犯	不纯正身份犯	纯正身份犯	自然人主体身份	罪名	旧刑法规范出处
第370条第1、2款	故意提供不合格武器装备、军事设施罪、过失提供不合格武器装备、军事设施罪（本罪同时也是单位身份犯）	限于武器装备、军事设施的生产、建造及经营者（包括自然人和单位）①	√			√		√	旧法未规定为犯罪，新法规定为身份犯。								未犯罪化	国防法②第32条

① 参见赵秉志主编：《刑法新教程》，中国人民大学出版社2001年版，第811页。

② 即《国防法》（1997年3月14日通过），下同。已被全国人民代表大会常务委员会《关于修改部分法律的决定》（2009年8月27日）修改。

续表

新刑法规范中									←　→	旧刑法规范中								
新刑法规范出处	罪名	自然人主体身份	纯正身份犯	不纯正身份犯	具备并利用身份型身份犯	仅具备身份型身份犯	明文规定式身份犯	暗含式身份犯	变化内容	暗含式身份犯	明文规定式身份犯	仅具备身份型身份犯	具备并利用身份型身份犯	不纯正身份犯	纯正身份犯	自然人主体身份	罪名	旧刑法规范出处
第372条	冒充军人招摇撞骗罪	非军人的一般公民①	√			√		√	旧法是常人犯，新法是纯正自然人身份犯。							一般主体（对象是国家工作人员）	招摇撞骗罪	第166条
第374条	接送不合格兵员罪	在征兵工作中负有一定责任、掌握有一定征兵权限的地方征兵工作人员、部队接兵人员等。②	√			√		√	新旧法主体身份不同，罪名不同。		√	√			√	国家工作人员	受贿罪、玩忽职守罪	第62条

① 参见赵秉志主编：《刑法新教程》，中国人民大学出版社2001年版，第814页。如果军人冒充国家机关工作人员招摇撞骗的，则可能构成《刑法》第279条的招摇撞骗罪。

② 参见赵秉志主编：《刑法新教程》，中国人民大学出版社2001年版，第816页。

续表

新刑法规范中									← →	旧刑法规范中								
新刑法规范出处	罪名	自然人主体身份	纯正身份犯	不纯正身份犯	具备并利用身份型身份犯	仅具备身份型身份犯	明文规定式身份犯	暗含式身份犯	变化内容	暗含式身份犯	明文规定式身份犯	仅具备身份型身份犯	具备并利用身份型身份犯	不纯正身份犯	纯正身份犯	自然人主体身份	罪名	旧刑法规范出处
第376条第1款	战时拒绝、逃避征召、军事训练罪	预备役人员	√			√	√		新旧罪名不同，但主体身份相同。		√	√			√	预备役人员	逃离部队罪	兵役法①第6条第2款
第376条第2款	战时拒绝、逃避服兵役罪	军人和预备役人员以外的普通公民	√			√		√	旧法未规定为犯罪，新法是暗含式纯正自然人身份犯。								未犯罪化	兵役法第6条第1款、国防法第21条

① 即《兵役法》（1984年5月31日通过），下同。2011年10月29日已由全国人民代表大会常务委员会第二十三次会议通过《关于修改〈中华人民共和国兵役法〉的决定》，自公布之日起施行。

续表

新刑法规范中									←　→	旧刑法规范中								
新刑法规范出处	罪名	自然人主体身份	纯正身份犯	不纯正身份犯	具备并利用身份型身份犯	仅具备身份型身份犯	明文规定式身份犯	暗含式身份犯	变化内容	暗含式身份犯	明文规定式身份犯	仅具备身份型身份犯	具备并利用身份型身份犯	不纯正身份犯	纯正身份犯	自然人主体身份	罪名	旧刑法规范出处
第378条	战时造谣扰乱军心罪	除军人以外的一般公民①	√			√		√	新旧罪名相同，主体身份相同。	√		√			√	除军人以外的一般公民	战时造谣扰乱军心罪	军职罪条例第14条款

① 参见赵秉志主编：《刑法新教程》，中国人民大学出版社2001年版，第820页。如果军人战时造谣扰乱军心的，应按刑法第433条规定的战时造谣惑众罪处理。

续表

新刑法规范中									←　→	旧刑法规范中								
新刑法规范出处	罪名	自然人主体身份	纯正身份犯	不纯正身份犯	具备并利用身份型身份犯	仅具备身份型身份犯	明文规定式身份犯	暗含式身份犯	变化内容	暗含式身份犯	明文规定式身份犯	仅具备身份型身份犯	具备并利用身份型身份犯	不纯正身份犯	纯正身份犯	自然人主体身份	罪名	旧刑法规范出处
第382条	贪污罪	国家工作人员、受国家机关、国有公司、企业、事业单位、人民团体委托管理、经营国有财产的人员	√		√		√		新旧法罪名相同，但主体身份不尽相同。			√	√		√	国家工作人员、受国家机关、企业、事业单位人民团体委托从事公务的人员；国家工作人员、集体经济组织工作人员或者其他经手、管理公共财物的人员。	贪污罪	第155条；贪污贿赂补充规定第1条

续表

新刑法规范中									←　→	旧刑法规范中								
新刑法规范出处	罪名	自然人主体身份	纯正身份犯	不纯正身份犯	具备并利用身份型身份犯	仅具备身份型身份犯	明文规定式身份犯	暗含式身份犯	变化内容	暗含式身份犯	明文规定式身份犯	仅具备身份型身份犯	具备并利用身份型身份犯	不纯正身份犯	纯正身份犯	自然人主体身份	罪名	旧刑法规范出处
第384条	挪用公款罪	国家工作人员	√		√		√		新旧法罪名相同，但主体身份不同。		√		√		√	国家工作人员、集体经济组织工作人员或者其他经手、管理公共财物的人员。	挪用公款罪	贪污贿赂罪补充规定第3条

续表

新刑法规范中									←　→	旧刑法规范中								
新刑法规范出处	罪名	自然人主体身份	纯正身份犯	不纯正身份犯	具备并利用身份型身份犯	仅具备身份型身份犯	明文规定式身份犯	暗含式身份犯	变化内容	暗含式身份犯	明文规定式身份犯	仅具备身份型身份犯	具备并利用身份型身份犯	不纯正身份犯	纯正身份犯	自然人主体身份	罪名	旧刑法规范出处
第385条	受贿罪	国家工作人员	√		√		√		新旧法罪名相同，但主体身份不尽相同。		√		√①		√	国家工作人员、集体经济组织工作人员或者其他从事公务的人员	受贿罪	第185条、经济犯罪决定1条、贪污贿赂罪补充规定4条

① 《严惩严重破坏经济的罪犯的决定》（1982 年 3 月 8 日通过 1997 年 3 月 14 日发布的，已被《刑法》废止，以下简称《经济犯罪决定》）第 4 条第 3 款规定：“国家工作人员、集体经济组织工作人员或者其他从事公务的人员，在经济往来中，违反国家规定收受各种名义的回扣、手续费，归个人所有的，以受贿论处。”不要求利用职务上的便利。

续表

新刑法规范中									←　→	旧刑法规范中								
新刑法规范出处	罪名	自然人主体身份	纯正身份犯	不纯正身份犯	具备并利用身份型身份犯	仅具备身份型身份犯	明文规定式身份犯	暗含式身份犯	变化内容	暗含式身份犯	明文规定式身份犯	仅具备身份型身份犯	具备并利用身份型身份犯	不纯正身份犯	纯正身份犯	自然人主体身份	罪名	旧刑法规范出处
第388条	受贿罪①	国家工作人员	√		√		√		旧法未规定。									
第388条之一②	利用影响力受贿罪③	国家工作人员的近亲属或者其他与该国家工作人员关系密切的人	√		√		√		旧法和97年刑法均未规定，系刑法修正案（七）第13条增加。									

① 学理罪名是间接受贿罪或斡旋受贿罪。
② 《刑法修正案（七）》第13条。
③ 最高人民法院、最高人民检察院《关于执行〈中华人民共和国刑法〉确定罪名的补充规定（四）》确定的罪名。

续表

新刑法规范中									← →	旧刑法规范中								
新刑法规范出处	罪名	自然人主体身份	纯正身份犯	不纯正身份犯	具备并利用身份型身份犯	仅具备身份型身份犯	明文规定式身份犯	暗含式身份犯	变化内容	暗含式身份犯	明文规定式身份犯	仅具备身份型身份犯	具备并利用身份型身份犯	不纯正身份犯	纯正身份犯	自然人主体身份	罪名	旧刑法规范出处
第389条第2款	民事、行政枉法裁判罪	司法工作人员及准司法工作人员	√			√		√	新法主体是暗含式的，旧法未规定。									
第389条第3款①	执行判决、裁定失职罪；执行判决、裁定滥用职权罪	同上	√			√		√	新法主体是暗含式的，旧法未规定。									

① 《刑法修正案（四）》第8条第3款。

续表

新刑法规范中									←　→	旧刑法规范中								
新刑法规范出处	罪名	自然人主体身份	纯正身份犯	不纯正身份犯	具备并利用身份型身份犯	仅具备身份型身份犯	明文规定式身份犯	暗含式身份犯	变化内容	暗含式身份犯	明文规定式身份犯	仅具备身份型身份犯	具备并利用身份型身份犯	不纯正身份犯	纯正身份犯	自然人主体身份	罪名	旧刑法规范出处
第394条	贪污罪	国家工作人员	√			√	√		新法：在国内公务活动或者对外交往中接受礼物；旧法：在对外交往中接受礼物。新旧都不要求利用职务上的便利。		√	√			√	国家工作人员	贪污罪	贪污贿赂罪补充规定第10条
第395条	巨额财产来源不明罪、隐瞒境外存款罪	国家工作人员	√			√	√		新旧法罪名相同，主体身份相同。		√	√			√	国家工作人员	同新法	贪污贿赂罪补充规定第11条

续表

新刑法规范中									← →	旧刑法规范中								
新刑法规范出处	罪名	自然人主体身份	纯正身份犯	不纯正身份犯	具备并利用身份型身份犯	仅具备身份型身份犯	明文规定式身份犯	暗含式身份犯	变化内容	暗含式身份犯	明文规定式身份犯	仅具备身份型身份犯	具备并利用身份型身份犯	不纯正身份犯	纯正身份犯	自然人主体身份	罪名	旧刑法规范出处
第397条	滥用职权罪、玩忽职守罪	国家机关工作人员及准国家机关工作人员①	√			√	√		新旧法的罪名和主体身份都不尽相同。		√	√			√	国家工作人员	玩忽职守罪	第187条

① 1998年12月29日全国人民代表大会常务委员会《关于惩治骗购外汇、逃汇和非法买卖外汇犯罪的决定》第6条规定：“海关、外汇管理部门的工作人员严重不负责任，造成大量外汇被骗购或者逃汇，致使国家利益遭受重大损失的，依照《刑法》第三百九十七条的规定定罪处罚。”全国人民代表大会常务委员会《关于刑法第九章渎职罪主体适用问题的解释》（2002年12月28日通过）：“在依照法律、法规规定行使国家行政管理职权的组织中从事公务的人员，或者在受国家机关委托代表国家机关行使职权的组织中从事公务的人员，或者虽未列入国家机关人员编制但在国家机关中从事公务的人员，在代表国家机关行使职权时，有渎职行为，构成犯罪的，依照刑法关于渎职罪的规定追究刑事责任”（有关渎职罪一章的内容下同）。

续表

新刑法规范中									←　→	旧刑法规范中								
新刑法规范出处	罪名	自然人主体身份	纯正身份犯	不纯正身份犯	具备并利用身份型身份犯	仅具备身份型身份犯	明文规定式身份犯	暗含式身份犯	变化内容	暗含式身份犯	明文规定式身份犯	仅具备身份型身份犯	具备并利用身份型身份犯	不纯正身份犯	纯正身份犯	自然人主体身份	罪名	旧刑法规范出处
第398条第1款	故意泄露国家秘密罪、过失泄露国家秘密罪	国家机关工作人员及准国家机关工作人员	√			√	√		新旧法的罪名相同，但主体身份不尽相同。		√	√			√	国家工作人员	同新法	第186条第1款
第398条第2款	同上	非国家机关工作人员	√			√	√		同上。		√	√			√	非国家工作人员	同新法	第186条第2款

续表

新刑法规范中									← →	旧刑法规范中								
新刑法规范出处	罪名	自然人主体身份	纯正身份犯	不纯正身份犯	具备并利用身份型身份犯	仅具备身份型身份犯	明文规定式身份犯	暗含式身份犯	变化内容	暗含式身份犯	明文规定式身份犯	仅具备身份型身份犯	具备并利用身份型身份犯	不纯正身份犯	纯正身份犯	自然人主体身份	罪名	旧刑法规范出处
第399条第1款①	徇私枉法罪	司法工作人员及其准司法工作人员	√			√	√		新旧法罪名相同，主体身份不尽相同。		√	√			√	司法工作人员	徇私枉法罪	第188条
第400条第1款	私放在押人员罪	同上	√			√	√		新旧犯罪对象不同，因而罪名不同，新旧主体身份亦不尽相同。		√	√			√	司法工作人员及监狱的人民警察②	私放罪犯罪	第190条；监狱法第14条

① 《刑法修正案（六）》第20条、《刑法》第399条之一：枉法仲裁罪，主体是依法承担仲裁职责的人员。

② 根据有关司法解释，准司法工作人员也可构成此罪。

续表

新刑法规范中									← →	旧刑法规范中								
新刑法规范出处	罪名	自然人主体身份	纯正身份犯	不纯正身份犯	具备并利用身份型身份犯	仅具备身份型身份犯	明文规定式身份犯	暗含式身份犯	变化内容	暗含式身份犯	明文规定式身份犯	仅具备身份型身份犯	具备并利用身份型身份犯	不纯正身份犯	纯正身份犯	自然人主体身份	罪名	旧刑法规范出处
第400条第2款	失职致使在押人员脱逃罪	同上	√			√	√		新旧罪名不同，主体身份亦不尽相同。		√	√			√	司法工作人员及监狱的人民警察①	玩忽职守罪	第190条；监狱法第14条
第401条	徇私舞弊减刑、假释、暂予监外执行罪	司法工作人员及准司法工作人员	√			√	√		旧法只是禁止性规定。								未明确	监狱法第34条

① 根据有关司法解释，准司法工作人员也可构成此罪。

续表

新刑法规范中									←　→	旧刑法规范中								
新刑法规范出处	罪名	自然人主体身份	纯正身份犯	不纯正身份犯	具备并利用身份型身份犯	仅具备身份型身份犯	明文规定式身份犯	暗含式身份犯	变化内容	暗含式身份犯	明文规定式身份犯	仅具备身份型身份犯	具备并利用身份型身份犯	不纯正身份犯	纯正身份犯	自然人主体身份	罪名	旧刑法规范出处
第402条	徇私舞弊不移交刑事案件罪	行政执法人员及准行政执法人员	√			√	√		新旧主体身份不同，罪名不同。		√	√			√	行政机关直接负责的主管人员	徇私枉法罪	行政处罚法第61条
第403条	滥用管理公司、证券职权罪	国家有关主管部门的国家机关工作人员及准国家有关主管部门的国家机关工作人员	√			√	√		新旧主体身份相同，罪名相同。		√	√			√	国家有关主管部门的国家工作人员	滥用管理公司、证券职权罪	违反公司法犯罪决定第8条

续表

新刑法规范中									←　→	旧刑法规范中								
新刑法规范出处	罪名	自然人主体身份	纯正身份犯	不纯正身份犯	具备并利用身份型身份犯	仅具备身份型身份犯	明文规定式身份犯	暗含式身份犯	变化内容	暗含式身份犯	明文规定式身份犯	仅具备身份型身份犯	具备并利用身份型身份犯	不纯正身份犯	纯正身份犯	自然人主体身份	罪名	旧刑法规范出处
第404条	徇私舞弊不征少征税款罪	税务机关的工作人员及准税务机关的工作人员	√			√	√		新旧罪名不同，主体身份不尽相同。		√	√			√	税务人员	玩忽职守罪	税收法①第54条

① 即《税收征收管理法》（1992年9月4日通过），下同。已由第九届全国人民代表大会常务委员会第二十一次会议于2001年4月28日修订通过，自2001年5月1日起施行。

续表

新刑法规范中									← →	旧刑法规范中								
新刑法规范出处	罪名	自然人主体身份	纯正身份犯	不纯正身份犯	具备并利用身份型身份犯	仅具备身份型身份犯	明文规定式身份犯	暗含式身份犯	变化内容	暗含式身份犯	明文规定式身份犯	仅具备身份型身份犯	具备并利用身份型身份犯	不纯正身份犯	纯正身份犯	自然人主体身份	罪名	旧刑法规范出处
第405条第1款	徇私舞弊发售发票、抵扣税款、出口退税罪	同上	√			√	√		新旧罪名不同，主体身份不尽相同。		√	√			√	税务机关的工作人员	玩忽职守罪	增值税专用发票犯罪决定①第9条

① 即全国人民代表大会常务委员会《关于惩治虚开、伪造和非法出售增值税专用发票犯罪的决定》（1995年10月30日通过），下同。

续表

新刑法规范中									←　→	旧刑法规范中								
新刑法规范出处	罪名	自然人主体身份	纯正身份犯	不纯正身份犯	具备并利用身份型身份犯	仅具备身份型身份犯	明文规定式身份犯	暗含式身份犯	变化内容	暗含式身份犯	明文规定式身份犯	仅具备身份型身份犯	具备并利用身份型身份犯	不纯正身份犯	纯正身份犯	自然人主体身份	罪名	旧刑法规范出处
第405条第2款	违法提供出口退税凭证罪	税务机关以外的其他国家机关工作人员及其准国家机关工作人员	√			√	√		新旧罪名不同，主体身份不尽相同。		√	√			√	税务机关的工作人员	玩忽职守罪	增值税专用发票犯罪第9条
第406条	国家机关工作人员签订、履行合同失职被骗罪	国家机关工作人员及准国家机关工作人员	√			√	√		旧法未规定。									

续表

新刑法规范中									← →	旧刑法规范中								
新刑法规范出处	罪名	自然人主体身份	纯正身份犯	不纯正身份犯	具备并利用身份型身份犯	仅具备身份型身份犯	明文规定式身份犯	暗含式身份犯	变化内容	暗含式身份犯	明文规定式身份犯	仅具备身份型身份犯	具备并利用身份型身份犯	不纯正身份犯	纯正身份犯	自然人主体身份	罪名	旧刑法规范出处
第407条	违法发放林木采伐许可证罪	林业主管部门的工作人员及其准国家工作人员	√			√	√		新旧罪名不同，主体身份不同。		√	√			√	直接责任人员	玩忽职守罪	森林法①第35条
第408条	环境监管失职罪	负有环境保护监督管理职责的国家机关工作人员及其准国家机关工作人员	√			√	√		新旧罪名不同，主体身份不同。		√	√			√	环境保护监督管理人员	玩忽职守罪、徇私舞弊罪	环境保护法②第45条

① 即《森林法》（1984年9月20日通过），下同。根据1998年4月29日第九届全国人民代表大会常务委员会第二次会议《关于修改〈中华人民共和国森林法〉的决定》修正。已被全国人民代表大会常务委员会《关于修改部分法律的决定》（2009年8月27日）修改。

② 即《环境保护法》（1989年12月26日通过），下同。

续表

新刑法规范中									←　→	旧刑法规范中								
新刑法规范出处	罪名	自然人主体身份	纯正身份犯	不纯正身份犯	具备并利用身份型身份犯	仅具备身份型身份犯	明文规定式身份犯	暗含式身份犯	变化内容	暗含式身份犯	明文规定式身份犯	仅具备身份型身份犯	具备并利用身份型身份犯	不纯正身份犯	纯正身份犯	自然人主体身份	罪名	旧刑法规范出处
第408条之一第1款①	食品监管渎职罪	负有食品安全监督职责的国家机关工作人员	√			√	√		旧法无规定。									
第409条	传染病防治失职罪	从事传染病防治的政府卫生行政部门的工作人员	√			√	√		新旧罪名不同，主体身份不同。		√	√			√	②	玩忽职守罪	传染病防治法③第39条

① 《刑法修正案（八）》第49条第1款。

② 从事传染病的医疗保健、卫生防疫、监督管理的人员和政府有关管理人员。

③ 即《传染病防治法》（1989年2月21日通过），下同。已由2004年8月28日第十届全国人民代表大会常务委员会第十一次会议修订通过，自2004年12月1日起施行。

续表

新刑法规范中									←　→	旧刑法规范中								
新刑法规范出处	罪名	自然人主体身份	纯正身份犯	不纯正身份犯	具备并利用身份型身份犯	仅具备身份型身份犯	明文规定式身份犯	暗含式身份犯	变化内容	暗含式身份犯	明文规定式身份犯	仅具备身份型身份犯	具备并利用身份型身份犯	不纯正身份犯	纯正身份犯	自然人主体身份	罪名	旧刑法规范出处
第410条	非法批准征用、占用土地罪、非法低价出让国有土地使用权罪	国家机关工作人员及其准国家机关工作人员	√			√	√		旧法对此类行为用禁止性规定，并对受贿行为明确规定依照刑法追究刑事责任。								未明确	土管法①第48条

① 即《土地管理法》（1986年6月25日通过），下同。根据2004年8月28日第十届全国人民代表大会常务委员会第十一次会议《关于修改〈中华人民共和国土地管理法〉的决定》修正。

续表

新刑法规范中									←　→	旧刑法规范中								
新刑法规范出处	罪名	自然人主体身份	纯正身份犯	不纯正身份犯	具备并利用身份型身份犯	仅具备身份型身份犯	明文规定式身份犯	暗含式身份犯	变化内容	暗含式身份犯	明文规定式身份犯	仅具备身份型身份犯	具备并利用身份型身份犯	不纯正身份犯	纯正身份犯	自然人主体身份	罪名	旧刑法规范出处
第411条	放纵走私罪	海关工作人员及准海关工作人员	√			√	√		新旧罪名不同，主体身份基本相同。		√	√			√	海关工作人员	徇私舞弊罪、玩忽职守罪或放纵走私罪	海关法①第56条

① 即《海关法》（1987年1月22日通过），下同。根据2000年7月8日第九届全国人民代表大会常务委员会第十六次会议《关于修改〈中华人民共和国海关法〉的决定》修正。

续表

新刑法规范中									← →	旧刑法规范中								
新刑法规范出处	罪名	自然人主体身份	纯正身份犯	不纯正身份犯	具备并利用身份型身份犯	仅具备身份型身份犯	明文规定式身份犯	暗含式身份犯	变化内容	暗含式身份犯	明文规定式身份犯	仅具备身份型身份犯	具备并利用身份型身份犯	不纯正身份犯	纯正身份犯	自然人主体身份	罪名	旧刑法规范出处
第412条	商检徇私舞弊罪、商检失罪职	商检部门、商检机构的工作人员及其准工作人员	√			√	√		新旧罪名不同，主体身份不同。		√	√			√	国家商检部门、商检机构的工作人员和国家商检部门、商检机构指定的检验机构的检验员	徇私舞弊罪、玩忽职守罪	进出口商品商检法①第29条

① 即《进出口商品检验法》（1989年2月21日通过），下同。已由2002年4月28日第九届全国人民代表大会常务委员会第二十七次会议《关于修改〈中华人民共和国进出口商品检验法〉的决定》通过，自2002年10月1日起施行。

续表

新刑法规范中									←　→	旧刑法规范中								
新刑法规范出处	罪名	自然人主体身份	纯正身份犯	不纯正身份犯	具备并利用身份型身份犯	仅具备身份型身份犯	明文规定式身份犯	暗含式身份犯	变化内容	暗含式身份犯	明文规定式身份犯	仅具备身份型身份犯	具备并利用身份型身份犯	不纯正身份犯	纯正身份犯	自然人主体身份	罪名	旧刑法规范出处
第413条	动植物检疫徇私舞弊罪、动植物检疫失职罪	动植物检疫机关的检疫人员及其准检疫机关的检疫人员	√			√	√		新旧罪名不同，主体身份不同。		√	√		√		动植物检疫机关检疫人员	徇私舞弊罪、玩忽职守罪	进出口动植物检疫法①第45条

① 即《进出口动植物检疫法》（1991年10月30日通过），下同。

续表

新刑法规范中									←　→	旧刑法规范中								
新刑法规范出处	罪名	自然人主体身份	纯正身份犯	不纯正身份犯	具备并利用身份型身份犯	仅具备身份型身份犯	明文规定式身份犯	暗含式身份犯	变化内容	暗含式身份犯	明文规定式身份犯	仅具备身份型身份犯	具备并利用身份型身份犯	不纯正身份犯	纯正身份犯	自然人主体身份	罪名	旧刑法规范出处
第414条	放纵制售伪劣商品犯罪行为罪	对生产、销售伪劣商品犯罪行为负有追究责任的国家机关工作人员及其准国家机关工作人员	√			√	√		新旧罪名不是，主体身份不同。旧法要求利用职务上的便利。		√		√		√	国家工作人员、负有追究责任的国家工作人员	徇私舞弊罪、玩忽职守罪、报复陷害罪	伪劣商品犯罪决定①第10条

① 即全国人民代表大会常务委员会《关于惩治生产、销售伪劣商品犯罪的决定》（1993年7月2日通过），下同。已被《刑法》（1997年3月14日）废止。

续表

新刑法规范中									←　→	旧刑法规范中								
新刑法规范出处	罪名	自然人主体身份	纯正身份犯	不纯正身份犯	具备并利用身份型身份犯	仅具备身份型身份犯	明文规定式身份犯	暗含式身份犯	变化内容	暗含式身份犯	明文规定式身份犯	仅具备身份型身份犯	具备并利用身份型身份犯	不纯正身份犯	纯正身份犯	自然人主体身份	罪名	旧刑法规范出处
第415条前项	办理偷越国(边)境人员出入境证件罪	负责办理护照、签证以及其他出入境证件的国家机关工作人员及其准国家机关工作人员	√			√	√		新旧罪名相同，主体身份不同。		√	√			√	负责办理护照、签证以及其他出入境证件的国家工作人员	同新法	偷越国(边)境犯罪补充规定①第6条

① 即全国人民代表大会常务委员会《关于严惩组织、运送他人偷越国（边）境犯罪的补充规定》（1994 年 3 月 5 日通过），下同。已被全国人民代表大会常务委员会《关于废止部分法律的决定》（2009 年 6 月 27 日）废止。

续表

新刑法规范中									←　→	旧刑法规范中								
新刑法规范出处	罪名	自然人主体身份	纯正身份犯	不纯正身份犯	具备并利用身份型身份犯	仅具备身份型身份犯	明文规定式身份犯	暗含式身份犯	变化内容	暗含式身份犯	明文规定式身份犯	仅具备身份型身份犯	具备并利用身份型身份犯	不纯正身份犯	纯正身份犯	自然人主体身份	罪名	旧刑法规范出处
第415条后项	放行偷越国（边）境人员罪	边防、海关等国家机关工作人员及其准国家机关工作人员	√			√	√		新旧罪名不尽相同，主体身份不尽相同。		√	√			√	边防、海关等国家机关工作人员及边防海防线的值勤人员	①	偷越国（边）境犯罪补充规定6条、军职罪条例条8条

① 补充规定同新法，但是《军职罪条例》第8条规定的罪名是徇私舞弊罪和私放偷越国（边）境罪。

续表

新刑法规范中									← →	旧刑法规范中								
新刑法规范出处	罪名	自然人主体身份	纯正身份犯	不纯正身份犯	具备并利用身份型身份犯	仅具备身份型身份犯	明文规定式身份犯	暗含式身份犯	变化内容	暗含式身份犯	明文规定式身份犯	仅具备身份型身份犯	具备并利用身份型身份犯	不纯正身份犯	纯正身份犯	自然人主体身份	罪名	旧刑法规范出处
第416条第1款	不解救被拐卖、绑架妇女、儿童罪	对被拐卖、绑架的妇女、儿童负有解救职责的国家机关工作人员及其准国家机关工作人员	√			√	√		新旧罪名相同，主体身份不尽相同。		√	√			√	负有解救职责的国家工作人员	同新法	拐卖、绑架妇女、儿童罪决定①第5条第1款

① 即全国人民代表大会常务委员会《关于严惩拐卖、绑架的妇女、儿童的犯罪分子的决定》（1991 年 9 月 4 日通过），下同。已被全国人民代表大会常务委员会《关于修改部分法律的决定》（2009 年 8 月 27 日）修改。

续表

新刑法规范中									←　→	旧刑法规范中								
新刑法规范出处	罪名	自然人主体身份	纯正身份犯	不纯正身份犯	具备并利用身份型身份犯	仅具备身份型身份犯	明文规定式身份犯	暗含式身份犯	变化内容	暗含式身份犯	明文规定式身份犯	仅具备身份型身份犯	具备并利用身份型身份犯	不纯正身份犯	纯正身份犯	自然人主体身份	罪名	旧刑法规范出处
第416条第2款	阻碍解救被拐卖、绑架妇女、儿童罪	负有解救职责的国家机关工作人员及其准国家机关工作人员	√		√		√		新旧都要求利用职务上的便利。新旧罪名相同，主体身份基本相同。		√		√		√	负有解救职责的国家工作人员	同新法	拐卖、绑架妇女、儿童罪决定第5条第2款

续表

新刑法规范中									←　→	旧刑法规范中								
新刑法规范出处	罪名	自然人主体身份	纯正身份犯	不纯正身份犯	具备并利用身份型身份犯	仅具备身份型身份犯	明文规定式身份犯	暗含式身份犯	变化内容	暗含式身份犯	明文规定式身份犯	仅具备身份型身份犯	具备并利用身份型身份犯	不纯正身份犯	纯正身份犯	自然人主体身份	罪名	旧刑法规范出处
第417条	帮助犯罪分子逃避处罚罪	有查禁犯罪活动职责的国家机关工作人员及其准国家机关工作人员	√			√	√		新旧罪名不同，主体身份不同。		√	√			√	有查禁卖淫、嫖娼活动职责的国家工作人员	徇私舞弊罪	严禁卖淫嫖娼决定①第9条
第418条	招收公务员、学生徇私舞弊罪	国家机关工作人员及其准国家机关工作人员	√			√	√		新旧罪名不同，主体身份不同。		√	√			√	直接负责的主管人员和其他直接责任人员	徇私舞弊罪	教育法②第77条

① 即全国人民代表大会常务委员会《关于严禁卖淫嫖娼的决定》（1991 年 9 月 4 日通过），下同。已被全国人民代表大会常务委员会《关于修改部分法律的规定》（2009 年 8 月 27 日）修改。

② 即《教育法》（1995 年 3 月 18 日通过），下同。已由第十届全国人民代表常务委员会第二十二次会议于 2006 年 6 月 29 日修订通过，自 2006 年 9 月 1 日起施行。

续表

新刑法规范中									←　→	旧刑法规范中								
新刑法规范出处	罪名	自然人主体身份	纯正身份犯	不纯正身份犯	具备并利用身份型身份犯	仅具备身份型身份犯	明文规定式身份犯	暗含式身份犯	变化内容	暗含式身份犯	明文规定式身份犯	仅具备身份型身份犯	具备并利用身份型身份犯	不纯正身份犯	纯正身份犯	自然人主体身份	罪名	旧刑法规范出处
第419条	失职造成珍贵文物损毁、流失罪	国家机关工作人员及其准国家机关工作人员	√			√	√		新旧罪名不同，主体身份不同。		√	√			√	国家工作人员	玩忽职守罪	文物保护法①第31条
第421条	战时违抗命令罪②	现役军人③	√			√	√		新旧罪名不同，主体身份相同。		√	√			√	现役军人	违抗作战命令罪	军职罪条例第17条

① 即《文物保护法》（1982年11月19日通过），下同。根据2007年12月29日第十届全国人民代表大会常务委员会第三十一次会议《关于修改〈中华人民共和国文物保护法〉的决定》第二次修正。

② 《刑法》分则第十章规定的军人违反职责罪共32个条文，其中总则性条文4条（第420条、第449条、第450条、第451条），分则性条文28条，共31个罪名。这31个罪的主体特征参见赵秉志主编：《刑法新教程》，中国人民大学出版社2001年版，第888～908页。

③ 根据《刑法》第420条和第450条的规定，现役军人包括解放军指战员、武警官兵、文职干部和有军籍的学员，以及执行军事任务的预备役人员。下同。

续表

新刑法规范中									← →	旧刑法规范中								
新刑法规范出处	罪名	自然人主体身份	纯正身份犯	不纯正身份犯	具备并利用身份型身份犯	仅具备身份型身份犯	明文规定式身份犯	暗含式身份犯	变化内容	暗含式身份犯	明文规定式身份犯	仅具备身份型身份犯	具备并利用身份型身份犯	不纯正身份犯	纯正身份犯	自然人主体身份	罪名	旧刑法规范出处
第422条	隐瞒、谎报军情罪、拒传、假传军令罪	现役军人	√			√	√		新旧罪名不同，主体身份不尽相同。		√	√			√	现役军人	谎报军情罪、假传军令罪①	军职罪条例条第18条
第423条	投降罪	具有使用武器打击敌人资格的参战军职人员	√			√		√	新旧罪名不同，主体身份不尽相同。		√	√			√	现役军人	自动投降敌人罪	军职罪条例条第17条

① 军职罪条例的罪名参见周柏森主编：《中国刑法学教程》，兰州大学出版社1988年版，第621～657页。以下及上页的违抗作战命令罪同此参见。

续表

新刑法规范中									←　→	旧刑法规范中								
新刑法规范出处	罪名	自然人主体身份	纯正身份犯	不纯正身份犯	具备并利用身份型身份犯	仅具备身份型身份犯	明文规定式身份犯	暗含式身份犯	变化内容	暗含式身份犯	明文规定式身份犯	仅具备身份型身份犯	具备并利用身份型身份犯	不纯正身份犯	纯正身份犯	自然人主体身份	罪名	旧刑法规范出处
第424条	战时临阵脱逃罪	参战的军职人员	√			√		√	新旧罪名不同，主体身份不尽相同。		√	√			√	现役军人	临时脱逃罪	军职罪条例条第16条
第425条	擅离、玩忽军事职守罪	指挥人员和正在值班、值勤的人员	√			√	√		新旧罪名不同，主体身份不同。		√	√			√	指挥人员或值班、值勤人员	擅离职守罪、玩忽职守罪	军职罪条例条第5条

续表

新刑法规范中									← →	旧刑法规范中								
新刑法规范出处	罪名	自然人主体身份	纯正身份犯	不纯正身份犯	具备并利用身份型身份犯	仅具备身份型身份犯	明文规定式身份犯	暗含式身份犯	变化内容	暗含式身份犯	明文规定式身份犯	仅具备身份型身份犯	具备并利用身份型身份犯	不纯正身份犯	纯正身份犯	自然人主体身份	罪名	旧刑法规范出处
第426条	阻碍执行军事职务罪	现役军人	√			√	√①		新旧罪名不同，主体身份相同。		√	√			√	现役军人	阻碍执行职务罪	军职罪条例条第10条
第427条	指使部属违反职责罪	部队中具有一定指挥、调动、命令一定数量军队下属人员的军职干部	√			√		√	旧法未规定。									

① 根据《刑法》第420条和第450条的规定得知其主体身份是现役军人、军人或军职人员等的，亦可说是明文规定式的，其他亦同此解释。

续表

新刑法规范中									← →	旧刑法规范中								
新刑法规范出处	罪名	自然人主体身份	纯正身份犯	不纯正身份犯	具备并利用身份型身份犯	仅具备身份型身份犯	明文规定式身份犯	暗含式身份犯	变化内容	暗含式身份犯	明文规定式身份犯	仅具备身份型身份犯	具备并利用身份型身份犯	不纯正身份犯	纯正身份犯	自然人主体身份	罪名	旧刑法规范出处
第428条	违令作战消极罪	指挥人员	√			√	√		旧法未规定。									
第429条	拒不救援友邻部队罪	参战的军职人员	√			√		√	旧法未规定。									
第430条	军人叛逃罪	正在履行公务的军职人员	√		√		√		新旧罪名不同，主体身份不尽相同。		√	√			√	现役军人	逾越国(边)外逃罪	军职罪条例条第7条
第431条第1款	非法获取军事秘密罪	军职人员	√			√	√		新旧罪名不同，主体身份不尽相同。		√	√			√	现役军人	泄露或遗失军事机密罪	军职罪条例条第4条第1、2款

续表

新刑法规范中								←　→	旧刑法规范中								
新刑法规范出处	罪名	自然人主体身份	纯正身份犯	不纯正身份犯	具备并利用身份型身份犯	仅具备身份型身份犯	明文规定式身份犯	暗含式身份犯	变化内容	暗含式身份犯	明文规定式身份犯	仅具备身份型身份犯	具备并利用身份型身份犯	不纯正身份犯	纯正身份犯	自然人主体身份	罪名	旧刑法规范出处
第431条第2款	为境外窃取、刺探、收买、非法提供军事秘密罪	现役军人	√			√	√		新旧罪名不同，主体身份不同。		√	√			√	现役军人	为敌人或者外国人窃取、刺探、提供军事机密罪	军职罪条例第4条第3款
第432条	故意泄露军事秘密罪、过失泄露军事秘密罪	现役军人	√			√	√		新旧罪名不同，主体身份相同。		√	√			√	现役军人	泄露或遗失军事机密罪	军职罪条例第4条第1、2款

续表

新刑法规范中									←　→	旧刑法规范中								
新刑法规范出处	罪名	自然人主体身份	纯正身份犯	不纯正身份犯	具备并利用身份型身份犯	仅具备身份型身份犯	明文规定式身份犯	暗含式身份犯	变化内容	暗含式身份犯	明文规定式身份犯	仅具备身份型身份犯	具备并利用身份型身份犯	不纯正身份犯	纯正身份犯	自然人主体身份	罪名	旧刑法规范出处
第433条	战时造谣惑众罪	现役军人	√			√	√		新旧罪名相同，主体身份相同。		√	√			√	现役军人	战时造谣惑众罪	军职罪条例第14条
第434条	战时自伤罪	现役军人	√			√	√		新旧罪名基本不同，主体身份相同。		√	√			√	现役军人	战时自伤身体罪	军职罪条例第13条

续表

新刑法规范中								←　→	旧刑法规范中								
新刑法规范出处	罪名	自然人主体身份	纯正身份犯	不纯正身份犯	具备并利用身份型身份犯	仅具备身份型身份犯	明文规定式身份犯	暗含式身份犯	变化内容	暗含式身份犯	明文规定式身份犯	仅具备身份型身份犯	具备并利用身份型身份犯	不纯正身份犯	纯正身份犯	自然人主体身份	罪名	旧刑法规范出处
第435条	逃离部队罪	现役军人	√			√	√		新旧法内容完全相同。		√	√			√	现役军人	逃离部队罪	军职罪条例第6条
第436条	武器装备肇事罪	现役军人	√			√	√		新旧法内容完全相同。		√	√			√	现役军人	武器装备肇事罪	军职罪条例第3条

续表

新刑法规范中									←　→	旧刑法规范中								
新刑法规范出处	罪名	自然人主体身份	纯正身份犯	不纯正身份犯	具备并利用身份型身份犯	仅具备身份型身份犯	明文规定式身份犯	暗含式身份犯	变化内容	暗含式身份犯	明文规定式身份犯	仅具备身份型身份犯	具备并利用身份型身份犯	不纯正身份犯	纯正身份犯	自然人主体身份	罪名	旧刑法规范出处
第437条	擅自改变武器装备编配用途罪	现役军人	√			√	√		旧法未规定。									
第438条第1款①	盗窃、抢夺武器装备、军用物资罪	现役军人	√			√	√		新旧罪名不同，主体身份相同。		√	√			√	现役军人	盗窃武器装备或军用物资罪	军职罪条例第11条

① 笔者认为，《刑法》第438条第2规定的罪名应当是军人盗窃、抢夺枪支、弹药、爆炸物罪，如此看来此罪也是自然人身份犯，理由是：（1）《刑法》第430条的军人叛逃罪之所以冠以“军人”，目的是区别于《刑法》第109条的国家机关工作人员为主体是叛逃罪。因此，进行罪名解释时此罪也应冠以“军人”字样。（2）根据《刑法》第420条和第450条的规定得知《刑法》分则第十章军职罪的主体都是“军人”。

续表

新刑法规范中									←　→	旧刑法规范中								
新刑法规范出处	罪名	自然人主体身份	纯正身份犯	不纯正身份犯	具备并利用身份型身份犯	仅具备身份型身份犯	明文规定式身份犯	暗含式身份犯	变化内容	暗含式身份犯	明文规定式身份犯	仅具备身份型身份犯	具备并利用身份型身份犯	不纯正身份犯	纯正身份犯	自然人主体身份	罪名	旧刑法规范出处
第439条	非法出卖、转让武器装备罪	现役军人	√			√	√		旧法未规定。									
第440条	遗弃武器装备罪	现役军人	√			√	√		旧法未规定。									
第441条	遗失武器装备罪	现役军人	√			√	√		旧法未规定。									

续表

新刑法规范中									← →	旧刑法规范中								
新刑法规范出处	罪名	自然人主体身份	纯正身份犯	不纯正身份犯	具备并利用身份型身份犯	仅具备身份型身份犯	明文规定式身份犯	暗含式身份犯	变化内容	暗含式身份犯	明文规定式身份犯	仅具备身份型身份犯	具备并利用身份型身份犯	不纯正身份犯	纯正身份犯	自然人主体身份	罪名	旧刑法规范出处
第442条	擅自出卖、转让军队房地产罪	直接责任人员	√			√	√		旧法未规定。									
第443条	虐待部属罪	处于领导岗位的军职人员	√			√		√	新旧罪名不同，主体身份相同。	√			√		√	处于领导岗位的军职人员	虐待、迫害部属罪	军职罪条例第9条

续表

新刑法规范中									← →	旧刑法规范中								
新刑法规范出处	罪名	自然人主体身份	纯正身份犯	不纯正身份犯	具备并利用身份型身份犯	仅具备身份型身份犯	明文规定式身份犯	暗含式身份犯	变化内容	暗含式身份犯	明文规定式身份犯	仅具备身份型身份犯	具备并利用身份型身份犯	不纯正身份犯	纯正身份犯	自然人主体身份	罪名	旧刑法规范出处
第444条	遗弃伤病军人罪	负有救助伤病军人义务的军人	√			√		√	新旧罪名不同，主体身份不尽相同。	√		√			√	对伤员负有救护责任的直接责任人员或负有直接指挥救护伤员的指挥人员	遗弃伤员罪	军职罪条例第17条
第445条	战时拒不救治伤病军人罪	战时负有救护治疗义务的军职人员	√			√		√	旧法未规定。									

续表

新刑法规范中									←　→	旧刑法规范中								
新刑法规范出处	罪名	自然人主体身份	纯正身份犯	不纯正身份犯	具备并利用身份型身份犯	仅具备身份型身份犯	明文规定式身份犯	暗含式身份犯	变化内容	暗含式身份犯	明文规定式身份犯	仅具备身份型身份犯	具备并利用身份型身份犯	不纯正身份犯	纯正身份犯	自然人主体身份	罪名	旧刑法规范出处
第446条	战时残害居民、掠夺居民财物罪	在军事行动地区参与军事行动的现役军人	√			√		√	新旧罪名不同，主体身份不尽相同。		√	√			√	现役军人	掠夺、残害无辜居民罪	军职罪条例第20条
第447条	私放俘虏罪	具有看守、管理、调运俘虏等职责的军职人员	√			√		√	旧法未规定。									
第448条	虐待俘虏罪	管理俘虏的军职人员	√			√		√	新旧罪名相同，主体身份不尽相同。		√	√			√	现役军人	虐待俘虏罪	军职罪条例第21条

附表二

新旧刑法规范中单位身份犯对比一览表

新刑法规范中								← →	旧刑法规范中							
新刑法规范出处	罪名	单位主体身份	双罚制型单位身份犯	单罚单位型单位身份犯	单罚责任人员型单位身份犯	明文规定式单位身份犯	暗含式单位身份犯	变化内容	暗含式单位身份犯	明文规定式单位身份犯	单罚责任人员型单位身份犯	单罚单位型单位身份犯	双罚制型单位身份犯	单位/自然人主体身份	罪名	旧刑法规范出处
第107条①	资助危害国家安全犯罪活动罪	境内外机构、组织			√	√		新旧法单位主体身份相同、罪名相同。		√	√			境内外机构、组织	资助危害国家安全犯罪活动罪	国家安全法②第4条、第23条

---

① 《刑法修正案（八）》第20条。

② 《国家安全法》（1993年2月22日通过），下同。已被全国人民代表大会常务委员会《关于修改部分法律的决定》（2009年8月27日）修改。

续表

新刑法规范中								←　→	旧刑法规范中							
新刑法规范出处	罪名	单位主体身份	双罚制型单位身份犯	单罚单位型单位身份犯	单罚责任人员型单位身份犯	明文规定式单位身份犯	暗含式单位身份犯	变化内容	暗含式单位身份犯	明文规定式单位身份犯	单罚责任人员型单位身份犯	单罚单位型单位身份犯	双罚制型单位身份犯	单位/自然人主体身份	罪名	旧刑法规范出处
第126条	违规制造、销售枪支罪	依法被指定、确定的枪支制造企业、销售企业	√			√		新旧法单位主体身份相同、罪名相同。		√			√	依法被指定、确定的枪支制造企业、销售企业	违规制造、销售枪支罪	枪支管理法①第40条

① 即《枪支管理法》（1996年7月5日通过），下同。已被全国人民代表大会常务委员会《关于修改部分法律的决定》（2009年8月27日）修改。

续表

新刑法规范中								←　→	旧刑法规范中							
新刑法规范出处	罪名	单位主体身份	双罚制型单位身份犯	单罚单位型单位身份犯	单罚责任人员型单位身份犯	明文规定式单位身份犯	暗含式单位身份犯	变化内容	暗含式单位身份犯	明文规定式单位身份犯	单罚责任人员型单位身份犯	单罚单位型单位身份犯	双罚制型单位身份犯	单位/自然人主体身份	罪名	旧刑法规范出处
第135条、刑法修正案（六）第2条	重大劳动安全事故罪	一般主体						新法是单位身份犯，只处罚“直接责任人员”，刑法修正案（六）第2条改成了常人犯；旧法是自然人犯罪，主体是用人单位的责任人员或矿山企业主管人员。						自然人主体	玩忽职守罪	劳动法①第92条、矿山安全法②第47条

① 即《劳动法》（1994年7月5日通过），下同。已被全国人民代表大会常务委员会《关于修改部分法律的决定》（2009年8月27日）修改。

② 即《矿山安全法》（1992年11月7日通过），下同。

续表

新刑法规范中								← →	旧刑法规范中							
新刑法规范出处	罪名	单位主体身份	双罚制型单位身份犯	单罚单位型单位身份犯	单罚责任人员型单位身份犯	明文规定式单位身份犯	暗含式单位身份犯	变化内容	暗含式单位身份犯	明文规定式单位身份犯	单罚责任人员型单位身份犯	单罚单位型单位身份犯	双罚制型单位身份犯	单位/自然人主体身份	罪名	旧刑法规范出处
第137条	工程重大安全事故罪	建设单位、设计单位、施工单位、工程监理单位			√		√	旧法没有规定，新法是单位身份犯，但只处罚“单位中对工程质量、安全负责的直接责任人员”。								
第138条	教育设施重大安全事故罪	负责校舍、教育教学设施安全的学校、教育行政机构			√		√	旧法规定为自然人犯罪，新法规定为单位身份犯，但只处罚“直接责任人员”。						自然人主体	玩忽职守罪	未成年人保护法①第52条

① 即《未成年人保护法》（1991年9月4日通过），下同。根据2012年10月26日第十一届全国人民代表大会常务委员会第二十九次会议《关于修改〈中华人民共和国未成年人保护法〉的决定》修正。

续表

新刑法规范中								←→	旧刑法规范中							
新刑法规范出处	罪名	单位主体身份	双罚制型单位身份犯	单罚单位型单位身份犯	单罚责任人员型单位身份犯	明文规定式单位身份犯	暗含式单位身份犯	变化内容	暗含式单位身份犯	明文规定式单位身份犯	单罚责任人员型单位身份犯	单罚单位型单位身份犯	双罚制型单位身份犯	单位/自然人主体身份	罪名	旧刑法规范出处
第185条之一第1款	擅自运用客户资金罪	商业银行、证券交易所、期货交易所、证券公司、期货经纪公司、保险公司或者其他金融机构。	√			√		旧法未规定，该罪由刑法修正案（六）第12条第1款规定。								

续表

新刑法规范中								← →	旧刑法规范中							
新刑法规范出处	罪名	单位主体身份	双罚制型单位身份犯	单罚单位型单位身份犯	单罚责任人员型单位身份犯	明文规定式单位身份犯	暗含式单位身份犯	变化内容	暗含式单位身份犯	明文规定式单位身份犯	单罚责任人员型单位身份犯	单罚单位型单位身份犯	双罚制型单位身份犯	单位/自然人主体身份	罪名	旧刑法规范出处
第185条之一第2款	违规运用资金罪	社会保障基金管理机构、住房公积金管理机构等公众资金管理机构，以及保险公司、保险资产管理公司、证券投资基金管理公司。	√			√		旧法未规定，该罪由刑法修正案（六）第12条第2款规定。								

续表

新刑法规范中								←　→	旧刑法规范中							
新刑法规范出处	罪名	单位主体身份	双罚制型单位身份犯	单罚单位型单位身份犯	单罚责任人员型单位身份犯	明文规定式单位身份犯	暗含式单位身份犯	变化内容	暗含式单位身份犯	明文规定式单位身份犯	单罚责任人员型单位身份犯	单罚单位型单位身份犯	双罚制型单位身份犯	单位/自然人主体身份	罪名	旧刑法规范出处
第244条①	强迫劳动罪②	用人单位	√③			√		旧法只规定：构成犯罪的，对责任人员依法追究刑事责任。							未明确	劳动法第96条

① 《刑法修正案（八）》第38条。

② 最高人民法院、最高人民检察院《关于执行〈中华人民共和国刑法〉确定罪名的补充规定（五）》将原罪名“强迫职工劳动罪”修改为“强迫劳动罪”。

③ 《刑法修正案（八）》第38条将原规定的单罚制修改成了双罚制。

续表

新刑法规范中								←　→	旧刑法规范中							
新刑法规范出处	罪名	单位主体身份	双罚制型单位身份犯	单罚单位型单位身份犯	单罚责任人员型单位身份犯	明文规定式单位身份犯	暗含式单位身份犯	变化内容	暗含式单位身份犯	明文规定式单位身份犯	单罚责任人员型单位身份犯	单罚单位型单位身份犯	双罚制型单位身份犯	单位/自然人主体身份	罪名	旧刑法规范出处
第253条之一第3款①	出售、非法提供公民个人信息罪	国家机关或者金融、电信、交通、教育、医疗等单位	√			√		旧法无规定。								
第276条之一第2款②	拒不支付劳动报酬罪	对劳动者有支付劳动报酬的单位	√				√									

① 《刑法修正案（七）》第7条第3款。

② 《刑法修正案（八）》第41条第2款。

续表

新刑法规范中								←　→	旧刑法规范中							
新刑法规范出处	罪名	单位主体身份	双罚制型单位身份犯	单罚单位型单位身份犯	单罚责任人员型单位身份犯	明文规定式单位身份犯	暗含式单位身份犯	变化内容	暗含式单位身份犯	明文规定式单位身份犯	单罚责任人员型单位身份犯	单罚单位型单位身份犯	双罚制型单位身份犯	单位/自然人主体身份	罪名	旧刑法规范出处
第327条	非法出售、私赠文物藏品罪	国有博物馆、图书馆等单位	√			√		新旧法罪名不同，主体不同。新法是单位身份犯，旧法是纯正自然人身份犯。						全民所有制博物馆、图书馆等单位的主管人员和直接责任人员。	玩忽职守罪	文物保护法①第31条

① 即《文物保护法》（1982年11月19日通过），下同。2007年12月29日第十届全国人民代表大会常务委员会第三十一次会议通过《关于修改〈中华人民共和国文物保护法〉的决定》，自公布之日起施行。

续表

新刑法规范中								← →	旧刑法规范中							
新刑法规范出处	罪名	单位主体身份	双罚制型单位身份犯	单罚单位型单位身份犯	单罚责任人员型单位身份犯	明文规定式单位身份犯	暗含式单位身份犯	变化内容	暗含式单位身份犯	明文规定式单位身份犯	单罚责任人员型单位身份犯	单罚单位型单位身份犯	双罚制型单位身份犯	单位/自然人主体身份	罪名	旧刑法规范出处
第334条第2款	采集、供应血液、制作、供应血液制品事故罪	经国家主管部门批准采集、供应血液或者制作、供应血液制品的部门	√			√		旧法未规定。								

续表

新刑法规范中								←　→	旧刑法规范中							
新刑法规范出处	罪名	单位主体身份	双罚制型单位身份犯	单罚单位型单位身份犯	单罚责任人员型单位身份犯	明文规定式单位身份犯	暗含式单位身份犯	变化内容	暗含式单位身份犯	明文规定式单位身份犯	单罚责任人员型单位身份犯	单罚单位型单位身份犯	双罚制型单位身份犯	单位/自然人主体身份	罪名	旧刑法规范出处
第355条第3款	非法提供麻醉药品、精神药品罪（本罪也是自然人身份犯）	依法从事生产、运输、管理、使用国家管制的麻醉药品、精神药品的单位	√				√	新法是双罚制型的，旧法是单罚责任人员型的。新旧法主体身份相同，罪名相同，而且都是暗含式的。	√		√			同新法	同新法	禁毒决定①第10条第3款

① 即全国人民代表大会常务委员会《关于禁毒的决定》（1990年12月28日通过），下同。已被《禁毒法》（2007年12月29日）废止。

续表

新刑法规范中								← →	旧刑法规范中							
新刑法规范出处	罪名	单位主体身份	双罚制型单位身份犯	单罚单位型单位身份犯	单罚责任人员型单位身份犯	明文规定式单位身份犯	暗含式单位身份犯	变化内容	暗含式单位身份犯	明文规定式单位身份犯	单罚责任人员型单位身份犯	单罚单位型单位身份犯	双罚制型单位身份犯	单位／自然人主体身份	罪名	旧刑法规范出处
第370条第3款	故意提供不合格武器装备、军事设施罪、过失提供不合格武器装备、军事设施罪（此二罪也是自然人身份犯）	限于武器装备、军事设施的生产、建造及经营者（包括自然人和单位）①	√				√	旧法未规定为犯罪，新法规定为身份犯。							未犯罪化	国防法②第32条

① 参见赵秉志主编：《刑法新教程》，中国人民大学出版社2001年版，第811页。

② 即《国防法》（1997年3月14日通过），下同。已被全国人民代表大会常务委员会《关于修改部分法律的决定》（2009年8月27日）修改。

续表

新刑法规范中								←　→	旧刑法规范中							
新刑法规范出处	罪名	单位主体身份	双罚制型单位身份犯	单罚单位型单位身份犯	单罚责任人员型单位身份犯	明文规定式单位身份犯	暗含式单位身份犯	变化内容	暗含式单位身份犯	明文规定式单位身份犯	单罚责任人员型单位身份犯	单罚单位型单位身份犯	双罚制型单位身份犯	单位/自然人主体身份	罪名	旧刑法规范出处
第380条	战时拒绝、故意延误军事订货罪	从事科研、生产、销售的单位	√				√	旧法：实行国家军事订货制度，保障武器装备和其他军用物资的采购供应。							未犯罪化	国防法第34条
第387条第1款	单位受贿罪	国家机关、国有公司、企业、事业单位、人民团体	√			√		新旧罪名相同，但主体身份不同。		√			√	全民所有制企业事业单位、机关、团体	单位受贿罪	贪污贿赂罪补充规定①第6条

① 即全国人民代表大会常务委员会《关于惩治贪污贿赂罪的补充规定》（1988年1月21日通过），下同，已被1997年3月14日第八届全国人民代表大会第五次会议修订《刑法》吸收或修改。

续表

新刑法规范中								←　→	旧刑法规范中							
新刑法规范出处	罪名	单位主体身份	双罚制型单位身份犯	单罚单位型单位身份犯	单罚责任人员型单位身份犯	明文规定式单位身份犯	暗含式单位身份犯	变化内容	暗含式单位身份犯	明文规定式单位身份犯	单罚责任人员型单位身份犯	单罚单位型单位身份犯	双罚制型单位身份犯	单位/自然人主体身份	罪名	旧刑法规范出处
第387条第2款	单位受贿罪	国家机关、国有公司、企业、事业单位、人民团体	√			√		新旧罪名相同，但主体身份不同。		√			√	对方单位	同上	反不正当竞争法①第8条第1款

① 即《反不正当竞争法》（1993年9月2日通过），下同。

续表

新刑法规范中								←　→	旧刑法规范中							
新刑法规范出处	罪名	单位主体身份	双罚制型单位身份犯	单罚单位型单位身份犯	单罚责任人员型单位身份犯	明文规定式单位身份犯	暗含式单位身份犯	变化内容	暗含式单位身份犯	明文规定式单位身份犯	单罚责任人员型单位身份犯	单罚单位型单位身份犯	双罚制型单位身份犯	单位/自然人主体身份	罪名	旧刑法规范出处
第396条第1款	私分国有资产罪	国家机关、国有公司、企业、事业单位、人民团体		√	√	√		旧法是自然人身份犯，新法是单位身份犯，二者罪名不同，主体身份不同。		√				贪污罪的主体及实施犯罪的行政机关直接负责的主管人员和其他直接责任人员	贪污罪或其他	走私罪补充规定第第13条；行政处罚法①第58条第1款

① 即《行政处罚法》（1996年3月17日通过），下同。已被全国人民代表大会常务委员会《关于修改部分法律的决定》（2009年8月27日）修改。

续表

新刑法规范中								←　→	旧刑法规范中							
新刑法规范出处	罪名	单位主体身份	双罚制型单位身份犯	单罚单位型单位身份犯	单罚责任人员型单位身份犯	明文规定式单位身份犯	暗含式单位身份犯	变化内容	暗含式单位身份犯	明文规定式单位身份犯	单罚责任人员型单位身份犯	单罚单位型单位身份犯	双罚制型单位身份犯	单位/自然人主体身份	罪名	旧刑法规范出处
第396条第2款	私分罚没财物罪	司法机关、行政执行机关		√	√	√		旧法规定个人构成犯罪的，依法追究刑事责任。						执法人员	未明确	走私罪补充规定13条、行政处罚法58条1款

索　引

A

B

C

D

E

F

G

H

J

K

L

M

N

P

Q

R

S

T

W

X

Y

Z

后　记

本书根据笔者同名博士学位论文《身份犯比较研究》修改而成。笔者于2006年6月1日在中国人民大学法学院顺利通过博士学位论文答辩。中国政法大学刑事司法学院院长曲新久教授任博士学位答辩委员会主席；北京大学法学院副院长陈兴良教授，最高人民法院研究室主任胡云腾教授，中国人民大学刑事法律科学研究中心执行主任黄京平教授，中国人民大学法学院韩玉胜教授任博士学位答辩委员会委员。博士学位论文答辩不仅是对读博期间学习结果的检验，更是一次很好的学习。笔者在答辩过程中荣幸地聆听了答辩委员会各位教授的点评，修改本书时大量汲取了各位评委的宝贵点评意见。同时，笔者还认真听取了最高人民检察院法学研究所副所长单民教授，中国人民大学法学院院长助理冯军教授、田宏杰教授、赫兴旺教授和大连海事大学法学院赵微教授等五位博士学位论文评阅人的修改意见。在本书付梓之际，特别感谢上述十位教授的点化。笔者的学术成就离不开业师们的帮助，真可谓"海到尽头天做岸，山登绝顶师为梯"。学术进步的我，是在业师们夯实的阶梯基石上前进的我！

自2003年9月进入中国人民大学法学院攻读法学博士学位（刑法专业）到2006年6月通过博士学位论文答辩，光阴似箭，转瞬三年过去。读博求学之旅刻骨铭心，感慨颇多。本书面世之时，最想表达的就是对老师、领导、同学、同事和朋友们的关心与支持的感激之情。

首先应该感谢的是我的博士导师谢望原教授。谢老师时常教导我先做人后做事，教会了我为人做事与治学之道，让我终身受益。在中国人民大学学习期间，自己无论是在专业理论素养方面还是在科研能力上，都有了很大的提高。在博士学位论文的选题、写作过程中，谢老师都给予了极大的关心和支持。在初稿完成后，谢老师更是拨冗为我认真地逐字逐句审阅论文，提出了宝贵的修改意见。对谢老师的感激之情难以言表，惟有铭记导师的教诲，继续努力，以求在学术上有所成就，并运用到司法实际中去，对社会有所奉献。

感谢中国人民大学法学院两位德高望重的学术泰斗高铭暄教授和王作富教授。两位师尊是中国法学界德学双馨的楷模，能有幸聆听您们的教诲，乃终身之幸。感谢赵秉志教授、卢建平教授、戴玉忠教授、黄京平教授、韩玉胜教授、冯军教授、刘明祥教授、张小虎教授、刘志伟教授、王秀梅教授、时延安教授、阴建峰教授等诸位老师，您们的精彩授课让我受益匪浅。

“落其实者思其树，饮其流者怀其源。”1994年5月，我在郑州大学法学院进行硕士学位论文答辩的情景记忆犹新。令我终生感到荣幸和鼓舞的是，被刑法学界美誉为“南马（克昌）北高（铭暄）”之一的当代刑法学泰斗马克昌教授，任笔者硕士学位论文答辩委员会主席，高铭暄教授、叶高峰教授、赵秉志教授、张绍谦教授任硕士学位论文答辩委员会委员。记得在答辩的时候，高先生问我说，我们知道共犯既可指一类犯罪，也可指一类犯罪人，那么对身份犯能否一样看待呢？这个问题引起了我对身份犯问题的深刻思考，成为我攻读法学博士学位的源动力，也是笔者选定《身份犯比较研究》作为博士学位论文题目的主要原因之一。与硕士学位论文答辩委员会全体成员的合影始终珍挂在我的书房，永远激励着我不断学习。在我学习和工作的旅程中，十分感谢对我一贯关心、支持和鼓励的郑州大学硕士生导师叶高峰教授和张绍谦教授、鲁嵩岳教授、刘德法教授、宁金成教授、田土城教授、安立民教授、沈开举教授、马楠教授、侯宗源教授、孙长青教授、王长水教授等。

感谢在中国人民大学学习期间关心和帮助我的师兄弟师姐妹：张远煌、马松建、董嗥、聂立泽、魏东、曾粤兴、于志刚、王志祥、程应需、竹怀军、王俊平等教授；薛淑兰、吴光侠、史卫忠、盖新琦、王萍、许成磊、万云峰、陈志军、杜国强、何帆、陈鹏展、莫晓宇、彭辅顺、翟金鹏、李翔、刘凌梅、吴声、彭凤莲、黄晓亮、刘志高、张志勇、范红旗、刘科、叶良芳、卢有学、罗欣、刘正强、陈琴、肖怡、吴玉梅、雷建斌、叶希善、贾学胜、张春喜、孙春雨、钱叶六、李山河、刘涛、杨家庆、冉巨火、张雅、王立志、季理华、王静、黄伟明、郑延谱、汤海军等博士；李宏建、司明灯、张开乐、贺伯华、申劲川、杨继华、王超、黑联合、聂亚涛、连向飞、孙小莉等。

十分感谢在攻读博士学位阶段的诸位同窗好友。同学三年，友谊终生，令我颇感温馨。

非常感谢在中国人民大学法学院求学的三年中为我传道、授业、解惑的其他业师们。

特别感谢广东省高级人民法院的郑鄂院长、吕伯涛院长、陈华杰副院长、许达雄副院长（现广东省人民检察院副检察长）、刘春龙副主任、万国营副主任（现珠海市中级人民法院院长）、熊正良副主任、黄木深专委、赵军专委、周定挺庭长、王在魁庭长、时磊副庭长、傅曜天副庭长、刘慧卓博士、刘太浩审判长、文建平审判长、孙玟生法官、李焱辉法官、王兴元法官、谢远航法官、丁金亮法官、胡田法官、黄伟峰法官（现珠海市中级人民法院政治部主任）、贾密法官、刘小光、于飞、钟茂盛、彭晓君、熊信君和刑二庭庭办主任刘旭煊法官及庭办的全体成员对我的关心、支持和良好的建议。

笔者于2006年6月20日被中国人民大学学位评定委员会授予法学博士学位。之后，全国人大常委会先后通过了《刑法修正案（六)》《刑法修正案（七)》以及《刑法修正案（八)》。相应地，最高人民法院、最高人民检察院先后作出《关于执行〈中华人民共和国刑法〉确定罪名的补充规定（三)》《关于执行〈中华人民共和国刑法〉确定罪名的补充规定（四)》以及《关于执行〈中华人民共和国刑法〉确定罪名的补充规定（五)》。笔者根据这三个刑法修正案及三个确定罪名的补充规定等，将博士学位论文《身份犯比较研究》的相关内容做了适当修正。中国人民大学出版社2006年11月出版了陈兴良教授的专著《共同犯罪论（第二版)》，博士学位论文引用其相关内容也一并予以修改。

在本书审校期间，承蒙秦鹏、周建军、王强军等博士和肖卉、李頔、舒畅、李媛莎等同仁的协助，逐字校阅与指正，在此深表谢意！更应当感谢人民法院出版社编辑郭继良主任、杜澎博士、王婷编辑等为本书的出版所作出大量工作。

徐留成

2013年3月26日

草于广州雅轩寓所成于北京